煤炭技工学校通用规划教材

采掘运机械与液压传动

中国煤炭教育协会职业教育教材编审委员会　编

煤炭工业出版社

·北　京·

内 容 提 要

本书介绍了煤矿井下采掘运机械的基本结构组成、工作原理、安装调试、操作使用、安全操作与运转的注意事项和有关液压传动的基本知识。全书共分5章，第一章是液压传动，第二章是采煤机械，第三章是支护设备与泵站，第四章是掘进机械，第五章是运输机械。

本书在取材方面反映了近年来国内外采掘运机械技术发展进步、科研的新成果和发展趋向，注意理论联系实际、突出教材的针对性和实用性。本书为中等职业教育矿山机电专业学习采掘运机械和液压传动的教材，也可供有关煤矿现场工作的管理干部、工程技术人员和技术工人参考。

中国煤炭教育协会职业教育教材编审委员会

前　　言

“十二五”期间，煤炭职业教育必须坚持认真贯彻党的教育方针，全面实施素质教育；坚持以服务为宗旨、以就业为导向、以提高质量为重点，立足煤炭、面向社会办学，增强职业教育服务煤炭工业发展和社会主义现代化建设的能力；深化人才培养模式改革，完善教学内容，创新教学方法，突出职业技能培养，全面提升学生的综合素质和职业能力。为此，中国煤炭教育协会组织煤炭行业职业教育专家编制了《煤炭技工学校专业目录》，并在人力资源和社会保障部备案，同时完成了《煤炭职业教育“十二五”教材建设规划》编制工作，提出了教材建设工作继续坚持“改革创新、突出特色、提高质量、适应发展”的指导思想，新的教学方法研究和教材开发工作进展顺利。为适应煤炭技工学校教学需要，创新教材模式，突出煤炭专业特色，一套“结构科学、特色突出、专业配套、质量优良”的煤炭技工学校通用规划教材正在陆续出版发行，将为煤炭职业教育的创新发展提供有力的技术支撑。

这套教材主要适用于煤炭技工学校教学、工人在职培训和就业前培训，也适合具有初中文化程度的工人自学和工程技术人员参考。

《采掘运机械与液压传动》是这套教材中的一种，是根据中国煤炭教育协会发布并经人力资源和社会保障部认可的全国煤炭技工学校统一教学计划、教学大纲的规定编写的，经中国煤炭教育协会职业教育教材编审委员会审定，并认定为合格教材，是全国煤炭技工学校教学、工人在职培训和就业前培训的必备的统一教材。

本书由兖州煤业安全技能培训中心葛宝臻主编。在教材的编写过程中，得到煤炭院校的专家、学者和煤矿企业工程技术人员的大力支持与帮助，在此一并致谢！

中国煤炭教育协会职业教育
教材编审委员会
2013 年 4 月

目　次

第一章　液　压　传　动

第一节　液压传动的基本知识

一、液压传动的工作原理与液压传动系统的组成

1. 液压传动的工作原理

液压传动是以液体为工作介质、靠液体的压力能在原动机和工作机构之间进行能量转换、传递运动和力的一种传动形式，在煤矿采掘机械中应用十分广泛。下面以液压千斤顶为例介绍液压传动的工作原理。

图 1-1a 所示为液压千斤顶工作原理示意图。小活塞和泵、大活塞和工作缸构成两个密封而又可以变化的容积。当杠杆向上提起时，泵中的密封容积增大，压力减小形成真空。这时，油箱中的工作液体在大气压力作用下，打开单向阀 5 进入泵。这时，单向阀 6 关闭。当杠杆向下压时，单向阀 5 关闭，泵的容积缩小，工作液体打开单向阀 6 进入工作缸的密封容积中，并将大活塞向上顶起，升起重物 W。反复摇动杠杆，工作液体不断地输入工作缸下腔，推动大活塞缓慢上升，使重物上升到所需的高度。

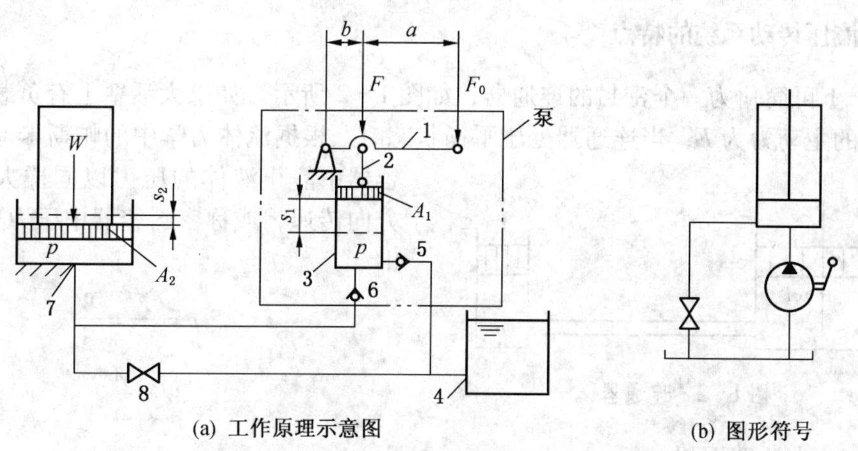

1—杠杆；2—连杆；3—泵；4—油箱；5、6—单向阀；7—工作缸；8—截止阀

图 1-1　液压千斤顶工作原理示意图和图形符号

工作完毕后，只要打开旁路截止阀，工作缸内的液体即在重物的作用下流回油箱，重物下降复位。这就是液压千斤顶的工作过程，也是一个简单液压传动系统的工作原理。

2. 液压传动系统的组成

由液压千斤顶的液压传动系统可以看出，一个完整的液压传动系统有以下 5 个基本组成部分：

（1）动力元件，即液压泵。它是将原动机所提供的机械能转变为工作液体的液压能的元件。

（2）执行元件，即液压缸和液压马达。它是将液压泵所提供的工作液体的液压能转变为驱动负载的机械能的元件。

（3）控制元件，指各种液压控制阀。它们的作用是控制液压系统的压力、流量和液流方向。

（4）辅助元件，是指除上述 3 个部分以外的其他元件。如油箱、管道、滤油器、蓄能器、冷却器、加热器及监测仪表等。它们对保证系统的正常工作起着重要的作用。

（5）工作液体，指液压油和乳化液等。它是液压系统中能量的载体，是传递力和运动的介质，也起着润滑运动零件和冷却传动系统的作用。

3. 液压传动系统的图形符号

图 1-1a 所示的是液压千斤顶的工作原理图，这种图可直观地表示出各元件的工作原理及在系统中的功能，容易理解。但因图形复杂，且难于标准化，当系统中元件数量多时更是不方便，故一般情况下已不采用。现在一般采用只表示液压元件基本功能、不表示元件的具体结构和参数的特定图形符号，来表示液压元件及其构成的液压传动系统，如图 1-1b 所示。

我国已制定了《流体传动系统及元件图形符号和回路图　第 1 部分：用于常规用途和数据处理的图形符号》（GB/T 786.1—2009）。在以后的学习过程中，熟识常用液压元件的图形符号，是看懂和正确分析液压传动系统的基础。

二、液压传动系统的特点

图 1-1 可简化为一个密封的连通器，如图 1-2 所示。如果大活塞上有负载 W，小活塞上作用的主动力为 F，当连通器处于平衡状态时，根据流体力学中的帕斯卡原理：密封容器中静止液体的压力以同样大小向各个方向传递，或称密封容器中压力处处相等。即

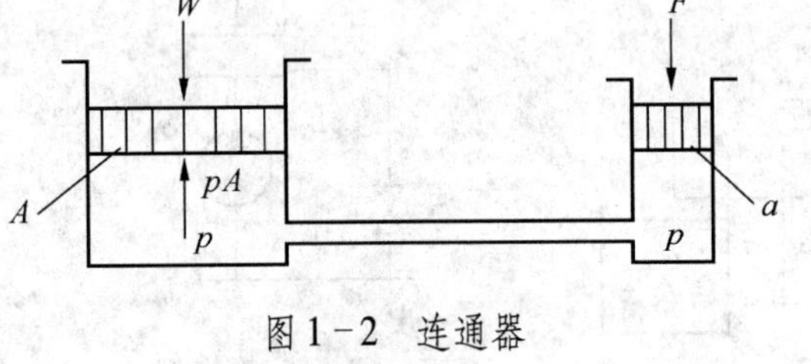

图 1-2　连通器

$$p = \frac{F}{a} = \frac{W}{A} \tag{1-1}$$

$$W = \frac{A}{a}F \tag{1-2}$$

式中　A——大活塞面积；

a——小活塞面积。

由式（1-1）可知，封闭容器内的压力大小与外负载（质量 W）的大小有关。但系统的压力并不可以无限制地随着外负载的增大而增大，它要受到密封容器和管路等的强度的限制。为使系统工作可靠，一般在系统内设置安全阀来保护系统。

由式（1-2）可知，当 $A > a$ 时，$W > F$。可见，在液压传动系统中，力不但可以传递，力（或转矩）还可以被放大。液压千斤顶就是利用这个特点进行工作的。

由于液体几乎是不可压缩的，若不计液体的泄漏，小液压缸输出的液体体积就等于输入大活塞缸的液体体积，即容积变化相等，即

$$ah_1 = Ah_2 \tag{1-3}$$

式中 h_1、h_2——小、大活塞的行程。

将式（1－3）两端同时除以活塞运动的时间，得

$$av_1 = Av_2 = Q \tag{1-4}$$

$$v_2 = \frac{a}{A}v_1 = \frac{Q}{A} \tag{1-5}$$

式中 v_1、v_2——两活塞的运动速度；

Q——单位时间排出的液体体积，即流量。

式（1－5）说明，重物的运动速度取决于密封容积的变化量（或流量 Q），与所传递力的大小无关。因此，液压传动也称静压传动或容积式液压传动。

通过以上分析可知，液压传动的基本特点是：

（1）液压传动中液体压力的大小取决于负载，也就是说，压力只随负载的大小而变化，与流量无关。

（2）负载的运动速度只与流量有关，而与压力无关。

第二节 液 压 泵

液压泵是液压传动系统中的动力元件，它是将原动机（通常是电机）输出的机械能（输出轴上的转矩和角速度的乘积）转变为工作液体的液压能（液压泵的输出压力和输出流量的乘积）的能量转换装置，向系统提供具有一定压力和流量的工作液体，以推动执行元件工作。

一、液压泵的基本知识

1. 液压泵的工作原理及类型

回顾第一节中液压千斤顶的工作原理可知，由杠杆、连杆、小活塞、缸体和单向阀所组成的手动泵及其工作过程，充分说明了容积式液压泵的工作原理，即液压泵的基本工作条件是：

（1）密封的工作容积必须发生变化。

（2）必须有配流装置将液压泵的高压腔和低压腔相互隔开，并且工作容积在变化过程中分别与液压泵的高压腔和低压腔接通。

（3）油箱内液体绝对压力必须恒等于或大于大气压力，这是保证液压泵能从油箱吸液的必要外部条件，因此，一般油箱的液面总是与大气相通的。

液压泵的种类很多，分类方法也各种各样，但一般按主要工作构件的形状分为齿轮泵、叶片泵和柱塞泵。按其每转一转所能输出油液体积可否调节分为定量泵和变量泵。

液压泵的图形符号如图 1－3 所示。图 1－3a 中只有一个黑三角形，其尖头向外，表示单向定量液压泵。图 1－3b 中有两个黑三角形，表示双向定量液压泵。图 1－3c、图 1－3d 中有一 45°斜箭头，分别表示单向变量液压泵和双向变量液压泵。

2. 液压泵的主要技术性能参数

液压泵的主要技术性能参数包括：压力、排量、流量、容积效率、功率和效率。其中，常用的重要技术性能参数是额定压力和额定流量。

在正常工作条件下，按试验标准规定连续运转的最高压力称为泵的额定压力。在额定压力作用下，液压泵能保证规定的容积效率和使用寿命。

在正常工作条件下，按试验标准规定必须保证的流量称为额定流量。

二、齿轮泵

齿轮泵一般是由互相啮合的成对齿轮构成的，在结构上可分为外啮合和内啮合两种型式。

1. 外啮合齿轮泵

图1－4所示为外啮合齿轮泵的工作原理。在密封的泵体中装有一对参数相同的渐开线齿轮，壳体、端盖和齿轮的齿槽组成了许多密封容积。当电动机带动传动轴、传动轴带动齿轮按图示方向旋转时，在啮合点逐渐脱开的一侧，密封容积逐渐增大，形成局部真空，经吸液口由油箱吸入液压油，然后利用两齿轮的齿槽将油液带到啮合点另一侧。在另一侧，因轮齿逐渐进入啮合，容积在减小，从而将油液挤出排液口。当齿轮连续运转时，齿轮泵就连续地吸、排油液。

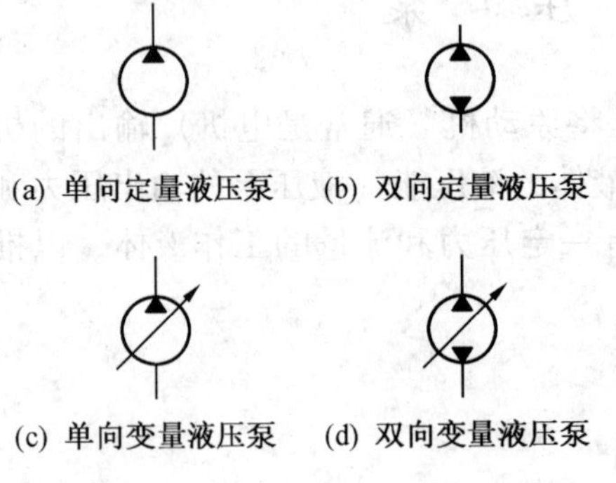

图1－3　液压泵的图形符号

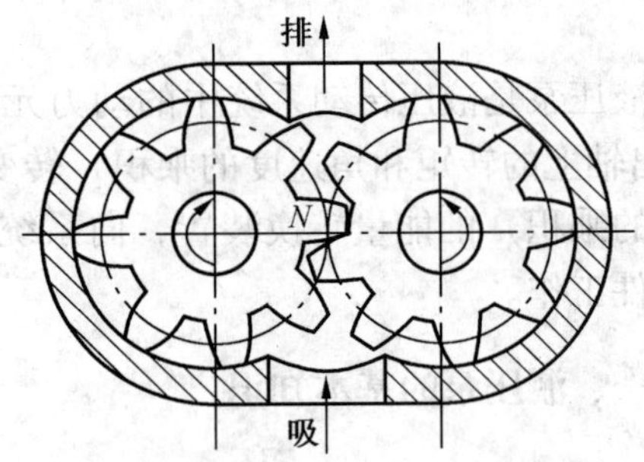

图1－4　外啮合齿轮泵工作原理

齿轮泵在工作过程中，轮齿的啮合线一直起着分隔高、低压腔的作用。因此，在齿轮泵中不需要设置专门的配流机构。

为保证齿轮泵连续平稳地啮合，防止吸、排液腔串通，必须使齿轮传动的重叠系数大于1，但这样会周期性地出现在某一段时间里同时有两对轮齿在啮合。这时，两对轮齿的啮合点之间的空间容积被封闭，与进、排液腔均不相通，称为闭死容积。随着齿轮的旋转，闭死容积由大变小再变大，直到前一对轮齿脱开啮合。

外啮合齿轮泵的优点是结构简单、体积小，工作可靠、便于维护，对油液的污染不敏感，自吸能力较强。它的主要缺点是流量不均匀，不能变量，容积效率较低。外啮合齿轮泵通常用作润滑泵、补油泵、辅助泵和低压系统的供油泵。

2. 摆线内啮合齿轮泵

摆线内啮合齿轮泵又称摆线转子泵，其工作原理如图1－5所示。它由内转子（主动轮）、外转子（从动轮）、端盖等主要零件组成。外转子的齿廓曲线为圆弧曲线，而内转子的齿廓曲线是与外转子齿形曲线相共轭的短幅外摆线的等距曲线。内、外转子的偏心距为 e，外转子的齿数 Z_2 比内转子齿数 Z_1 多1，即 $Z_2 = Z_1 + 1$，因此，啮合时，在两个齿轮轮齿之间形成 Z_2 个相互独立的密封工作容积。当内转子绕 O_1 轴顺时针转动时带动外转子绕 O_2 轴同向回转。由图1-5可见，在连心线 O_1O_2 右侧，内转子的齿与外转子的齿逐渐脱开，由它们所形成的密封容积在逐渐扩大，形成局部真空，通过盖板上的配流窗口b吸油。在连心线的左侧，内转子的齿逐渐进入啮合，密封容积逐渐缩小，通过配流窗口a排油。内转子转过一圈，Z_2 个密封容积分别依次完成一次吸油和排油。内转子连续转动，就可以连续不断地吸排油。

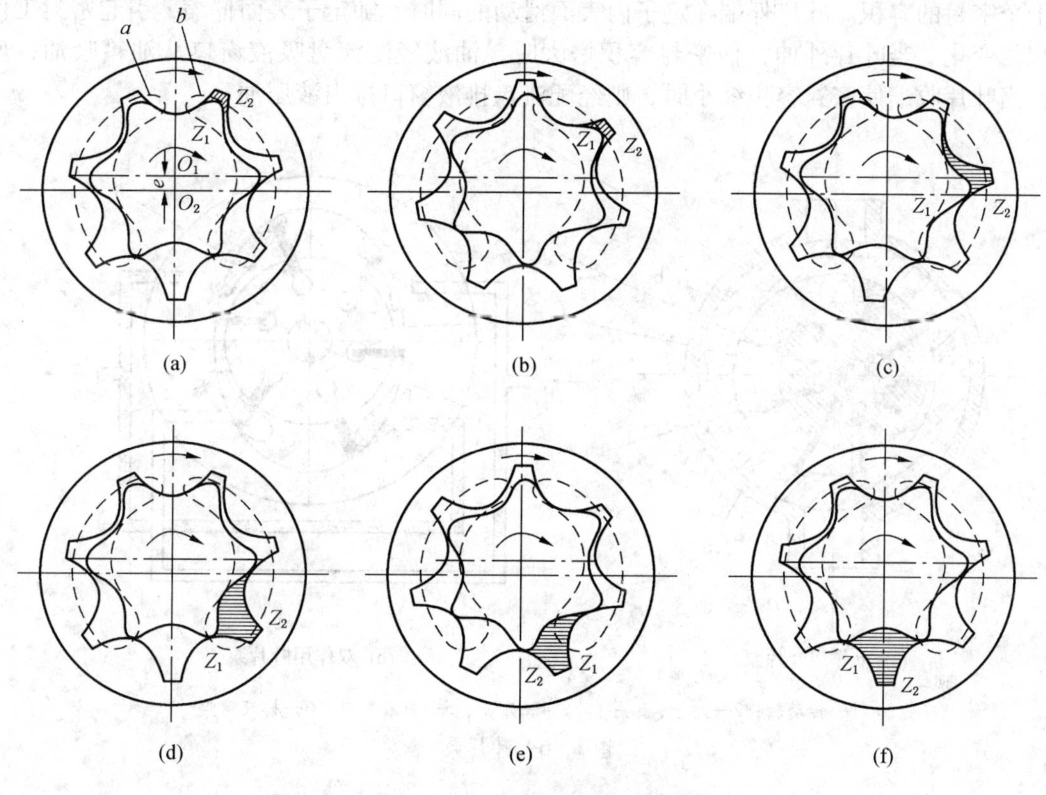

图1-5　摆线内啮合齿轮泵

由以上工作原理可知，如果将摆线内啮合齿轮泵两齿轮的偏心位置变更至另一侧（可通过改变内外转子的位置实现），这时，若内转子的转动方向也改变，则摆线转子泵的吸、排油口仍可保持原来的形状。因此，当主动轮改变转向时，只要偏心位置能随着改变，摆线内啮合齿轮泵流向就不会改变。在有些液压传动的采煤机中，用摆线内啮合齿轮泵作为液压系统的辅助泵。当采煤机电机改变转向时辅助泵的进出油口不会改变，使液压系统得到了简化。

三、叶片泵

1. 叶片泵的类型与组成

叶片泵是利用叶片与定子和转子构成的容积的变化而实现吸、排液的一类液压泵。叶片泵按结构型式可分为单作用叶片泵和双作用叶片泵两类。单作用叶片泵的主轴转动一周时，各密封容积吸、排液一次，双作用叶片泵则吸、排液各两次。

2. 叶片泵的结构与工作原理

叶片泵的基本组成都是定子、转子、叶片及配流盘等主要零件，如图 1-6 所示。图 1-6a 所示为单作用叶片泵，其定子为一圆柱面内孔，中心为 O_1，与转子的中心 O_2 有一偏心距 e；图 1-6b 所示为双作用叶片泵，其定子呈椭圆形，转子和定子同心安装。叶片泵的转子上开有很多径向槽，叶片可以在槽内自由滑动。转子轴向两侧为配流盘。当电机带动转子旋转时，叶片靠离心力的作用向外伸出，紧贴定子内表面，从而在叶片之间形成若干个密封的容积。叶片外端在定子内表面滑动的同时，随定子表面伸缩，引起密封工作容积的变化。当叶片外伸，使密封容积增大时，油液经配流盘吸液窗口从油箱吸油；反之，当叶片收缩使密封容积缩小时，则经配流盘排液窗口排出液压油。

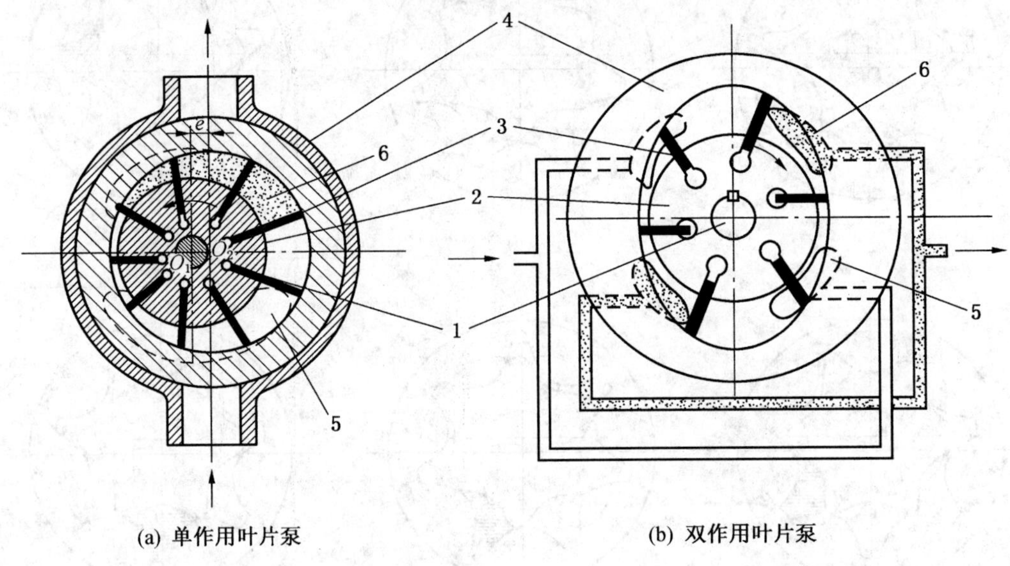

(a) 单作用叶片泵　　(b) 双作用叶片泵

1—传动轴；2—转子；3—叶片；4—定子；5—吸液窗口；6—排液窗口

图 1-6　叶片泵

3. 叶片泵的结构与性能特点

单作用叶片泵的偏心距一般可以改变，因此多为变量泵。双作用叶片泵都为定量泵。为了保证高、低压腔隔开，配流盘上吸、排液窗口之间的密封区的夹角 ε 应大于相邻两叶片之间的夹角 β。这样，两叶片在密封区内形成的闭死容积就会发生变化，产生困油现象，使泵产生气穴和液压冲击，引起振动和噪声。为了消除困油现象，通常在配流盘吸、排液窗口开三角卸荷槽，如图 1-6b 所示，使密封容积与吸、排液窗口逐步沟通。

叶片在转子上安装，实际上都是倾斜安装而并非完全呈径向安装。单作用叶片泵叶片的安装方向一般沿旋转方向向后倾斜一定角度；双作用叶片泵的叶片一般沿旋转方向向前倾斜一定角度。这两种倾斜安装的作用，都是为使叶片便于从槽中甩出，紧贴定子表面，形成可靠的密封容积。

和齿轮泵相比，叶片泵具有结构紧凑、运转平稳、流量均匀、噪声小、寿命长等优点，广泛应用于机床液压设备以及其他中低压液压系统中。

四、柱塞泵

柱塞泵是靠柱塞在缸孔中往复运动造成容积变化来实现吸、排液的一类液压泵。由于柱塞与缸孔的工作表面为圆柱面，加工方便，可以经济地达到很高的精度等级，获得必要的配合间隙和良好的密封效果。因此，柱塞泵具有很高的工作压力和容积效率，广泛应用于高压、大流量、大功率的液压系统和流量需要改变的场合。

根据柱塞数的多少和柱塞的排列形式不同，有单柱塞泵、三柱塞泵、轴向柱塞泵和径向柱塞泵等类型，后两类属多柱塞泵。在采掘机械中，尤其是综采机械设备中，柱塞泵得到广泛的应用。

（一）单柱塞泵和三柱塞泵

1. 单柱塞泵

图 1-7 所示为两种常见的单柱塞泵的基本结构。图 1-7a 所示为曲柄连杆传动方式，曲柄通过连杆带动柱塞在缸孔中作往复直线运动，完成吸、排液；图 1-7b 所示为偏心轮式传动方式，偏心轮与弹簧的相互作用使柱塞在缸孔中作往复运动，完成吸、排液。

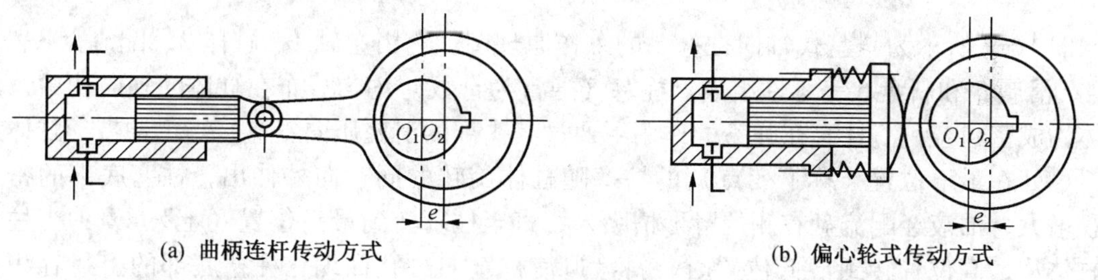

(a) 曲柄连杆传动方式　(b) 偏心轮式传动方式

图 1-7 单柱塞泵

这两种泵都采用单向阀配流。这种配流装置具有密封性好、对工作液体的污染不敏感等优点；主要缺点是液阻较大，结构不紧凑，阀的复位弹簧寿命较短。

单柱塞泵的主要优点是结构简单，工作可靠，但流量脉动很大。因此只适用于压力较高流量较小，特别是对液动机的运动速度无确定要求的液压系统，如采煤机的调高、调斜液压系统。

2. 三柱塞泵

卧式三柱塞泵是一种特殊形式的柱塞泵，在矿山机械中常用作液压支架的供液泵。它采用的是曲柄连杆机构传动和阀式配油，相当于 3 个曲柄连杆式单柱塞泵组装在一起。3 个曲柄互成 120°交错布置，图 1-8 所示为其结构简图。电动机 1 经齿轮副 2 驱动偏心距为 e 的曲柄 3。曲柄 3 上有 3 段互成 120°的轴颈，其上套有连杆 4。通过连杆 4 及滑块 5 带动柱塞 6 在泵体的 3 个缸孔 7 中作往复运动，从而实现吸、排液过程。

（二）轴向柱塞泵

轴向柱塞泵是指柱塞沿缸体轴线方向布置的多柱塞泵。按结构又可分为斜盘式轴向柱塞泵和斜轴式轴向柱塞泵，其工作原理基本相同。

1. 斜盘式轴向柱塞泵的工作原理

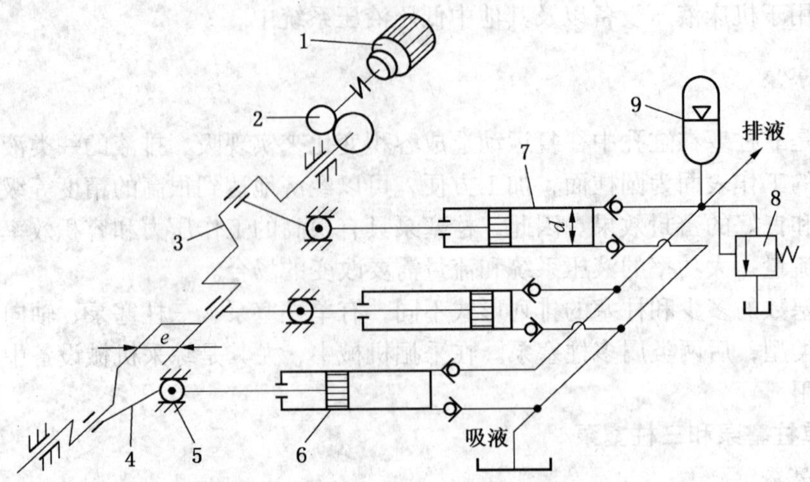

1—电动机；2—齿轮副；3—曲柄；4—连杆；5—滑块；
6—柱塞；7—缸孔；8—安全阀；9—蓄能器

图1-8　卧式三柱塞泵结构简图

图1-9所示为斜盘式轴向柱塞泵的工作原理图。它由主轴1、缸体2、配流盘3、柱塞4、滑履5和斜盘6等零件组成。柱塞（通常为奇数）均匀分布在缸体的轴向孔中，与缸体构成密封容积。柱塞在弹簧的作用下通过其头部的滑履压向斜盘。当主轴带动缸体旋转时，处在最下位置（称下死点）的柱塞随缸体旋转的同时向外伸出，柱塞底部的密封容积增大，油液经配流盘右侧的肾形槽吸入，直至柱塞转到最高位置（上死点）；当柱塞随缸体从最高位置转到最低位置时，斜盘迫使柱塞向缸孔回缩，柱塞底部的密封容积减小，油液经配流盘另一肾形槽排出。缸体旋转一周，每一柱塞都经历此过程。泵的流量更趋均匀。柱塞处于上、下死点时，速度为零，既不吸液也不排液。

为了使泵的高、低压腔隔开，配流盘上肾形吸、排液槽之间的隔挡宽度 a 应稍大于柱塞底部缸体上的配流窗孔的宽度 b。

改变斜盘倾角 γ 的大小，即可改变泵的排量。当斜盘倾角方向改变时，泵的吸、排液方向随之改变，成为双向变量轴向柱塞泵。

2. 斜轴式轴向柱塞泵的工作原理

如图1-10所示，由于缸体轴线与传动轴轴线成一夹角，所以称为斜轴式轴向柱塞泵。柱塞均布于缸体中，通过连杆与主轴一端圆盘上的球窝铰接。主轴旋转时，通过连杆与柱塞内壁的接触拨动缸体旋转。由于主轴与缸体间有 γ 角，柱塞在缸孔中作往复直线运动实现吸、排液过程。改变缸体的摆角大小及方向，即可改变泵的排量和吸、排液方向。

（三）径向柱塞泵

径向柱塞泵是柱塞在缸体内呈径向分布的多柱塞泵，如图1-11所示，它由柱塞1、转子2（缸体）、轴套3、定子4和配流轴5等主要零件组成。缸体与定子系偏心安装，配流轴5固定不动，缸体与配流轴之间是间隙配合。当缸体在传动轴驱动下旋转时，柱塞因离心力向外伸出，并顶靠在定子内壁上，当缸体按图示方向旋转时，位于上半部的各柱塞向外伸出，柱塞底部的密封容积增大，将油箱中的油液经配流轴上的a孔进入b腔；由于

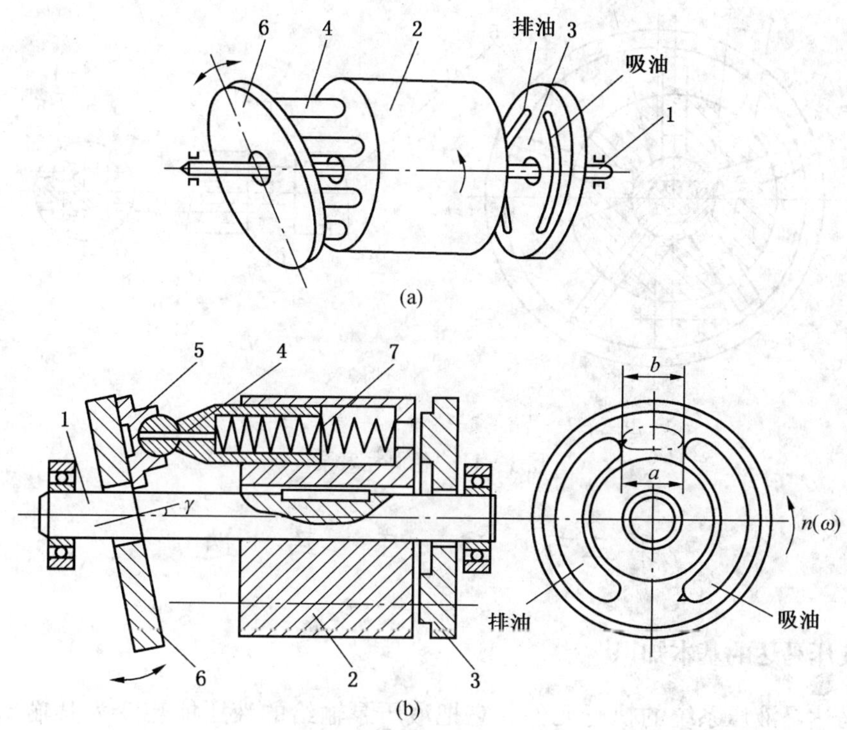

1—主轴；2—缸体；3—配流盘；4—柱塞；5—滑履；6—斜盘；7—弹簧

图1-9 斜盘式轴向柱塞泵工作原理

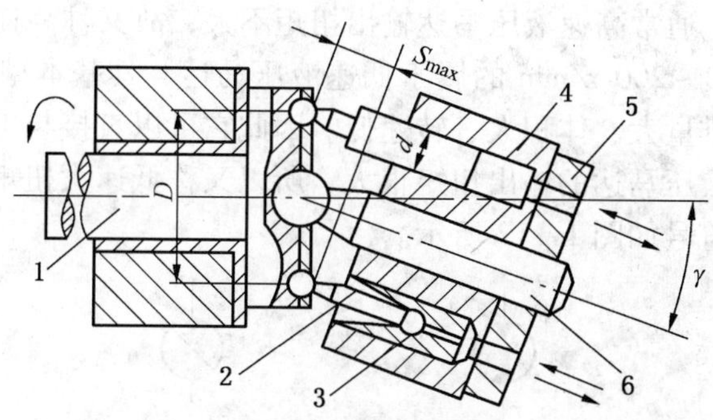

1—主轴；2—连杆；3—柱塞；4—缸体；5—配流盘；6—销轴

图1-10 斜轴式轴向柱塞泵工作原理

定子的限制，位于下半部的各柱塞逐渐回缩，柱塞底部密封容积减小，将c腔的油液从配流轴上的d孔排出缸体。旋转一周，每个密封容积分别吸、排一次油液。缸体连续旋转即可完成连续不断的吸、排液过程。

当柱塞数和直径一定时，径向柱塞泵的排量与偏心距e的大小有关。通常，径向柱塞泵的定子是可以移动的，从而可以改变偏心距的大小，故多为变量泵。

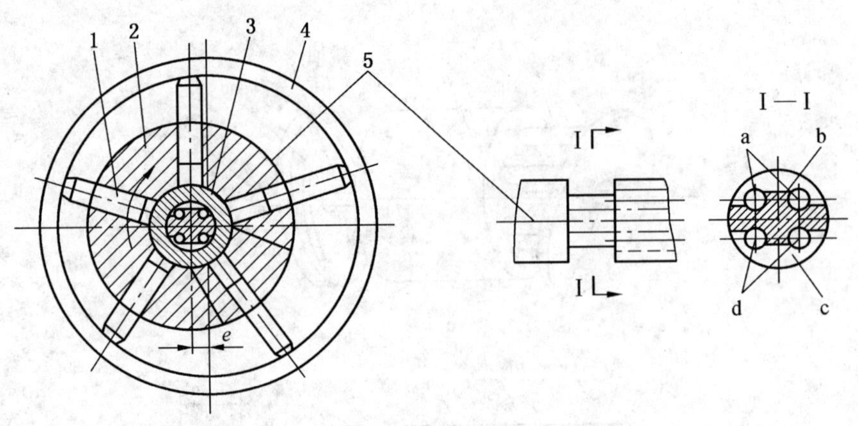

1—柱塞；2—转子；3—轴套；4—定子；5—配流轴

图 1-11　径向柱塞泵

第三节　液　压　马　达

一、液压马达的基本知识

液压马达是液压系统的执行元件，它把液压泵输给的液压能转变为其输出轴的机械能。

1. 液压马达的分类及职能符号

一般认为，额定转速高于 150～200 r/min 的属于高速液压马达，其基本型式有齿轮式、叶片式和轴向柱塞式等。它们的主要特点是转速高、转动惯量小、便于启动和制动、调速及换向灵敏度高。通常高速液压马达输出扭矩不大，故又称高速小扭矩液压马达。

额定转速低于 150～200 r/min 的属于低速液压马达，其基本型式是径向柱塞式液压马达。其主要特点是排量大、体积大、转速低。因此它可以直接与工作机构相连，不需要另设减速装置。低速液压马达的输出扭矩很大，所以又称低速大扭矩液压马达。

液压马达的图形符号如图 1-12 所示。

(a) 单向定量液压马达　(b) 双向定量液压马达　(c) 单向变量液压马达　(d) 双向变量液压马达

图 1-12　液压马达的图形符号

2. 液压马达的结构特点

从原理上讲，除了阀式配液的液压泵外，液压马达和液压泵是可逆的。从结构上看，两者也基本相同。但由于两者的使用目的不同，对它们的性能要求也不一样。所以，同结构类型的液压泵和液压马达之间仍存在着许多差别：

（1）液压马达应当能够正、反转，所以内部结构应具有对称性，而液压泵通常都是单向旋转，在结构上一般没有此要求。

（2）液压马达的转速范围需要很宽，特别是当转速较低时，应能保证正常工作，因此应采用滚动轴承或静压滑动轴承，而液压泵都是在高速下稳定工作的，且一般变化小，没有这一要求。

（3）液压马达应当具有良好的启动特性和低速稳定性，以便从静止状态带负载启动，而液压泵无此要求。

（4）液压马达不必具备自吸能力，但必须保证初始密封性，而液压泵通常必须具备自吸能力。

由于上述原因，很多同类型的液压泵和液压马达不能互逆通用。

3. 液压马达的主要技术参数

液压马达的主要技术参数包括：压力、排量、输入流量、容积效率、马达输出转速、平均输出转矩、马达的输出功率和总效率。其中，常用的重要技术性能参数是马达输出转速和平均输出转矩。

液压马达的输出转速与液压马达的输入流量成正比，与自身的排量成反比，排量可以调节的液压马达称变量液压马达，否则为定量液压马达。

平均输出转矩与液压马达进出液口压力差、排量、马达的机械效率成正比。

二、齿轮式液压马达

齿轮式液压马达有外啮合齿轮液压马达和内啮合摆线液压马达两类。

1. 外啮合齿轮液压马达

外啮合齿轮液压马达的工作原理如图1－13所示。当工作液体输入液压马达的工作腔时，处于工作腔内的所有轮齿均受到压力液体的作用，对两齿轮回转中心O_1、O_2产生的扭矩不平衡。所以齿轮回转中心O_1所在输出轴将在两齿轮产生的扭矩和的作用下，按图示方向旋转。随着齿轮的转动，靠齿谷将工作液体带到回液腔排出。如将进、回液口相互调换，就会改变输出轴的转向。

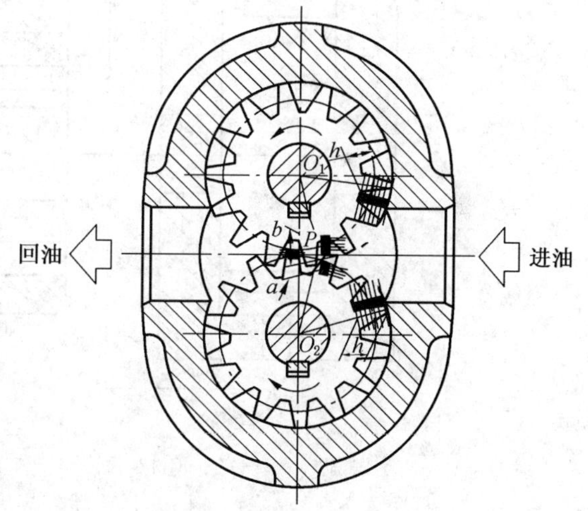

图1－13　外啮合齿轮液压马达工作原理

2. 摆线液压马达

摆线液压马达是一种内啮合的多点接触的齿轮液压马达。因其齿轮的齿廓呈摆线形状而得名。

图1－14所示为摆线液压马达的工作原理。它是由具有Z_1个摆线齿的转子1，具有Z_2个圆弧齿的定子2，辅助配流板3、配流盘4和补偿盘5组成。定子和转子的全部齿始终处于啮合状态，因而组成了Z_2个密封容积。在固定不动的辅助配流板3上有Z_2个孔分别与上述各密封容积对应相通。固定不动的补偿盘5上也有Z_2个孔，其位置与辅助配流板3上的孔相对应，但都与回液孔T连通。配流盘4上有$2Z_1$个孔道，间隔分为两组，其

中一组与进液孔 P 相通，另一组通过补偿盘 5 与回液孔 T 相通。配流盘 4 用短花键联轴器与转子 1 连接，与转子同步转动，于是其上的孔道 P、T 便轮流与辅助配流板 3 及补偿盘 5 上的孔道通断，实现对液压马达的配流。

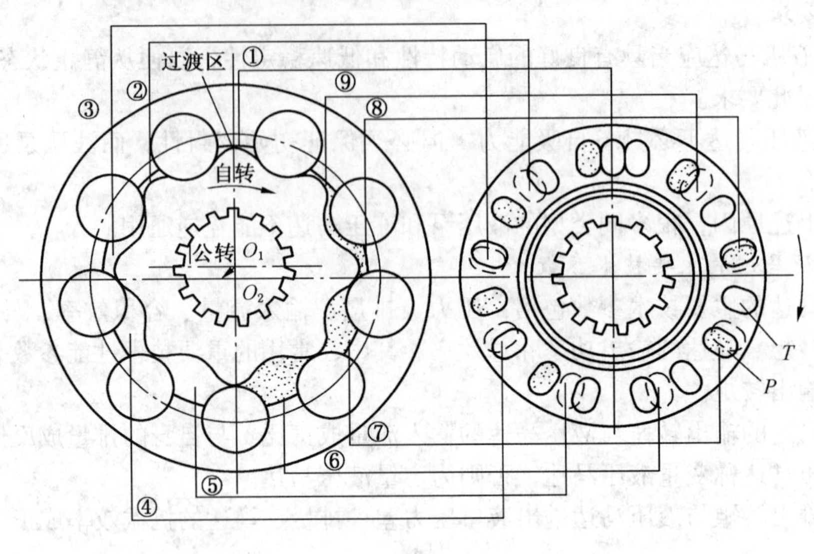

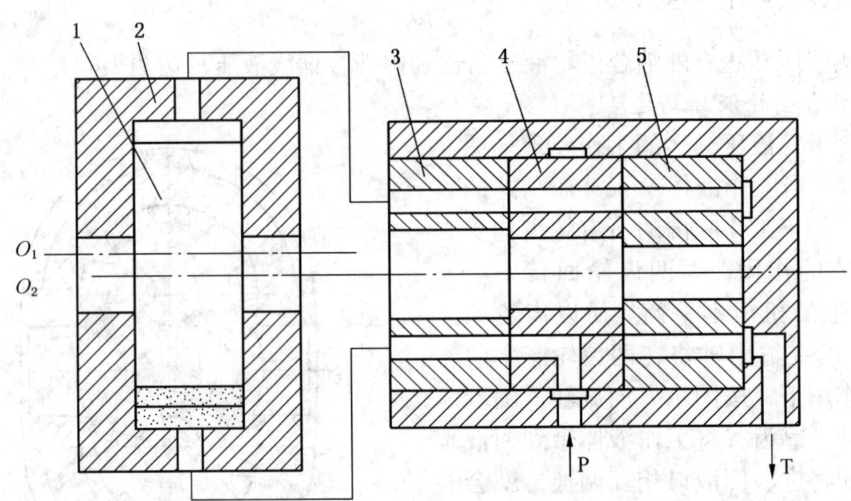

1—转子；2—定子（内齿圈）；3—辅助配流板；4—配流盘；5—补偿盘

图 1 - 14　摆线液压马达工作原理

图 1 - 14 中虚线孔是与各密封空间对应相通的辅助配流板 3 上的孔，间隔分成两组并分别与进液孔和回液孔相通的实线孔是配流盘 4 上的孔。在图 1 - 14 中所示位置时，辅助配流板 3 上的虚线孔①与配流盘 4 上的进、回液孔隔断，密封容积①处于过渡区，虚线孔⑥、⑦、⑧、⑨与配流盘 4 上的进液孔相通，密封容积⑥、⑦、⑧、⑨进液，虚线孔②、③、④、⑤与配流盘 4 上的回液孔相通，密封容积②、③、④、⑤回液，由于定子和转子的不同心，所以转子受到一个顺时针方向的扭矩，将按进液密封容积增大的方向自转。由

于定子是固定不动的，转子在绕自身轴线 O_1 作低速自转的同时，还在定子的强迫作用下绕定子的中心 O_2 作高速逆时针公转。当转子公转时，其进液腔和回液腔不断改变，但始终以连心线 O_1O_2 为界分开，容积增大的一侧为高压腔，容积减小的一侧为低压腔。如图 1－15 所示，转子公转一周，自转一个齿，每个密封容积发生一次进、回液循环变化。公转与自转的速比为 $i=Z_1:1$。转子通过两个鼓形花键联轴器分别与输出轴和配流盘 4 相连，因此，配流盘能连续配流，使高压腔随连心线 O_1O_2 的旋转而同步旋转。当转子顺时针自转 $1/Z_1$ 转时，高压腔按逆时针转一周，即高压腔按（6、7、8、9）→(7、8、9、1)→(8、9、1、2)→…→(6、7、8、9）的顺序循环。

如果改变液压马达的进、回液方向，或者将配流盘安装位置挪动一孔，就可改变输出轴的旋转方向。

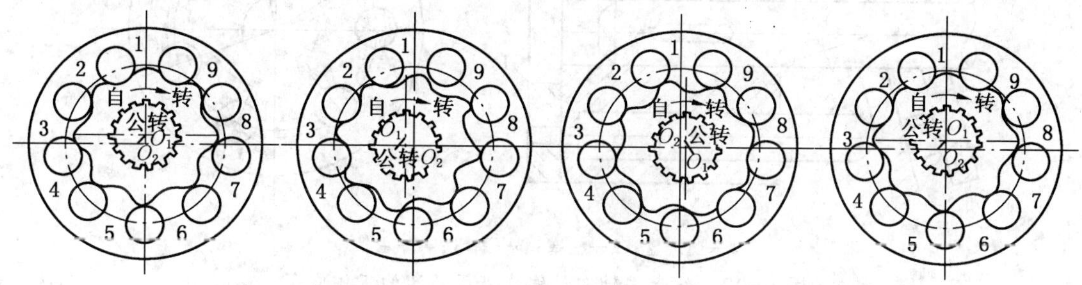

图 1－15 摆线液压马达转动过程

根据以上分析可知，摆线液压马达是一种双向定量液压马达。摆线液压马达具有结构简单，体积小，质量轻，转速范围大、低速稳定性好和使用可靠等优点，因此应用比较广泛。

三、叶片式液压马达

叶片式液压马达根据转子每转一周密封容积的变化次数，可分为单作用和双作用两种。但双作用液压马达应用较广，故只对它的工作原理加以介绍。

双作用叶片式液压马达的工作原理如图 1－16 所示。当高压液体按图示方向输入后，叶片 1 和 8 使转子产生逆时针旋转的扭矩，叶片 3 和 7 使转子产生顺时针旋转的扭矩。由于叶片 1 和 8 伸出的面积大于叶片 3 和 7 伸出的面积，且力臂较大，所以转子在这两个扭矩差的作用下，按图示方向旋转，并由输出轴输出。当改变油液输入方向时，液压马达按图示的反向旋转。

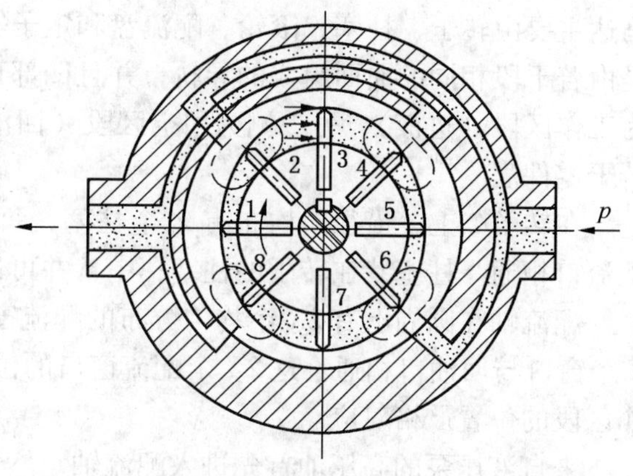

图 1－16 双作用叶片式液压马达工作原理

四、柱塞式液压马达

柱塞式液压马达有轴向柱塞式液压马达和径向柱塞式液压马达之分。

1. 轴向柱塞式液压马达

轴向柱塞式液压马达有直轴式和斜盘式两种，其工作原理基本相同。现以斜盘式为例说明轴向柱塞马达的工作原理，如图 1－17 所示。现通过高压腔中一个柱塞的受力分析进行说明其工作原理。当压力液体经配流盘 1 进入柱塞 2 的底部时，将柱塞推出，压在斜盘 3 上。假如斜盘对柱塞的反作用力为 N，力 N 可分解为水平分力 F_a 和径向分力 F_t。而 F_t 相对主轴中心产生扭矩使缸体旋转，带动主轴并输出扭矩。显然，其输出扭矩就是处在进液区所有柱塞产生的扭矩的代数和。

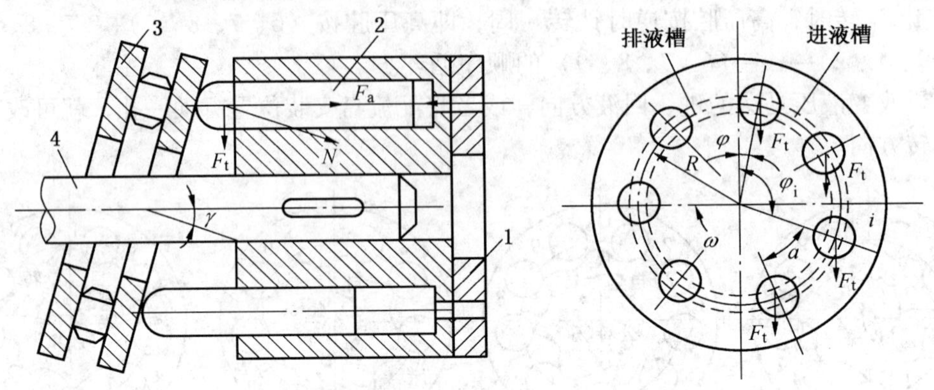

1—配流盘；2—柱塞；3—斜盘；4—主轴

图 1－17　斜盘式轴向柱塞式液压马达的工作原理

如果改变斜盘倾角的大小，就可调节液压马达排量的大小，从而改变转速和输出扭矩。斜盘的倾角可调的液压马达为变量液压马达。

轴向柱塞式液压马达具有结构紧凑、惯性小、容积效率高、调速范围大等优点，但液体污染对液压马达工作影响大，加工精度要求较高。

2. 径向柱塞式液压马达

径向液压马达有曲轴连杆式液压马达、曲轴无连杆式液压马达和内曲线多作用径向柱塞式液压马达 3 种，这类液压马达的排量和输出扭矩较大，因此在采矿机械、工程机械、建筑机械中广泛应用。

以内曲线多作用径向柱塞式液压马达为例，其工作原理如图 1－18 所示。内曲线液压马达主要由转子、柱塞、滚轮、配流盘和定子等基本零件组成。定子 1 固定不动，其内侧是由若干段相同的曲面组成的导轨，并且凹部顶点将每个曲面分成对称的两个区段，一侧为工作区段（进液），另一侧为回空区段（回液）。柱塞组通常包含柱塞、横梁和滚轮等若干零件。

在转子 2 上，沿径向均布有 Z 个柱塞，每个孔的底部有一配流窗口，与配流轴上的配流口相通。柱塞装在转子的柱塞孔中，并可以在孔中往复运动。

配流轴在圆周上有 $2X$ 个均匀分布的配流窗口，其中有 X 个窗口与进油口相通，另外 X 个窗口与回油口相通。这 $2X$ 个配流窗口的位置分别与 X 个导轨曲面的工作区段和非工作区段的位置严格对应。

来自液压泵的高压油首先进入配流轴，然后经配流窗口进入位于工作区段的各柱塞孔中，使相应的柱塞伸出并以滚轮顶在定子曲面（即导轨）上（图 1－18 中柱塞 d、h）。在滚轮与曲面的接触点上，曲面对柱塞组产生一个反作用力 N，方向为曲面接触点的法线方向。反作用力 N 可分解为径向力 P 和切向力 T。径向力 P 与作用在柱塞底部的液压力相平衡，而切向力 T 则通过柱塞组作用于转子而产生扭矩，使转子转动。柱塞在外伸的同时随缸体一起旋转，当柱塞（图 1-18 中柱塞 c）到达曲面的凹顶点（即外死点）时，柱塞底部的油孔被配流轴封闭，与高、低压腔都不通，但此时仍有其他柱塞位于进油区段工作，使转子转动，所以当该柱塞超过曲面的凹顶点进入回油区段时，柱塞孔便与配流轴的回油口相通。在定子曲面的作用下，柱塞（图 1-18 中柱塞 b、f）向内收缩，把油从回油窗口排出。当柱塞运动到内死点（图 1-18 中柱塞 e）时，柱塞底部油孔也被配流轴封闭与高、低压腔都不相通。柱塞每经过一个曲面就往复运动一次，进油与回油交换一次。当有 X 段曲面时，每个柱塞要往复运动 X 次，故 X 称为液压马达的作用次数。

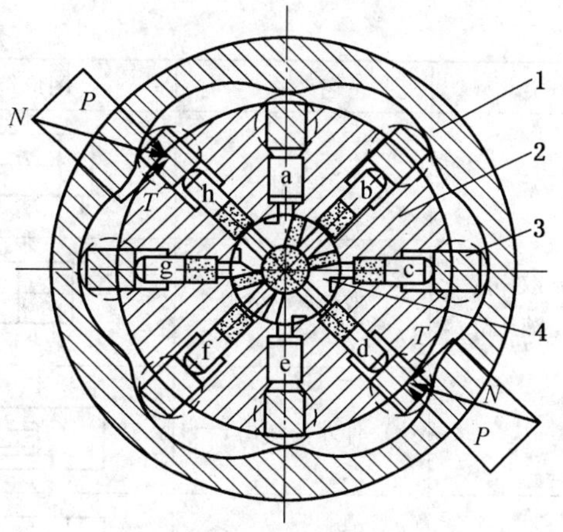

1—定子；2—转子；3—柱塞；4—配流轴

图 1-18 内曲线液压马达工作原理

当液压马达的进、出油换向时，液压马达将反转。这种液压马达既有轴转结构，也有壳转结构。

第四节 液 压 缸

一、液压缸的类型

液压缸和液压马达一样，都是液压系统的执行元件，可把液体的液压能转变成输出的机械能。液压缸用来驱动工作机构作直线往复运动或小于 360°的往复回摆运动。

液压缸在采掘机械中的应用十分广泛，凡是用液压传动的采掘机械几乎都有液压缸。特别是井下综采工作面的液压支架，它的立柱和各种千斤顶都是液压缸。常用液压缸类型、图形符号和工作特点见表 1-1。

表 1-1 常用液压缸类型、图形符号和工作特点

类 型	名 称	图形符号	工 作 特 点
单作用液压缸	柱塞式		活塞仅单向运动，由外力使柱塞反向运动
	活塞式		活塞单向运动，由外力使活塞反向运动
	伸缩套筒式		有多个互相连动的套筒，其行程可较长，由外力使套筒返回

表1－1（续）

类　型	名　称	图形符号	工 作 特 点
双作用液压缸	单活塞杆式		活塞双向运动，行程终了时不减速。活塞往复运动的作用力和速度皆差别较大
	双活塞杆式		活塞往复移动速度和行程皆相等
	伸缩套筒式		有多个互相联动的套筒，套筒可双向运动，缸的行程可变
组合液压缸	齿条活塞式		活塞经齿条传动，小齿轮便产生回转运动

单作用液压缸，是指液压缸中液压力只能使活塞（或柱塞）单方向运动，反方向运动必须靠外力（如弹簧力等）。双作用液压缸可由液压力实现两个方向的运动。由此可见，单作用液压缸只有一根油管，而双作用液压缸则有两根油管相连接。

二、常用液压缸的组成与结构

（一）双作用单活塞杆液压缸

双作用单活塞杆液压缸的结构如图1－19所示。它主要由缸筒、活塞、活塞杆、密封件、缸盖等组成。活塞靠密封件7、8将缸筒分隔成左、右两腔。当压力液体自油口A进入时，推动活塞向右运动，活塞杆向外伸出，此时右腔的低压油液经油口B回油箱；反之，当压力液体自油口B进入时，则推动活塞向左运动，活塞杆缩回，这时左腔的低压油经油口A流回油箱。

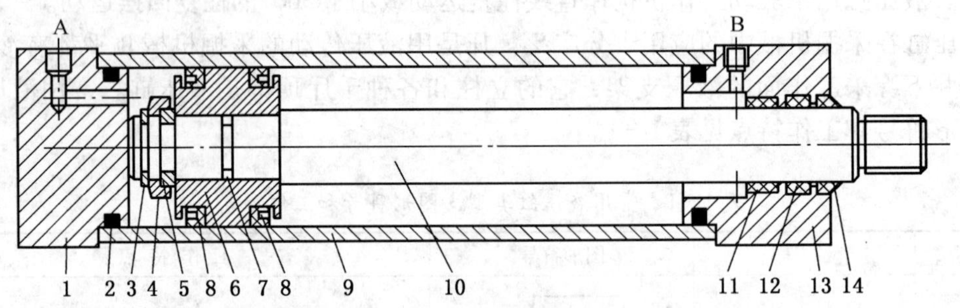

1、13—缸盖；2、7、8、11、12—密封件；3、4、5—挡圈；6—活塞；
9—缸筒；10—活塞杆；14—防尘圈；A、B—进、出油口

图1－19　双作用单活塞杆液压缸的结构

双作用单活塞杆液压缸，由于液压缸的左、右两腔的受压面积不等，因此当左、右腔分别输入相同压力、相同流量的压力液体时，其推力和速度不等：出力大时速度低，出力小时速度高。这一性能符合一般工作机械的要求，因此双作用单活塞杆液压缸得到最广泛

的应用，采掘机械中的大多数液压缸均属这种结构。这类液压缸的推、拉力和运动速度的计算公式如下。

1. *普通油路连接时*（图1-20）

若不计机械效率时，液压缸的推、拉力 F_1、F_2（N）为

$$F_1=\frac{\pi}{4}D^2p\times10^{-4} \tag{1-6}$$

$$F_2=\frac{\pi}{4}(D^2-d^2)p\times10^{-4} \tag{1-7}$$

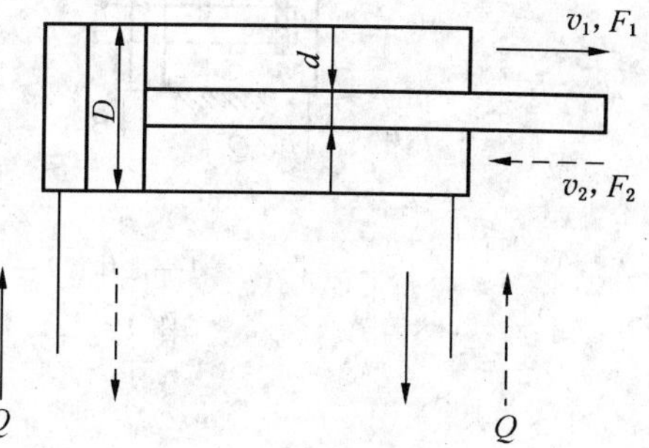

图1-20 普通油路连接

式中 p——液压缸进口的液体压力，Pa；

D——活塞直径，cm；

d——活塞杆直径，cm。

不计容积损失时，活塞杆的伸、缩速度 v_1、v_2（m/min）为

$$v_1=\frac{40Q}{\pi D^2} \tag{1-8}$$

$$v_2=\frac{40Q}{\pi(D^2-d^2)} \tag{1-9}$$

式中 Q——进入油缸的流量，L/min。

2. *差动连接时*（图1-21）

在实际工作中，有时需要液压缸的推拉力相等，或需要拉力大于推力，这时需采用差动液压缸。所谓差动液压缸就是液压缸的前、后两腔都和高压油液连通（图1-21），由于活塞两侧作用面积不等，在两侧总压力差的作用下活塞杆向外伸出，故这种油路称为差动连接。这时，活塞杆腔流出的工作液体也流入无活塞杆腔，其活塞杆的推力 F(N) 和伸出速度 v(m/min) 分别为

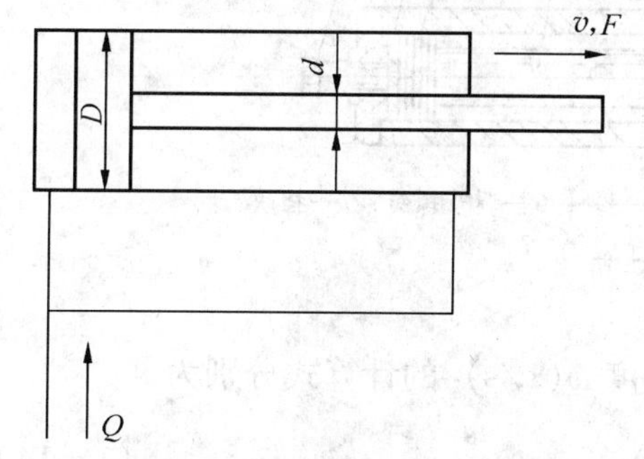

图1-21 差动油路连接

$$F=\frac{\pi}{4}d^2p\times10^{-4} \tag{1-10}$$

$$v=\frac{40Q}{\pi d^2} \tag{1-11}$$

以上分析说明，单活塞杆液压缸在差动连接时，活塞杆可以得到比普通连接更高的伸出速度，但推力却小得多。

在煤矿机械中通常还使用一种浮动活塞式液压缸。其主要结构特点是活塞套装在活塞杆上，可在活塞杆上滑动，故称为浮动活塞式液压缸。其工作原理如图1-22所示。

当油口A输入压力液体，油口B回液时，由于活塞浮动，压力液体先将活塞推向前缸盖靠紧（图1-22a），然后压力液体的压力再随负载升高将活塞杆推出（图1-22b），这时活塞杆的推力 F(N) 和伸出速度 v(m/min) 分别为

$$F=\frac{\pi}{4}d^2p\times10^{-4} \tag{1-12}$$

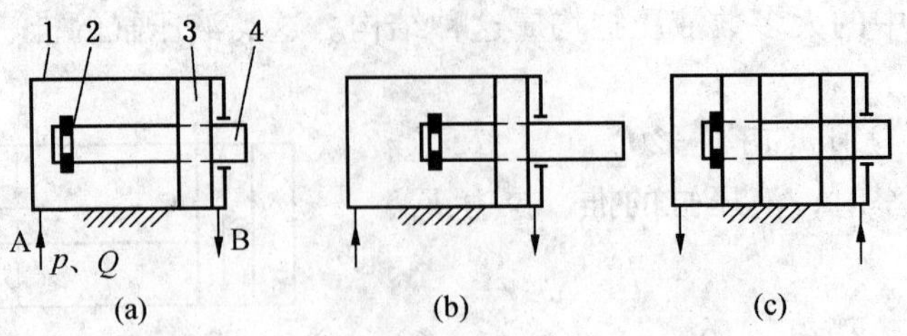

1—缸体；2—卡环；3—浮动活塞；4—活塞杆

图 1-22　浮动活塞式液压缸工作原理

$$v=\frac{40Q}{\pi d^2} \tag{1-13}$$

可见，浮动活塞式液压缸与差动液压缸作用相同。

（二）齿条式液压缸

齿条式液压缸是一种带齿条—齿轮传动的组合液压缸。它将活塞的往复直线运动转变为齿轮的回转运动。图 1-23 所示为齿条式液压缸的示意图，它由缸体、带齿条活塞杆的双头活塞、齿轮、轴及两端调节螺钉等组成，也是双作用液压缸。当活塞作往复运动时，通过齿条带动齿轮和轴做正、反向回转运动。拧动两端的调节螺钉，可以调节活塞的行程，从而改变输出轴回摆角度的大小。

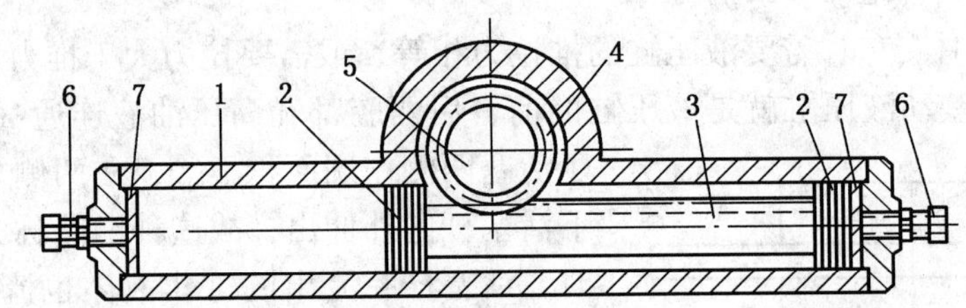

1—缸体；2—活塞；3—齿条活塞杆；4—齿轮；5—轴；6—调节螺钉；7—挡块

图 1-23　齿条式液压缸

齿条式液压缸转轴输出的扭矩（N · m）和角速度 ω(L/s) 的计算式分别为

$$M=\frac{\pi\Delta pD^2D_t}{8}\times10^{-6} \tag{1-14}$$

$$\omega=\frac{8000Q}{60\pi D^2D_t} \tag{1-15}$$

式中　Δp——液压缸两腔的压力差，Pa；

D——活塞直径，cm；

D_t——齿轮节圆直径，cm；

Q——进入液压缸的流量，L/min。

齿条式液压缸常用于机械手、回转工作台、回转夹具和某些部分断面掘进机的工作机构左右摆动装置等转位机构的驱动。

（三）双伸缩式液压缸

双伸缩式液压缸属于多级液压缸，具有行程大而缩回后长度短的特点，多用于长度或高度变化很大的设备上。双伸缩式液压缸有单作用和双作用两种类型。图1-24所示为用作厚煤层液压支架立柱的双作用双伸缩式液压缸。它主要由一级缸、二级缸、活柱、大小导向套、底阀和大小活塞等组成。当压力液体从油口A进入缸体底部时，就推动二级缸并带动活柱一起伸出，这时大活塞右侧的低压油液经一、二级缸间的间隙由油口B流回油箱，直至二级缸大活塞右端靠上大导向套为止，完成二级缸（即第一级活塞）的外伸动作。此后，因进入缸底工作液体压力进一步升高，将底阀（单向阀）开启，压力液体就从底阀进入活柱小活塞的底腔，推动活柱外伸。这时，小活塞右腔的回液经活柱的径向孔和轴向孔，最后由活柱上的油口C流回油箱。活柱收缩时的液流方向则相反，压力液体从油口B、C进入，回液从油口A流回油箱。这时，二级缸先收缩（因大活塞有效面积大），当其大活塞接触到一级缸缸体底部时，缸底的凸块将底阀顶开，使小活塞底腔的回液经底阀、一级缸缸底，从油口A流回油箱。

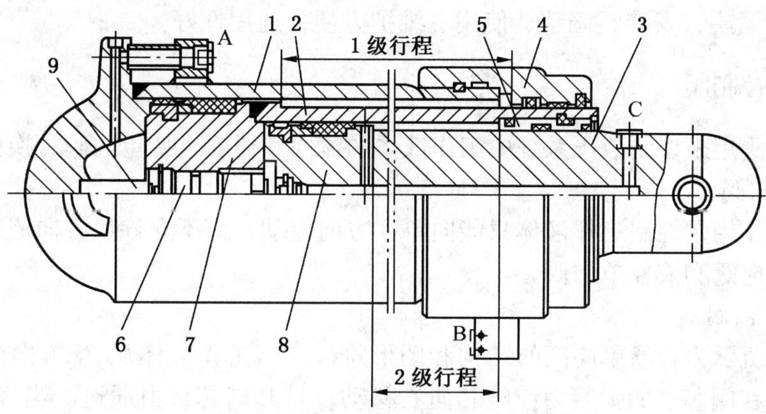

1—一级缸；2—二级缸；3—活柱；4—大导向套；5—小导向套；
6—底阀；7—大活塞；8—小活塞；9—凸块

图1-24 双作用双伸缩式液压缸

第五节 液 压 控 制 阀

一、液压控制阀的类型与要求

1. 液压控制阀的类型

液压系统使用的液压控制阀很多，按其机能可分为3类：

（1）压力控制阀，用于控制工作液体的压力，以实现执行机构提出的力或转矩的要求，如溢流阀、减压阀、顺序阀等。

（2）流量控制阀，用于控制和调节系统的流量，从而改变执行机构的运动速度，如节流阀、调速阀、分流阀等。

（3）方向控制阀，用于控制和改变系统中工作液体的流动方向，以实现执行机构运动方向的转换。方向控制阀可分为二通、三通、四通和多通阀等。其操纵方式有手动、液动、电动、机动、电—液动等。

各种液压控制阀的阀口数量因阀而异，有各种功能，一般可分为5种，分别用以下字母表示其功能：

压力油口（P），表示进入压力油的油口。

回油口（O或T），表示低压油口。

泄油口（L），表示低压油口。

工作油口（A、B），表示由它连接执行元件。

控制油口（K），表示使控制阀动作的外接控制压力油由此进入。

2. 液压控制阀的要求

所有液压控制阀，应满足如下要求：

（1）动作灵敏，使用可靠，工作时冲击和振动小。

（2）油液流过时压力损失小。

（3）密封性能好。

（4）结构紧凑，安装、调整、使用、维护方便，通用性好。

二、方向控制阀

方向控制阀用来控制液压系统中工作液体的流向和通断，如单向阀、换向阀等。

（一）单向阀

单向阀的作用是控制工作液体只能向单一方向流动，而不允许反方向流通。常用的单向阀有普通单向阀和液控单向阀。

1. 普通单向阀

图1－25所示为普通单向阀的结构和图形符号。当工作液体从 P_1 方向流入时，液体压力克服作用在阀芯上的弹簧力使阀芯向右移动，打开阀芯自由通过。当液体从 P_2 方向流入时，液体压力将阀芯紧紧压在阀座上，液体无法通过。

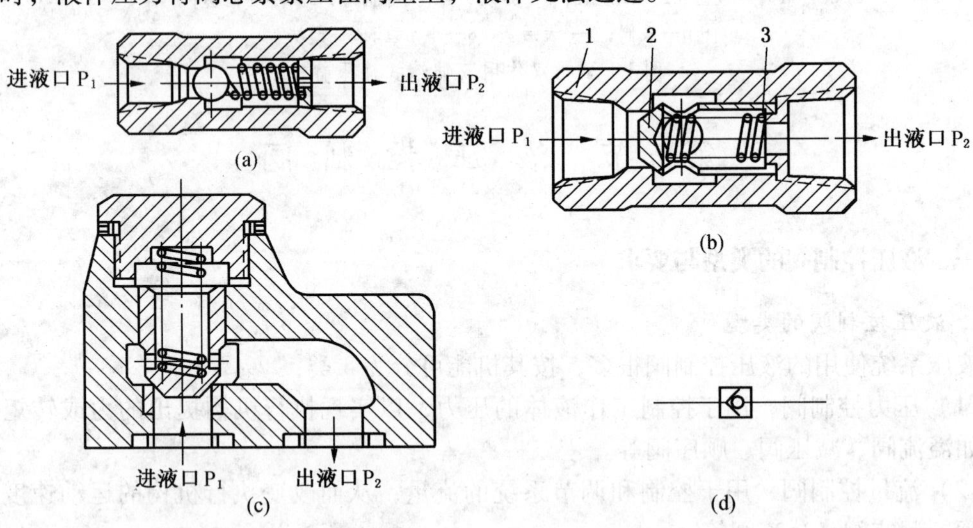

1—阀体；2—阀芯；3—弹簧

图1－25　普通单向阀的结构和图形符号

单向阀的阀芯通常有球形和锥形两种，球阀密封性差，适用于低压小流量系统。锥阀密封性好，工作可靠，一般用于中、高压大流量的系统。

单向阀中弹簧的作用是克服阀芯关闭时的摩擦力和惯性力，以保证复位可靠。因此所用弹簧很软，一般用途的单向阀开启压力为（3～5）×10^4 Pa。

2. 液控单向阀

图 1－26 所示是液控单向阀的结构和图形符号。

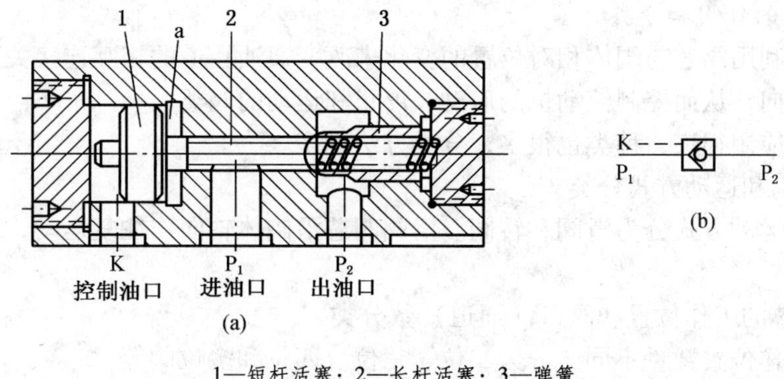

1—短杆活塞；2—长杆活塞；3—弹簧

图 1－26　液控单向阀的结构和图形符号

与普通单向阀相比，液控单向阀多了一个控制油口 K。当控制油口 K 处无压力油流入时，它的工作机制与普通单向阀一样；当控制油口 K 处有控制压力油流入时，因控制活塞 1 右侧腔通泄油口（图 1－26 中未标出），活塞右移推动顶杆顶开阀芯，使进、出油口连通，液体即可反向通过。

3. 双液控单向阀

双液控单向阀实际上是由两个液控单向阀构成，也称双向液压锁。它主要用于要求双向运动并能双向锁紧的执行机构中，可以在液压泵停止工作以后，仍使液压缸或其他执行元件长时间停在某一位置，如采煤机截煤滚筒调高系统等，如图 1－27 所示。

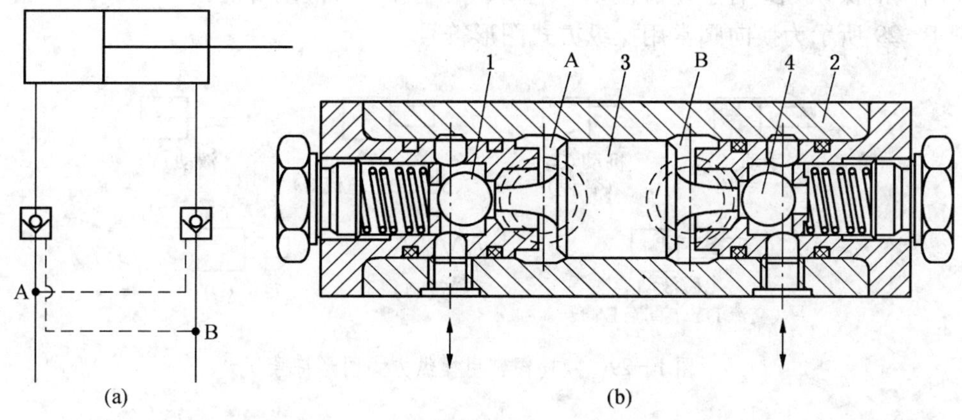

1、4—阀芯；2—阀体；3—活塞

图 1－27　双液控单向阀的结构及其锁紧回路

当油口 A、B 分别接通进、回油路时，由油口 A 进入的压力液体一路经左边的单向阀到液压缸左腔，推动活塞向右移动；另一路（图 1－27 中虚线）通向右边单向阀的控制油口将单向阀打开，使液压缸右腔回路反向流经此阀而回油箱。一旦油口 A 停止供液，两控制油口均与油箱相通。两液控单向阀均关闭，可靠地将液压执行元件闭锁在相应的位置上。当油口 A、B 互易进、回油路时，则以类似的过程使活塞向左移动。

（二）换向阀

1. 换向阀的作用和分类

换向阀是利用阀芯与阀体相对位置的变化来改变通油孔道的相互连接关系，以达到控制液流流动方向，从而控制液动机的启动、停止和运动的阀类。

换向阀的应用很广，种类也很多，分类方法也多。

1）按结构和运动方式分类

按结构和运动方式分为滑阀和转阀。滑阀阀芯沿阀体轴向作往复运动，而转阀阀芯相对于阀体转动。

2）按阀芯的工作位置和阀口（通道）数分类

按阀芯工作位置数量不同，分为二位、三位、四位和多位阀等。

按阀口数量不同，分为二通，三通，四通，五通，多通阀等。

在液压系统中，换向阀主要是以其工作位置和控制的通道数量来表示它的功用。其图形符号如图 1－28 所示。

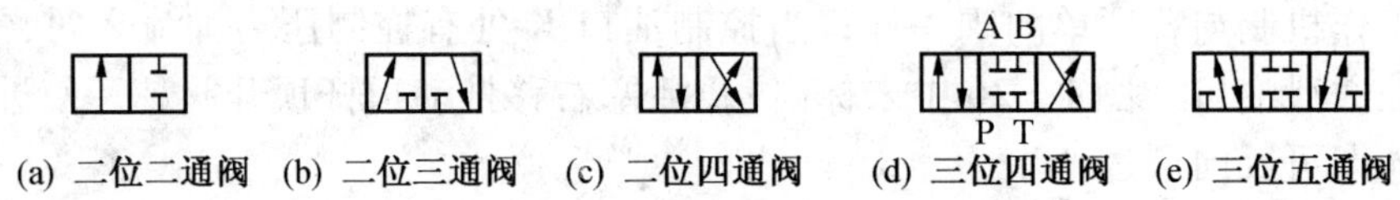

图 1－28　换向阀图形符号

3）按阀的操纵方式分类

换向阀的操纵方式有手动、机动、电动、液动和电—液动等。

图 1－29 所示为换向阀常用操纵方式图形符号。

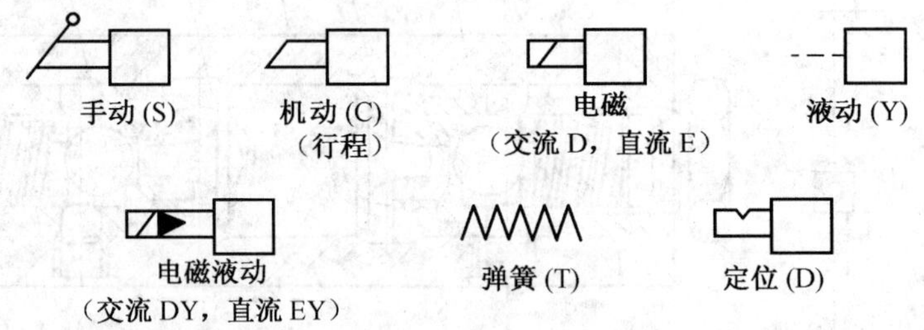

图 1－29　换向阀常用操纵方式图形符号

2. 常见的换向阀

1）手动换向阀

图 1－30 所示为三位四通手动换向阀的结构原理和图形符号。

阀芯在中位时，油口 P、T、A、B 全封闭，液动机不动。阀芯右移时，P 与 B 接通，A 与 T 接通。阀芯左移时，P 与 A 接通，B 与 T 相通。松开手柄，阀芯靠弹簧力恢复至中

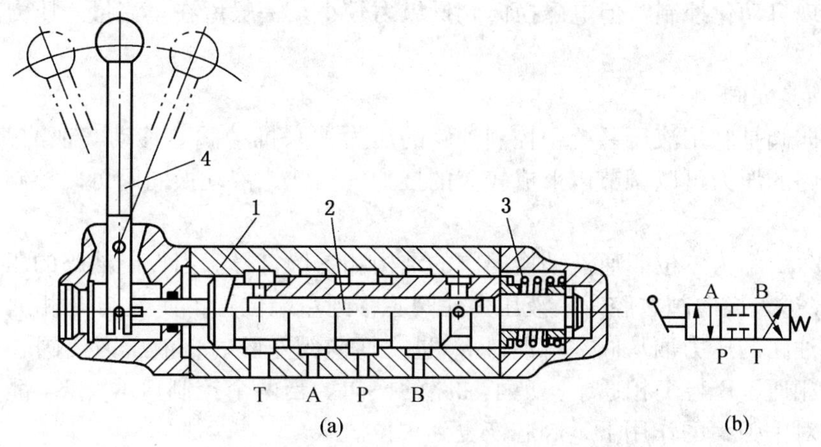

1—阀体；2—阀芯；3—弹簧；4—手把

图 1-30　三位四通手动换向阀的结构和图形符号

位。手动换向阀常用于采掘机械和工程机械中。

2）电磁换向阀

电磁换向阀是依靠电磁铁的吸力控制阀芯运动实现油路的换向的。

图 1-31 所示为三位四通电磁换向阀的结构和图形符号，它是由阀体、阀芯、推杆、弹簧和电磁铁等组成。

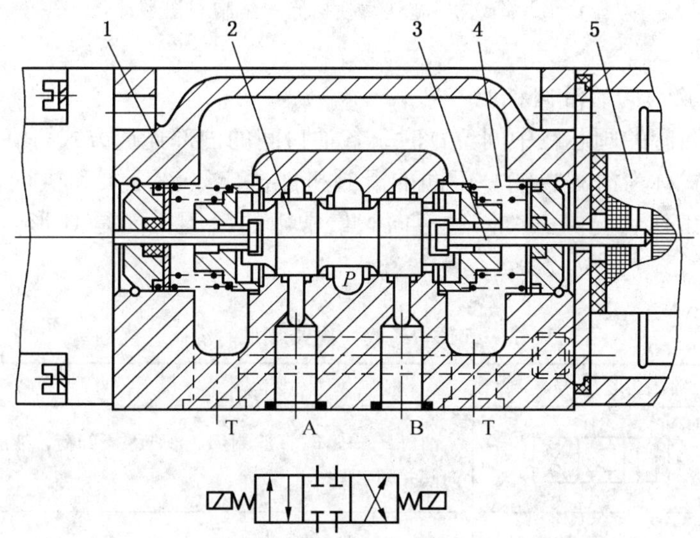

1—阀体；2—阀芯；3—推杆；4—弹簧；5—电磁铁

图 1-31　三位四通电磁换向阀的结构和图形符号

左、右电磁铁断电时，阀芯在两端对中弹簧的作用下处于中间位置，这时油口 P、T、A、B 互不相通。左电磁铁通电时，铁芯通过左面的推杆将阀芯推向右端位置，这时，P 与 B 相通，A 与 T 相通。右电磁铁通电时，阀芯被推杆推向左端位置，P 与 A 相通，B 与 T 相通，实现换向。电磁铁线圈的通、断电是靠按钮开关、压力继电器等发出电信号控制的，容易实现自动化控制。但电磁换向阀操纵力较小，一般用在小流量、压力不高的液压系统中。

3）液动换向阀

液动换向阀是利用液压系统中控制油路的压力油来推动阀芯移动实现油路的换向的。由于控制油路的压力可以调节以形成较大的推力，因此，液动换向阀可以控制具有较大流量的回路。

图 1－32 所示为三位四通液动换向阀的结构和图形符号。当控制油路的压力油从阀的右端油口 K_2 进入换向阀右腔时，液压力使阀芯移到左端位置，使 P 与 B 相通，A 与 T 相通。当控制油路的压力油从阀左端油口 K_1 进入换向阀左腔时，液压力使阀芯移到右端位置，P 与 A 相通，B 与 T 相通，实现了油路的换向。当两个控制口 K_1、K_2 都不通压力油时，在两端对中弹簧的作用下，阀芯恢复到中位。

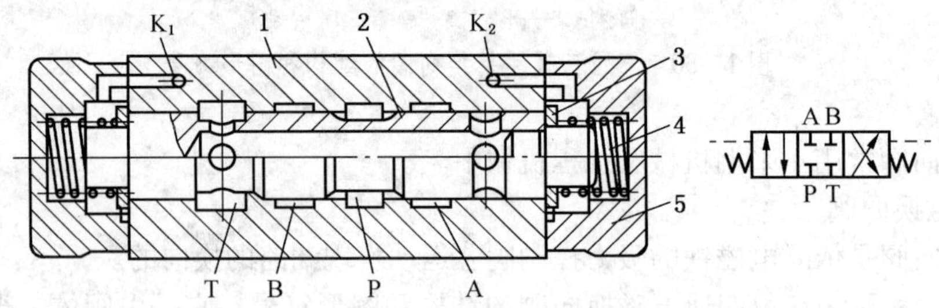

1—阀体；2—阀芯；3—挡圈；4—对中弹簧；5—端盖

图 1－32 三位四通液动换向阀的结构和图形符号

3. 三位四通换向阀的滑阀机能

三位四通换向阀的阀芯在中间位置时，各油口间的内部连通方式可满足不同的使用要求，这种连通方式称为滑阀机能。不同的滑阀机能决定了液压泵和执行元件（常指液压缸）在中位时的工作状况。三位四通换向阀最常用的滑阀机能是 O 形、H 形、Y 形、M 形，见表 1－2。

表 1－2 三位四通换向阀最常用的滑阀机能

滑阀机能	图形符号	说明
O 形	A B P T	油口 P、A、B、T 全封闭。液压泵不卸荷，液压缸闭锁，用于多换向阀并联工作
H 形	A B P T	油口 P、A、B、T 全串通。活塞浮动，在外力作用下可移动，液压泵卸荷
Y 形	A B P T	油口 P 封闭，油口 A、B、T 相通。活塞浮动，在外力作用下可移动，液压泵不卸荷
M 形	A B P T	油口 P、T 相通，油口 A、B 封闭。活塞闭锁，液压泵卸荷，用于多 M 形换向阀并联工作

三、流量控制阀

流量控制阀是通过改变阀孔的通流面积来改变通过的流量，从而改变液动机的速度。常用的流量控制阀有节流阀、调速阀、分流阀等。

（一）节流阀

1. 流量特征

液体流经任何形状节流口的流量，都遵循以下流量特征关系式：

$$Q = KA\Delta p^m$$

式中　Q——通过节流口的流量；

K——流量系数，与节流口断面的形状和工作液体性质以及流动状态有关；

A——节流口截面积；

Δp——节流口前后的压力差；

m——由节流形式决定的指数，其值为 $0.5 \leqslant m \leqslant 1$。

由上式可知，当节流口的形状一定，前后的压力差不变时，通过节流口的流量与节流口的通流面积成正比，即节流口开大，流量就大；反之，流量就小。节流阀就是基于这一原理调节液压执行元件的速度的。

2. 节流阀的工作原理和结构

图 1－33 所示为可调式节流阀的结构和图形符号。当工作液体从进油口 p_1 流入，经孔 b 和阀芯左端的轴向三角槽进入孔 a，再从出油口 p_2 流出。转动手柄 3 推动推杆 2，阀芯 1 压缩弹簧 4 左移，从而改变节流口的通流面积，达到调节流量的目的。弹簧 4 的作用是使阀芯始终压紧在推杆上。

如阀口面积不可调节的为固定式节流阀。使用节流阀对执行机构进行调速有一个主要缺点，即外负载的变化会影响执行机构的工作速度。由流量特性可知，节流口前后的压力差 $\Delta p = (p_1 - p_2)$ 要随负载的变化而变化，造成执行机构工作速度的不稳定。

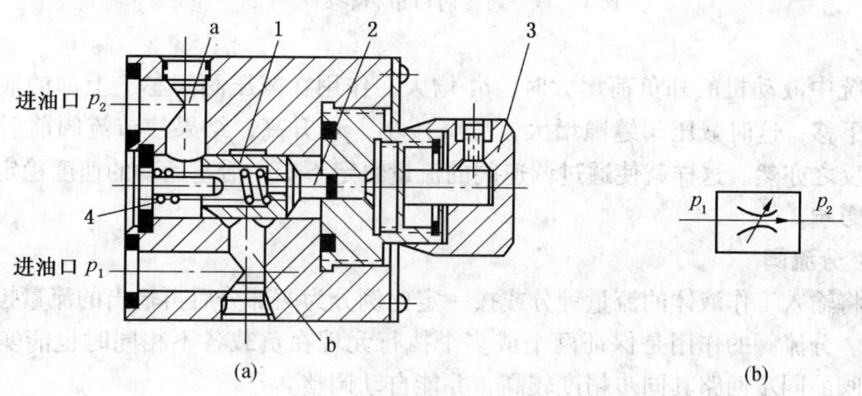

1—阀芯；2—推杆；3—手柄；4—弹簧

图 1－33　可调式节流阀的结构和图形符号

（二）调速阀

调速阀是由定差减压阀和节流阀串联而成的组合阀。节流阀用来调节通过的流量，定差减压阀则自动补偿负载变化的影响，使节流阀前后的压力差保持不变，从而保证流经调速阀的流量恒定。

图 1－34 所示为调速阀的结构和图形符号。当调速阀处于图示稳定工况时，进口压力经减压阀口由 p_1 降至 p_2。p_2 经节流阀口后压力降为 p_3。压力为 p_2 的油液同时经 e、f 孔分别进入 d 腔和 c 腔而作用于减压阀芯 1 的下部，压力为 p_3 的油液作用到减压阀阀芯的上部，并和弹簧力一起与下部的液压力平衡，此时，只要节流阀口前后压力差保持恒定，其通过的流量就可以保持恒定。

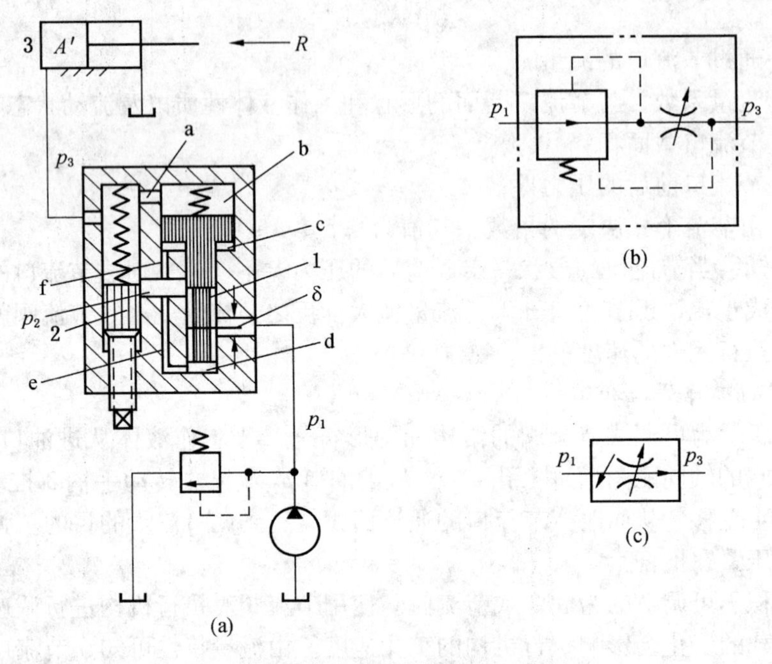

1—减压阀芯；2—节流阀芯；3—减压缸

图 1－34　调速阀的结构和图形符号

当系统中液动机的外负荷增大时，p_3 增大，作用在减压阀阀芯 1 上部的液压力也增大，阀芯下移，这时减压阀缝隙增大，压降减小，p_2 升高，结果使节流阀前后压力差近似不变；反之亦然。这样就使通过调速阀的流量恒定不变，活塞运动的速度稳定，不受负载变化的影响。

（三）分流阀

自动将输入工作液体的流量等分或按一定比例分为两部分后再输出的流量控制阀，称为分流阀。分流阀的作用是保证两个或多个执行元件在负载各不相同时也能实现同步运动。分流阀的同步回路其同步精度较高，并能自动调整。

图 1－35 所示为分流阀的结构和图形符号。工作液体从油口 P 进入，流经两个固定节流口 a、b，进入环形槽 g、h，最后经过两个可变节流口 c、d，从油口 A、B 分别进入两液动机。在阀芯 2 上有两个轴向孔分别将环形槽 g 和阀芯 2 的右腔、环形槽 h 和阀芯 2 的左腔连通。当 $p_A=p_B$ 时，阀芯处于中间位置，两边液路完全对称，c、d 两可变节流口的开口量相等，通过两口的流量相等。当 $p_A>p_B$ 时，即 $p_g>p_h$，阀芯两端受力不平衡，右

腔作用力大于左腔作用力，阀芯 2 左移，可变节流口 c 增大，d 减小，使左边阻力降低，右边阻力增大，直到 $p_h = p_g$ 为止，阀芯 2 的受力又处于平衡。这样，两个固定节流口 a、b 前后压力差又相等，则通过的流量相等。当 $p_B > p_A$ 时，则产生相反的工作过程，使通过 a、b 两固定节流口的流量仍维持相等。

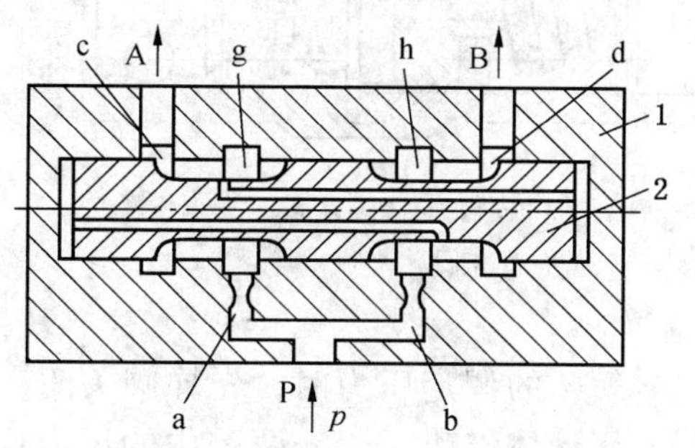

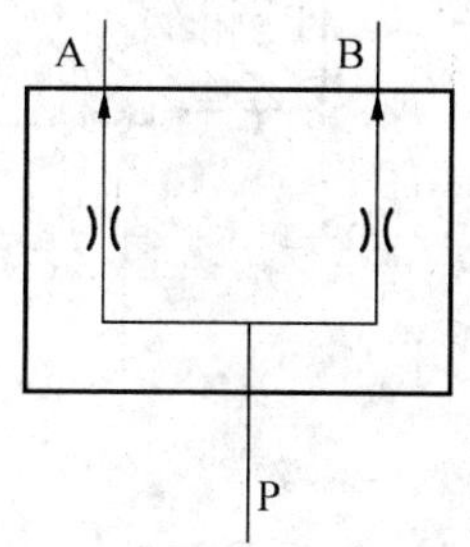

1—阀体；2—阀芯

图 1-35 分流阀的结构和图形符号

四、压力控制阀

压力控制阀用于控制工作液体的压力以实现执行机构提出的力或转矩的要求。其共同特点是作用在阀芯上的液压力和弹簧力相平衡，以此获得被控制系统的油液压力。压力控制阀包括溢流阀、减压阀、顺序阀等。

（一）溢流阀

1. 溢流阀的作用

溢流阀是通过阀口的溢流，使被控系统或回路的压力保持恒定，实现稳压、调压或限压的作用。其图形符号如图 1-36 所示。

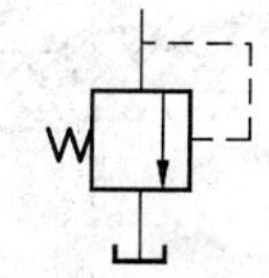

图 1-36 溢流阀的图形符号

2. 溢流阀的结构和工作原理

溢流阀按其结构可分为直动式和先导式两种。

1）直动式溢流阀

图 1-37 所示为一液压支架上使用的直动式溢流阀（安全阀），它主要由阀芯 1、阀座 2、密封圈 3、弹簧 6、调压螺钉 7 等零件组成。由于作用在阀芯进油口的压力直接与弹簧力相平衡，所以称直动式溢流阀。

高压工作液体从阀左端进液孔经滤网过滤后作用到阀芯上。当液压力大于弹簧力时，阀口打开，油液溢流。通过溢流阀的流量变化时，阀芯位置也变化，但因阀芯移动量极小，作用在阀芯上的弹簧力变化甚小，因此可以认为，溢流阀入口处的压力基本上是恒定的。调节弹簧的预压力，即可调整溢流压力。改变弹簧的刚度，便可改变调压范围。

2）先导式溢流阀

图 1-38 所示为 YF 系列先导式溢流阀，它由主阀和先导阀两部分组成。先导阀实际上是一个小流量的直动式溢流阀，用它控制动作压力，主阀控制溢流量。

高压液体从进液口 P 进入主阀的左腔 a，其中一部分液体经阻尼孔 b 到达右腔 c，再经通道 e 进入先导阀的前腔 d，作用在先导阀的锥形阀芯 5 上。当进液压力小于先导阀弹

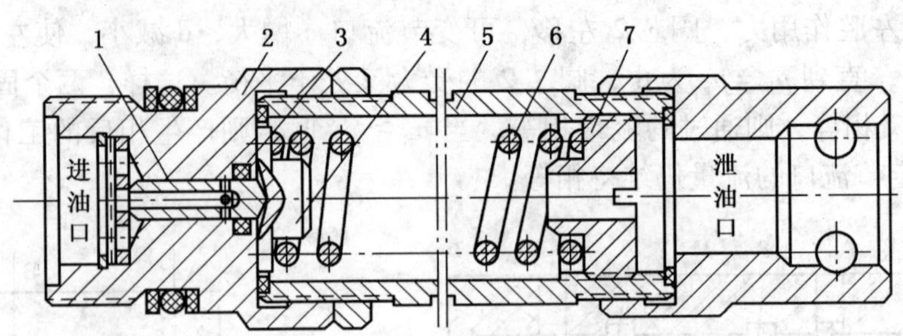

1—阀芯；2—阀座；3—密封圈；4—弹簧座；5—阀壳；6—弹簧；7—调压螺钉

图 1-37 直动式溢流阀

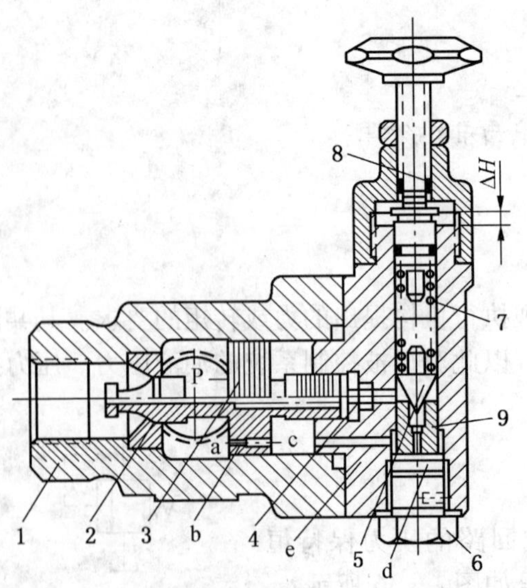

1—阀体；2—主阀阀座；3—主阀阀芯；4—主阀弹簧；5—先导阀锥形阀芯；6—远控口螺堵；7—先导阀弹簧；8—调压螺钉；9—先导阀阀座

图 1-38 YF 系列先导式溢流阀

簧 7 的调定压力时，先导阀关闭，此时阀内无液体流动，a、c 两腔中的压力均相等，主阀阀芯所受液压力平衡，在主阀弹簧 4 的作用下关闭，无溢流。

当进液压力升高，使作用在先导阀芯上的力大于先导阀弹簧 7 的调定压力时，先导阀锥形阀芯 5 打开，一小部分液体从先导阀阀口、主阀阀芯的中心孔流回油箱。由于液体在流动时通过阻尼孔 b 产生压力损失，使得 a、c 两腔产生压力差，以克服主阀弹簧 4 的弹簧力，使主阀芯右移，阀口开启而溢流，起到维持压力恒定或防止系统过载的作用。

由以上分析可知，主阀的开启取决于先导阀，而先导阀开启压力的大小决定于先导阀弹簧的调定压力，所以先导阀弹簧是压力弹簧，主阀弹簧只起主阀阀芯复位作用，称平衡弹簧。

如果取下远控口螺堵 6，并接上控制管路，即可对溢流阀进行远控调压或远程卸荷。例如，将远控口接油箱或接一个比先导阀调定压力小的溢流阀，这时系统中的压力就会近似为零（卸荷）或所接溢流阀的调定压力。

（二）减压阀

1. 减压阀的作用和要求

减压阀用于单泵供液而同时需要两种以上工作压力的传动系统中，通常在辅助回路中应用较多。

对减压阀的要求是：出口压力维持恒定，不受入口压力及通过流量大小的影响。

2. 减压阀的结构与工作原理

减压阀也有直动式和先导式之分。

图 1-39 所示为先导式减压阀的结构，它由先导阀和主阀组成。先导阀起调压作用，主阀起减压作用。与进油口连接的高压油路称为一次油路，而与出油口连接的低压油路称

为二次油路。

工作时，二次油路的低压液体经轴向槽 b、径向槽 c、阻尼孔 d 和通孔 e 而作用在先导阀芯上。当二次油路的压力小于先导阀的开启压力时，先导阀关闭，阻尼孔 d 无液体流动，故主阀阀芯两端液压力相等，主阀阀芯被主弹簧力推至最下方位置，减压缝隙 a 最大，即阀口全开，不起减压作用。当由于某种原因使一次油路压力或二次油路压力升高并超过先导阀的开启压力时，则先导阀开启，部分油液经泄油口 L 回油箱。液流经过阻尼孔 d 时产生压力损失，故主阀芯两端产生压力差，此压力差克服主弹簧力使主阀芯上移，减压缝隙 a 减小，使一、二次油路中的压力降增加，从而使二次油路的压力又降下来，稳定在调定值上。若二次油路压力低于先导阀的开启压力，主阀芯下降，减压缝隙 a 增大，使产生的压力降减小，又使二次油路的压力稳定在预先调定的压力值上。

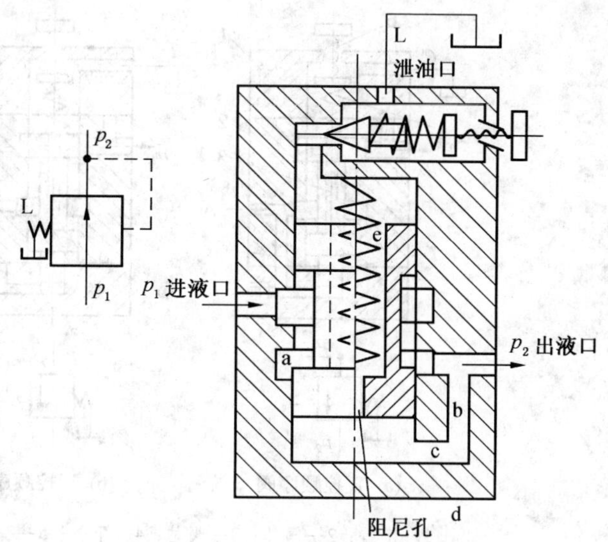

图 1-39 先导式减压阀的结构

由此可知，这种阀不论一次油路的压力如何变化，都能保证二次油路的压力基本不变，故又称为定压减压阀。

（三）顺序阀

1. 顺序阀的功用

顺序阀用来控制多个执行元件的顺序动作。根据控制液体的来源不同，可分为直控顺序阀和远控顺序阀。

2. 顺序阀的结构和工作原理

顺序阀与溢流阀的不同之处在于它的出口处不接油箱，而通向二次油路，因而它的泄油口必须单独接回油箱。为了减小调压弹簧刚度，在阀内设置了控制柱塞。

图 1-40a 所示为直控顺序阀的结构和图形符号。一次油路处的进口压力 p_1 达到阀的调定压力之前，阀口一直是关闭的，达到调定压力后阀口才打开，使压力油进入二次油路，驱动另一执行元件。

如果将下盖转过 90°，并打开螺堵 K，该阀变为远控顺序阀（图 1-40b）。远控顺序阀阀口的开启与否和一次油路处的进口压力没有关系，仅取决于控制压力的大小。

如将远控顺序阀的出口和泄油口接油箱，就可以用作卸荷阀（图 1-40c）。当从螺堵 K 进入的控制液体作用于控制活塞下腔的液压力大于弹簧力时，卸荷阀打开，使油口 A 与油箱相通实现卸荷。

（四）压力继电器

压力继电器是利用液压力控制的电气开关，它在油液压力达到其设定压力时，发出电信号，控制电气元件动作，借以实现液压系统的自动控制和安全保护。

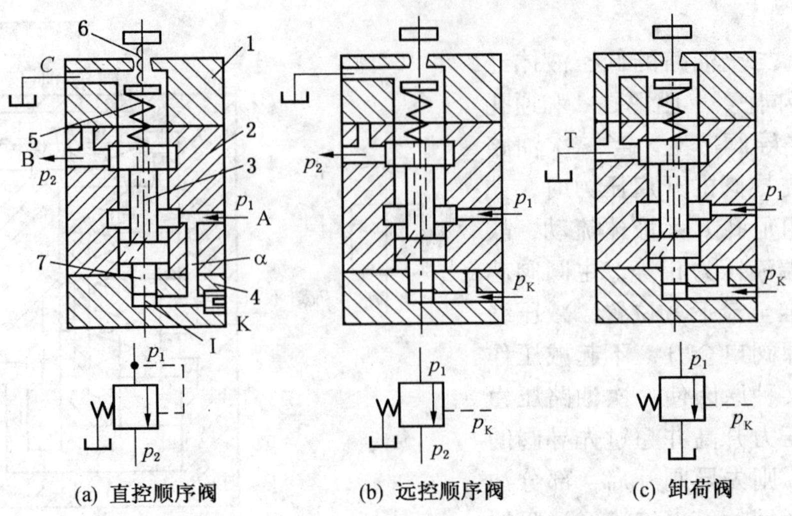

1—上盖；2—阀体；3—阀芯；4—下盖；5—弹簧；6—调压螺杆；7—小活塞

图 1－40　顺序阀的结构和图形符号

图 1－41 所示为柱塞式压力继电器的结构和图形符号。当油液压力达到压力继电器的设定压力时，作用在柱塞上的力通过顶杆 2 合上微动开关 4 发出电信号。

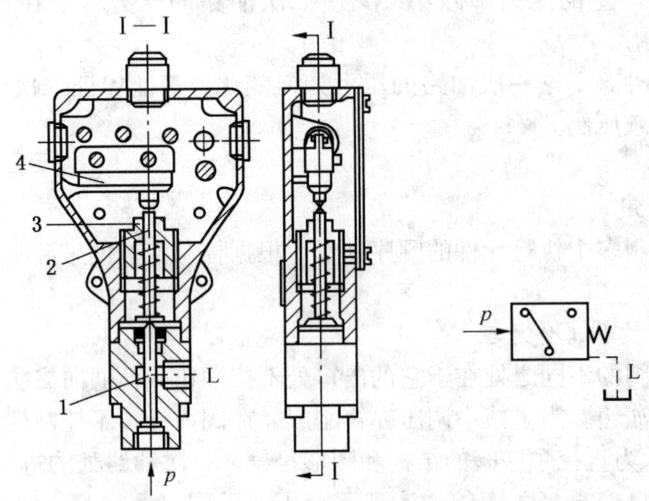

1—柱塞；2—顶杆；3—调节螺钉；4—微动开关

图 1－41　压力继电器的结构和图形符号

第六节　辅助液压元件

在液压系统中常用的辅助液压元件包括油管及管接头、油箱、冷却器、加热器、过滤器、蓄能器、密封元件等。从液压系统的工作原理来看，它们只是起辅助作用，但对保证系统正常工作是十分重要的。因此，在考虑一个液压系统时，对辅助液压元件必须给予足够的重视。

一、油管和管接头

油管和管接头的主要功用是连接液压元件和输送液压油。对其主要要求是：有足够的强度、密封性能好、压力损失小和拆装方便。

（一）油管

液压传动中常用的油管可分为硬管和软管两类。需要依据其安装位置、工作条件和工作压力来正确选择。

硬管用于连接无相对运动的液压元件，主要有钢管、紫铜管等。在低压（≤1.6 MPa）系统中可使用焊接钢管，在高压系统中则要用无逢钢管。钢管价格便宜，承受压力高，但装配时不能任意弯曲，常在拆装方便处用作压力管道。紫钢管易弯曲成各种形状，但承受压力一般不超过6.5～10 MPa，且抗振的能力差。

软管主要用于连接有相对运动的液压元件，在采煤机和液压支架上都可以见到这类油管。低压软管是中间夹有几层编织棉线或麻线的橡胶管，而高压软管是中间夹有几层钢丝编织层的橡胶管。常用高压软管中编织层多为1～2层，还有3～4层钢丝编织层的超高压软管，它的内径通常较小。

（二）管接头

管接头的型式很多，根据被连接管的材料和油液压力可选用不同的结构，通常可把管接头分为硬管管接头和软管管接头两大类。管接头类型和规格已标准化，可根据需要选用。

1. 硬管管接头

硬管管接头可分为卡套式、扩口式及焊接式3种型式，如图1－42所示。

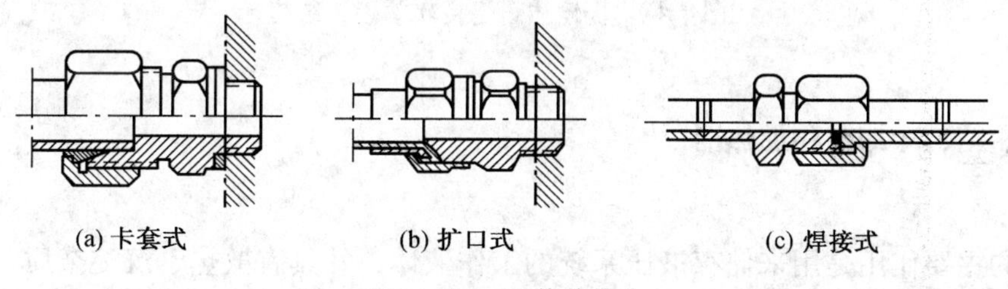

(a) 卡套式　(b) 扩口式　(c) 焊接式

图1－42　硬管管接头

1）卡套式管接头

如图1－42a所示，当拧紧螺母时，卡套两端的锥面使卡套产生弹性变形夹紧油管。接头和元件之间用螺纹连接。该管接头可用于工作压力为32 MPa的场合，但是要求使用高精度冷拔无缝钢管。

2）扩口式管接头

如图1－42b所示，装配这种管接头时，应先将油管端部扩口，拧紧螺母时，扩口部分被楔紧而实现密封，这种管接头适用于铜管和薄壁钢管，用于工作压力低于5 MPa的场合。

3）焊接式管接头

如图1－42c所示，管接头在接头体和接管之间用O形密封圈密封，它适用于连接管

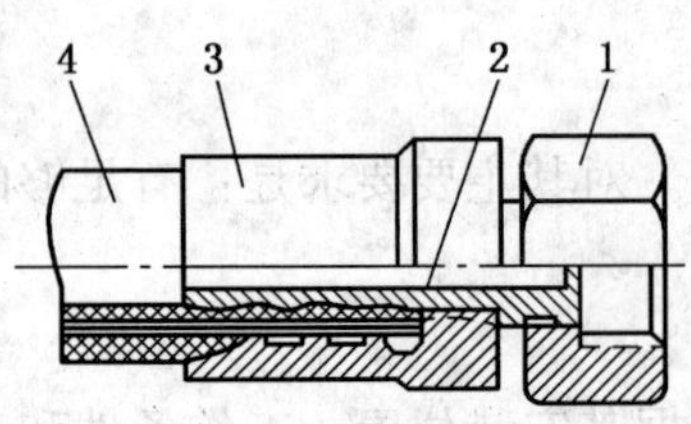

1—螺母；2—芯子；3—外套；4—高压软管

图1-43　螺纹连接高压软管接头结构

壁较厚的情况，工作压力不大于32 MPa。

2. 软管管接头

1）螺纹连接高压软管接头

螺纹连接高压软管接头的结构如图1-43所示。剥去外皮的带钢丝编织层的高压软管4被扣压在外套3和芯子2的中间，软管与接头是不可拆的。而接头与接头之间是通过螺纹（螺母）与另一软管接头上的外螺纹（图1-43中未画出）来连接的。接头间的密封靠芯子上的锥形孔与另一软管芯子的锥形端的紧密对压来实现的。

2）快速插销连接软管接头

快速插销连接软管接头的结构如图1-44所示。在胶管接头的端部用O形密封圈2密封，用U形卡3把接头和液压元件的接口连接起来，即成快速接头。U形卡快速接头拆卸方便，密封性能好，常作为液压支架的胶管接头大量使用。

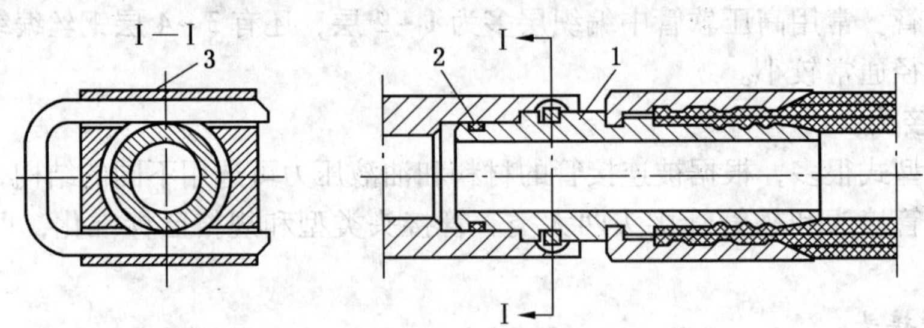

1—芯子；2—O形密封圈；3—U形卡

图1-44　快速插销连接软管接头结构

二、油箱、冷却器和加热器

1. 油箱

油箱的主要作用是用来储存液压系统的工作液体，并具有散热、沉淀杂质、分离油液中的空气的作用。

根据工作情况的不同，油箱可以单独设置（如支架泵站），也可以利用机器内部的空间作为油箱（如采煤机），但油箱都必须有足够的有效容积（液面高度为油箱80%的油箱容积）。一般推荐低压系统为液压泵额定流量的2~4倍，中压系统为5~7倍，高压系统为6~12倍。

图1-45所示为单独设置的油箱结构及图形符号。

2. 冷却器

液压系统中使用的最简单的冷却器是蛇管式冷却器，它直接装在油箱内，蛇形管内通以冷却水，即可带走油液中的热量。这种冷却器结构简单，但冷却效率低，耗水量大。

液压系统中多数用多管式冷却器，图1-46所示为多管式冷却器的结构和图形符号。油在水管1的外部流过，隔板2用来增加循环路线的长度，从而增强了热交换的效果。

冷却器一般安装在回油管或低压管上。

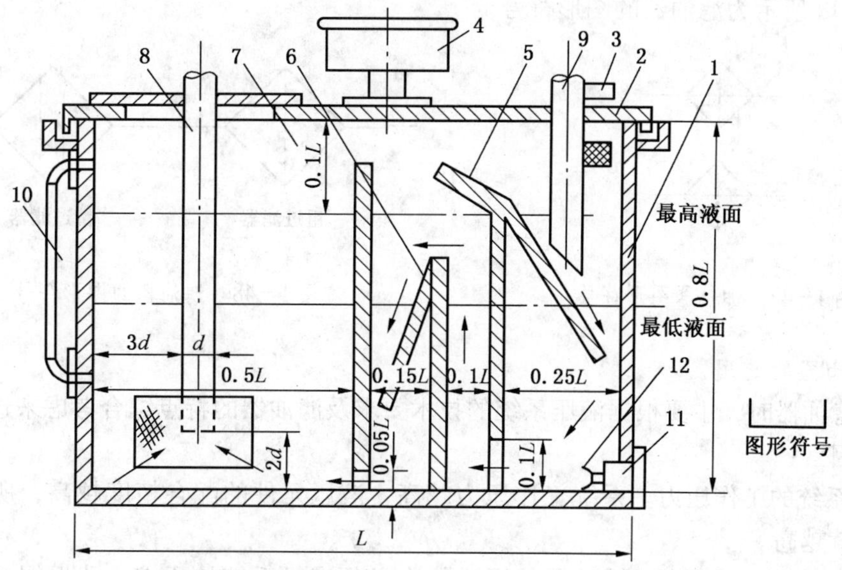

1—箱体；2—箱盖；3—注油口；4—空气滤清器；5、6、7—隔板；8—吸油管；9—回油管；10—液位计；11—放油塞；12—永久磁铁

图 1-45 单独设置的油箱结构及图形符号

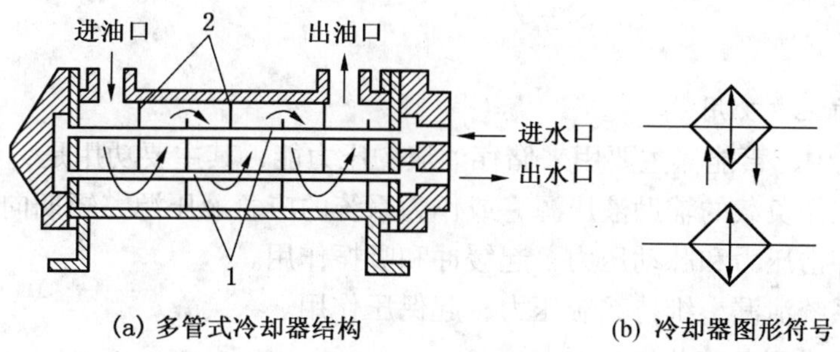

(a) 多管式冷却器结构 (b) 冷却器图形符号

1—水管；2—隔板

图 1-46 多管式冷却器的结构和冷却器图形符号

3. 加热器

油液可用热水或蒸汽来加热，也可用电加热。电加热因为结构简单，使用方便，能按需要自动调节温度，因而得到广泛的使用。

图 1-47 所示为加热器的图形符号。

三、滤油器

1. 滤油器的作用及类型

滤油器的作用是过滤混在油液中的杂质，把杂质颗粒大小控制在能保证液压系统正常工作的范围内。

滤油器的类型很多，常用的滤油器有网式滤油器、线隙式滤油器、纸质滤油器、烧结式滤油器和磁性滤油器。

图 1－48 所示为滤油器的图形符号。

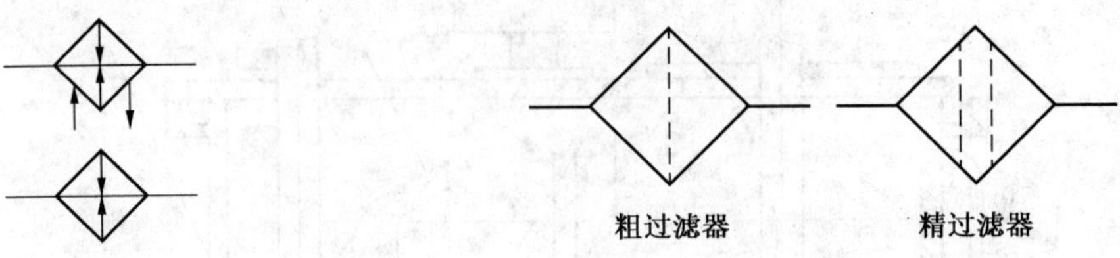

图 1－47 加热器图形符号

图 1－48 滤油器的图形符号

2. 滤油器的选用

选择滤油器时，主要根据液压系统的技术要求及滤油器的特点综合考虑来选择。一般考虑如下因素：

（1）系统的工作压力。系统工作压力越高，液压元件的配合精度越高，所需要的过滤精度也就越高。

（2）系统的流量。所选滤油器的通流能力必须满足系统的要求，即根据系统的最大流量来确定。一般安装在吸油管路中的网式滤油器的通流能力应大于 2 倍的液压泵流量。

（3）滤芯的强度。滤芯的强度要与所受油压相适应，以免滤芯受油压作用而损坏。在高压或冲击大的液压回路，应选用强度高的滤油器。

四、蓄能器

1. 蓄能器的主要功用

在液压系统中，蓄能器主要用来储存油液的压力能，其主要功用是：

（1）作为工作负载的辅助液压源，或作为系统的应急液压源，短期向系统供液。

（2）吸收冲击压力和脉动压力，起缓冲和吸振作用。

（3）补充系统泄漏，维持系统压力，起保压作用。

2. 蓄能器的类型与结构

蓄能器主要有重锤式、充气式和弹簧式 3 种类型。其中充气式蓄能器的应用最为广泛。

充气式蓄能器是利用气体的压缩和膨胀来储存和释放能量。为安全起见，所充气体一般为惰性气体或氮气。常用的有气囊式蓄能器。

图 1－49 所示为气囊式蓄能器的结构。由图可知，气囊 3 固定在壳体 2 内，气体从充气阀 1 充入，气囊外部为压力油。当系统压力低于蓄能器压力时，气囊膨胀使压力油输出，蓄能器释放能量。限位阀的作用是防止气囊膨胀时从蓄能器油口处凸出而损坏。这种蓄能器的优点是：油液和气体隔开，气囊惯性小，反应灵活，尺寸小，质量轻，安装方便。

五、密封装置

（一）密封装置的作用和类型

密封装置的作用是防止液体泄漏（内泄和外泄）或杂质（灰尖、水等）从外部侵入液压系统。

密封装置有静密封（密封部分固定不变）和动密封（密封部分运动）之分。动密封又分为往复运动密封和旋转运动密封。按照密封原理不同，分为接触密封和间隙密封。

（二）常用密封元件的结构和性能

1. O 形密封圈

O 形密封圈为断面呈圆形的耐油橡胶环，O 形密封圈以其结构简单、使用方便的优点而被广泛使用。其密封原理如图 1－50 所示。

O 形密封圈安装后，由于 $H < d_o$。如图 1－50b 所示，在密封表面与密封槽的作用下而压缩，如图 1－50c 所示。在压力油作用时，O 形密封圈被挤到一侧，挤压变形增大，密封效果也随之提高，如图 1－50d 所示。当压力超过 10 MPa 时，O 形密封圈会被挤入间隙而损坏，如图 1－50e 所示。此时，应在低压侧加挡圈，如图 1－50f 所示，如双向受压时，在其两侧各加一个挡圈，如图 1－50g 所示。

2. 唇形密封圈

唇形密封圈都具有一对与密封面接触的唇边，且唇口应对着压力高的一边，以便唇边张开，以增加其密封性。当油液压力较低时，唇边在安装时的预压缩起密封作用；当油液压力较高时，油压作用在唇口上，将唇口贴紧密封

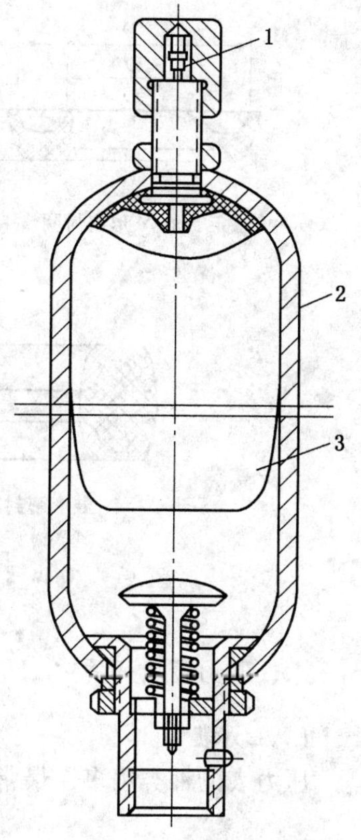

1—充气阀；2—壳体；3—气囊

图 1－49　气囊式蓄能器的结构

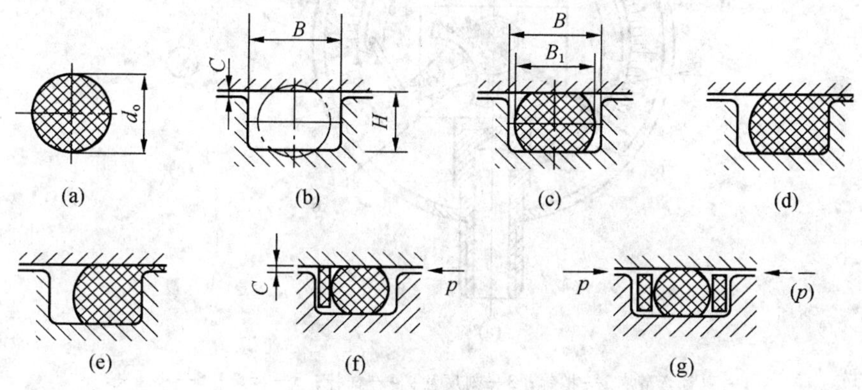

图 1－50　O 形密封圈的工作原理

面上，起到增强密封的作用，而且压力越高贴得越紧。这类密封圈一般都用于动密封，特别是往复运动的密封。

唇形密封圈按其断面形状可分为 Y 形、小 Y 形、V 形、鼓形和蕾形等多种类型。图 1－51 所示为常见唇形密封圈的断面形状。

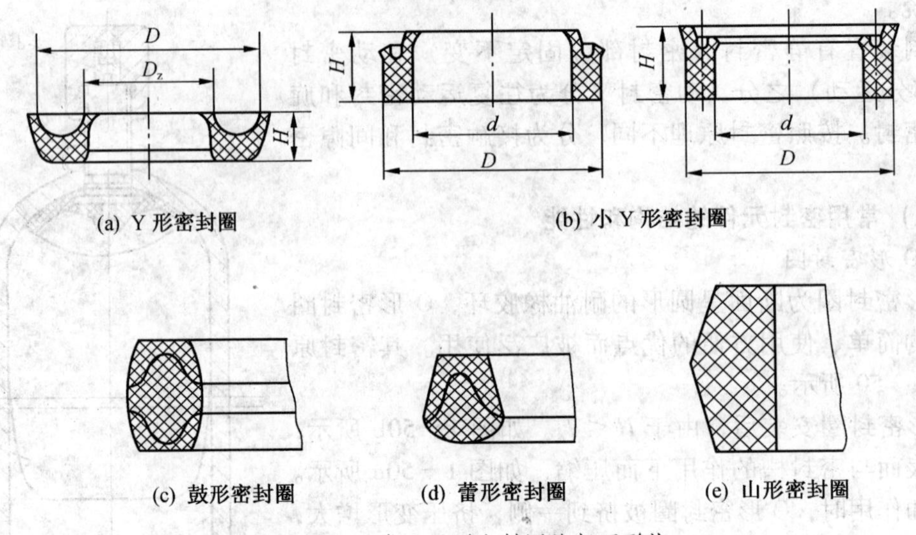

图 1-51　常见唇形密封圈的断面形状

六、压力表及开关

1. 压力表

压力表的种类很多，最常用的是弹簧管式压力表，其结构如图 1-52 所示。

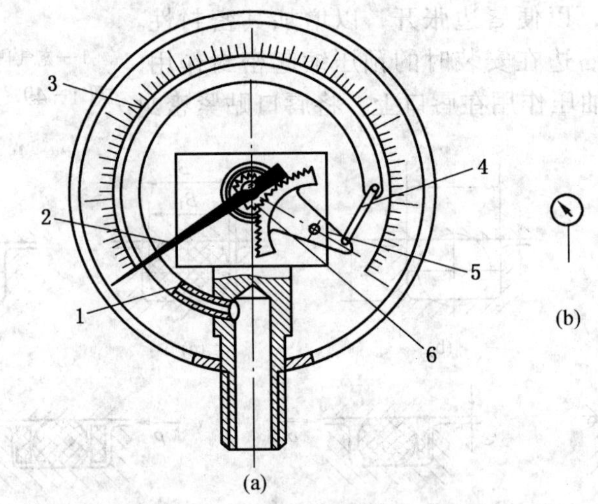

1—弹簧弯管；2—指针；3—刻度盘；4—杠杆；5—齿扇；6—小齿轮

图 1-52　弹簧管式压力表

压力油进入扁截面弹簧弯管 1，弯管变形使其曲率半径加大。端部的位移通过杠杆 4 使齿扇 5 摆动。于是与齿扇 5 啮合的小齿轮 6 带动指针 2 转动，这时即可由刻度盘 3 上读出压力值。

用压力表测量压力时，被测压力不应超过压力表量程的 3/4。压力表必须直立安装。

2. 压力表开关

压力表油路与压力表之间须装一压力表开关。实际上它是一个小型的截止阀，以接通或断开压力表与油路的通道。压力表开关有一点、三点、六点等。

图1－53所示为六点压力表开关。图示位置为非测量位置，此时压力表油路经沟槽a、小孔b与油箱连接。若将手柄向右推进去，沟槽a将把压力表油路与测量点处的油路连通，并将压力表油路与通往油箱的油路断开，这时便可测出该测量点的压力。如将手柄转到另一个测量点，则可测出其相应压力。

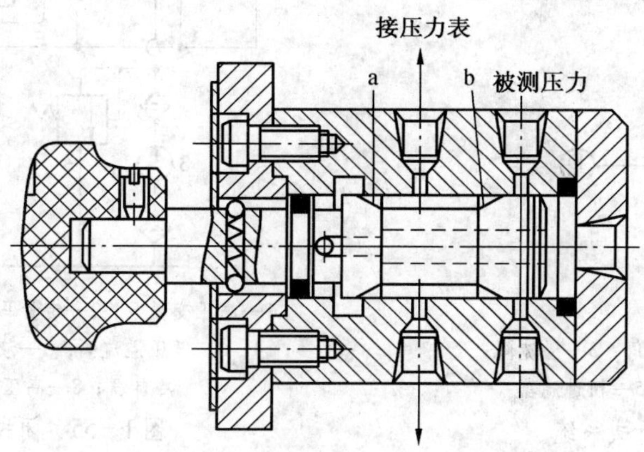

图1－53　六点压力表开关

第七节　液压系统基本回路

一、主回路

主回路是指由液压泵和执行元件组成的回路，是液压系统的主体。液压系统按照液流在主回路的循环方式不同分为开式系统和闭式系统两种类型。

1. 开式系统

如图1－54所示，液压泵从油箱吸液，泵排出的高压液体通过换向阀进入液动机，液动机工作后排出的低压液体经换向阀回油箱。液压泵排油口处的溢流阀是限制系统最高工作压力的溢流阀。

开式系统的特点是：液压泵从油箱吸油，而液压缸（或液压马达）的回油直接回油箱；执行元件的启动、停止、换向均由换向阀控制。除此以外，开式系统还具有结构可靠，油液散热条件好等优点，但油箱所需容积较大，液体与空气接触，易被污染和氧化。

由于开式系统的上述特点，它多用于固定设备中，如液压支架、机床和压力机等。

2. 闭式系统

图1－55所示为闭式系统。

高压变量泵1排出的压力油直接进入定量马达2，马达工作后排出的低压液体又直接返回到泵的吸油口。这样，工作油液在液压泵和液压马达之间不断循环流动。为了补偿因泄漏造成的容积损失，闭式系统设置了辅助泵3，负责向主液压泵供油。由于主回路中的油液不经过油箱而在系统中循环，因此，油温就会不断上升。为了解决闭式系统的油液散

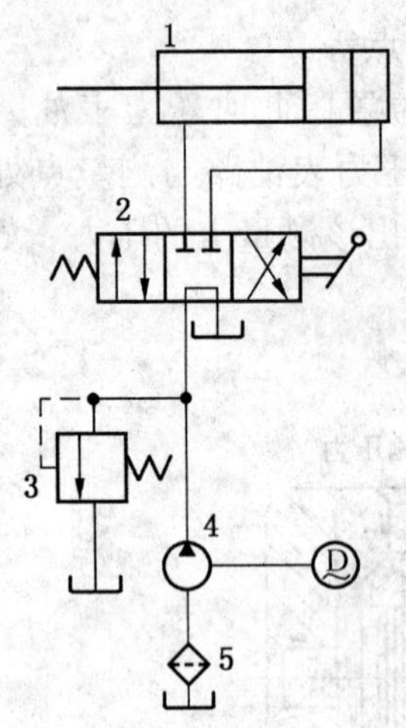

1—液压缸；2—换向阀；3—溢流阀；
4—单向定量泵；5—粗过滤器

图 1－54　开式系统

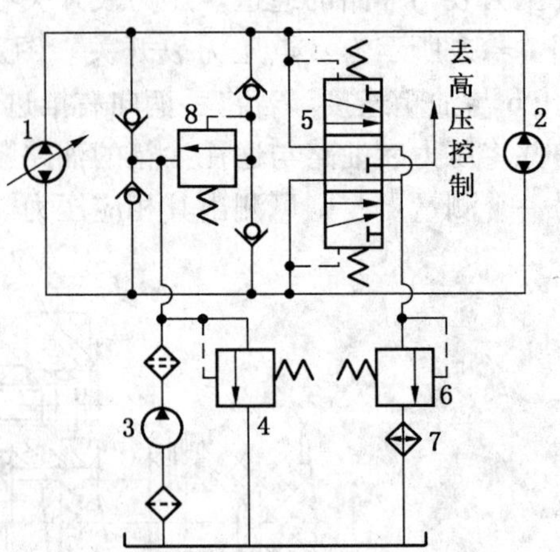

1—高压变量泵；2—定量马达；3—辅助泵；
4、6—低压溢流阀；5—液动换向阀；7—冷却器；8—高压溢流阀

图 1－55　闭式系统

热问题，系统中一般都要设置一液动换向阀 5，使液压马达回油中的一小部分经低压溢流阀 6（背压阀）和冷却器 7 流回油箱，系统由此减少的油液则由辅助泵 3 进行补充。图中的溢流阀 8 是限制系统最高压力的高压安全阀，与辅助泵并联的低压溢流阀 4 的调定压力应略高于背压阀 6，以保证热交换能正常进行。

与开式系统相比，闭式系统有下列特点：系统结构复杂，油液的散热条件差，但油箱容积小，系统比较紧凑，系统的封闭性能好，工作液体不易被污染，这样就大大延长了液压元件和油液的使用寿命。

闭式系统常用于大功率传动的行走机械中，如采煤机的液压牵引系统和其他许多工程机械的液压系统。

二、方向控制回路

方向控制回路是控制液压系统中液流的通断或流向的改变，从而使有关的液动机完成启动、停止（包括锁紧）、换向等动作的回路。

1. 换向回路

利用除二位二通阀以外的各种换向阀或双向变量泵都可使执行元件换向，构成换向回路。

利用二位二通阀只能控制油路的通断和液动机的启、停，不能控制换向。

2. 定向回路

定向回路的作用是使通过系统中某一元件液流方向不变，故又称为整流回路。

如图 1－56 所示，为使双向定量泵 1 对系统的吸排液方向不变，采用了 4 个单向阀组成的定向回路。为使安全阀 2 始终与主回路高压管路相通，采用了 2 个单向阀组成的定向回路。

三、速度控制回路

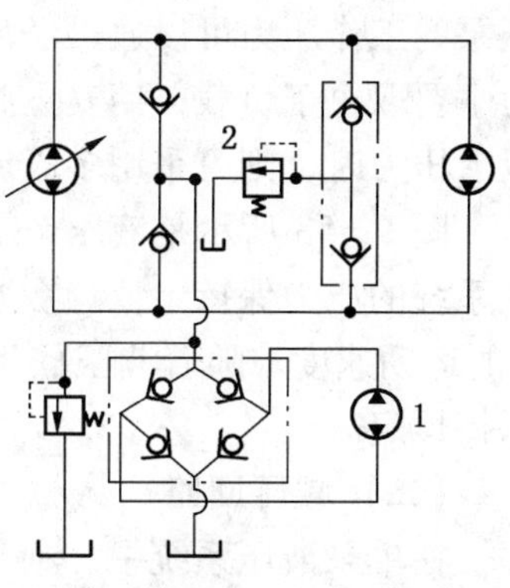

1—双向定量泵；2—安全阀

图1-56 定向回路

1. 节流调速回路

采用定量泵供油，用流量控制阀进行调速的回路称节流调速回路。根据流量控制阀在回路中安装位置不同分为进油节流调速回路、回油节流调速回路和旁路节流调速回路3种。现以进油节流调速回路为例对节流调速的工作原理和特性加以说明。

如图1-57所示，在进油节流调速回路中，节流阀装在执行元件的进油路上。定量泵供油，节流阀串联在液压泵的出口处，在液压泵并联一个溢流阀。从液压泵输出的油经节流阀进入液动机，使液动机运动。调节节流阀阀口的大小，就能改变进入液动机的流量，从而达到调速的目的，多余的油液经溢流阀排回油箱。液动机在工作过程中，其工作腔压力随外负载的变化而变化，液压泵的出口压力由溢流阀调定，基本保持恒定不变。

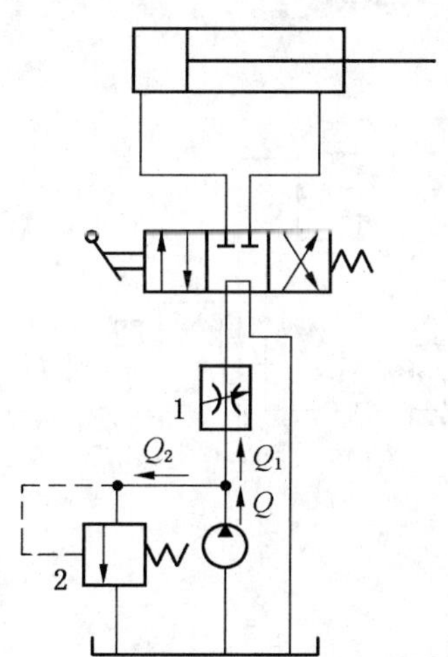

1—节流阀；2—溢流阀

图1-57 进油节流调速回路

在节流调速系统中，液压泵的流量和压力通常按执行元件的最大速度和最大负载来选择。这样，当液压系统在进油节流调速回路中，由于液动机没有回油背压，所以运动平稳性差。当液压系统在回油节流调速回路中，由于把节流口串联在回油路上，限制了液动机的回油量，因此，具有较好的运动平稳性。掘进机工作机构的升降速度通常就是由回油节流调速回路控制的。

节流调速具有结构简单、价廉、使用维护方便等优点，但由于有很大的节流损失和溢流损失，致使系统温度升高，一般多用于对发热要求不严，或散热条件很好的小功率开式液压系统中。

2. 容积调速回路

容积调速回路是通过改变液压泵或液压马达排量，从而使液动机运动速度获得无级变化的一种调速回路，采用的液压元件为变量泵或变量马达。

容积调速回路按变量元件不同分为变量泵—定量马达(液压缸)调速回路、定量泵—变量马达调速回路和变量泵—变量马达调速回路。

四、压力控制回路

压力控制回路的作用是利用各种压力阀来控制油液压力，以满足执行元件对力或转矩的要求，或达到减压、增压、卸荷、顺序动作和保压等目的。常见的压力控制回路主要有以下3种。

(一) 调压回路

液压系统中工作压力必须与所承受的负载相适应。当液压系统采用定量泵供油时，液压泵的工作压力可以通过溢流阀来调节；当液压系统采用变量泵供油时，液压泵的工作压力主要取决于负载，用安全阀限制系统的最高压力，以防止系统过载。当系统中需要两种以上压力时，则可采用多级调压回路来满足不同的压力要求。

图1－58所示是液压系统中常见的单级调压回路。通过调整溢流阀4的开启压力来控制系统的压力保持定值。在这种回路中，溢流阀4处于常开状态，节流阀2控制着液压缸3的运动速度。随着液压缸3速度的改变，溢流阀4的溢流量时大时小，但系统压力基本保持恒定。

（二）减压回路

在单泵液压系统中，利用减压阀使系统中某一支路获得比主回路压力低且稳定的压力，来满足不同执行元件或控制油路对压力的不同要求，这样的回路称为减压回路。

图1－59所示是一机床工件夹紧用的液压回路。液压泵除了向主工作液压缸供液外，还经过减压阀2、单向阀3、二位四通电磁换向阀4向夹紧液压缸5供液，从而实现了单向泵向多执行元件提供不同压力油液的压力的目的。

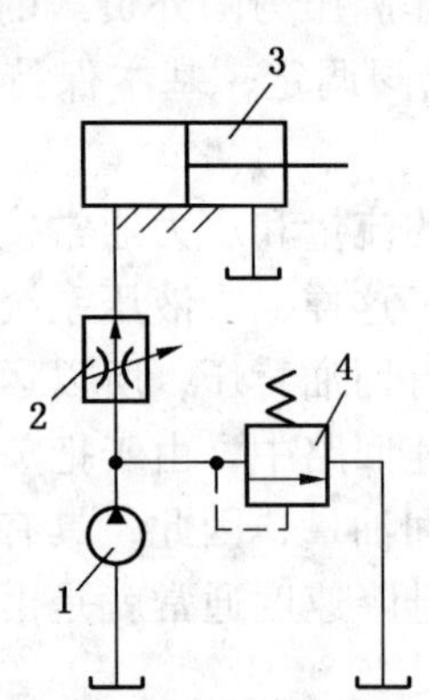

1—单向定量泵；2—节流阀；3—液压缸；4—溢流阀

图1－58 单级调压回路

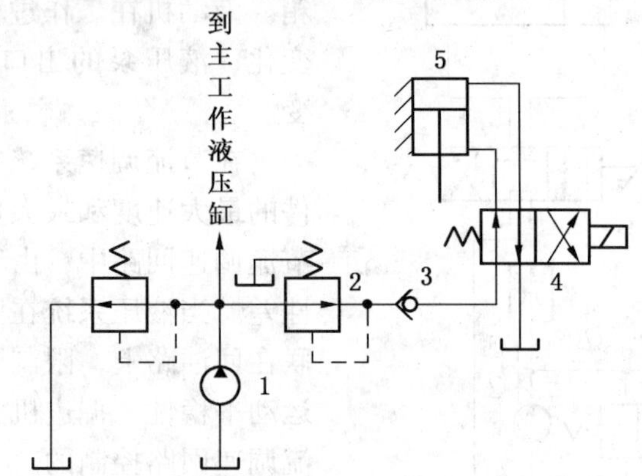

1—液压泵；2—减压阀；3—单向阀；4—二位四通电磁换向阀；5—夹紧液压缸

图1－59 机床工件夹紧液压回路

（三）卸荷回路

当液压系统中各个执行元件暂时不工作时，若液压泵仍以溢流阀调定压力值排液流回油箱，则会造成功率损失和使工作液体发热，所以必须使液压泵作空载运转。为了保护电动机，某些功率较大的液压泵也应在卸荷情况下轻载启动。常见的卸荷回路有如下3种。

1. 用换向阀构成的卸荷回路

利用具有M、H和K形等中位机能的三位四通换向阀均可构成卸荷回路。

2. 用溢流阀构成的卸荷回路

如果在液压泵卸荷的同时，又要求系统仍保持高压，便可采用此种回路。图1－60所示就是用溢流阀构成的卸荷回路。

液压泵1输出的油液经单向阀2同时进入系统和蓄能器3。当执行元件（液压缸或液压马达）停止运动时压力升高，压力继电器4动作发出电信号，使电磁阀5通电下移，溢流阀6的远控口经电磁阀5与油箱接通，液压泵1经溢流阀6卸荷。这时主回路中的液体因单向阀2关闭而不能倒流，蓄能器3起到保压作用并补偿系统的泄漏。当蓄能器3中的压力过低时，压力继电器4发出信号，电磁阀5断电复位，溢流阀6关闭，液压泵1再次向系统供油。

3. 用卸荷阀构成的卸荷回路

图1-61所示为用于乳化液泵站的卸荷回路。

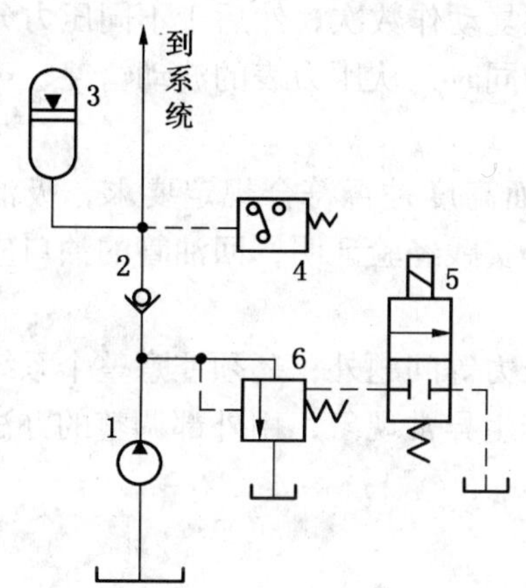

1—液压泵；2—单向阀；3—蓄能器；4—压力继电器；5—电磁阀；6—溢流阀

图1-60　溢流阀卸荷回路

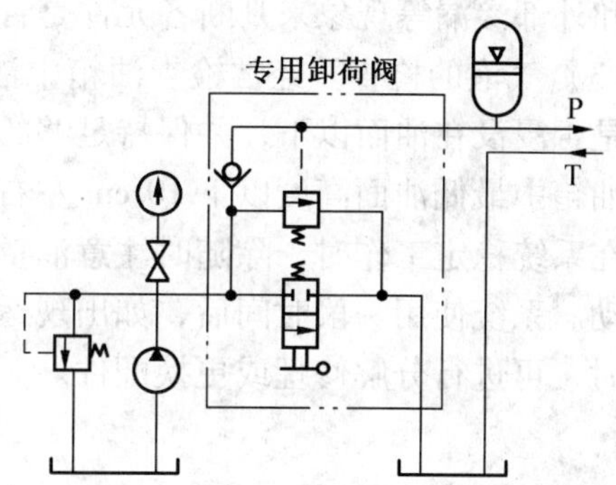

图1-61　卸荷阀卸荷回路

系统正常工作时，系统压力低于卸荷阀调定压力，卸荷阀处于关闭位置，泵向系统供油。当系统不工作时，压力升高，达到卸荷阀调定压力时，液压泵卸荷。此外，也可以用手动二位二通阀卸荷，由于有蓄能器和单向阀，系统可以保压。

第八节　液压传动系统的使用

为了保证液压传动系统处于良好状态，延长其使用寿命，应对液压传动系统合理使用，进行日常检查等工作。

液压系统的日常检查主要是检查液压泵启动前、后的状态以及停止运转前的状态。日常检查通常是用目视觉、听觉以及触觉等比较简单的方法进行。

1. 启动前的检查

（1）泄漏检查：泄漏现象往往是系统发生故障的先兆，必须经常检查所有接头是否松动，密封元件是否损坏。

（2）油量检查：液压泵启动前要注意油箱是否按规定加油，加油量以液位计上限为标准。

（3）油温检查：用温度计测量油温，如果油温低于10 ℃时应使系统在无负载状态下（使溢流阀处于卸荷状态）运转20 min以上。

2. 泵启动和启动后的检查

液压泵在启动时用开开停停的方法进行启动，重复几次使油温上升，各执行装置运转灵活后再进入正常运转。在启动过程中如泵无输出应立即停止运行，检查原因。当泵启动后，还需做如下检查：

（1）滤油器检查。液压泵若排液量不足、噪声过大等，均与滤油器堵塞有关，故应经常检查滤油器。

（2）执行元件、控制元件的运行检查。即回路中各主要元件的动作状况检查，包括：调节溢流阀手柄，使溢流回路通断数次，各换向阀往复动作数次，然后于不同压力分别使液压缸或液压马达动作数次。在检查这些元件动作的同时，从压力表的波动情况、声音的大小和外部渗漏等现象来判断各元件是否正常。

（3）气泡的检查。经常检查油箱中液压油的油面高度是否符合规定要求，吸油管的管口是否浸没在油面以下，并保持足够的浸没深度。实践经验证明，回油管的油口应保证低于油箱中最低油面高度以下 10 cm 左右。

在系统稳定工作时，除随时注意油量、油温、压力等问题外，还须注意整个系统漏油和振动。系统使用一段时间后，如出现运行不良或产生异常现象，用外部调整的办法不能排除时，可进行分解修理或更换配件。

复习思考题

1. 何谓液压传动？液压传动的工作原理是怎样的？
2. 液压传动系统的组成及各组成部分的作用如何？
3. 液压传动系统的基本特点如何？基本参数有哪些？
4. 液压传动系统中工作液体压力的大小由何确定？
5. 液压泵的基本工作原理是什么？常见的液压泵有哪些类型？
6. 什么是液压马达？
7. 液压马达与液压泵有何异同？
8. 对某一液压马达，若想改变其输出转速，应如何实现？
9. 如何实现液压马达的反转？
10. 液压马达的输出扭矩与哪些参数有关？
11. 试述斜盘式轴向柱塞液压马达的工作原理。
12. 内曲线液压马达是怎样工作的？
13. 何谓单作用液压缸和双作用液压缸？
14. 何谓液压缸的差动连接？差动连接液压缸有何特点？
15. 液压控制阀可分为哪几类？
16. 简述直动式和先导式溢流阀的工作原理。
17. 作为安全阀使用的溢流阀与溢流定压的溢流阀有何异同？
18. 减压阀的作用是什么？定压减压阀是怎样实现定压减压的？
19. 先导式溢流阀主阀芯的阻尼孔有何作用？
20. 节流阀的工作原理如何？
21. 试述调速阀的工作原理。
22. 试画出滑阀机能为 O 形、H 形、Y 形、M 形三位四通换向阀的图形符号，并说明其性能特点。

23. 油箱在液压传动系统中的作用是什么?

24. 滤油器的作用是什么?常用的滤油器有哪些类型?

25. 蓄能器在液压传动系统中的作用是什么?

26. 什么叫主回路?开式回路和闭式回路各有什么特点?

27. 节流调速有哪几种基本形式?

28. 定向回路是如何保证进出油口不变的?

29. 调压回路的作用是什么?

30. 试说明卸荷回路有何使用意义。

31. 液压系统的日常检查内容有哪些?

第二章 采 煤 机 械

第一节 采 煤 机 概 述

在采煤工作面，把煤从煤层中采落下来并完成装煤工作的机械称为采煤机，采煤机是综采工作面的主要机械设备。采煤机分为两类：滚筒采煤机和刨煤机，目前煤矿中广泛使用的是滚筒采煤机。滚筒采煤机是以螺旋滚筒为工作机构的采煤机，它采高范围大，适应各种煤层，并能适应较复杂的顶底板条件。

一、刨煤机简述

刨煤机是一种外牵引的浅截式采煤机，采用刨削的方式落煤，并通过煤刨的犁面将煤装入工作面输送机。刨煤机与刮板输送机组成刨煤机组。

（一）刨煤机的组成及工作原理

刨煤机是一种采用刨削法落煤的采煤机械。它主要由刨头、传动装置、支承导向装置、牵引圆环链及辅助装置等基本部分组成。刨煤机的截深浅（50～100 mm），牵引速度大（一般为 20～40 m/min，快速刨煤机现在可达 150 m/min），与工作面输送机组成一体，成为一套具备落煤、装煤和运煤的机组。刨煤机组沿工作面全长布置。

在工作面输送机的机头架与机尾架上，各装有一个煤刨无极圆环牵引链的传动装置。传动装置一般由电动机、液力偶合器和减速器组成。牵引链由减速器出轴上的链轮带动，牵引链交替拖动煤刨往返移动。

煤刨是刨煤机的工作机构，由一无极圆环牵引链拖动，沿着安装在采煤工作面可弯曲刮板输送机的中部槽上的导轨在整个工作面内往返穿梭运行，刨刀刨削煤壁将煤刨落，刨落的煤在刨头犁形斜面的作用下被装入输送机送出采煤工作面。通常，煤刨刨不到上部顶煤，顶煤在重力作用下自行垮落，垮落的煤也由煤刨本身的犁形斜面装入工作面输送机。在煤刨采过煤后，利用千斤顶将输送机和煤刨向前推移一个刨深距离，推向煤壁，完成一个刨煤工作循环。

工作面两端有人工开出的超前缺口，以安置机头和机尾装置。刨煤机与自移式液压支架配套就可组成一个完整的综合机械化采煤工作面。

此外，刨煤机组端头装有防滑锚固装置，以避免沿煤层倾斜下滑。煤刨在机头和机尾的行程终点装有终点开关，它起自动断路的作用，以保证煤刨在行程终点位置停车。

煤刨的换向通过控制台由司机进行操纵。刨煤机的控制台大多布置在工作面运输巷内，与传动部相隔一定距离，装在吊轨上移动。控制台内装有刨煤机及自移支架等设备的开关装置、监视与控制刨煤机运行状况的装置、通信联络用的电话设备等。通过对刨煤机电动机的电耗测量仪表及刨煤机行程计数器的观测，有经验的操作工就可确定工作面哪些位置超负荷而采取措施。另外，刨煤机（能变速的）在行程中段应尽量高速运行，而在接近两端剩余行程时低速运行，以避免高速运行的刨头因惯性闯入传动部分。

刨煤机为了降尘，在输送机上装设机道喷雾装置。此装置可在煤刨通过时喷雾，或者连续不断地喷雾。另外，也有在煤刨上装喷嘴喷雾的，由拖拽软管供水。

（二）刨煤机的类型及结构特点

根据煤刨作用于煤上的力的性质不同，可分为静力式刨煤机与动力式刨煤机两类。

静力式刨煤机的煤刨结构简单，是在一铸钢构件上面装有齿座和刨刀的装置，其刨头不带动力，依靠由传动装置带动的牵引锚链牵引，使煤刨沿工作面输送机导轨运行，将煤刨落下来。动力式刨煤机本身带有动力装置，使刨刀产生冲击力将煤破落，或用细水射流与机械落煤相结合的方法落煤，主要是针对较硬煤质的。但由于其煤刨的结构复杂，未能得到广泛应用。

静力式刨煤机根据煤刨结构、刨头在刮板输送机上的支撑导向方式不同，分为拖钩刨煤机、滑行刨煤机及具有这两种结构特点的滑行拖钩刨煤机 3 种。

另外，我国还出现了几种适用于特殊地质条件下类似刨煤机的设备，如用于煤质松软易垮落煤层的锯煤机和刮斗刨煤机。刮斗刨煤机适用于工作面不太长、底板起伏不大的极薄煤层。

1. 拖钩刨煤机

拖钩刨煤机如图 2－1 所示。刨头 1 底部连接拖板 3，刨煤机传动装置 7 的链轮带动牵引链 2 通过拖板牵引刨头沿输送机中部槽在工作面上往复运行，实现刨煤。煤刨运行时，拖板迫使输送机中部槽上下游动。又因煤刨体垂直煤壁方向的宽度远大于刨刀的刨削深度，刨头由于刨煤阻力产生的平行煤壁的水平反作用力，使输送机发生水平弯曲，致使煤刨运行时输送机中部槽侧向游动。这样，不仅加剧摩擦和磨损，而且容易引起刨煤机下滑，煤壁不易保持平直，还可能挤坏电缆和附设在中部槽上的部件。拖钩刨煤机大约只有 1/3 的装机功率用于刨煤和装煤，其余大部分装机功率消耗在摩擦上。底板较软时，煤刨还容易陷入底板。

拖钩刨煤机的主要优点是：刨头采用后牵引方式，牵引链位于采空区侧，安装和检修牵引链及导链架比较方便；牵引链不妨碍煤刨装煤；煤刨道较窄，有利于顶板控制。其缺点是：拖板在输送机与煤层底板之间滑行，牵引链和刨刀之间距离较大，牵引链拉力和刨煤阻力构成很大的力矩，使煤刨在煤层平面内有偏转趋势，煤刨和输送机中部槽及导向机构之间产生剧烈摩擦和磨损，运行阻力大、摩擦功耗较大。目前，拖钩刨煤机多采用后牵引方式。拖钩刨煤机一般用于地质构造简单、底板较硬的煤层中。

2. 滑行刨煤机

滑行刨煤机如图 2－2 所示。刨头的牵引装置在输送机前方，介于煤壁和输送机之间，刨头以封闭式的滑架 5 为导轨运行。

滑行刨煤机的特点是：工作平稳、摩擦功耗小，牵引机构简单，刨头可高速运行；牵引链位于煤壁侧，空间小，不便于维修，适用于顶板条件较好的中厚煤层工作面。

3. 滑行拖钩刨煤机

滑行拖钩刨煤机如图 2－3 所示。这种刨煤机综合了拖钩刨煤机和滑行刨煤机的优点。牵引方式为后牵引，刨头牵引链在输送机采空区侧的导护链装置内运行；而刨头在输送机

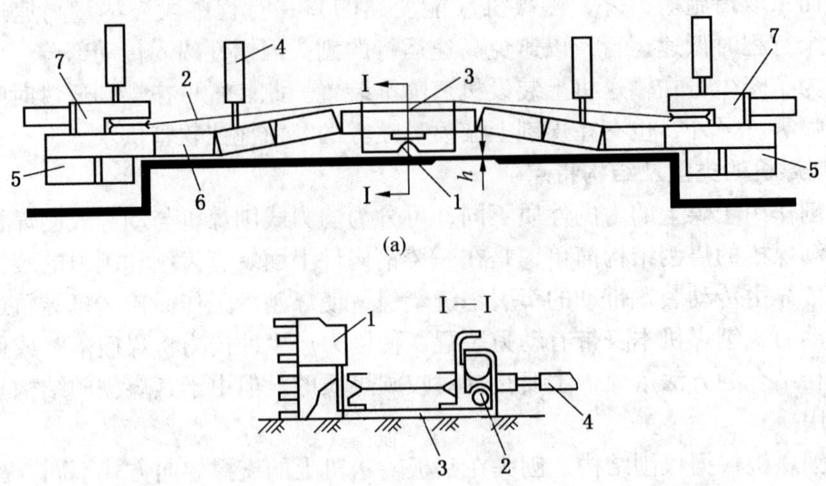

1—刨头；2—牵引链；3—拖板；4—推移千斤顶；5—输送机传动装置；
6—中部槽；7—刨煤机传动装置

图 2-1　拖钩刨煤机

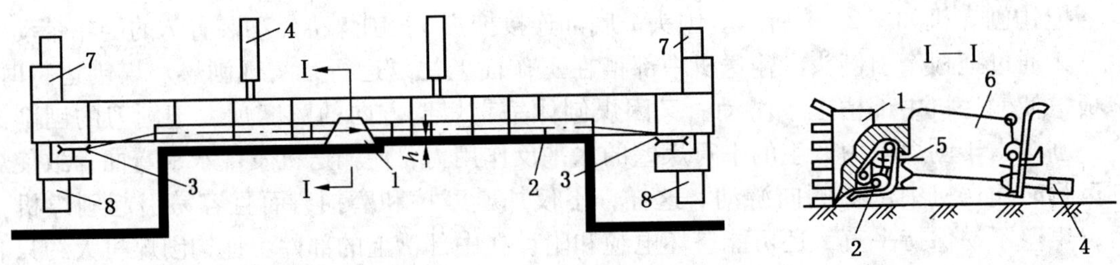

1—刨头；2—牵引链；3—链轮；4—推移千斤顶；5—滑架；6—平衡架；
7—输送机传动装置；8—刨煤机传动装置

图 2-2　滑行刨煤机

前方封闭的滑架导轨内运行；刨头与牵引链用拖板连接；拖板下面加设了一个斜撬 5，刨头运行时拖板在斜撬上滑行，用以减少拖板的运行阻力。

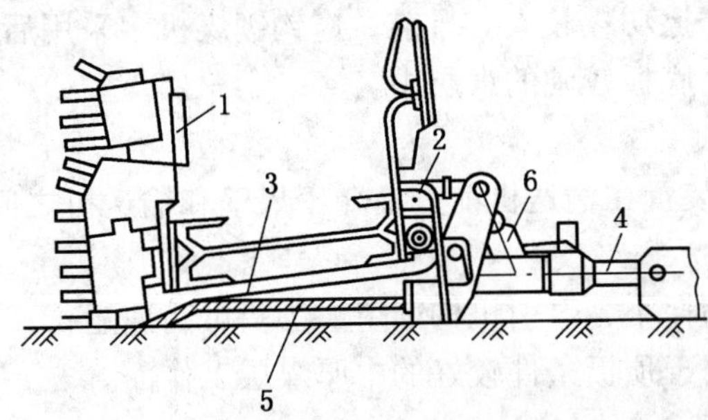

1—刨头；2—牵引链；3—拖板；4—推移千斤顶；5—斜撬；6—调斜千斤顶

图 2-3　滑行拖钩刨煤机

滑行拖钩刨煤机的特点是：刨头运行阻力小、平稳，而且导护链装置维护方便、安全，有利于开采薄煤层。

（三）刨煤机的优缺点及适用条件

1. 优点

（1）截深浅（一般为 50 ~ 100 mm），可充分利用煤的压张效应，刨削力及单位能耗小。

（2）刨落下的煤的块度大（平均切屑断面积为 70 ~ 80 cm^2），块煤率高，煤粉量少，煤尘少，劳动条件好。

（3）结构简单、可靠，维修方便。

（4）刨头的位置可以设计得很低（约300 mm），可实现薄煤层、极薄煤层机械化采煤。

（5）刨头高度可以调节，不仅适合薄煤层开采，而且也可用于中厚下限煤层的开采。

（6）人员不必跟机操作，可在工作面巷道的控制台进行操作，易于实现工作面自动化管理。

（7）工作面煤壁压力释放和瓦斯渗出量比较均匀，适用于煤与瓦斯突出的煤层开采。

2. 缺点

（1）对地质条件的适应性不如滚筒采煤机。

（2）调高比较困难，开采硬煤层比较困难。

（3）刨头与输送机和底板的摩擦阻力大，电动机功率的利用率低。

3. 刨煤机的适用条件

（1）煤质中硬及中硬以下应选用拖钩刨煤机，中硬以上应选用滑行刨煤机。刨煤机最适合刨节理发达的脆性煤，硬煤一般不宜用刨煤机，最好要求煤层不粘顶。如煤层轻度粘顶，则可用人工处理。要求含硫化铁的块度小，且含量不多，或分布位置不影响刨煤机刨煤。

（2）顶板中等稳定以下的工作面用刨煤机破煤，可采用液压支架配套。要求底板较平整，没有底鼓或超过7°~10°的起伏不平。拖钩刨煤机要求底板中等硬度，否则煤刨容易“啃底”。泥岩、稀土砂质岩等软底板，宜用滑行刨煤机。用刨煤机的机采工作面，要求顶板中等稳定，用点柱或带帽点柱支护顶板。顶板允许裸露宽度为0.8~1.1 m，时间为2~3 h。要求伪顶厚不大于200 mm。

（3）煤层沿走向及倾斜方向没有大的断层及褶曲现象。小断层落差为0.3~0.5 m时可以采用刨煤机，大于0.5 m时可超前处理。

（4）煤层厚度在0.5~2.0 m之间，倾角小于25°（最好在15°以下）。

（四）刨煤机采煤时的有关规定及要求

1.《煤矿安全规程》对使用刨煤机采煤的有关规定及要求

（1）工作面至少每隔30 m应装设能随时停止刨头和刮板输送机的装置，或装设向刨煤机司机发送信号的装置。

（2）刨煤机应有刨头位置指示器，必须在刮板输送机两端设置明显标志，防止刨头与刮板输送机机头撞击。

（3）工作面倾角在12°以上时，配套的刮板输送机必须装设防滑、锚固装置。

2.《煤矿工人技术操作规程》对使用刨煤机采煤的规定及要求

（1）试车时应遵守以下规定：①用电话或声光信号发出开机信号，让工作面所有人员退到安全地点；②乳化液泵、运输巷输送机及工作面刮板输送机按顺序启动；③打开供水喷雾装置，喷雾应良好；④点动刨煤机2次。经检查各部声音正常，仪表指示准确，牵引链松紧合适，方可正式刨煤。

（2）刨煤机要根据煤层硬度调整刨煤深度。为避免上漂或下扎，要随时调整刨刀角度，采高上限要小于支架高度0.1 m，不准割碰顶梁。

(3) 刨头被卡住时，必须停机，查找原因，不准来回开动刨头进行冲击。

(4) 不准用刨煤机刨坚硬夹石或硫化铁夹层。必须经过爆破处理后，才准开机刨煤。

(5) 紧链时，任何人不准靠近紧链叉或紧链钩。紧链工具取下后方可开刨煤机。

(6) 不准用刨煤机牵拉、推移、拖吊其他设备、物件。

(7) 非紧急情况下，不准用紧急开关停刨煤机。

(8) 不刨煤时，不得让刨煤机空载运转，只许点动开关，防止过位损坏设备。

(9) 发现刨刀不锋利，应立即更换。更换时，要将开关打在停电位置并闭锁刮板输送机，通知其他司机后，方可工作。

(10) 发现刨煤机有下列情况之一时，应立即停止刨煤，妥善处理后，方可继续刨煤：①运转部件发出异常声音、强烈振动或温度超限时；②各种指示灯、仪表指示异常时；③无直接操作刨煤机和刮板输送机随时启动或停止的安全装置或该装置失灵时；④刨头被卡住闷车时；⑤有危及人员安全情况时；⑥工作面、运输巷输送机停机时。

二、滚筒采煤机简述

(一) 滚筒采煤机工作原理

滚筒采煤机是以螺旋滚筒作为工作机构的采煤机械，滚筒式工作机构以滚削原理实现落煤。当滚筒以一定的转速转动，采煤机以一定的牵引速度运行时，滚筒旋转并切入煤壁，螺旋滚筒上截齿从煤壁上截割下断面为月牙形的煤体，破落下来的煤在螺旋叶片的作用下被推入工作面刮板输送机中。因此，滚筒式工作机构兼有破煤和装煤两种功能，同时滚筒可依靠摇臂摆动而升降，对采高的适应性较强，成为应用最广泛的采煤机工作机构。

(二) 滚筒采煤机的类型

滚筒采煤机分类方法有很多，按截割机构数量分为单滚筒式和双滚筒式，按牵引方式分为钢丝绳牵引、锚链牵引和无链牵引，按牵引机构设置方式分为内牵引和外牵引，按牵引控制方式分为机械牵引、液压牵引和电牵引。

(三) 滚筒采煤机的组成

滚筒采煤机的类型很多，但基本上以双滚筒采煤机为主，其基本组成部分也大体相同。各种类型的滚筒采煤机一般都主要由截割部、牵引部、电气装置以及辅助装置等组成，如图 2-4 所示。

1. 截割部

截割部是采煤机的工作机构及其驱动装置的总称。它包括固定减速箱、摇臂和滚筒，是采煤机实现截煤、碎煤和装煤的部分。

2. 牵引部

牵引部包括牵引传动装置和牵引机构两部分。牵引机构是移动采煤机的执行机构，有链牵引和无链牵引两种结构型式。牵引部利用电动机传递来的动力使采煤机沿工作面移动。牵引部的主要作用是控制采煤机按要求沿工作面运行，并对采煤机进行过载保护。

3. 电气装置

电气装置包括电动机与电气控制装置，是采煤机的动力源。电气装置的主要作用是为采煤机提供动力，并对采煤机进行过载保护及动作控制。

4. 辅助（附属）装置

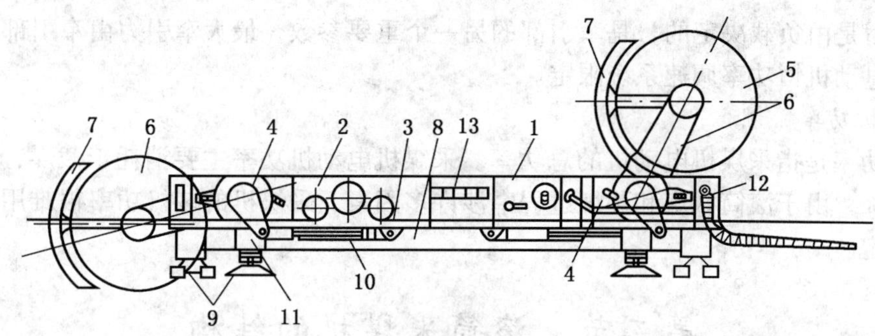

1—电动机；2—牵引部；3—牵引链；4—机头减速箱；5—摇臂；6—滚筒；7—弧形挡煤板；8—底托架；9—滑靴；10—摇臂调高液压缸；11—机身调斜液压缸；12—拖缆装置；13—电气控制箱

图 2-4　双滚筒采煤机

辅助装置包括挡煤板、底托架、电缆拖移装置、供水喷雾冷却装置以及调高、调斜等装置。该装置的主要作用是同各主要部件一起构成完整的采煤机功能体系，以满足高效、安全采煤的要求。

此外，为了实现滚筒升降、机身调斜以及翻转挡煤板，采煤机上还装有辅助液压装置。

（四）滚筒采煤机的适应性

滚筒采煤机的采高范围大，调高方便。双滚筒采煤机可免开缺口，能截割硬煤，并能适应较复杂的顶、底板条件，适用于各种硬度、采高为 0.65 ~4.5 m 的缓倾斜煤层，采用无链牵引可在 35°~54°的大倾角条件下工作。因此，滚筒采煤机很快得到推广使用，并且在结构和性能方面不断改进和完善。

（五）滚筒采煤机主要工作参数

1. 采高

采煤机的实际开采高度称为采高。采高对确定采煤机整体结构有决定性影响，它既规定了采煤机适用的煤层厚度，也是与液压支架配套的一个重要参数。双滚筒采煤机的采高范围决定于滚筒的直径、机身高度、摇臂长度及其摆动角度范围。

2. 截深

采煤机截割机构每次切入煤体内的深度称为截深。它决定工作面每次推进的步距，是决定采煤机装机功率和生产率的主要因素，也是与液压支架配套的一个重要参数。截深与煤层厚度、煤质软硬、顶板岩性以及支架移架步距有关。

3. 截割速度

滚筒上截齿齿尖的圆周切线速度，称为截割速度。截割速度决定于截割部传动比、滚筒直径和滚筒转速，对采煤机的功率消耗、装煤效果、煤的块度和煤尘大小等有直接影响。为了减少滚筒截割时产生的粉尘量，增大块煤率，应降低滚筒转速。

4. 牵引速度

采煤机截煤时，牵引速度越高，单位时间内的产煤量越大，电动机负荷和牵引力相应增大。因此，牵引速度是无级的采煤机能随截割阻力的变化自动调速。

5. 牵引力

牵引力是由负载决定的，是牵引部的另一个重要参数。最大牵引力由牵引部控制装置中液压或电动机恒功率调速系统限定。

6. 装机功率

装机功率是指采煤机电动机的总功率。采煤机电动机功率主要消耗于截煤，牵引只占10%～20%。由于滚筒截煤和装煤过程牵涉许多因素，采煤机的装机功率很难用理论的方法加以确定。

第二节　滚筒采煤机的结构

一、滚筒采煤机截割部

截割部的作用是将电动机的动力经过减速后传递给截割滚筒，以进行割煤，并且通过滚筒上的螺旋叶片将截割下来的煤装到工作面输送机上。截割部主要包括工作机构及其传动装置，是采煤机直接落煤、装煤的工作部件，其消耗的功率占整个采煤机功率的80%以上（80%～90%）。

（一）截割部的组成及特点

1. 截割部的组成

采煤机截割部由固定减速箱、摇臂、滚筒、挡煤板及调高系统组成。有的采煤机还配有一个破碎滚筒。在截割部内设有润滑系统、冷却与喷雾系统和过载保护装置。

2. 采煤机截割部的特点

（1）双滚筒采煤机具有两个结构左右对称的截割部，它们分别位于采煤机的两端，除截割滚筒旋转方向相反外，其余结构均相同。左右截割部可由一个电动机驱动，也可以分别各由一个电动机驱动。

（2）双滚筒采煤机具有生产能力大、效率高、用于开采中厚煤层时能一次采全高、能自开切口、装煤效果好、机器稳定性能好以及不经改装能适应于左右工作面等优点。

（3）截割部均采用机械传动。减速箱是截割部的主要组成部分。采煤机电动机的转速一般为1470 r/min左右，而滚筒的转速根据不同的直径一般为30～50 r/min。为了达到减速的目的，截割部减速箱一般由3～5级减速齿轮组成，当滚筒的轴线与电动机的轴线相垂直时，需在截割部减速箱里采用一对圆锥齿轮传动。

（4）滚筒的截割速度（截齿刀尖的圆周切向速度）一般为3～5 m/s。因采用滚筒的直径不同，其截割速度相应地改变，在滚筒转速一定时，滚筒直径越大，其截割速度越大。通过改变截割部减速箱中齿轮对的齿数，可以改变滚筒的转速，以实现改变滚筒的截割速度的目的。

（5）在电动机和滚筒之间的传动装置中都设有一离合器。采煤机调动或检修或试验牵引部时需打开离合器，使滚筒停止转动。此外，为了保障人员安全，当采煤机停止工作时，也需要将滚筒与电动机断开。

（6）为了使采煤机自开切口，截割滚筒一般都伸出机身（或底托架）长度以外一定的距离，多数采煤机采用摇臂的形式。

(7) 为了适应煤层厚度和煤层的起伏变化，截割滚筒的高度都是可调整的。大多数采煤机采用摇臂调高的形式，少数采用底托架调高的形式。摇臂调高和底托架调高均采用液压驱动。

(二) 截割部传动装置

1. 截割部传动装置的功用及要求

滚筒采煤机截割部传动装置的功用是将采煤机电动机的动力传递到滚筒上，以满足滚筒扭矩和转速的需要。同时，传动装置还要适应滚筒调高的要求，使滚筒保持适当的工作位置。

由于截割部消耗的功率占采煤机总功率的80%以上，所以要求截割部传动装置具有高的强度、刚度和可靠性，良好的润滑、密封、散热条件和高的传动效率。对于单滚筒采煤机，还应使传动装置能适合左、右工作面采煤的要求。

2. 截割部常见的传动方式

传动装置一般有两种结构型式。一种为机械传动装置包括固定减速箱和摇臂减速箱（即摇臂）的双减速箱式传动装置。该种型式的截割部由滚筒、摇臂、固定减速箱组成，多用于截割电动机纵向布置的液压牵引采煤机，如MG300－W、AM－500型采煤机。另一种为机械传动装置全部装设在摇臂减速箱（即摇臂）内部，截割电动机布置在摇臂根部，电机轴向垂直煤壁的单减速箱式传动装置。该种型式的截割部由滚筒和摇臂组成，主要用于电牵引采煤机。另外，还有一种无摇臂的单减速箱式传动装置。

1）双减速箱传动装置

双减速箱传动装置是传统的结构型式。主电动机纵向布置于机身，两端输出轴分别驱动安装在滚筒采煤机底托架上的左、右固定减速箱。固定减速箱是高速级齿轮传动装置，壳体为箱形结构，箱内布置3～5级齿轮传动，其中必须有一级锥齿轮传动，以便把平行于煤壁的传动转变为垂直于煤壁的输出。摇臂既是低速级齿轮传动装置又是实现调整截割高度的构件，在其输出轴上安装螺旋滚筒，输入端支撑在截割减速箱的输出轴孔内，并绕其摆动。截割部传动装置必须设有离合器，以保证检查或更换截齿时的安全，一般设置在传动系统高速端的第一级或第二级上。

摇臂按外形有直摇臂和弯摇臂两种。弯摇臂可以增加滚筒装煤时的排煤空间，提高装煤效果，但加工较困难。摇臂内一般有两级传动，前级为摇臂本体内的圆柱齿轮传动，为了保证摇臂有足够的长度，传动中增加了若干惰轮。后级为悬置于摇臂端部煤壁侧的行星齿轮传动，位于螺旋滚筒的轮毂孔内并带动滚筒转动。

双减速箱传动装置的传动方式主要有以下两种：

(1) 电动机—固定减速箱—摇臂—行星齿轮传动—滚筒，如图2－5a所示。这种传动方式的特点是在滚筒内装有行星齿轮传动，可使前几级传动比减小，简化了传动系统，并使末级（行星齿轮）齿轮的模数减小，但筒壳尺寸加大，因而这种传动方式适合于中厚煤层采煤机。如MXA－300、MG300－W、AM－500型采煤机即采用这种传动方式。

(2) 电动机—固定减速箱—摇臂（不含行星齿轮传动）—滚筒，如图2－5b所示。这种传动方式应用较多，其特点是传动简单，摇臂从固定减速箱端部伸出，支撑可靠，强度和刚度好，但摇臂下降位置受输送机限制，挖底量较小。如DY－150、BM－100型采煤机采用这种传动方式。

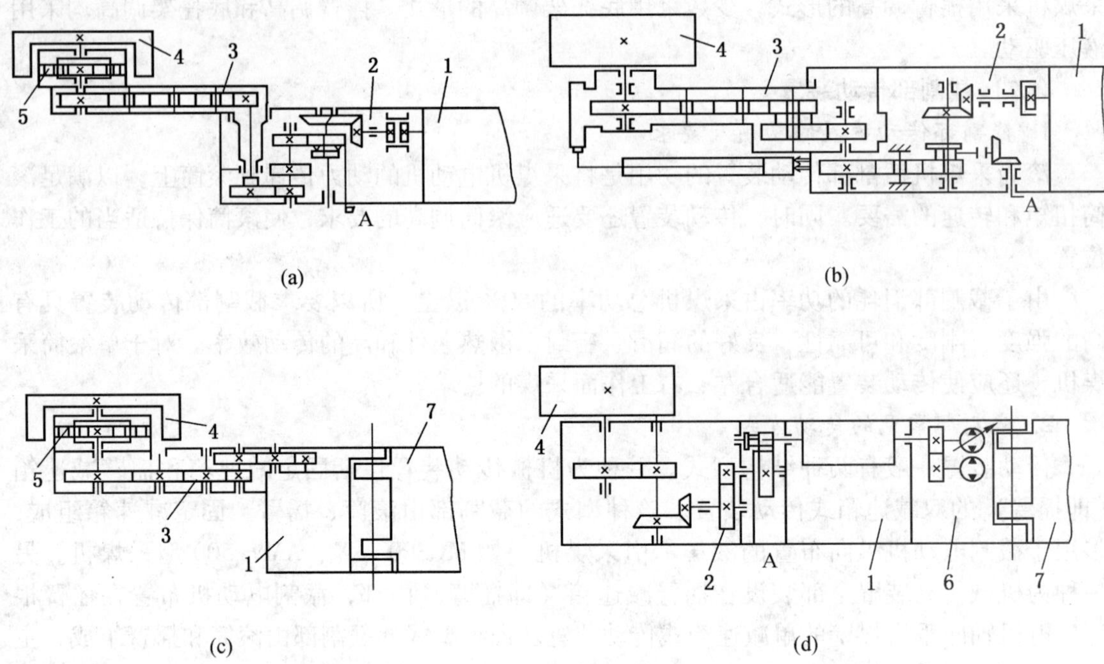

1—电动机；2—固定减速箱；3—摇臂；4—滚筒；5—行星齿轮传动；6—泵箱；7—机身及牵引部

图 2-5　截割部传动方式

2）单减速箱传动装置

单减速箱传动装置完全置于摇臂内部，截割电动机垂直布置在摇臂根部，成为截割部的组成部分，摇臂绕机身端部的水平销轴摆动。摇臂内布置三级或四级齿轮传动，最后一级为行星齿轮传动。根据摇臂长度需要增设若干惰轮。由于惰轮轴都是短轴结构，系统刚性很大，所以通常在截割电动机的空心轴内设置一根细而长的传动轴（弹性扭转轴）。行星齿轮传动布置在摇臂端部的煤壁侧。无摇臂的单减速箱传动装置，结构比较特殊，传动装置中没有摇臂，截割电动机纵向布置，在传动系统中段设有一对圆锥齿轮。

单减速箱传动装置的传动方式主要有以下两种：

（1）电动机—摇臂—行星齿轮传动—滚筒，如图 2-5c 所示。这种传动方式由于电动机轴与滚筒轴平行，故取消了易损坏的锥齿轮，传动简单，调高范围大，机身长度小。目前电牵引采煤机截割部一般都采用这种传动方式。

（2）电动机—减速箱—滚筒，如图 2-5d 所示。这种传动方式取消了摇臂，而靠电动机、减速箱和滚筒组成的截割部来调高，使截割部齿轮数大大减少，机壳的强度、刚度增大，并且可获得较大的调高范围，还可使采煤机机身长度大大缩短，有利于采煤机自开切口。这种传动方式一般用于液压牵引采煤机。如 MXP-240、DTS-300 型采煤机即采用这种传动方式。

3. 截割部传动特点

（1）截割部的总传动比大，一般采煤机的电动机转速范围在 1450～1480 r/min 之间，最常用的电动机额定转速为1470 r/min，而截割滚筒的转速通常在30～50 r/min之间，因此，通常采用3～5级齿轮减速后而获得30～50的总传动比。

（2）在截割传动系统的高速部分设有齿轮离合器，用于采煤机调动或维修滚筒和更换截齿时，使截割部脱开传动系统，从而确保作业人员的安全。

（3）为增大滚筒的调高范围，以适应采高变化，截割部中通常都设有加长摇臂，其摇臂内部装有一串齿轮。

（4）大部分采煤机的电动机输出轴的轴线与滚筒轴线垂直，在传动系统的高速级设有一对圆锥齿轮，以便把平行于煤壁的电动机输出轴传动转变为滚筒轴线垂直于煤壁的输出。

（5）为适应开采不同性质煤层或过断层的需要，有的采煤机截割部传动装置通常备有几对不同传动比的变速齿轮（一般有2～3对变速齿轮），使用时可根据滚筒直径和工作条件等因素选用。除了锥齿轮和行星齿轮传动以外，其余各级齿轮都可作变速齿轮，用于改变滚筒的转速。

（6）采煤机承受的冲击载荷较大，为了保护传动零部件，一般在传动系统设有机械式过载保护装置（尤其是大功率采煤机），如在机械传动中安装安全销。通常安全销的剪切强度为电动机额定转矩的2～2.5倍（如MG300型采煤机截割部传动系统中的剪切销）。

（7）截割部传动系统多采用飞溅和强迫润滑方式。

（三）滚筒与截齿

1. 滚筒的结构

螺旋滚筒是滚筒采煤机的截割机构，用来落煤和装煤。采煤机的截割机构——滚筒按工作方式分为钻削式和滚削式两种类型。煤矿常用的是滚削式滚筒。

钻削式截割机构为一带缺口的空心滚筒，在其端部装有截齿，工作时沿轴线方向钻进煤壁，截出环形截缝，随后由中部的破碎刀齿将煤破碎，破碎后的煤由装煤叶片装到刮板输送机上。目前这种滚筒使用较少。

滚筒采煤机采用滚削式的螺旋滚筒进行落煤和装煤。螺旋滚筒的结构如图2－6所示，它由筒毂、螺旋叶片、端盘、齿座和截齿等组成。叶片与端盘焊在筒毂5上，筒毂与滚筒轴连接。在螺旋叶片1和端盘2的外缘上焊有齿座3，截齿固定在齿座中。端盘上的齿座具有不同的角度，大部分齿座向煤壁内倾斜，避免截煤时滚筒端面与煤壁发生摩擦。在螺旋叶片内有径向内喷雾水道与滚筒内的水孔相通，利用叶片外缘上两齿座之间装设的内喷雾喷嘴4实现喷雾降尘。

采煤机在工作中大部分功率消耗在截煤上，螺旋滚筒在工作中要受到很大的载荷，因而要求滚筒具有很高的强度和耐磨性。滚筒螺旋叶片的厚度一般为30～40 mm，齿座一般采用合金钢。

螺旋滚筒一般为铸焊结构，即齿座、筒毂和端盘是单独铸造或锻造的，加工后和叶片组焊成一体。滚筒也有整体铸造的，如MG300－W型采煤机滚筒。

滚筒作用主要有二：一是从煤壁上将煤截割下来；二是靠滚筒上螺旋叶片将截割下来的煤装到工作面刮板输送机上。另外，摇臂的内喷雾；还可冷却截齿延长其使用寿命，喷雾降尘改善工作条件，冲淡瓦斯、湿润煤层等。

2. 螺旋滚筒的参数

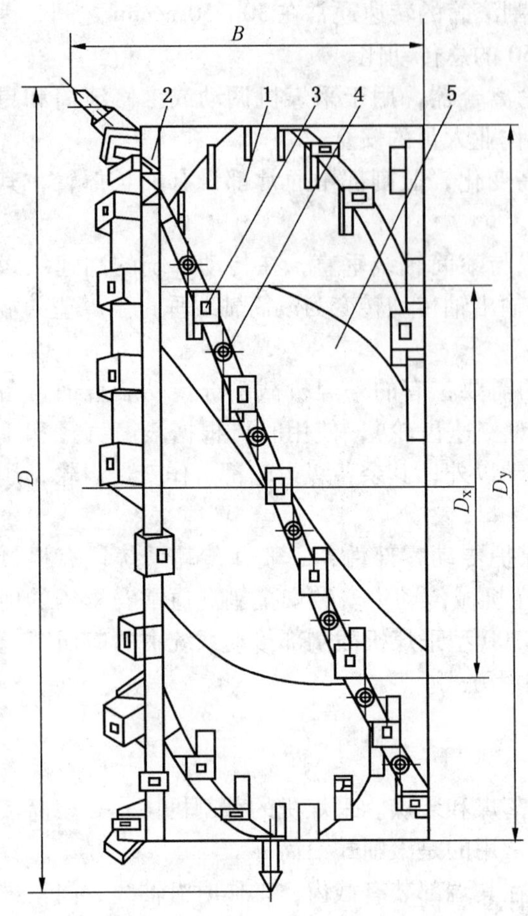

1—螺旋叶片；2—端盘；3—齿座；4—喷嘴；5—筒毂

图2-6　螺旋滚筒结构

螺旋滚筒的参数有结构参数和工作参数两种。滚筒的结构参数主要有滚筒直径和宽度、螺旋叶片的旋向与头数和升角，以及截齿的排列等；工作参数指滚筒的转向和转速。

滚筒的结构参数和工作参数对煤的块煤率、煤尘的生成量及采煤机整机工作的稳定性等都有一定的影响。合理选择滚筒的结构参数和工作参数，才能使采煤机获得较好的工作效能。

1）滚筒的直径和宽度

（1）滚筒的直径。螺旋滚筒有3个直径，即滚筒直径 D、叶片直径 D_y 和筒毂直径 D_x，如图2-6所示。其中滚筒直径是指滚筒上截齿齿尖处的截割圆直径，其大小主要取决于所采煤层的厚度（或采高）和采煤机的型式。对于薄煤层双滚筒采煤机或一次采全高的单滚筒采煤机，其滚筒直径应为煤层最小厚度减去0.1～0.3 m；对于中厚煤层的单滚筒采煤机，滚筒直径应为最大采高的0.5～0.6倍；对于摇臂调高的双滚筒采煤机，滚筒直径一般略大于最大采高的一半；对于底托架调高的双滚筒采煤机，由于调高范围很小，滚筒直径一般稍小于最小采高。

螺旋叶片外缘直径 D_y 越大、筒毂直径 D_x 越小，螺旋叶片的运煤空间越大，有利于装煤。通常 D_y 与 D_x 的比值为0.4～0.6。

（2）滚筒的宽度。滚筒的宽度是从滚筒边缘到端盘最外侧截齿齿尖的距离，也即采煤机的理论截深。滚筒采煤机属于浅截式采煤机械，其截深较小，这主要是为了有效地利用顶板压力对煤壁的压松作用，以降低截煤的能量消耗。实践表明，截深在1 m以内，可获得较好的截煤效果，因而目前采煤机的截深一般为0.6～1.0 m，有0.6 m、0.8 m、1.0 m多种，其中以0.6 m用得最多。对于较薄的松软煤层，为了提高每刀的产量，可采用较大的截深；对于较厚的煤层，可采用较小的截深。滚筒的宽度应等于或稍大于采煤机滚筒的截深。

2）滚筒螺旋叶片头数、升角及旋向

（1）滚筒螺旋叶片头数。根据螺旋滚筒上螺旋叶片的数量，有单头、双头、三头、四头螺旋滚筒等型式。滚筒采煤机一般采用2～4头螺旋叶片的滚筒。对较小直径的滚筒一般采用双头螺旋叶片，而对较大直径的滚筒一般采用3头或4头螺旋叶片，以用于开采硬煤，保证螺旋升角满足要求。

（2）螺旋叶片的升角。螺旋叶片的升角有外径圆升角和内径圆升角之分。外径圆升角是指在螺旋叶片直径圆柱上，螺旋叶片外缘螺旋线的切线与垂直于滚筒轴线的平面的夹角；内径圆升角是指在筒毂直径圆柱上，螺旋叶片内缘螺旋线的切线与垂直于滚筒轴线的平面的夹角。如图 2－7a、b 所示，α 为外径圆升角，α_0 为内径圆升角。由图 2－7 可见，螺旋叶片外径圆升角 α 小于内径圆升角 α_0，且在不同直径上的升角不相等。

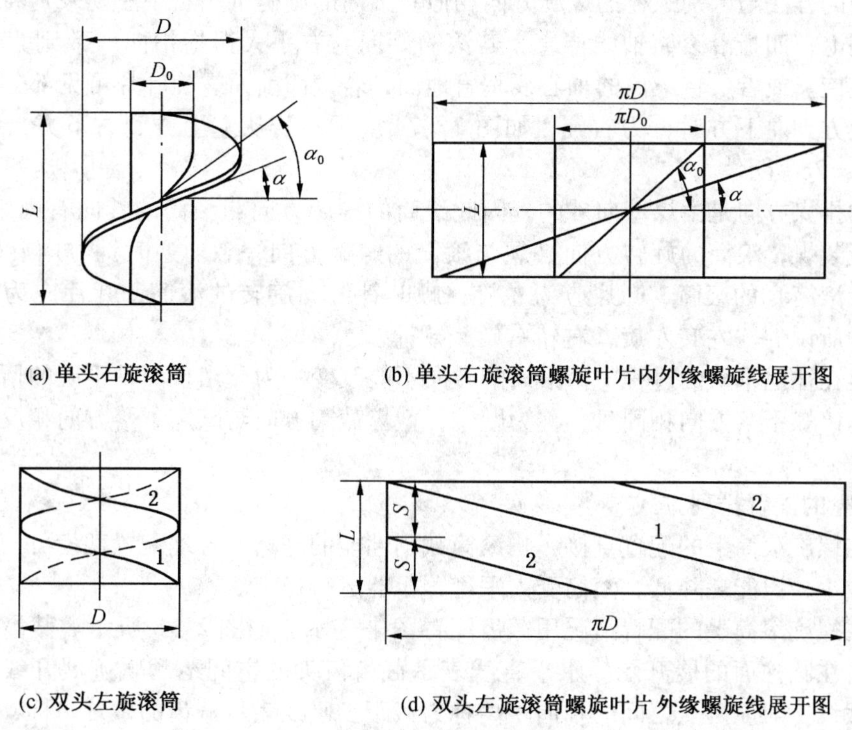

(a) 单头右旋滚筒

(b) 单头右旋滚筒螺旋叶片内外缘螺旋线展开图

(c) 双头左旋滚筒

(d) 双头左旋滚筒螺旋叶片外缘螺旋线展开图

图 2－7 螺旋叶片参数图

螺旋叶片升角的大小直接影响装煤的效果。一般来说，升角越大，排煤的能力越大。但升角过大，会将煤抛出很远，以致甩到中部槽的采空区侧，并且引起煤尘飞扬；升角过小，螺旋滚筒的排煤能力小，煤在螺旋叶片内循环，造成煤的重复破碎，降低了煤的块度，使能量消耗增大。经验表明，螺旋叶片的外径圆升角在 8°～24°范围内装煤效果较好。

滚筒螺旋叶片的升角与滚筒的螺旋叶片头数、螺距和直径有关。图 2－7d 所示为双头左旋滚筒螺旋叶片外缘螺旋线展开图。滚筒的螺旋叶片的螺距是指相邻两螺旋叶片外缘螺旋线在螺旋叶片直径圆柱面母线上，对应两点间的轴向距离；滚筒的螺旋叶片的导程是指同一条螺旋叶片外缘螺旋线在螺旋叶片直径圆柱面母线上，对应两点间的轴向距离。由此可得双头螺旋滚筒螺旋叶片的导程 $L=2S$；若螺旋叶片的头数为 n，则 $L=nS$。由此可得升角与螺旋叶片头数、螺距和直径之间的关系为 $\tan\alpha = nS/\pi D$。

螺旋叶片直径一定，若螺旋叶片导程不变，螺旋叶片的升角也不变，而螺距却随着螺旋头数增多成倍地减小。螺旋叶片的螺距和升角直接影响滚筒的装煤效果，合适大小的螺距是保证煤流畅通的条件。螺距 S 的大小应保证煤从滚筒中顺利排出，螺距一般为 0.25～0.4 m。

（3）滚筒的旋向。螺旋滚筒螺旋线的方向有左旋和右旋两种，相应的滚筒分别称为左旋滚筒和右旋滚筒。因螺旋滚筒的螺旋线方向有左旋和右旋之分，为此在安装滚筒时要注意其旋向，不能装反，否则，螺旋滚筒不但不能实现装煤，反而将煤拨向煤壁。区别滚筒螺旋方向的方法与区别螺栓的螺旋方向相似。滚筒的旋向可用右手法则来判断：伸开右手，掌心朝上，四指沿滚筒轴线伸直，若滚筒旋向与右手大拇指指向一致则为右旋；反之，则为左旋。或者，将滚筒的轴心线垂直地面，若滚筒前面螺旋叶片可见部分的螺旋线轮廓从右上方到左下方时，为右旋，如图 2－7a 所示；若从左上方到右下方，则为左螺旋，如图 2－7c 所示。

滚筒的排煤方向是由煤壁向外的，因此滚筒的螺旋方向与滚筒的转向有固定的关系。为向输送机装煤，滚筒的旋转方向必须与滚筒的螺旋方向一致。逆时针方向旋转（站在采空区侧看滚筒）的滚筒，叶片应为左旋；顺时针方向旋转的滚筒，叶片应为右旋，即应符合通常所说的“左转左旋，右转右旋”规律。

采煤机在往返采煤的过程中，滚筒的转向不能改变。为此出现两种不同的情况：截齿截割方向与碎煤下落方向相同时，称为顺转；截齿截割方向与碎煤下落方向相反时，称为逆转。

3）截齿的配置排列方式

截齿在螺旋滚筒上的配置直接影响滚筒截割性能的好坏。合理配置截齿可使块煤率提高，粉尘减少，比能耗降低，滚筒受力平稳，机器运行稳定。

截齿在螺旋滚筒上的配置情况用截齿配置图来表示，如图 2－8 所示。截齿配置图是截齿齿尖所在圆柱面的展开图。水平直线表示截齿齿尖的空间运动轨迹展开线，称为截线。相邻截线上对应两点之间的轴向距离称为截距。竖线表示截齿的位置坐标，圆圈表示 0°截齿的位置，黑点表示安装角不等于 0°的截齿。螺旋滚筒上的截齿配置包括 3 部分。

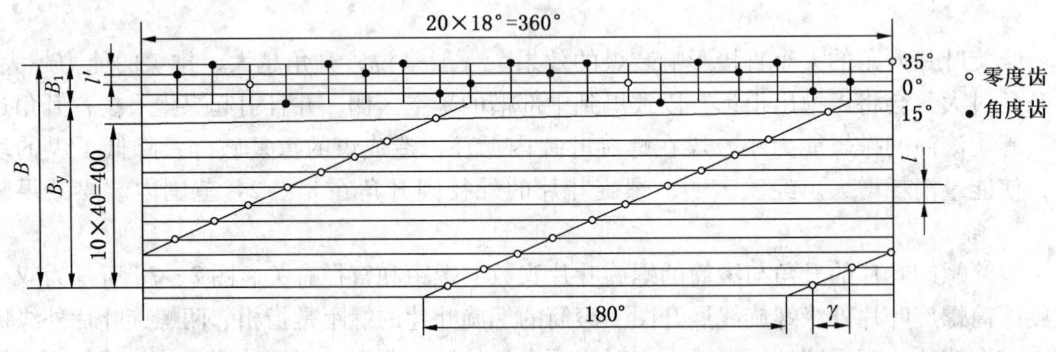

图 2－8　采煤机滚筒截齿配置图

（1）端盘截齿配置排列。滚筒端盘贴近煤壁工作，处于半封闭、工作条件恶劣的截割条件，故端盘截齿排列较密，截距小。端盘上的截距都是靠调整齿座倾角来获得的，向煤壁倾斜用“＋”号，向采空区倾斜用“－”号。负角度截齿用于抵消作用在滚筒上的轴向力。截齿向两侧倾斜安装的平均截距应为叶片部分平均截距的一半。端盘上的截线数通常为4～7条。端盘每条截线上的截齿数 $m'=m+(2\sim3)$ 个（m 为叶片上每条截线的截齿数）。截齿沿圆周方向均匀分布，一般分为2～4组，每组由若干不同角度的截齿组成。端盘消耗功率一般约占滚筒总功率的1/3。端盘截割宽度一般为70～130 mm，最大正角度倾角的截齿应伸出端面35～50 mm。

（2）叶片截齿配置排列。叶片上截齿的截距 t 一般为32～65 mm，对硬、韧性煤，t 可小于此值，但是 t 太小则煤太碎，煤截割比能耗增大；对脆性煤使用切向截齿时 t 可大于此值。叶片上每条截线的截齿数 $m=1\sim3$，可根据求出的组数选取。为使滚筒上的载荷均匀，两相邻截齿沿圆周的角度应该相等。

根据每条截线上截齿数 m 与叶片数的比值不同，截齿在叶片上的配置方式可分为：①顺序配置，如图2-9a所示。截割煤时，截齿一个紧挨一个，每个截齿截割的煤体呈单向裸露，截出的切屑断面如图2-9a右图所示，故截齿上受到的侧向力 P_c 较大。顺序配置时，叶片头数与同一截线上的截齿数永远相等。这种配置方式用得最普遍，适用于硬煤。②交错（棋盘）配置，如图2-9b所示。截煤时，每个截齿在相邻两截齿超前开出半个切屑厚度的煤体上工作，故截割条件好，截齿不受侧向力。一般双头螺旋叶片和四头螺旋叶片可用这种配置方式。这种配置方式适用于脆性煤。③混合配置，如图2-9c所示。边缘截齿数增多，故切屑厚度小，其余截线上截齿截出接近交错配置的断面。

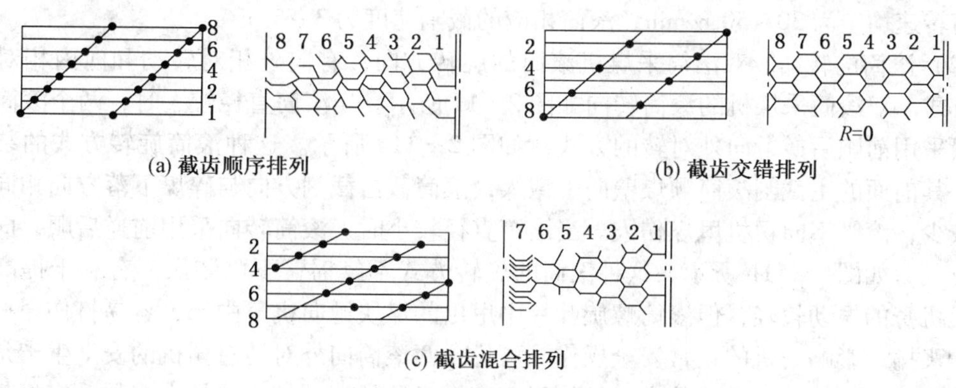

(a) 截齿顺序排列　　(b) 截齿交错排列

(c) 截齿混合排列

图2-9　截齿配置图和切屑断面图

（3）端盘端面截齿配置排列。当采煤机采用正切进刀法时，滚筒要钻入煤壁，这时端盘端面必须装有截齿，而且应有排煤口。端面截齿配置常有3种方式：阿基米德螺旋线式、弧线式及直线辐条式，如图2-10所示。

4）滚筒的转速与转向

（1）滚筒的转速。若采煤机滚筒以转速 n 旋转，同时以牵引速度 v_q 向前推进，如图2-11c所示，则截齿切下的煤屑呈月牙形，其厚度在 $0\sim h_{max}$ 之间变化，其中

$$h_{max}=\frac{100v_q}{mn}$$

式中　v_q——牵引速度，m/min；

n——滚筒转速，r/min；

m——同一截线上的截齿数。

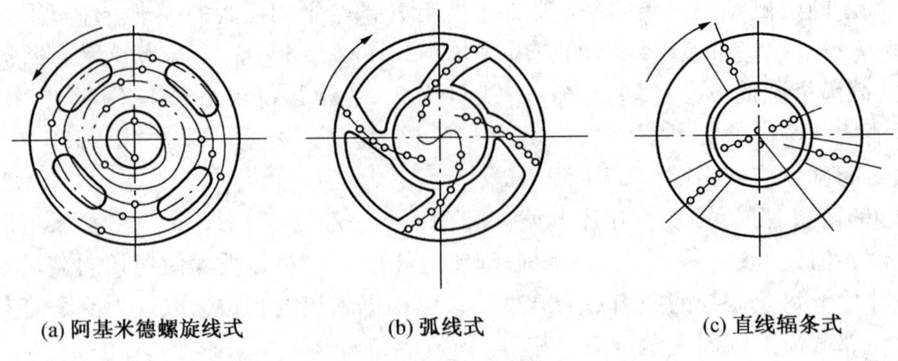

(a) 阿基米德螺旋线式　　(b) 弧线式　　(c) 直线辐条式

图 2－10　端盘的排煤孔和截齿配置

由上式可知，m 一定时，煤屑厚度与牵引速度成正比，与滚筒转速成反比。

滚筒转速的大小对装煤能力、煤的块度以及生成的粉尘量都有较大影响。一般来说，对于滚筒直径、同一截线上的截齿数一定的滚筒，当滚筒转速越高，切削量就越小，煤的块度就越小，块煤量就越少，产生的煤粉量增大，并使单位能耗增加。滚筒转速低时，情况则相反。滚筒的转速与装煤能力关系较大。要求滚筒的装煤能力要大于落煤能力，否则落下的煤会堵塞在螺旋叶片中。因此，滚筒转速的选择要兼顾装煤效果与煤粉生成量。一般滚筒转速均定为 30～50 r/min，滚筒相应的截割速度为 3～5 m/s。

（2）滚筒的转向。双滚筒采煤机滚筒的旋转方向，有向外相对转动和向内相对转动两种方式。双滚筒采煤机的滚筒转向如图 2－11 所示。当滚筒直径较大时，两个滚筒的转向一般采用前顺后逆、向外对转的方式，如图 2－11a 所示。这种滚筒旋转方式的装煤效果好；其前面的主截割滚筒顺煤壁向下截煤，滚筒截齿截割方向与碎煤下落方向相同，故煤尘较少；滚筒不向司机甩煤伤人。当滚筒直径较小时，滚筒转向采用前逆后顺、向内对转的方式，如图 2－11b 所示。这种滚筒的旋转方式不经摇臂下面装煤，有利于提高装煤效率；机身的振动较轻，但滚筒螺旋叶片中甩出的煤块抛向机身中部，容易打伤司机，并且煤尘飞扬，影响司机的正常安全操作。可见，两滚筒向外对转对司机的安全生产是有利的。目前，由于采煤机重量较大，结构强度高，机器的振动较小，故大多数采煤机都采用两滚筒前顺后逆、向外对转的旋转方式。

3. 截齿

截齿是采煤机直接落煤的刀具。它的几何形状和质量直接影响采煤机的工况、能耗、生产率和吨煤成本。截齿在工作中不仅割煤，有时还截割夹矸层或顶底板岩石，因而对截齿的要求是强度高、耐磨、几何形状合理、固定牢靠。截齿齿身常用合金钢制作，并经调质处理，齿头部镶嵌碳化钨硬质合金。

1）截齿类型

目前采煤机上使用的截齿类型很多，但总体上可分为扁形截齿和镐形截齿两种。

（1）扁形截齿。扁形截齿的刀柄是沿滚筒半径方向安装的，因而又称为径向截齿，习惯上又称为刀形截齿，如图 2－12a 所示。扁形截齿适用于截割各种硬度的煤，包括截割坚硬煤和黏性煤，破煤效果好，能耗较小。其缺点是产生的煤尘较大。

（2）镐形截齿。镐形截齿的刀柄的安装方向接近滚筒的切线，故又称为切向截齿，

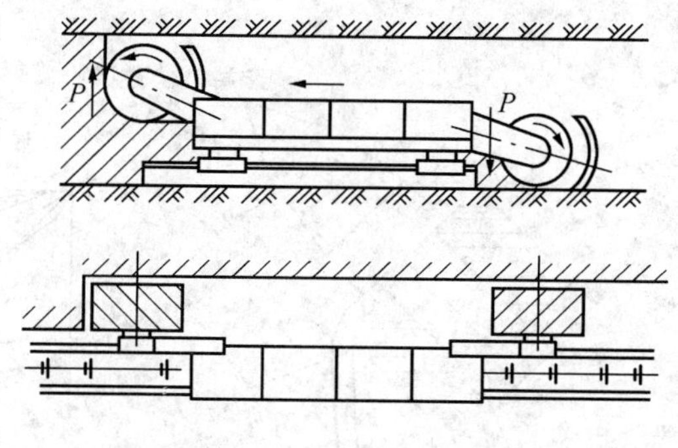

(a) 两滚筒前顺后逆、向外对转

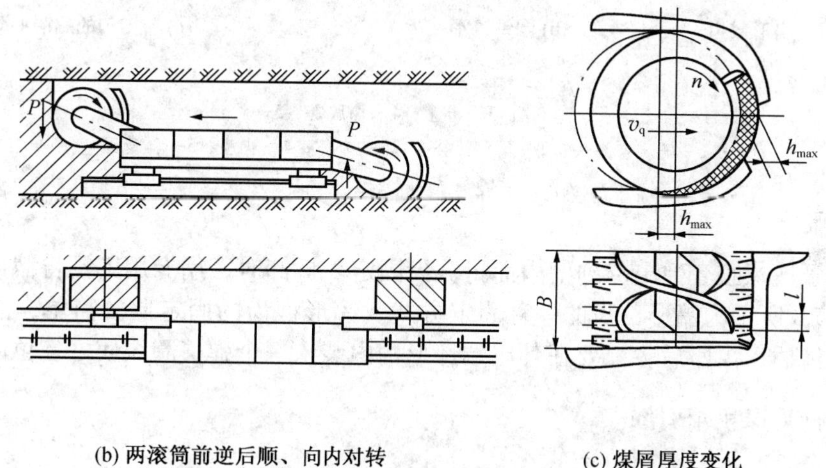

(b) 两滚筒前逆后顺、向内对转　　(c) 煤屑厚度变化

图 2－11　双滚筒的滚筒转向

如图 2－12b、c 所示。镐形截齿主要依靠齿尖的尖劈作用嵌入煤体而将煤破碎，为此镐形截齿适用于脆性、裂隙多、节理发育的煤层。镐形截齿在这样的煤层中使用具有较好的截割性能。

根据其断面形状又有两种型式的镐形截齿：图 2－12b 所示的圆锥镐形截齿，这种镐形截齿在截煤过程中，截齿因截割阻力作用可以在齿座内自转而具有自动磨锐齿尖的效果；图 2－12c 所示的带刀刃的扁镐形截齿，它的齿尖尖劈破煤的效果更好。

2）截齿的固定

截齿的固定方式较多，对于小型镐形截齿采用弹性圈把截齿固定在齿座上；对于扁形截齿用柱销将其固定在齿座上，为了防止柱销外移或转动，再用弹簧钢丝定位。此外，还有用柱销式弹性元件把扁形截齿固定在齿座中，利用弹簧挡圈使柱销定位；有的截齿利用插在橡胶圈内的柱销定位；用柱销两端卡在齿座相应沟槽里将齿截固定等多种固定方式。

如图 2－12a 所示为扁形截齿的一种固定方式。图中所示为在齿座侧壁孔内预先装入柱销 5 的橡胶套 4，插入截齿时，靠下端斜面将销子压入，待刀体 2 上的锥形槽到达这一

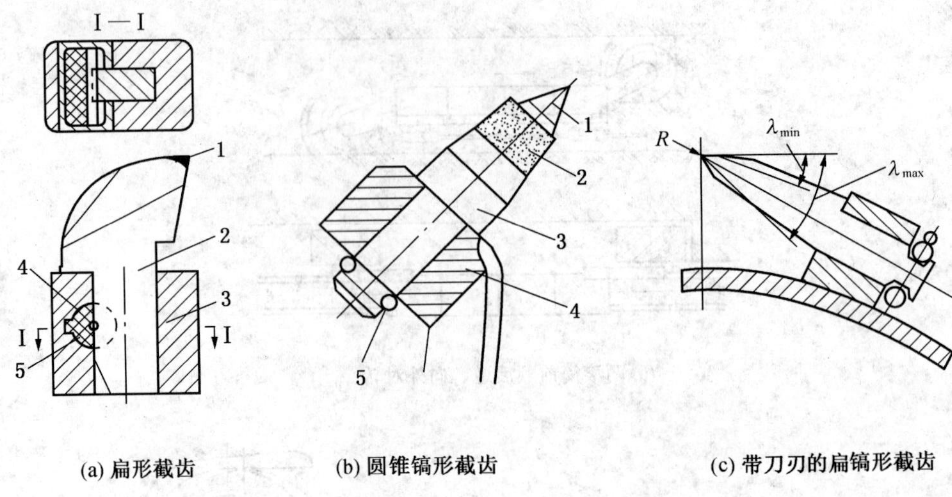

(a) 扁形截齿　(b) 圆锥镐形截齿　(c) 带刀刃的扁镐形截齿

a：1—合金头；2—刀体；3—齿座；4—橡胶套；5—柱销；
b：1—硬质合金头；2—碳化钨合金；3—刀体；4—齿座；5—弹簧圈

图 2－12　截齿类型及固定

位置后，销子被橡胶套弹出卡到槽内而将截齿固定。拆卸时，用专用工具将截齿拔出。

图 2－12b 所示为镐形截齿的一种固定方式。镐形截齿的固定比较简单，图中表示的一种是将截齿插入齿座后，只要在其尾端环形槽内装入一个弹簧圈 5 使之定位即可。

二、滚筒采煤机牵引部

(一) 牵引部的组成及特点

1. 牵引部的组成与作用

采煤机牵引部的功能是移动采煤机，使截割机构切入煤壁连续落煤或进行机器调动。采煤机的牵引部主要由牵引传动装置和牵引机构两大部分组成。传动装置用来驱动牵引机构并实现牵引速度的无级调节和控制；牵引机构是直接移动机器的装置，使采煤机沿工作面穿梭运行。

2. 牵引部的特点

牵引部有如下特点：

(1) 有大的传动比和传动转矩。

(2) 有足够大的牵引力，使采煤机能顺利割煤和爬坡。

(3) 牵引速度调节范围较大，而且能无级调速，适宜在不同煤质条件下工作。

(4) 液压牵引采煤机电动机转向不变时，通过换向机构即能实现双向牵引。

(5) 采煤机牵引一般能根据电机负荷和液压变化进行自动调速，以充分发挥采煤机的最大效能。

(6) 设有过载保护装置，当机器超过其额定负载时，能够自动迅速降低牵引速度或停止牵引，以保护机器。

(7) 调速装置具有记忆功能。

（二）牵引部传动装置

牵引部传动装置的功用是将采煤机电动机的能量传递到主动链轮或驱动轮上，并实现调速和换向。牵引部传动装置按传动类型可分为机械牵引、液压牵引和电牵引3类。

1. 机械牵引

机械牵引是牵引传动装置全部采用机械传动的牵引。机械牵引采煤机具有制造方便、结构紧凑、运行可靠、维修方便的特点。但只能有级调速，不能实现无级调速，对煤层条件变化适应性较差，且传动系统结构复杂，目前已很少采用。

2. 液压牵引

液压牵引采煤机是利用液压传动来驱动牵引。液压牵引的主要优点是：体积小、质量轻、惯性小、转矩大、运行平稳；易于实现换向、停止和过载保护；易于实现无级调速、易达到较大调速范围，便于根据负载变化实现自动调速；易于实现自行润滑。由此液压牵引得到广泛应用。主要缺点是：对液压元件制造精度要求、油液的清洁度要求高；在井下液压系统易被污染，对液压系统的使用要求高；液压系统复杂，故障的分析、处理难度大，维修困难；液压传动效率和可靠性较低。

3. 电牵引

电牵引采煤机是通过对专门驱动牵引部的电动机调速而实现调节控制牵引速度的采煤机。电牵引采煤机充分消除了机械牵引和液压牵引方式的采煤机所存在的结构复杂、体积大、操作和维护困难等缺陷。国外一些主要产煤国家电牵引采煤机的使用已很普遍，而我国也已将电牵引采煤机作为今后的发展方向。

电牵引采煤机主要由左、右摇臂，左、右滚筒，牵引传动箱，牵引控制箱，高压控制箱，调高液压缸，泵站，主机架和辅助装置等组成。

电牵引采煤机结构如图2-13所示，是将交流电输入可控硅整流、控制箱1、控制直流电动机2调速，然后经齿轮减速装置3带动驱动轮4使机器移动。两个滚筒7分别用交流电动机5经摇臂6来驱动。由于截割部交流电动机5的轴线与机身纵轴线垂直，所以截割部机械传动系统与液压牵引的采煤机不同，没有锥齿轮传动。这种截割部兼作摇臂的结构可使机器的长度缩短。摇臂调高系统的液压泵由单独的交流电动机驱动。根据调速原理不同，牵引电动机有直流电动机和交流电动机两种类型。

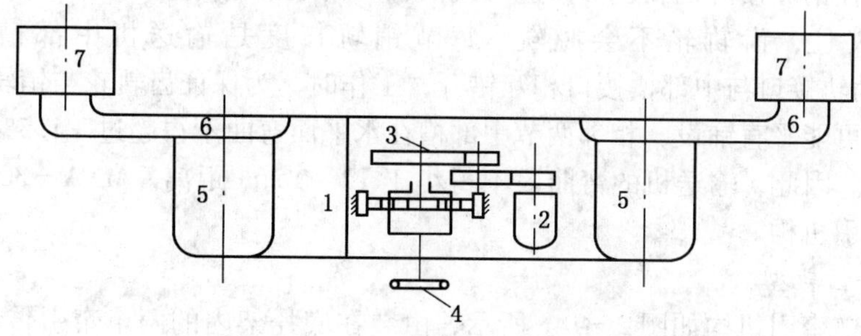

1—控制箱；2—直流电动机；3—齿轮减速装置；
4—驱动轮；5—交流电动机；6—摇臂；7—滚筒

图2-13 电牵引采煤机结构示意图

（三）牵引机构

采煤机牵引机构是牵引动力的输出装置，牵引采煤机沿工作面上下穿梭运行。牵引机构分为链牵引机构、绳牵引机构和无链牵引机构。因为绳牵引、链牵引具有弹性伸长和弹性蠕动、故障率高、易发生伤人事故、传递的牵引力较小及采煤机适应较大倾角的能力差等缺点，所以已逐渐被无链牵引机构所取代。目前使用的采煤机都采用无链牵引机构。使用无链牵引装置的采煤机通常称之为无链牵引采煤机。

采煤机向大功率、重型化和大倾角方向发展以后，链牵引机构已不能满足需要，而且牵引链一旦断裂，其储存的弹性能被释放，将严重危及人身安全。因此，从20世纪70年代开始，链牵引已逐渐减少，无链牵引得到了很大发展。

无链牵引机构取消了固定在工作面两端的牵引链，以采煤机牵引部的驱动轮或再经中间轮与铺设在输送机槽帮上的齿轨相啮合，从而使采煤机沿工作面移动。

无链牵引装置的分类如下：

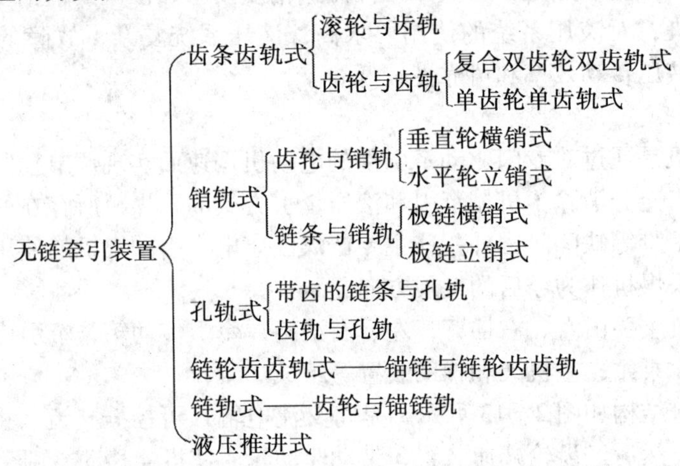

1. 齿轮—销轨型

如图2－14a所示，安装在牵引部减速器输出轴上的驱动轮2通过传动齿轮（齿轨轮）3与销轨5相联系，销轨固定在刮板输送机中部槽的销轨座6上。当驱动轮转动后，因销轨固定不动，传动齿轮通过与销轨的啮合作用而沿销轨运动，并带动采煤机牵引。

销轨有圆柱销焊接齿轨和齿形铸造齿轨两种。销轨结构如图2－14b所示，销轨由两侧板固定和夹住，齿轨轮不会脱轨。每节销轨长度是输送机中部槽长度的一半（750 mm），销轨接口与中部槽接口相互错开，工作时，为保证齿轨轮与销轨的良好啮合，要求输送机尽可能平直铺设，相邻两节中部槽在水平面弯曲不得超过±1.5°，垂直面弯曲不得超过±3°。因此，输送机的弯曲段不得小于12～15 m距离。MXA－300型采煤机采用两套这种牵引机构。

2. 销轮—齿轨型

这种无链链牵引机构如图2－14c所示，由装在底托架内的两个牵引传动箱（图中只画出一个）分别驱动两个销轮（即滚轮），销轮与固定在输送机上的齿条式齿轨相啮合而使采煤机移动。销轮由5个直径为100 mm的圆柱销组成。牵引部主泵经两个液压马达分别驱动两个牵引传动箱。这种牵引机构的牵引力大，可用于大倾角煤层工作。MG300－W和AM－500型采煤机都采用这种无链牵引机构。

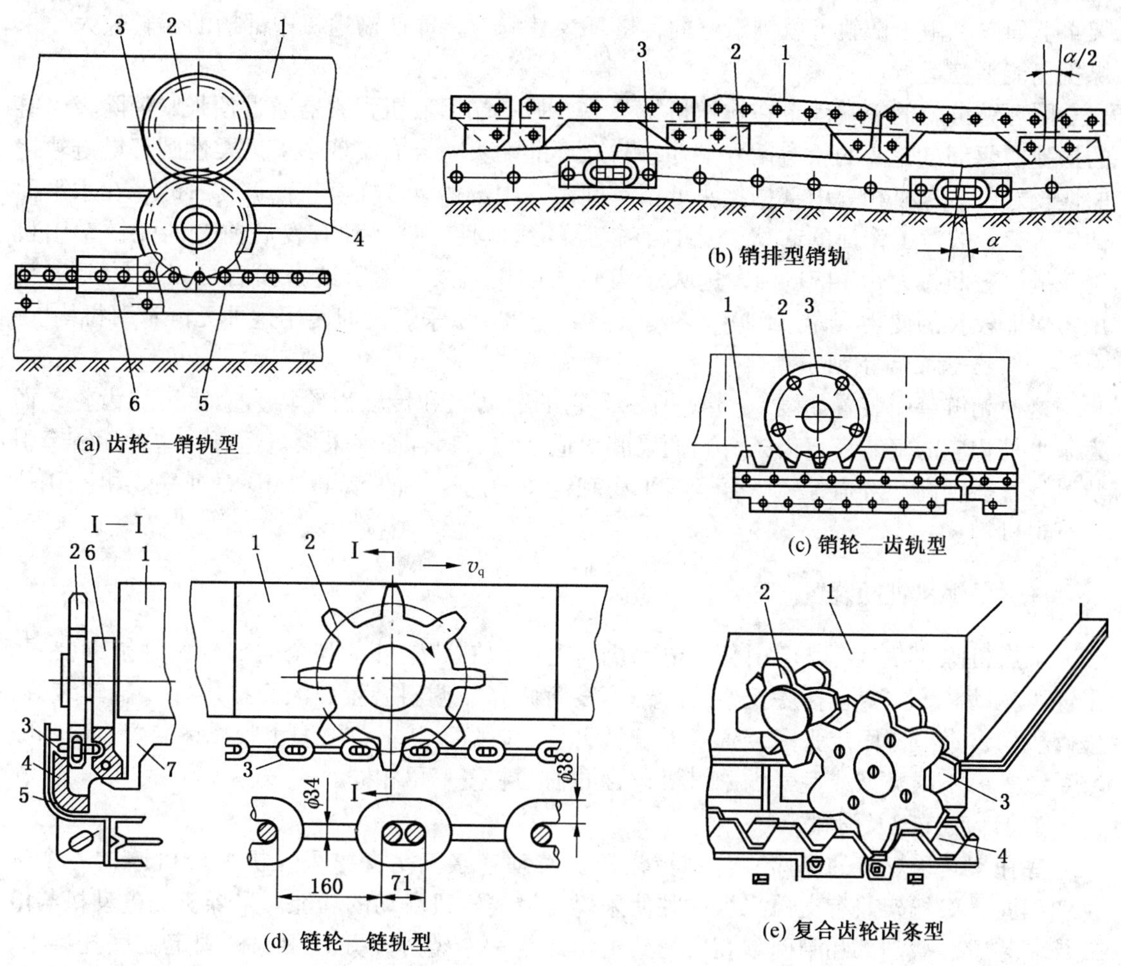

a：1—牵引部减速器；2—驱动齿轮；3—传动齿轮；4—底托架；5—销轨；6—销轨座；

b：1—销轨；2—销轨座；3—输送机中部槽；

c：1—齿轨；2—销轴；3—销轮；

d：1—传动装置；2—驱动链轮；3—圆环链；4—链轨架；5—侧挡板；6—导向滚轮；7—底托架；

e：1—牵引部减速器；2—驱动轮；3—传动齿轮；4—交错齿双齿条

图2-14　无链牵引结构型式

其齿轨安装在采空侧的输送机槽帮上。齿轨分为长齿轨和短齿轨两种形式。长齿轨固定在输送机槽帮上，随中部槽一起弯曲。短齿轨又称调节齿轨，活装在两节长齿轨之间。长齿轨两端各有一个椭圆形孔，短齿轨两端的销轴装在此孔中。这种结构型式既保证了中部槽弯曲的要求，又限制了齿轨弯曲角度，有利于保证销轮与齿轨的啮合特性。

3. 链轮—链轨型

采用销轮—齿轨或齿轮—销轨式无链牵引机构后，由于输送机中部槽的偏转受到较严格的限制，降低了采煤机对底板起伏的适应能力。柔性链轨式无链牵引机构如图2-14d所示，它由牵引部传动装置1上的驱动链轮2与铺设在输送机采空区侧挡板5内链轨架4

上的圆环链（即链轨）3 啮合而移动采煤机。与驱动链轮 2 同轴的导向滚轮 6 支撑在链轨架 4 上导向。由于链轨可以圆滑弯曲，链环尺寸稳定，即使输送机中部槽的偏转较大，采煤机仍能平稳运行。

圆环链链轨的一端固定在输送机机头上，另一端用液压张紧器通过预张紧消除牵引链的松弛。驱动链轮 2 的轮齿插入平环，与立环的端头啮合而实现牵引。柔性圆环链链轨挠曲性较好，输送机相邻中部槽接头处留有间隙，中部槽可以在竖直面偏转 ±6°、在水平面偏转 ±3°，故对工作面的起伏变化具有较强的适应性，是一种有发展前途的无链牵引机构。链轨破断拉力达 1450 kN，远大于齿轨式或销轨式。牵引链磨损后可以翻转 180°再用，保证较长的使用寿命。EDW－300L、DTS－300 型采煤机即使用这种无链牵引机构。

4. 复合齿轮齿条型

这种无链牵引装置如图 2－14e 所示，它的驱动轮和传动齿轮均为交错齿双齿轮，而齿条也是相应的交错齿双齿条，它们之间对应形成双啮合而使采煤机运行。这种无链牵引装置具有强度高、寿命长、啮合运行平稳和定位导向性好的特点。BJD 系列采煤机采用这种行走机构。

三、采煤机辅助装置

采煤机除了截割部、牵引部、电动机与电气控制装置外，其余的部分称为辅助装置。采煤机辅助装置主要包括底托架及滑靴、滚筒调高与调斜装置、滚筒挡煤板及翻转装置、破碎机构、牵引链固定张紧装置、无链牵引装置、防滑装置、电缆水管拖移装置、冷却喷雾系统等。不同类型或型号的采煤机包含的辅助装置不尽相同。

（一）底托架及滑靴

底托架是采煤机的基座，与刮板输送机滑动连接，是支撑采煤机整个机体的一个部件。因此，底托架兼有支撑采煤机并使采煤机沿输送机滑动的功能。采煤机的电动机与电气控制装置、截割部和牵引部在底托架上组成为一个整体，并且用螺栓固定在底托架上，通过底托架下的 4 个滑靴骑在工作面输送机上。底托架与输送机之间具有足够的空间，便于输送机上的大块煤能顺利从采煤机下通过。底托架的高度应与煤层的厚度以及所选用的滚筒直径相适应。

底托架上的滑靴（又称滑履）是采煤机的支撑件，位于底托架下部。按照滑靴的结构和作用的不同，分为导向滑靴和非导向滑靴两种。位于采空侧区的为导向滑靴，位于煤壁侧的为非导向滑靴。非导向滑靴又分为平滑靴和滚轮滑靴两种。两个导向滑靴利用开口导向管与输送机上的导向管滑动连接，具有支撑、导向及防止采煤机掉道的作用。两个煤壁侧滑靴具有支撑并能使采煤机沿工作面输送机滑动的功能。平滑靴结构简单，而滚轮滑靴结构复杂，但它与输送机之间为滚动摩擦，运行阻力较小。

（二）滚筒调高与调斜装置

所谓调高，是指为了适应煤层厚度的变化，在煤层高度范围内上下调整滚筒位置。所谓调斜，是指为了使下滚筒能适应底板沿煤层走向的起伏，使采煤机机身绕纵轴摆动。

1. 滚筒调高装置

滚筒的高度变化是通过摇臂的升降和机身的升降实现的。即采煤机滚筒调高有摇臂调高和机身调高两种方式，它们都是靠调高液压缸来实现的，调高液压缸是滚筒升降的执行元件。

1）摇臂调高液压缸的布置方式

摇臂调高液压缸的布置方式有以下4种：

（1）调高液压缸布置在机身下面底托架内（图2-15a），通过小摇臂与摇臂轴使摇臂升降。调高液压缸一端固定在采煤机底托架上，活塞杆的一端固定在采煤机滚筒小摇臂上。由于摇臂套装在采煤机截割部固定减速箱的输出轴上，因此，通过液压控制使调高液压缸的活塞杆外伸，滚筒的位置升高；反之，滚筒的位置降低。这种方式由于调高液压缸位于机身下面，所以不易损坏，且受力较合理。缺点是由于采煤机滚筒和摇臂的质量较大，使调高液压缸的几何尺寸增大或需要较高的液体压力，同时维修不便。

（2）调高液压缸布置在机身上面（图2-15b）。这种方式有利于维护检修，但易被煤和矸石碰砸损坏，且依靠调高液压缸活塞杆腔压力油液产生拉力使摇臂上升，因而仍要求增大缸径或提高供油压力。

（3）调高液压缸布置在机身端部和摇臂侧面（图2-15c）。这种方式支撑刚性好，维修方便，但易被碰砸，并且摇臂摆动中的力臂变化大，使调高力不稳定。

（4）调高液压缸设在固定减速箱内（图2-15d）。活塞6经小摇臂2和摇臂轴3使摇臂4摆动，从而实现调高。这种方式有利于降低机身高度，多用于薄煤层采煤机中。

2）机身调高液压缸的布置方式

调高液压缸布置在机身上中部（图2-15e），也有装在机身下面的。这种调高方式可缩短机身长度，扩大调高范围，结构也较简单，但挖底性和自开切口能力较差。

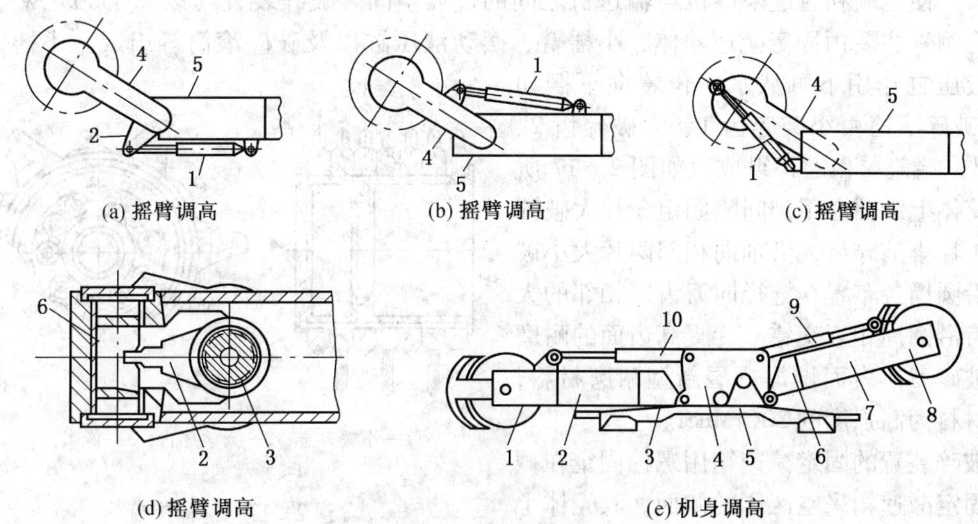

a～d：1—调高液压缸；2—小摇臂；3—摇臂轴；4—摇臂；5—固定减速箱；6—活塞；
e：1、8—左、右截割部减速器；2、7—电动机；3、6—液压箱；4—牵引部；5—底托架；9、10—调高液压缸

图2-15　滚筒调高液压缸的布置方式

3）调高装置液压系统

调高装置液压系统一般由液压泵、液压缸、双向液压锁、安全阀、换向阀、过滤器等组成。

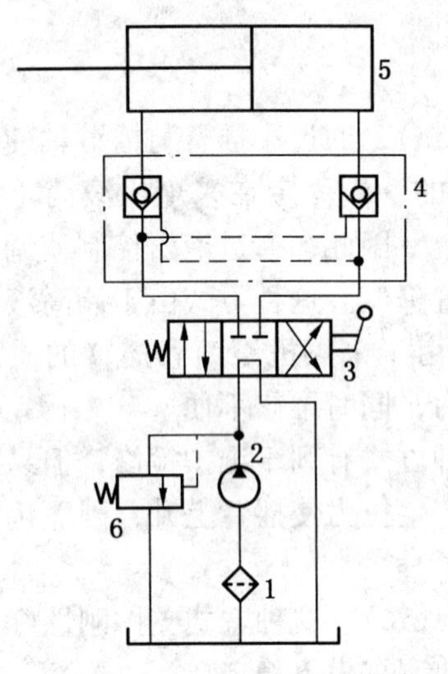

1—滤油器；2—调高液压泵；3—换向阀；4—双向液压锁；5—调高液压缸；6—安全阀

图 2-16　调高液压系统

典型的调高液压系统的工作原理如图 2-16 所示。调高液压泵 2 经过滤油器 1 吸油，靠操纵换向阀 3 通过双向液压锁 4 使调高液压缸 5 升降。双向液压锁用来锁紧高液压缸活塞的两腔，使滚筒保持在所需的位置上。安全阀 6 的作用是保护整个系统。

2. 调斜装置

调斜装置用来调节采煤机的机身相对煤壁的倾斜角度，保证采煤机在截煤时处在正确的位置，一般由调斜液压缸和液压系统组成。调斜液压缸一般安装在采煤机靠采空区一侧的两个滑靴上，缸体一端固定在采煤机底托架上，活塞杆的一端固定在采煤机底托架的滑靴上。当调斜液压缸的两腔进、出油时，调斜液压缸的活塞杆伸、缩，从而调节了采煤机的机身相对于煤壁的倾斜角度。但其摆角不宜太大，以免使机器失去稳定性。目前，在大多数采煤机上不设调斜装置。

（三）破碎装置

在大功率采煤机中配有破碎装置。它的用途是破碎滚筒截割落下的大块煤或破碎片帮大块煤，使之顺利通过采煤机与输送机之间的过煤空间。破碎装置（以 MG300-W 型采煤机为例）主要由固定减速箱体、小摇臂、摆动液压缸以及破碎滚筒等组成。小摇臂在摆动液压缸作用下可从水平位置向下摆动 40°。破碎滚筒由小破碎齿 1、大破碎齿 2、筒体 3、端盖 4 和键 5 组成，如图 2-17 所示。筒体上沿轴向用键间隔固定 3 片大破碎齿和 4 片小破碎齿，沿轴向相邻两片大小破碎齿沿圆周各布置 6 把径向刀齿，相邻的大小刀齿沿圆周相互交错。为提高齿面的耐磨性，破碎刀齿表面堆焊一层新型耐磨材料，齿体材料为高强度的 30CrMnSi。

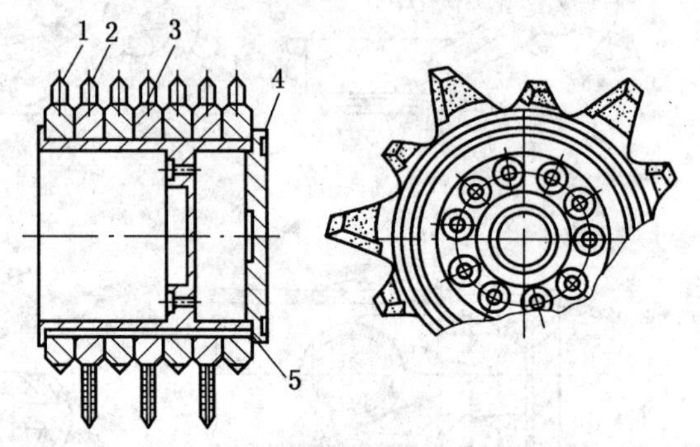

1—小破碎齿；2—大破碎齿；3—筒体；4—端盖；5—键

图 2-17　破碎滚筒

破碎装置的固定减速箱用螺栓固定在截割部固定减速箱采空区侧的侧面，其壳体上下对称。破碎装置及其固定减速箱位于近回风巷道的采煤机端部，工作面方向（即左右工作面）改变时绕横向（采煤机宽度方向）轴线翻转 180°可装到采煤机另一端截割部固定减速箱侧面。但已装好的破碎装置固定减速箱不能翻转使用。

（四）防滑装置

在采煤工作面倾角达 10°及其以上时，骑在输送机中部槽上运行的采煤机就有下滑的危险。目前无链牵引采煤机由于在牵引部传动系统中设有液压制动装置，能起到可靠的防滑作用，因此一般不必设置单独的防滑装置。而链牵引采煤机上行工作时，一旦断链，就会造成机器下滑的重大事故。为了防止牵引链断链后下滑，必须设置单独的防护装置。《煤矿安全规程》中明确规定，工作面倾角在15°以上时，滚筒采煤机必须有可靠的防滑装置。常用的防滑装置有抱闸式防滑装置、液压安全防滑绞车以及液压制动器等。

1. 抱闸式防滑装置

抱闸式防滑装置的结构如图2－18所示。它安装在底托架倾斜方向的下端，一对闸块2套装在输送机导向管1上。当采煤机下行采煤时，通过防滑液压缸使闸块松开，并不影响采煤机运行。当采煤机上行采煤时，通过防滑液压缸使闸块合拢并紧贴导向管，在未断链时，并不影响采煤机的正常运行。一旦发生断链，防滑装置便在下滑力的作用下使两个闸块2紧紧抱住导向管，起到防滑作用。

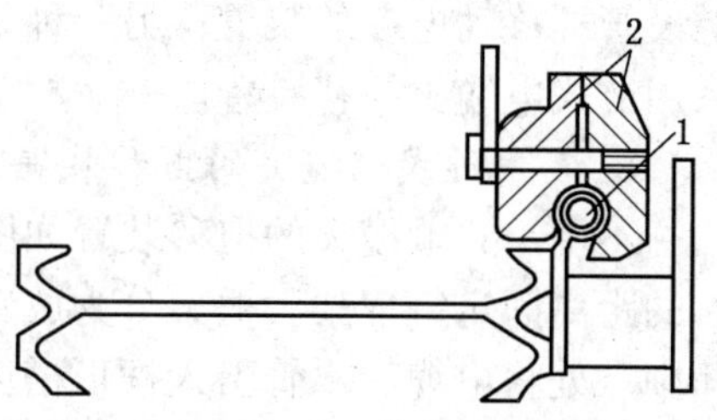

1—输送机导向管；2—闸块

图2－18 抱闸式防滑装置

2. 液压安全防滑绞车

液压安全防滑绞车是一种液压传动的滚筒式小绞车，安装在工作面上方的回风巷中。绞车滚筒上缠绕有钢丝绳，其钢丝绳端固定在采煤机上。当发生断链、采煤机下滑时，绞车立即制动，采煤机在绞车钢丝绳牵制下停止下滑。有链牵引采煤机在倾斜15°以上工作面上使用时，应配用液压安全绞车。

1）类型及适用条件

煤矿井下与采煤机配套使用的液压安全防滑绞车主要有YAJ－13型和YAJ－22型两种。YAJ系列液压安全防滑绞车是专门为链牵引采煤机在较大倾角工作面工作时作安全防滑用的。其中YAJ－13型绞车主要配合轻型采煤机（机器质量6 t以下）工作，可用于倾角为45°以下的煤层；YAJ－22型绞车主要配合中型采煤机工作，适用于倾角为31°以下的煤层。

2）工作过程

采煤机上行牵引工作时，绞车正转，使钢丝绳产生拉力，平衡采煤机的下滑力，以保证采煤机安全运行；采煤机下行牵引工作时，采煤机通过钢丝绳带动绞车（反转）放绳，迫使绞车液压马达呈现“泵”的工作方式，绞车钢丝绳就给采煤机一个大于下滑力的安全拉力，即使采煤机牵引链断链，也不会导致采煤机下滑。液压安全防滑绞车的运转状态完全受采煤机的控制，它与采煤机的运行状态协调一致。

3. 液压制动器

在无链牵引采煤机牵引部传动系统中，可用设在牵引部液压马达输出轴或轴系上的圆盘摩擦片式液压制动器，代替设于上平巷中的液压安全防滑绞车，防止停机时采煤机下滑。

这种液压制动器的内摩擦片中心孔的内齿装在马达轴的花链槽中，其既能沿轴向滑动，又能随马达轴一起转动；外摩擦片外缘花键装在离合器外壳中心孔的槽中，其只能沿轴向滑动而因受固定外壳的约束不能转动。内、外摩擦片相间安装，并靠活塞中的预压弹簧压紧。弹簧的压力使内摩擦片与外摩擦片在干摩擦情况下产生足够大的制动力，致使内摩擦片连同马达轴因受外摩擦片和固定外壳的约束不能转动，从而防止机器下滑。当控制油进入液压缸活塞杆腔时，压缩活塞顶压弹簧，使摩擦离合器松开，内、外摩擦片分离，液压制动器松闸，采煤机即可牵引运行。

（五）电缆水管拖移装置

电缆水管拖移装置的作用是当采煤机沿工作面移动时，拖动采煤机的动力电缆和用于冷却喷雾降尘的水管，代替了人工盘电缆的繁重体力劳动。

采煤机的电缆拖移装置有两种类型：一种是不用链式电缆夹，而在工作面输送机侧板上设管理移动电缆的装置；另一种是采用链式电缆夹的拖移装置。目前，大部分采煤机都采用链式电缆夹拖移装置。

1. 不用链式电缆夹的拖移装置

不用链式电缆夹的拖移装置如图 2－19a 所示。在输送机中部槽的侧板上每隔 1 m 左右的距离固定一框架。框架分为放置固定电缆的格子和移动电缆的框形槽两部分。从工作面中点处将电缆和水管引入框形槽内。框形槽的上部装有一根带橡胶管的销轴。销轴在弹簧作用下处于纵向水平位置，并封闭框形槽上口。电缆在自重作用下可将销轴压下后而落入框形槽。移动电缆就在框形槽内移动。在相邻两框架之间采空区侧挂有一根横向橡胶软管，用以防止电缆和水管歪倒。

这种拖移装置省去了链式电缆夹，减轻了移动部分的质量，但电缆和水管本身承受较大的拉力，且易被砸坏，容易发生拉断、砸坏电缆和水管的事故，故目前很少使用这种装置。

2. 链式电缆夹拖移装置

链式电缆夹拖移装置的结构如图 2－19b 所示。它由框形链节组成，链节之间用销轴 2 连接，链节在靠采空区侧是开口的，电缆和水管就从该开口边装入并用挡销 3 挡住。电缆夹的一端用一个可回转的弯头 5 连接装置固定在采煤机的电气接线箱上。为了改善靠近采煤机机身这一段电缆夹的受力情况，在电缆夹的开口一边装有一条节距相同的板式链 4，以使电缆夹链节不致发生侧向弯曲或扭绞。

显然，链式电缆夹拖移装置是将移动电缆和水管卡在链式电缆夹内，采煤机直接拖动链式电缆夹，从而带着电缆和水管跟随采煤机在输送机采空区侧边的电缆槽内移动。因此，这种拖移装置的特点是拖动电缆的拉力由链式电缆夹承受，电缆和水管不承受拉力，并且由电缆夹保护，可以防止被砸坏。链式电缆夹的链节一般选用高强度轻质非金属材料制成，以减轻质量。

一般动力电缆和水管都从工作面运输巷引入工作面。从工作面下端到工作面中点的这一段电缆和水管固定铺设在输送机中部槽侧板电缆槽中，而从工作面中点到采煤机之间的电缆和水管则需放在电缆夹中随采煤机的运行而移动。因此，电缆夹的装设长度为工作面长度的 1/2，但考虑到工作面长度的变化，一般至少留有 1～2 m 的余量。

（六）冷却喷雾降尘系统

滚筒采煤机在截煤和装煤过程中产生大量的煤尘，这不仅容易引起煤尘爆炸事故，而且也直接危害工人的健康。特别是随着综合机械化程度的提高，工作面的产量大大提高，煤尘的生成量也随之增加。因此，综合机械化采煤工作面的降尘问题是一个很重要的问题。

目前，采煤机普遍采用内、外喷雾系统。所谓内喷雾就是压力水经滚筒轴中心孔道及

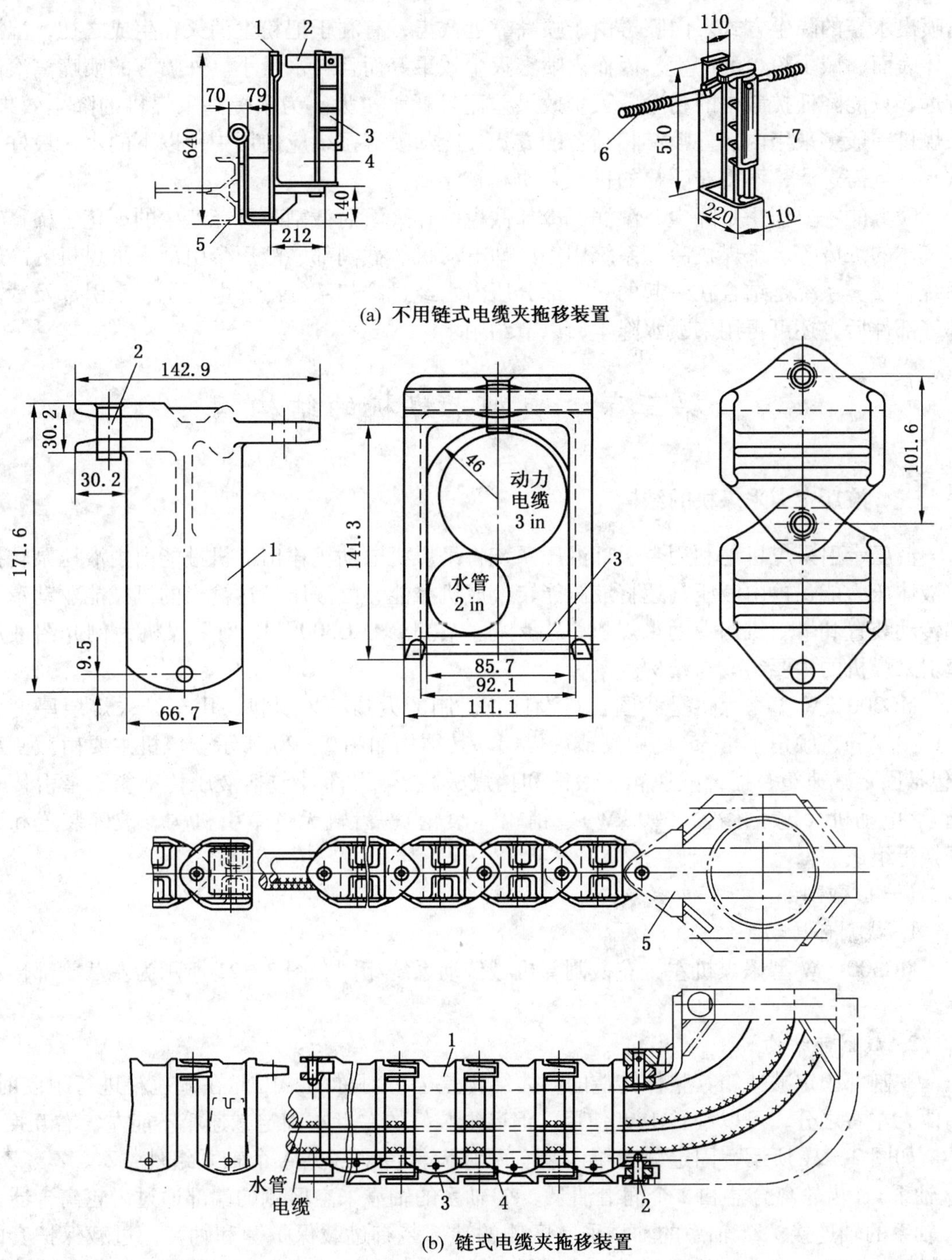

(a) 不用链式电缆夹拖移装置

(b) 链式电缆夹拖移装置

a：1—槽帮挡煤板；2—橡皮销轴；3—格架；4—移动电缆槽；5—中部槽；6—橡胶管；7—盖板；
b：1—框形链环；2—销轴；3—挡销；4—板式链；5—弯头

图 2-19 电缆水管拖移装置

叶片上的供水通道，从安装在滚筒叶片上和端盘上的喷嘴喷出水雾的降尘方式。所谓外喷雾就是压力水从安装在靠近滚筒附近（如摇臂上或机身其他部位适当的地方）的一组喷嘴喷出水雾的降尘方式。内喷雾由于喷嘴靠近截齿，有利于把粉尘消灭在生成之初，湿润煤体表面，减少粉尘的产生，因而内喷雾灭尘效果好而且耗水量小。外喷雾的喷嘴离滚筒较远，只能降低扩散中的粉尘，灭尘效果差而且耗水量大。为了提高采煤机的降尘效果，采煤机一般多采用内、外喷雾相结合的方式。冷却喷雾系统应使用中硬以下的水，最好是软水，且需过滤，不得有明显的机械杂质和悬浮物。

喷雾的主要作用是降尘、湿润、冷却截齿、扑灭滚筒截割时可能产生的火花、稀释有害气体的浓度等。采煤机冷却系统用于冷却电动机、截割部、液压牵引部。采煤机的冷却系统和喷雾系统是结合在一起的。一部分压力水经过冷却系统冷却电动机、牵引部及截割部等部件后，还可再用来喷水降尘，以节约用水。

第三节　典型采煤机的结构

一、液压牵引采煤机的结构

液压牵引采煤机是利用牵引部液压系统将采煤机电动机输出的机械能由主液压泵转换成液体压力能，再由液压马达将液压能转换成机械能，由液压马达输出的机械能驱动牵引部传动装置和牵引机构带动采煤机牵引运行。在此以 MG300－W 型采煤机为例介绍液压牵引采煤机的主要组成与结构。

MG300－W 型采煤机是我国自行设计、研制的大功率采煤机，用于开采煤层厚度为 2.1～3.7 m、倾角小于35°的中硬或硬煤层。其结构如图 2－20 所示。该机主要由截割部（包括固定减速箱、摇臂减速箱、滚筒和挡煤板）、牵引部（包括液压传动箱、牵引传动箱）、电动机（定子水冷，300 kW）、销轮（滚轮）—齿轨无链牵引机构、破碎装置和底托架等组成。

（一）截割部

1. 截割部传动系统

MG300－W 型采煤机左、右截割部机械传动系统相同。图 2－21 所示为左截割部传动系统。

2. 截割部结构

截割部固定减速箱其整体铸造的箱体结构是上下对称的，因此在减速箱进行组装时，箱体无左右之分，可以翻转 180°使用。但已组装好的左、右固定减速箱不能左、右互换。

如图 2－21 所示，固定减速箱内装有两级齿轮传动（共 4 个轴系组件：Z_1、Z_2、Z_3、Z_4 轴系）、齿轮离合器和 2 个润滑油泵。Z_2 轴系的轴靠采空区侧的端部通过齿轮离合器与 Z_3 轴系的轴连接。Z_3 轴系的轴靠采空区侧的端部装有过载保护套和轴套，过载保护套的内圆是花键孔，轴套的外圆是花键，过载保护套的外圆和轴套的内圆都是光滑的圆柱面，过载保护套装在轴套的内孔中，轴套的两端各有一个滑动轴承支撑，Z_3 轴系的轴用花键与过载保护套内齿孔连接，轴套的外圆花键与 Z_3 的内齿孔配合连接，过载保护套和轴套靠采空区侧的端部都是法兰盘结构型式，过载保护套法兰盘在轴套法兰盘的外侧，两者的法兰盘通过安全销 S 连接。这样，电动机通过小锥齿轮 Z_1、大锥齿轮 Z_2 传递来的动力由齿轮离合器 C_2→Z_3 轴系的轴→过载保护套→安全销 S→轴套→齿轮 Z_3→齿轮 Z_4 传至 Z_4

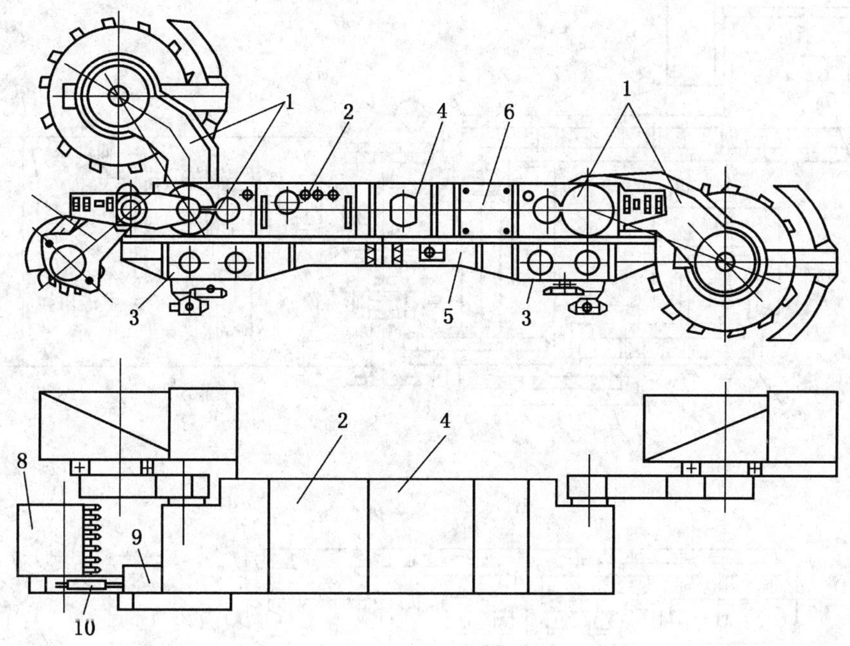

1—截割部；2—液压传动箱；3—牵引传动箱；4—电动机；5—底托架；6—中间箱；7—破碎装置小摇臂；8—破碎滚筒；9—破碎装置固定减速箱；10—小摇臂摆动液压缸

图 2－20 MG300－W 型采煤机

轴系的轴。当滚筒过载时，安全销被剪切断，电动机及传动件得到保护。过载保护装置位于采空区侧的箱体之外，其外面有保护罩，一旦安全销断裂，更换比较方便。

摇臂外形呈下弯状（参见图 2－20），加大了摇臂下面过煤口的面积，使煤流更加畅通。摇臂壳体为整体结构，靠采空区侧的外面焊有一水套，以冷却摇臂。

（二）牵引部

1. 牵引部机械传动系统

MG300－W 型采煤机的牵引部包括液压传动箱、牵引传动箱和滚轮—齿条无链牵引机构。液压传动箱中集中了牵引部除液压马达外的所有液压元件（如主液压泵、辅助泵、调高泵、各种控制阀、调速机构和辅件等）。牵引传动箱有两个，分别装在底托架两端的采空区侧（参见图 2－20）。

MG300－W 型采煤机牵引部的机械传动系统如图 2－21 所示。采煤机机身两端采空区侧的两个牵引传动箱内部结构是相同的，可以互换使用。

滚轮—齿条牵引机构中的滚轮结构如图 2－22a 所示。滚轮 1 为锻件，在其节圆圆周上均布有 5 个滚子 2，它们滑装在销轴 3 上，并用挡板将销轴轴向限位。销轴上开有径向和轴向油孔，从油嘴 6 可向滚子和销轴间的滑动面上加注润滑脂。滚子形状呈鼓形，有利于与齿条啮合。滚子材料为优质合金钢。齿条由固定齿条和调节齿条组成，如图 2－22b 所示。调节齿条 5 用销轴 4 固定在固定齿条 2 的长孔中，并用螺母将销轴轴向定位。两者采用长孔、圆柱销轴的连接方法，可以保证输送机在垂直方向弯曲 3°的情况下，滚轮与

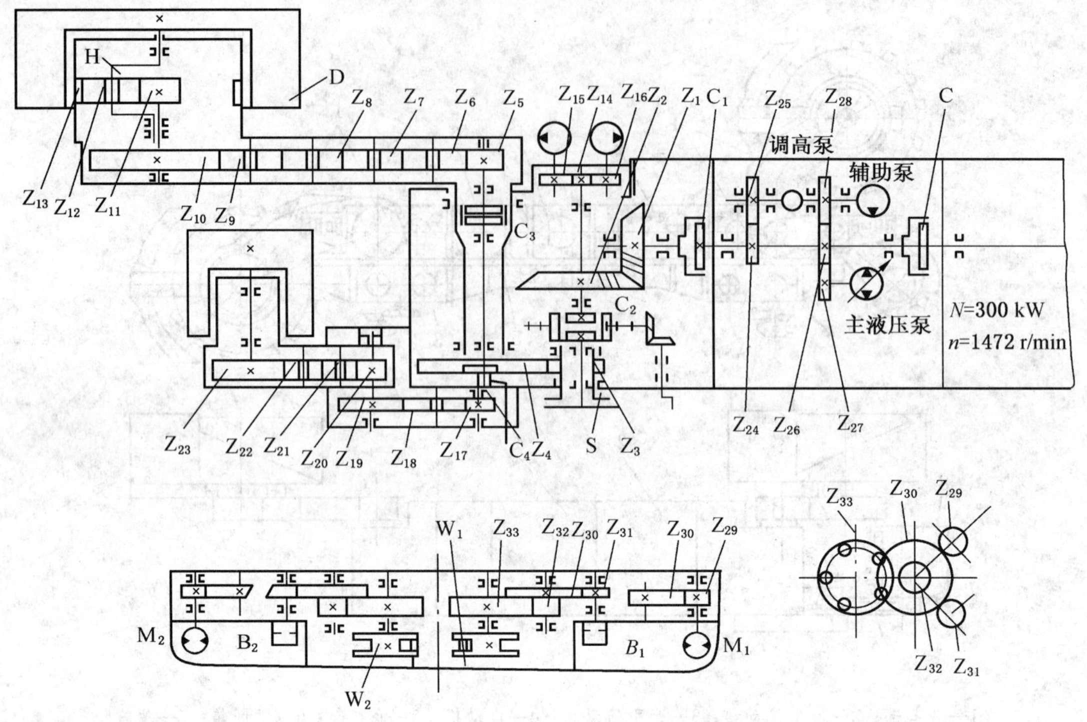

图 2－21　MG300－W 型采煤机机械传动系统

齿条仍能保持良好的啮合，以适应煤层底板的起伏。铆固在齿条侧面上的导轨 3 用来为采煤机采空区侧的滑靴导向，定位销 6 用于安装齿条时定位。

2. 牵引部液压传动系统

MG300－W 型采煤机液压传动系统如图 2－23 所示。采煤机牵引部液压系统由若干个液压基本回路组成，它包括主回路系统、操作回路系统和保护回路系统 3 部分。

1）主回路系统

主回路系统包括主回路和补油与热交换回路。

（1）主回路。主回路是由 ZB125 型斜轴式双向变量轴向柱塞泵 1（主液压泵）与 4 个并联的 BM－ES630 型定量摆线液压马达 2 组成的闭式回路，如图 2－24a 所示。改变主液压泵的排量和排油方向即可实现采煤机牵引速度的调节和牵引方向的改变。

（2）补油与热交换回路。补油与热交换回路如图 2－24b 所示。辅助泵 4（YCB 型齿轮泵）经粗滤油器 3（过滤精度为 80 μm）从油箱吸油，排出的部分冷油经精滤油器 5（过滤精度为 20 μm）、单向阀 8 或 9 进入主回路低压侧，以低温油补偿主回路的泄漏和降低主液压泵 1 吸油口的油温。液压马达 2 出口排出的热油经三位五通液动换向阀（梭形阀）10、低压溢流阀（背压阀）11、冷却器 12 及单向阀 13 回油箱，从而实现了冷热油的交换，使主回路中的热油得到冷却。

低压溢流阀 11 的调定压力为 2.0 MPa，以使回路的低压侧即液压马达的排油口维持一定的背压。溢流阀 7 的调定压力为 2.5 MPa，以限制辅助泵的最高压力，防止因压力过

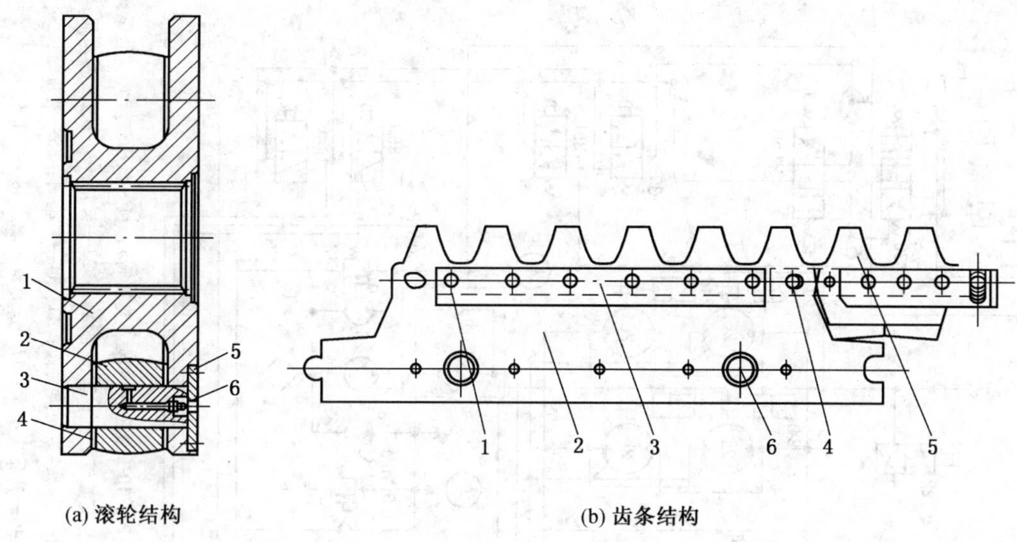

a：1—滚轮；2—滚子；3—销轴；4—密封垫；5—挡板；6—油嘴；
b：1—铆钉；2—固定齿条；3—导轨；4—销轴；5—调节齿条；6—定位销

图2-22　滚轮—齿条牵引机构

高而损坏。单向阀6（滤芯安全阀）的作用是保护滤油器。单向阀13的作用是在更换冷却器时防止油箱的油外漏。

由于辅助泵只能单向工作，为了防止电动机因接线错误而短时反转使泵吸空，专门设置了单向阀14，这时辅助泵可通过该单向阀从油箱吸油。

2）操作回路系统

采煤机操作控制系统用于操作控制采煤机牵引的启动、停止、调速、换向以及截割滚筒、破碎滚筒的调高。MG300-W型采煤机的操作控制方式有手动控制、液压控制和电气控制3种方式。

（1）手动操作控制。牵引的换向和调速：牵引换向与调速过程（图2-23）。当牵引控制手把15置于中位时，开关圆盘16的缺口对零，使行程开关断开，电磁阀22断电，其阀芯在弹簧作用下复位（如该阀图示位置），液压马达被液压制动阀24制动；同时，失压控制阀26的控制油口失压（低压），在其弹簧作用下复位（如该阀图示位置），回零液压缸27左、右活塞的外侧油腔与油箱接通，两活塞内侧的弹簧松开，通过调速机构将主液压泵摆缸拉到零位。

在启动电动机后，主液压泵、辅助泵都运转。如果顺时针或逆时针方向转动牵引控制手把15一定的角度时（牵引控制手把的转向代表着牵引方向，在一个转向内牵引控制手把转动角度的大小代表着牵引速度的大小），在开关圆盘16作用下行程开关闭合，电磁阀22通电，液压制动阀24对液压马达松闸；同时来自辅助泵4的低压控制油使失压控制阀26的阀芯压缩弹簧而左移，由于一般情况下电动机功率自动调速控制的三位三通电磁阀（也称功控电磁阀）28处在欠载位置（左位），故低压控制油通过阀28、26进入回零

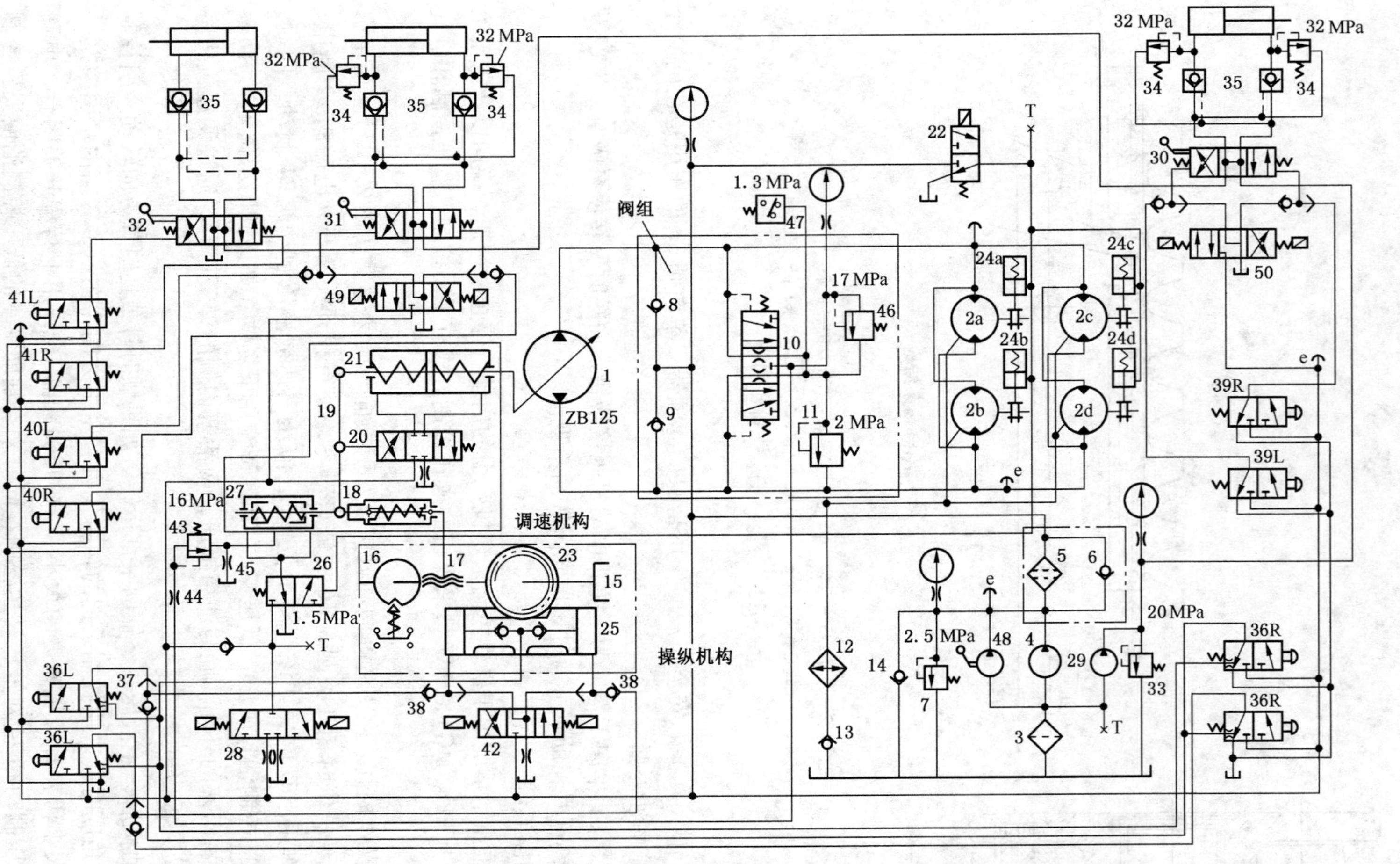

1—主液压泵；2—液压马达；3—粗滤油器；4—辅助泵；5—精滤油器；6、8、9、13、14—单向阀；7—低压安全阀；10—液压换向阀（整流阀）；11—低压溢流阀（背压阀）；12—冷却器；15—牵引控制手把；16—开关圆盘；17—螺旋副；18—调速套；19—杠杆；20—伺服阀；21—变量液压缸；22—电磁阀；23—齿轮；24—液压制动阀；25—液压牵引液压缸；26—失压控制阀；27—回零液压缸；28、42、49、50—电磁阀；29—调高泵；30、31、32—手动、液动换向阀；33、34—安全阀；35—液压锁；36—牵引阀；37、38—交替单向阀；39、40、41—调高阀；43—远程调压阀；44、45—节流器；46—高压安全阀；47—压力继电器；48—手压泵

图 2-23　MG300-W 型采煤机液压传动系统

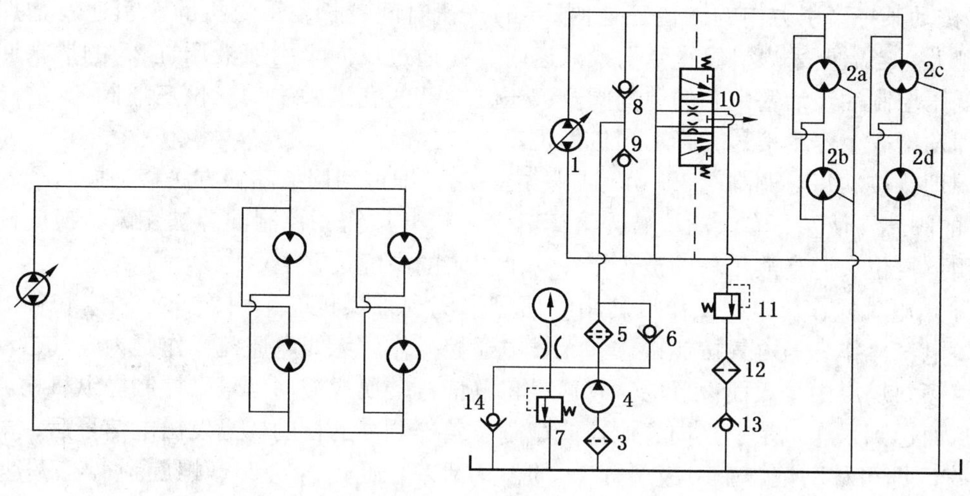

(a) 主回路　　(b) 补油与热交换回路

1—液压泵；2—液压马达；3—粗滤油器；4—辅助泵；5—精滤油器；6、8、9、13、14—单向阀；7、11—溢流阀；10—换向阀；12—冷却器

图 2-24　主回路系统

液压缸 27，使其弹簧压缩，实现对主液压泵的解锁。这时，转动控制手把 15 并通过齿轮副和螺旋副 17 可使调速套 18 移动，并通过杠杆 19 的摆动而移动伺服阀 20 的阀芯，使变量液压缸 21 的活塞移动，由拨叉将主液压泵摆缸向某一方向摆动某一个角度（±25°），从而实现采煤机的换向和调速。

截割滚筒与破碎滚筒的调高：调高系统是通过调高径向柱塞泵 29、3 个 H 型中位机能的手动换向阀 30、31、32 来实现的（图 2-23）。其中换向阀 30、31 控制左、右摇臂的升降，换向阀 32 控制破碎滚筒小摇臂的升降。2 个截割滚筒的液压缸和 1 个破碎滚筒的液压缸均采用双向液压锁 35 实现双向锁紧。安全阀 33 的调定压力为 20 MPa，用于限制调高泵 29 的最大压力。安全阀 34 的调定压力为 32 MPa，用以保护截割滚筒和用于摇臂升降用液压缸，防止截割顶板时可能发生的过载。从图 2-23 中可见，由于采用了 3 个串联的 H 型中位机能的换向阀，故 3 个调高液压缸只能独立操作。

（2）液压操作控制。液压操作控制方式是利用液动换向阀来实现采煤机的牵引换向、调速和截割、破碎滚筒调高的。

为了便于安全操作，在采煤机的两端部装有按钮控制的二位三通阀 36L、36R、39L、39R 和 40L、40R（图 2-23）。

按动每端的二位三通阀 36 之一的按钮，低压控制油即经此阀和交替单向阀 37、38 进入液压牵引液压缸 25 的一侧。液压缸 25 的另一侧经另一组交替单向阀 38、37 及另外一个二位三通阀 36 回油箱。于是液压缸 25 的齿条活塞移动，并通过齿轮 23、螺旋副 17 及调速套 18 进行采煤机的换向和调速。

其换向、调速过程同手动操作。松开二位三通阀 36 的按钮，控制油被切断，变量液压缸被锁在一定位置上，主液压泵以一定的排量工作（即采煤机以一定的牵引速度运行)。按动某一牵引方向的二位三通阀 36 的按钮时间越长，采煤机的牵引速度增加的幅度就越大。当需要采煤机停止牵引或减速时，先通过反向牵引使液压缸 25 的活塞回到零位，低压控制油经活塞中心的单向阀及液压缸中部的孔道去推动二位三通阀 36 的阀芯外移，即发出一个停车信号，指示司机停机牵引。

同理，按动每对调高阀 39、40 或 41 之一时，即可利用液动的方法移动换向阀 30、31 或 32 的阀芯，使左、右滚筒或破碎滚筒升降。松开按钮，控制油源被切断，换向阀在弹簧作用下复位，调高液压缸即被锁定在一个固定的高度位置上。

(3) 电气操作。电气操作是利用电信号来实现采煤机的牵引换向、调速和各滚筒调高的。电气操作分为电气按钮操作和无线电遥控操作。无线电遥控操作是为电气自动控制和在急倾斜煤层中采煤而设置的，它通过将电信号转换成液动信号来控制操纵机构或换向阀，从而达到采煤机牵引换向、调速或截割、破碎调高的目的。当发出电信号后，电磁阀 42 动作，即可移动液压牵引液压缸 25 的齿条活塞，通过齿轮 23、螺旋副 17、调速套 18 等来实现采煤机牵引换向、调速。电信号消失后，电磁阀 42 复位，机器就以一定的牵引方向和速度运行。同理，发出电信号后也可使电磁阀 49、50 动作，从而实现左、右滚筒的调高。

3) 保护回路系统

MG300 - W 型采煤机有完善的保护回路系统，这些保护回路系统包括以下几种：

(1) 高压保护。高压保护由高压安全阀 46 实现。高压安全阀的调定压力为 17 MPa。当远程调压阀 43 失灵时，可由高压安全阀来保护系统。

当采煤机牵引阻力增大时，主油路高压侧的压力随之上升。当压力升至 17 MPa 时，高压安全阀打开，高压液体经高压安全阀溢流口流至背压阀、冷却器后回油箱，实现了超载保护。

(2) 低压保护。低压保护的作用是使驱动液压马达的出油口维持一定的背压，一方面可使液压马达运转平稳；另一方面可保证热交换回路的正常进行。低压欠压保护由失压控制阀 26 和压力继电器 47 来实现。当主回路低压侧压力低于 1.5 MPa 时，失压阀在弹簧的作用下复位，回零液压缸 27 的弹簧两端的活塞腔与油箱接通，弹簧外伸，通过调速换向机构使主液压泵缸体摆角回零；同时由于低压压力过低，使液压马达制动闸在弹簧的作用下实施抱闸，采煤机停止牵引。如若失压控制阀 26 失灵，当压力低于 1.3 MPa 时，压力继电器 47 动作，切断电动机电源，采煤机停止牵引。

(3) 液压恒功率自动调速。根据液压功率 $N = PQ$，采煤机的牵引力 F 的大小决定了主回路中高压压力 P 的大小；而采煤机的牵引速度的大小主要取决于液压马达进油口流量 Q 的大小，也就是主液压泵输出流量的大小；而主液压泵的输出流量在泵的转速一定时又主要取决于泵的排量 q 的大小。所以，一台采煤机就液压系统来说，其液压输出功率是有限的，即当牵引力 F 增大而引起高压增大时，采煤机的牵引速度就应降低，以使采煤机不超载运行。

当采煤机牵引力小于额定值（400 kN）时，采煤机以调速手把所整定的速度运行；当牵引力大于额定值时，牵引速度自动降低，直到回零；而当牵引速度降低使牵引力小于额定值时，牵引速度又自动增大到调速手把所整定的数值。

液压恒功率自动调速是通过远程调压阀 43、回零液压缸 27 及调速套 18 等实现的。

在正常情况下（牵引力小于400 kN，即主回路高压侧的高压小于16 MPa时），远程调压阀43关闭，回零液压缸27处于解锁状态，采煤机以整定的牵引速度运行。当主回路由于牵引负载增大而压力超过16 MPa时，远程调压阀43溢流，溢出油液的一部分从旁路节流器45分流回油箱，另一部分以一定压力进入回零液压缸27的弹簧腔，推动活塞外移，通过拉杆使调速套18向减速方向移动，并压缩调速套18中的记忆弹簧，使牵引速度降低。当主回路高压小于16 MPa时，远程调压阀43关闭，回零液压缸27弹簧腔内的油液通过节流器45回到油箱，调速套中的记忆弹簧推动调速套带动拉杆向增速方向移动，速度又恢复到整定值。

调整远程调压阀的调定压力，即可改变采煤机额定牵引力的值。位于液压换向阀（梭形阀）10的高压油路出口上的节流器44起滤波作用，远程调压阀43出口上的节流器45是为了改善液压控制系统的阻尼比，以提高系统的稳定性，同时给回零液压缸提供呼吸孔。

（4）电动机功率超载保护。电动机功率超载保护也称为电动机恒功率自动调速。采煤机工作时，电动机输出功率主要消耗在截割煤层和克服牵引阻力上。若牵引速度选择过大或遇到煤层夹矸时，截割功率增加，会引起电动机超载运行；如长时间超载运行，就会引起电动机和其他机械零、部件的损坏。

采用电动机恒功率自动调速，可以使电动机在额定功率范围内工作，充分发挥电动机的能力；当电动机超载时自动使牵引速度减慢，以减小电动机输出功率；当电动机欠载时，牵引速度又会自动增大，直至恢复到原来选定的牵引速度为止。

电动机功率超载保护是通过三位三通电磁阀（功率控制电磁阀）28、回零液压缸27及调速套18的原来整定位置来实现的。采煤机正常工作时，电磁阀28处在欠载位置（左位），控制油经电磁阀28、失压控制阀26进入回零液压缸27两活塞的外侧油腔，使两活塞之间的弹簧压缩，从而使调速套解锁。这时，牵引控制手把15可根据工作面的情况任意将牵引速度整定到所需的数值。当电动机功率超载时，电气系统的功率控制器发出信号，使功率控制电磁阀28处于右位，回零液压缸27两活塞外侧油腔中的油液经失压控制阀26、功率控制电磁阀28、节流器回油箱。于是，回零液压缸中的弹簧就推动拉杆使调速套18向减小牵引速度方向移动，牵引速度即降低。由于调速手把未动，因此调速套只能压缩其中的记忆弹簧。一旦电动机超载消失，功率控制电磁阀28又恢复到欠载位置，回零液压缸解锁，通过拉杆使调速套向增速方向移动，牵引速度增大，但由于记忆弹簧的位置被调速手把整定位置所限制，故牵引速度的最大值只能恢复到原来整定的数值。

在实际工作中，电动机恒功率自动调速和液压恒功率自动调速同时起作用的机会是很少的。因此，电动机恒功率自动调速对充分发挥电动机的能力，增强截煤和牵引力是十分有利的。

（5）超速和防滑保护。该采煤机采用4个液压制动阀24，并通过电磁阀22来实现液压制动阀对牵引液压马达的松闸和抱闸。采煤机正常工作时，电磁阀22通电，低压控制油进入液压制动阀24使之松闸，这时4个液压马达基本同步运转。如果当系统中一套牵引回路出现故障时，就可能使4个液压马达运转不同步，其中1个液压马达超速运转。这样，主回路的压力就建立不起来，采煤机就会在自重分力作用下开始下滑。当下滑速度超过10 m/min或4个牵引滚轮间的速度差大于2 m/min时，装在液压马达传动齿轮上的速度传感器发出信号，使电磁阀22断电，制动器就立即抱闸制动，以及时阻止采煤机下滑。

（6）过零保护。过零保护目的是为了防止机器在从一个牵引方向减速后向另一方向牵引时由于突然换向而产生的冲击。它有手动液控和电控两种过零保护方法。

液控过零保护操作过程：按动牵引阀36，使低压控制油经该阀、交替单向阀37进入操纵机构，推动液压牵引液压缸25向减速方向移动。当达到零位时（牵引速度为零），液压牵引液压缸25的活塞中部$\phi3$ mm小孔与缸体上的$\phi2$ mm小孔在零位时对齐接通，控制油经液压缸上的单向阀流到牵引阀36的阀芯端面液控口，司机手上感到有一个信号，表明牵引调速手把已经达到零位，应当立即松手，以切断去液压牵引液压缸25的油路而停止牵引；否则采煤机会出现反向牵引。然后，司机再按下该牵引阀按钮，采煤机即反向牵引。

电控过零保护是通过行程开关实现的。固定在牵引控制手把15轴上的开关圆盘16，其圆周上有一个120°的缺口，当手把转到零位时，行程开关的滚轮正好落于该缺口，使行程开关动作而切断三位四通电磁阀42的电源，于是电磁阀42复位，液压牵引液压缸25停止移动，机器停止牵引。

以上两种过零保护都能使二位三通电磁阀22断电，从而使液压制动阀24对液压马达实现制动，采煤机停止牵引。

（7）停机主液压泵自动回零保护。当采煤机在某一调定牵引速度下工作时突然停机，由于控制液压制动阀的电磁阀22断电和失压控制阀26失压，在回零液压缸中的弹簧力的作用下，通过调速换向机构使主液压泵摆角自动回零，从而保证了下次开机时主液压泵摆角在零位启动。

此外，系统中还设有压力表、测压点T、放气塞e、手压泵48及加油阀等。操作点有机器中部的手动操作、机器两端的液控和电控及离机操作4处。

（三）喷雾冷却系统

MG300－W型采煤机的喷雾冷却系统如图2－25所示。所用水由两条水管经电缆拖移装置引入安装在底托架上的水阀，由水阀分配到左、右各三路水管，以进行冷却和内外喷雾。

1. 冷却系统

由水阀c口出来的水依次经牵引部液压传动箱冷却器1、左截割部固定减速箱冷却器2、左摇臂水套3到左摇臂下面的喷嘴，以降低左滚筒向输送机装煤时的煤尘；由水阀b口出来的水依次经电动机水套4、右固定减速箱冷却器5、右摇臂水套6到右摇臂下面的喷嘴，以降低右滚筒向输送机装煤时的煤尘。

2. 外喷雾系统

由水阀f、g口出来的水分别到左、右弧形挡煤板上的一组喷嘴内。

3. 内喷雾系统

由水阀e、d口出来的水分别到左、右摇臂中心管，经滚筒的3个螺旋叶片上的水道到喷嘴。供水泵流量为320 L/min，水压为2 MPa，内喷雾喷嘴为PZA1.5－45型，外喷雾喷嘴为PZB2.5－70型。

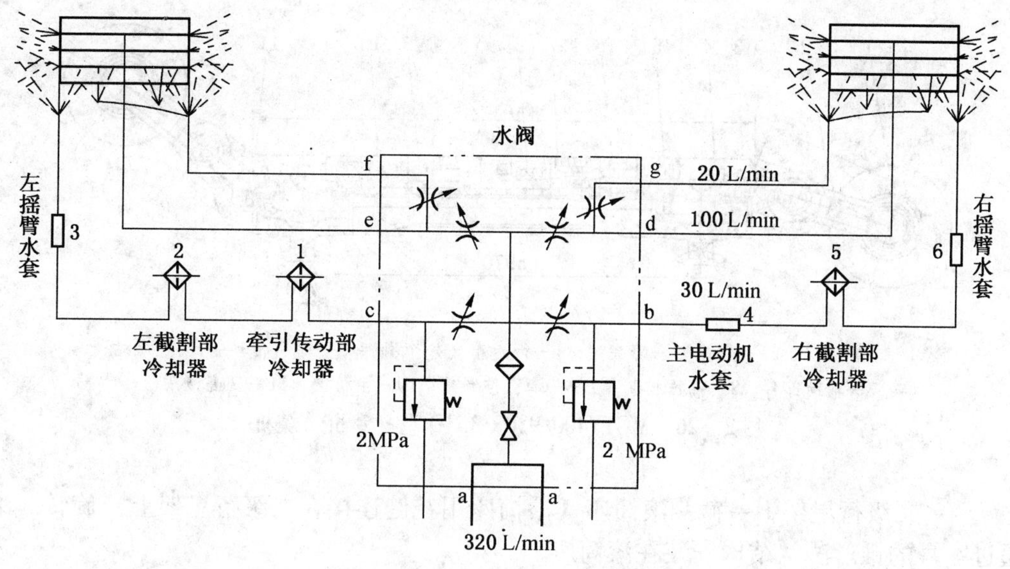

1、2、5—冷却器；3、4、6—水套

图 2－25　喷雾冷却系统

二、MGTY400/930－3.3D 型电牵引采煤机

MGTY400/930－3.3D 型电牵引采煤机主要与工作面刮板输送机、液压支架等设备配套使用，在长壁式采煤工作面实现综合机械化采煤。它适用于缓倾斜、中硬煤层长壁式综采工作面，采高范围为 2.2～3.5 m。可在有瓦斯、煤尘或其他爆炸性气混合气体的煤矿中使用。

该机总体结构为多电机横向布置，牵引方式为机载式交流变频无级调速的强力销轨（链轨）无链牵引，电源电压为 3.3 kV，采用计算机操作、控制并能中文显示运行状态、故障、检测。

该采煤机主要由左右滚筒、左右摇臂、左右牵引传动箱、行走箱（外牵引）、泵站、高压控制箱、牵引控制箱、调高液压缸、主机架、辅助部件等组成，如图 2－26 所示。

（一）截割部

两截割部分别安装于采煤机的两端，各截割部的摇臂尾部与主机架铰接。两截割部各由一台 400 kW 交流电动机驱动。左、右摇臂除提升托架及电动机护罩外，其余零件可以互换使用。截割电动机横向布置在摇臂的尾部，它通过截割部摇臂减速箱传动系统减速后将动力传递给截割滚筒，驱动截割滚筒旋转，摇臂的升降由调高液压缸来控制。

1. 传动系统

截割部传动系统如图 2－27 所示。安装在摇臂尾部的交流电动机的动力通过与电动机输出轴 A 连接的 $Z_1 \rightarrow Z_2$、Z_3（共轴于 B 轴）→惰轮 Z_4→惰轮 Z_5→惰轮 $Z_6 \rightarrow Z_7$、Z_8（共轴于 F 轴，其中 Z_8 为第一级行星传动机构的太阳轮）→Z_9（第一级行星传动机构的 3 个行星轮，与固定的大内齿圈 Z_{10} 啮合）→一级行星架 G、Z_{11}（G、Z_{11} 分别为第一、二级行星传动机构的行星架和太阳轮）→Z_{12}（第二级行星传动机构的 3 个行星轮，与固定的大内齿圈

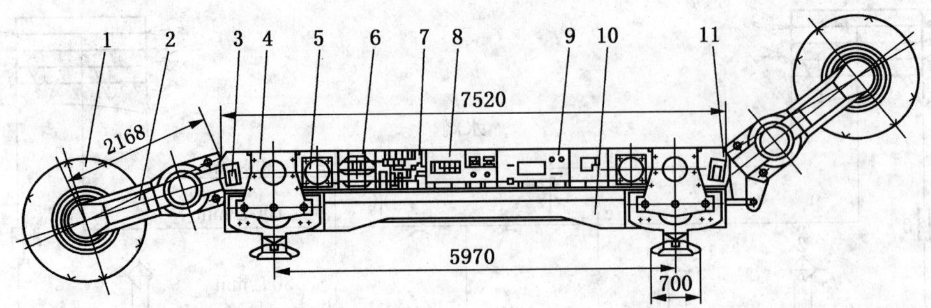

1—截割滚筒；2—摇臂；3—端头站；4—行走箱（外牵引）；5—牵引传动箱；6—泵站；
7—辅助部件；8—高压控制箱；9—牵引控制箱；10—主机架；11—调高液压缸

图 2-26　MGTY400/930-3.3D 型电牵引采煤机

Z_{13}啮合)→二级行星架 H→截割滚筒座（滚筒座用花键连接在二级行星架上）旋转。滚筒是通过本身的锥形法兰结构安装在滚筒座上。

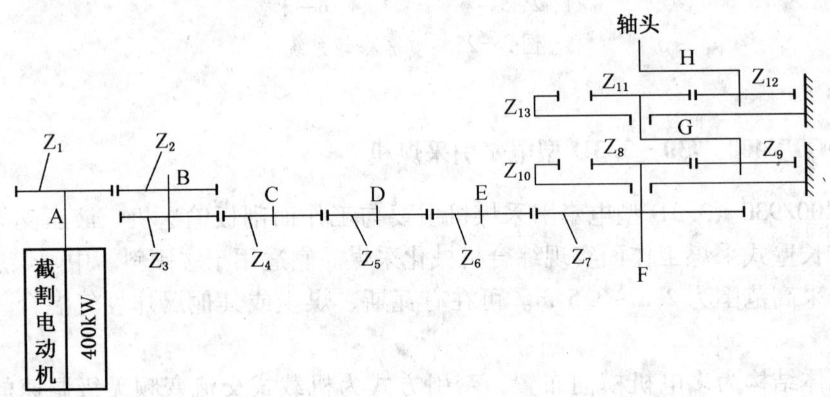

图 2-27　摇臂传动系统图

2. 离合操作系统

该机选用 400 kW 交流电动机，在电动机的采空侧端部安装有离合装置，操作离合手柄可以使滚筒转动或停止。拉出离合手柄可以使电动机输出轴脱离与第一传动轴的啮合，推进离合手柄可以使电动机输出轴与第一传动轴进入啮合，从而将电动机的动力传递给摇臂（注意操作离合装置时必须使电动机处于非运转状态）。

3. 滚筒结构

截割滚筒为螺旋焊接结构，为了适应电牵引采煤机的需要，滚筒采用四头螺旋叶片；为了提高开机率充分发挥电牵引采煤机的效力，截割刀具采用截齿、齿套、齿座 3 件组合式镐形刀具，增加了端盘、叶片和壳体的厚度以提高滚筒的强度，增加其可靠性。滚筒的端盘采用碟形结构，以减少滚筒割煤过程中端盘与煤壁的摩擦损耗，减小采煤机前进过程中的牵引阻力。

采煤机设有内喷雾装置，以提高降尘效果。在滚筒的螺旋叶片上钻有径向小孔水道，每一个水道安装一只喷嘴，每只喷嘴布置在截齿与截齿之间，离截齿较近，以便在煤尘尚未扩散之前就将其扑落，由此大大提高降尘效果，端盘上也布置了多只喷嘴。

滚筒的连接方式采用锥形法兰机构，利用锥形法兰机构把截割滚筒安装在摇臂的输出轴上，并用螺栓进行轴向固定，以防止滚筒割煤过程中产生轴向移动。螺栓安装好后，必须用铁丝串接防松。滚筒拆卸时，先将滚筒与摇臂输出轴的连接螺丝取出，再用滚筒拆卸工具将滚筒拆下来。

（二）牵引部

1. 牵引部的结构

两个牵引传动部分别布置在采煤机采空区一侧的两端，并与主机架组成一体。牵引传动部由牵引传动箱和行走箱（外牵引）两部分组成，由一台 55 kW（40 kW）交流电动机驱动。为适应采煤机采煤的需要，电动机由交流变频器控制可获得不同的转速，从而使采煤机得到不同速度。

每个牵引传动部装有一个 13 齿（7 齿）的链轮，链轮与工作面输送机上的销轨（链轨）相啮合，链轮的转动驱动采煤机沿着工作面输送机运行。链轮与销轨（链轨）的正确啮合，是由行走箱（外牵引）上的导向、限位滑靴来保证，每个牵引传动箱上装有一个制动器，当采煤机停止牵引时，制动器就起作用，防止采煤机下滑。控制制动器的 2 MPa 的压力油是靠刹车电磁阀提供的。

牵引传动箱可以安装在主机架两端头中任何一端，但是当左、右牵引传动箱需要相互调换安装位置时，必须把牵引传动箱翻转过来，并将注油接头与放油塞调换上、下位置。

行走箱（外牵引）部件可以安装在主机架两端的任何一端，不需要改变其中的零件安装位置。

牵引传动箱上、下分别有 3 个凹槽，由凹槽的底面与主机架定位块接触来保证牵引传动箱上、下尺寸要求；牵引传动箱中间的直角梯形凹槽的直角边与主机架上的定位块接触以此来保证牵引传动箱左右位置的要求；牵引传动箱的后面有两个定位面，由它与主机架的挡块接触来保证牵引传动箱的前后位置。上述的定位面接触后再由 6 条螺柱用液压螺母将牵引传动箱固定到主机架上。每个行走箱（外牵引）上面用 2 条 M30 螺栓将外牵引与主机架的上面板连接，下面用 8 个液压螺母将外牵引与主机架连接，每个外牵引下部左、右分别有 2 个楔块装置。

2. 牵引部传动系统

牵引部传动系统如图 2－28 所示。牵引传动箱端部的交流电动机 A 的动力通过与电动机输出轴连接的轴 1 的齿轮 B 与轴 2 的齿轮 C 相啮合，齿轮 C 通过轴 2 花键带动齿轮 D，齿轮 D 与轴 3 的齿轮 E 相啮合，齿轮 E 通过轴 3 的花键带动齿轮 F，齿轮 F 与轴 4 的齿轮 G 相啮合，齿轮 G 通过轴 4 的花键带动第一级行星传动机构的太阳轮 H，通过太阳轮 H 将动力传递到安装在行星轮架 J 上的 3 个行星齿轮 I，行星齿轮 I 又与一个固定的内齿圈 M_1 相啮合，使行星轮架 J 转动，行星轮架 J 的另一端齿轮 S 再将动力传递到安装在第二级行星轮架 L 上的 5 个行星齿轮 K，行星齿轮 K 与固定内齿圈 M_2 相啮合，使行星轮架 L 转动，两头带有花键的花键轴 N 将牵引传动箱中的动力传递至外牵引中的齿轮 O，齿轮 O 与齿轮 P 相啮合，齿轮 P 与链轮 Q 用花键连接为整体。链轮与固定在工作面输送机上的销轨（链轨）相啮合，从而驱动采煤机行走。

3. 制动器

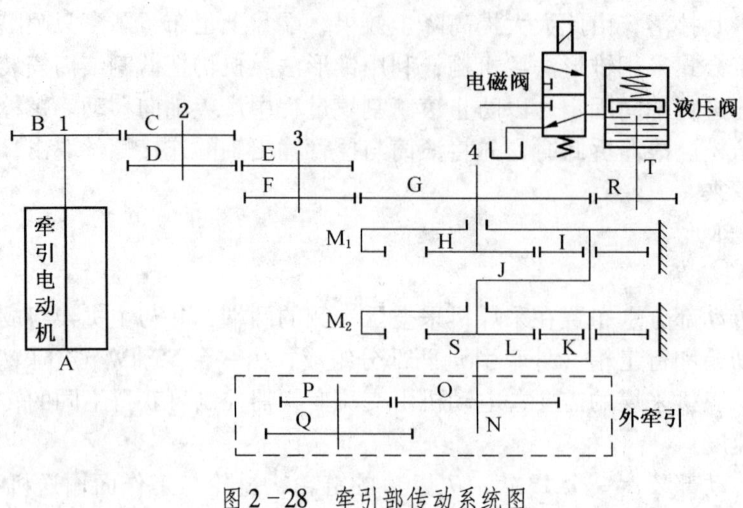

图 2-28　牵引部传动系统图

每个牵引部煤壁侧都安装有一个制动器，如图 2-28 所示。当采煤机断电停车或泵站停止向其供压力油时，蝶形弹簧恢复原状推动活塞移动，压紧内、外摩擦片，摩擦片上产生的摩擦力阻止轴齿轮 R 转动，从而使链轮停止转动，保证了采煤的安全。当切断电动机电源停车或泵站停止向其供油时制动器即起作用。

为了松开制动器，让采煤机沿工作面运行，首先启动泵站的电动机，当采煤机行走时泵站的压力油进入制动器，克服蝶形弹簧的作用力，松开摩擦片。此时轴齿轮 R 即可随着牵引传动箱中的齿轮转动，采煤机沿工作面正常运行。

（三）液压系统

1. 液压系统主要组成

MGTY400/930-3.3D 型电牵引采煤机液压系统由泵站、调高液压缸和液压制动器等部分组成。其中泵站由电动机装置、阀组和油箱 3 部分组成。电动机装置主要由电动机、调高泵、内外花键、法兰盘、距离套等组成，电动机通过内外花键的传动，将动力直接传递给调高泵；阀组固定在油箱上面，由手液动换向阀、电磁换向阀、刹车电磁阀、压力继电器、精过滤器、高低压安全阀等组成，采用集成块型式；油箱由放气阀、注油装置、精过滤器、温度表、压力表组、油位计、放油堵等组成，油箱体积大，装有足够的液压油。

2. 液压系统的作用与基本原理

液压系统的主要作用是调节滚筒的高度，控制液压制动器松闸抱闸动作。液压系统的滚筒调高和液压制动器动作控制是由一台泵排出的压力油液实现的。

在液压系统中，从调高泵输出的压力油通过阀组通向左、右调高液压缸；同时，一路低压油也从阀组后面接出通向刹车电磁阀去控制制动器的动作。

调高液压缸的升降动作可由手液动换向阀单独控制，也可由电磁换向阀和手液动换向阀配合实行电液控制。液压制动器松闸抱闸动作由二位三通刹车电磁阀控制，当采煤机启动运行时，该电磁阀得电动作，低压控制油进入液压制动器，液压制动器松闸，采煤机可正常牵引运行。当采煤机停机或出现电气、液压系统等故障时，刹车电磁阀失电复位，制动器油腔中的压力液回油池，制动器实行抱闸，使采煤机停止牵引并防止下滑。

（四）喷雾冷却系统

喷雾冷却系统主要由水阀组件、接头、软管和喷水块等组成，如图 2-29 所示。来自喷雾泵站的水通过水阀组件的进水口进入采煤机，要求进水压力 7 MPa，水量 320 L/min。进入水阀组件的水通过阀内的过滤器后分两路：

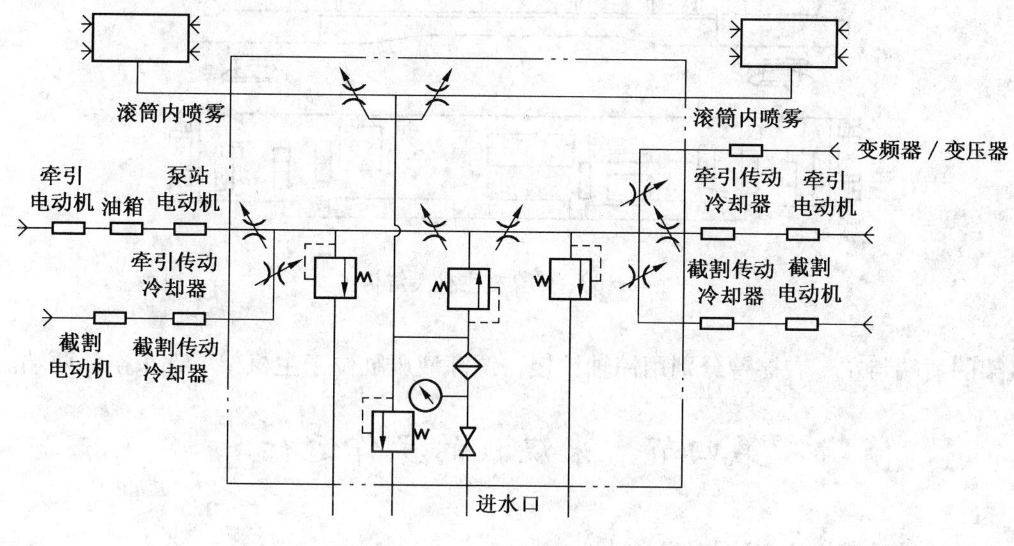

图 2-29 喷雾冷却系统图

一路在阀内分两支路，分别将水送到左、右滚筒，用于滚筒的内喷雾，左、右滚筒的水量可调节。

另一路通过阀内的减压阀后分两路：一路又分两路，一路水进入牵引传动冷却器对牵引传动进行冷却，之后进入泵站电动机，对泵站电动机冷却后再进入油箱冷却器，对油箱进行冷却后进入牵引电动机，对牵引电动机进行冷却后通过固定在主机架上的喷嘴将水喷向煤壁；另一路水进入截割传动动冷却器，对截割部进行冷却后再进入截割电动机，对截割电动机进行冷却后通过固定在主机架上的喷嘴将水喷向煤壁。另一路水又分三路，一路水进入变频器/变压器，对变频器/变压器进行冷却后通过固定在主机架右后部的喷嘴将水喷向煤壁；另一路水进入牵引传动冷却器，对牵引传动进行冷却之后再进入牵引电动机，对牵引电动机冷却后，通过固定在主机架右后部喷嘴将水喷向煤壁；第三路水进入截割传动冷却器，冷却了截割部之后再进入截割电动机，之后通过安装在主机架右后部的喷嘴将水喷向煤壁。

（五）采煤机主机架

采煤机主机架结构如图 2-30 所示。主机架为分体框架焊接结构，采空侧敞开，分为 5 个腔室，分别安装左、右牵引传动箱，泵站（供水阀块与泵站安装在同一个腔室），高压控制箱和牵引控制箱。以上 5 个部件均用螺栓固定。在主机架煤壁侧及顶面开有窗口，以便于螺栓紧固、连接、布设电器、水管。所有窗口平时用盖盖住，需要时拆下。

在主机架煤壁侧两端有支腿，采空侧两端装有行走箱（外牵引）装置，行走箱（外牵引）与主机架为定位盘及楔块定位，液压螺栓连接。煤壁侧支腿外装有滑靴，行走箱（外牵引）装有驱动轮及导向滑靴，与工作面输送机配合实现采煤机的支撑、限位导向。

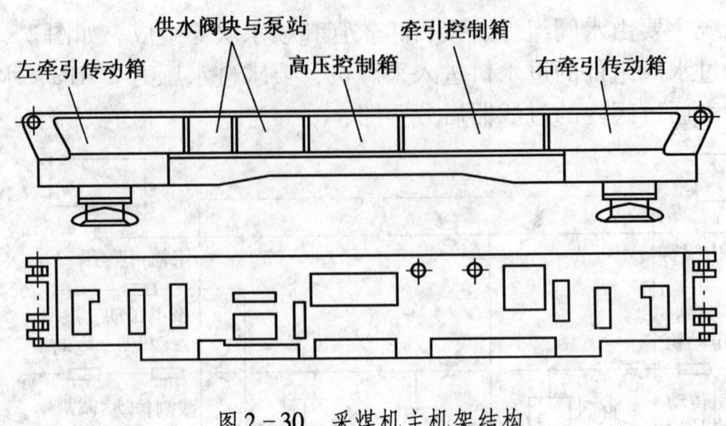

图 2-30　采煤机主机架结构

主机架的两端与左、右摇臂分别用销轴铰接，调高液压缸位于主机架下部采空侧两端。

第四节　采煤机的操作运行

一、滚筒采煤机的安装与调试

采煤机的安装与调试是综采工作面生产环节的一个重要方面。对采煤机的安装与调试应满足"快速安装、保证质量、安全施工、降低成本"的要求，所以应先在地面对综采设备进行安装验收和试运转，以避免有问题的采煤机及其配套设备安装于采煤工作面而造成既浪费人力、物力又延误采煤工作面投产工期的现象。采煤机的安装与调试工作应在安装施工组织设计、组织准备、井巷准备、设备准备、装车准备和安装准备等一系列准备工作完毕后进行。

（一）采煤机的井上验收及试运转

1. 井上验收

新采煤机与大修后的采煤机应在下井前组织验收。要根据有关技术标准、规范来检验采煤机的配套情况、技术性能、质量、数量及技术文件是否齐全合格。参加验收的人员必须熟悉采煤机的性能，了解采煤机的结构和工作过程。采煤机司机和维修人员一定要参加验收工作。

采煤机的验收包括以下内容及要求：

（1）列出采煤机各部件名称及数量，检查各部件应完整。

（2）根据采煤机的技术特征，检查采煤机的实际性能参数应符合要求。

（3）检查配套的刮板输送机、液压支架及刮板转载机等设备的配套性能和配套尺寸应符合要求。

（4）进行采煤机的机械部分动作试验，检验各手把及部件的动作应灵活、可靠，对底托架、滑靴、滚筒及牵引行走机构等进行外观检查应完好无缺陷。

（5）进行采煤机电气部分的动作试验，检验各按钮的动作应符合要求，各防爆部件及电缆进口应符合要求。

（6）进行牵引部性能试验，包括空载跑合试验、分级加载试验、正转和反转压力过载试验以及牵引速度零位和正反向最大速度测定。空载跑合试验时，其高压管路压力不大于4 MPa，油温升至40 ℃后，在接通冷却水情况下正、反向各运转1 h，分级加载试验按额定牵引力的50%及75%加载，每级正、反向各运转30 min，加载结束时油温不大于80 ℃。

（7）进行截割部性能试验时，包括空载跑合试验和分级加载试验。空载跑合试验须在滚筒额定转速下正、反向各转3 h。分级加载试验按电动机额定功率的50%及75%加载，每级正、反向运转30 min，加载结束时，油温不大于100 ℃。

（8）将采煤机摇臂置于水平位置，16 h后其下沉量小于25 mm。

（9）在不通冷却水的条件下，电动机带动机械部分空载运转1 h，电动机表面温度小于70 ℃，无异常振动声响及局部温升。

2. 地面检查及试运转

1）地面运转前检查的主要内容及要求

（1）采煤机零部件应齐全、完好。

（2）运动部件的动作应灵活可靠。

（3）手把位置应正确，操作应灵活可靠。

（4）外部管路连接应正确，各接头处应无漏水、漏油现象，各油池、油位润滑点应按要求注入油脂。

（5）各箱体腔内应无杂物和积水。

（6）电气系统的绝缘、防爆性能应符合要求。

2）试运行及要求

（1）地面试运行一般不少于30 min的整机运行。

（2）操作各部手把、按钮动作应灵活可靠。

（3）注意各部机体运行的声音和平稳性。

（4）测量各处温升应符合要求。

（5）摇臂升降要灵活，同时测量升到最高、最低位置的时间。

（6）操作牵引换向手柄调速旋钮，使采煤机正、反向牵引，测量其空载转速应符合要求，手把在中间零位时牵引速度应为零。

（7）在试验运行期间，要检查各部连接处应无漏油，各连接管路应无漏油，运转声音应正常。

（8）检查各个压力表的读数应正确。

（9）测量电动机三相电流应正常、平衡。

（10）进行各种保护装置的动作试验，应符合技术文件及其他相关规定的要求。

（二）采煤机的井下运输

采煤机经井上检查及试运转正常后，即可向井下运送。运输时，可根据矿井具体条件将采煤机拆成几部分，如拆成滚筒、摇臂、截割部减速箱、牵引部、电动机及底托架等几部分分别运输。但在各方面条件允许的情况下尽量少拆或不解体，这样可以减少安装工作量，同时对保证安装质量也大有好处。

1. 井下运输注意事项

(1) 采煤机下井时，应尽可能分解成较完整、较大的部件，以减少运输安装的工作量，防止设备损坏，并根据井下安装场地和工作面的情况，确定各部件下井的顺序，以便于井下安装。

(2) 下井前所有齿轮腔和液压腔的油应全部放净，所有的外露的孔口必须密封，外露的接合面、耦合器、拆开的管接头及凸起易碰坏的操作手柄都必须采取保护措施。采煤机分解后的自由活动的部分，如主机架上的调高液压缸以及一些管路等都必须加以临时固定和保护，以防止在起吊、井下运输时损坏，并防止污水浸入设备内部。

(3) 采煤机井下运输时，较大、较重的部件，如主机架、摇臂等用平板车运送，能装入矿车的可用矿车运送。平板车尺寸要适合井下巷道运输条件。

(4) 用平板车运输时要找正重心、达到平稳，可以用长螺杆将部件紧固在平板车上，不推荐使用钢丝绳或锚链固定，因为这种固定方式在运输途中容易松动使物品滑落，更不允许直接用铁丝捆绑。

(5) 搬装、运输过程中，应避免剧烈振动、撞击，以免损坏设备。

(6) 起吊工具，如绳爪、吊钩、钢丝绳、连接环要紧固可靠，经外观检查合格后才可使用。

(7) 对起吊装置，其能力应考虑具有不低于5倍的安全系数；对推移装置，其能力应考虑具有不低于2倍的安全系数。

(8) 在平板车运输时，装物的平板车上不许站人，运送人员应坐在列车后的乘人车内，并应有信号与列车司机联系。

(9) 平板车上坡运输时，在运输物体后不得站人。

2. 装车顺序

装车顺序就是指零件装车的先后排列程序。装车顺序是由现场安装地点和井下运输条件来确定的。

装车的排列顺序与安装顺序密切相关。在入井以前，应根据工作面方向及机器的安装顺序，在井上安排好各部件的装车次序和方位，以免在井下作不必要的调头和搬移。

采煤工作面的方向有左右之分（当工作人员面向回风巷站在工作面时，若煤壁在右手方向，则为右工作面，反之为左工作面）。采煤机零部件进入安装地点的先后顺序与采煤工作面的方向有关。当采煤机（以液压牵引采煤机为例）零部件从右工作面回风巷运入时，采煤机零部件进入安装地点的先后顺序一般是采煤机右滚筒、右摇臂和右截割部减速箱、底托架、电控箱、电动机、牵引部、左摇臂和左截割部减速箱、左滚筒及护板；当采煤机零部件从左工作面回风巷运入时，采煤机零部件进入安装地点的先后顺序与上述相反。

（三）采煤机的井下安装与试运转

1. 采煤机的安装

1）安装前的准备

采煤机的安装准备分为现场准备和工具准备两个方面。

(1) 现场准备。①在采煤机安装前，液压支架和输送机必须先安装好，但输送机的机尾待采煤机部件吊入输送机的机道后才能安装；②采煤机的井下安装是在工作面输送机上进行的。安装地点的支架要用横梁加固，以保证起重时能承受机器的重量，同时有足够的长度和大约2.5 m的宽度；③确定工作面端部的支护方式，并维护好顶板；④开好机窝，一般机窝在工作面上端头运输道口，长度为15~20 m，深度不小于1.5m；⑤在对准机窝运输道上帮硐室中装一台回柱绞车，并在机窝上方的适当位置固定一个吊装机组部件的滑轮。

（2）工具准备。采煤机安装时需要准备的工具一般有撬棍、绳套、万能套管、活扳手和专用扳手、液压千斤顶、手动起吊葫芦及其他工具（如手锤、扁铲、砂布、锉刀、常用手钳、螺丝刀以及小活扳手等）。

2）采煤机安装程序

（1）有底托架采煤机的安装程序。有底托架采煤机的安装程序：①先把底托架安装到工作面输送机上；②把牵引部、电动机和电控箱放到底托架的正确位置上，然后用螺钉与底托架固定；③在已安装固定好的牵引部、电动机和电控箱整体组合件的两端分别对接上左、右截割部减速器，并用螺栓固定好；④连接调高调斜千斤顶、油管、水管、电缆等附属装置；⑤安装左右滚筒及挡煤板；⑥铺设和张紧牵引链，接通电源和水管等。

（2）无底托架采煤机的安装程序。无底托架采煤机的安装程序：①把完整的右（或左）截割部（不带滚筒和挡煤板）安装在刮板输送机上，并用木柱将其稳住，把滑行装置连接在刮板输送机导向管上；②把牵引部和电动机的组合件置于右截割部的左侧，同样用木柱支垫起来，然后将右截割部与牵引部和电动机组合件之间的两个结合面擦干净，用螺栓将这两大件连接在一起；③用同样的方法将左截割部与牵引部和电动机组合件的左侧用螺栓连接；④固定滑行装置，将油管和水管与千斤顶及有关部位接通；⑤将左右两个滚筒分别固定在左、右摇臂上，装上挡煤板；⑥铺设牵引链并锚固张紧，再接通电源、水源等。

以上为链牵引采煤机的一般安装程序，无链牵引采煤机的一般安装程序与链牵引采煤机的安装程序基本相同。采煤机的类型很多，结构组成差别也较大，其具体的安装程序会有所不同。但总体上有底托架采煤机的安装程序一般为先下部后上部、先中间后两端、先主要部件后辅助装置。无底托架采煤机的安装程序一般为从采煤机一端开始依次顺序安装主要部件，然后安装辅助装置。

3）安装采煤机注意事项

（1）安装前必须制定安装作业规程和安全技术措施，并认真贯彻执行。

（2）零部件安装要齐全，不合格零件不安装，以保证安装质量。

（3）碰伤的接合面必须进行修理，修理合格后方能安装，以防止运转时漏油。

（4）安装销、轴时，要将其清洗干净，涂以油脂；严禁在不对中时用大锤硬砸，防止敲坏零部件。

（5）在对装花键时，一要清洗干净，二要对准槽，三要平稳地拉紧。

（6）要保护好电器元件和操作手把、按钮，避免损坏；接合面要清洗干净并涂上密封胶。

（7）安装完毕后，要先检查后试车。

（8）试车时必须把滚筒处的杂物清理干净，确认无问题后方可试车。

4）采煤机安装质量要求

（1）零部件完整无损，螺栓齐全并紧固，手把和按钮动作灵活、位置正确，电动机与牵引部及截割部的连接螺栓牢固，滚筒及挡煤板的螺钉（栓）齐全、紧固。

(2) 油质和油量符合要求，无漏油、漏水的现象。

(3) 电动机接线正确，滚筒旋转方向适合工作面的要求。

(4) 空载试验时，低压正常、运转声响正常。

(5) 牵引链锚固正确、无拧链，连接环垂直安装，有涨簧销。

(6) 电缆尼龙夹齐全，电缆长度符合要求。

(7) 用手盘动滚筒时，不应有卡阻现象，滚筒齿座、截齿齐全。

(8) 冷却水、内外喷雾系统符合要求。

(9) 各种安全保护装置齐全，试验合格，工作可靠安全。

2. 采煤机井下试运转

1) 试运转检查内容

采煤机安装好后，需进行试运转。接通采煤机电动机电源以前应进行下列检查：

(1) 检查各操作手把、控制按钮操作应灵活可靠、位置正确，仪表显示正确。

(2) 检查所有管路系统和各零部件接合面密封处应无渗漏现象，紧固件无松动。

(3) 检查滚筒上的截齿应齐全、安装牢固。

(4) 检查冷却、喷雾灭尘系统应可靠有效，喷嘴齐全、畅通。

(5) 检查牵引机构、滑行装置应无卡阻。

(6) 在正式割煤前，还要对工作面进行一次全面检查，如工作面信号系统应正常；工作面输送机应铺设平直、运行正常；液压支架、顶板和煤尘情况应正常等。

2) 试运转要求

进行采煤机试运转时，先使采煤机空载运转 10～15 min，然后沿工作面带负荷运行一个整循环。在此过程中，采煤机应达到以下要求：

(1) 机器无异响，各部位温度正常，符合规定。

(2) 牵引正常，控制灵活。

(3) 电流、电压符合要求。

(4) 液压系统压力符合规定。

(5) 滚筒升降灵活，升降速度符合规定。

(6) 冷却、喷雾水流畅通，压力达到要求。

(7) 电缆、水管拖移装置工作状态正常。

(8) 无漏油、漏水现象。

二、采煤机的操作运行

为充分发挥采煤机效能、保证采煤机安全可靠运行、提高开机率、减少事故发生，采煤机司机应懂得采煤机机组的结构、原理、性能及相关的采煤工艺，并会正确操作、检查、维护保养和排除故障。在此基础上要严格执行《煤矿安全规程》、操作规程和作业规程的有关规定，正确操作机组。在日常工作中，要对采煤机进行维护保养，经常检查设备，发现故障及时排除，以确保机组的安全运行，延长设备的使用寿命。

（一）采煤机的操作程序

1. 开机前的准备

1）工作面检查

（1）检查支护情况，主要检查液压支架的接顶状态、架间密封及护帮情况。

（2）观察煤层变化情况，以及顶、底板的起伏变化。

（3）观察工作面输送机运行及推移情况。

（4）注意采煤机周围有无障碍、杂物及人员。

2）设备检查

（1）各手把、按钮、旋钮应灵活、可靠，均置于“零位”或“停止”位置。

（2）截割部离合器手把置于“断开”位置。

（3）截齿齐全、锐利、牢固。

（4）各连接螺栓齐全、紧固。

（5）链牵引采煤机牵引链无扭结现象，紧链装置工作状态正常；无链牵引采煤机齿轨无断裂，并连接可靠。

（6）滑靴、导向靴磨损正常，无断裂。

（7）电缆水管拖移装置完好无损，电缆槽内无煤块或矸石。

（8）冷却、喷雾系统完好，水压和水量符合规定。

（9）液压油和润滑油（脂）的油量和油质都符合规定要求。

（10）各过滤器无堵塞现象。

（11）工作面信号系统工作正常。

在设备检查中，发现问题应及时处理好。

3）试运转

每班开始工作前，应脱开滚筒和牵引链轮，在停止供水的情况下空载运转 10 ~ 15 min，使油温升至 40 ℃左右时，再正常开机。空载运转及正常开机时，注意观察滚筒及各部状况，倾听运转声音，观察液压系统和冷却喷雾系统的压力是否正常，有无渗漏，喷水雾化效果是否良好。

以上各项检查和试运转工作结束后，方可发出预警信号，准备开机。但当有下列情况之一者，不准开机割煤。

（1）无冷却水或水量达不到要求。

（2）遇有坚硬夹层超过采煤机截割硬度指标。

（3）刮板输送机出现急弯。

（4）采高低于作业规程要求。

（5）对违章指挥，采煤机司机有权拒绝执行。

2. 运行操作

（1）检查工作结束后，发出信号通知运输系统控制人员由外向里按顺序逐台启动输送机。

（2）待工作面输送机启动后，方可按下列顺序启动采煤机：①合上电动机隔离开关；②点动启动按钮，待电动机即将停止转动时，合上截割部离合器；③打开水阀总闸，供给冷却、喷雾水；④发出采煤机启动预警信号，并注意机器周围有无人员及障碍物；⑤按启动按钮，观察滚筒转动方向是否正确；⑥操作调高手柄或按钮，将挡煤板翻转到滚筒后面，再把滚筒调至所需高度。

（3）要根据煤层结构及煤质情况确定和随时调整采煤机的牵引速度。牵引速度要由小到大逐渐增加，不许猛增。

（4）顶底板不好时要采取措施，不许强行切割，也不准甩下不管。对硫化铁结核、夹矸、断层及空巷等要提前处理好。

（5）随时注意采煤机各部的温度、压力、声音和运行情况，发现异常情况要及时停机、检查并处理好，否则不许继续开机。

（6）大块煤、矸石及其他物料不准拉入采煤机底托架或机身下，以防卡住采煤机过煤空间，或造成采煤机脱轨落道。

（7）电缆、水管不得受拉、受挤压，不许拖在电缆槽或电缆车外。

（8）不许在电动机开动的情况下，操作滚筒离合器。

（9）运转过程中，应注意观察冷却喷雾水的压力、流量及雾化情况是否符合要求。无水不得开机割煤。

（10）不允许频繁启动电动机（处理故障时除外）。

（11）停机时，坚持先停牵引机构，后停电动机。无异常情况时，不允许在运行中直接用停电动机的方式停机，更不允许用紧急停机手柄（或按钮）直接停机。

3. 停机操作

停机操作分为正常停机操作和紧急停机操作两种情况。

1）正常停机操作

正常停机操作的原则是"先停牵引，后停电动机"。液压牵引采煤机正常停机操作程序如下：

（1）将牵引调速手把打到零位，停止牵引。

（2）待截割滚筒内余煤排净后，用停止按钮停电动机。

（3）把离合器及隔离开关操作手把打到断开位置，关闭进水截止阀。

对于电牵引采煤机，正常情况下停机要先停牵引、再停牵断、最后主停，然后将离合器、隔离开关手把打在断开位置上，同时关闭冷却、喷雾水路。

2）紧急停机操作

一般情况下不允许操作急停开关或主停止按钮，遇有下列情况之一时可以紧急停车：

（1）当采煤机负荷过大，电动机被憋住（闷车）时。

（2）采煤机附近片帮、冒顶，危及安全时。

（3）出现重大人身事故时。

（4）采煤机本身发生异常，如内部发生异响、电缆拖移装置出槽卡住、采煤机落道、采煤机突然停止供水、采煤机失控等。

3）采煤机停机的要求

（1）一般应选择顶板完整，无淋水的位置停机，采煤机停止运转后，司机必须将所有的离合器、隔离开关手把打在断开位置上。

（2）临时停机时，在电动机隔离开关未停，滚筒离合器未脱离的情况下，司机不得离开岗位。

（3）停机后如司机要暂时离开或长时间停机，要将两个滚筒放到底板上，将隔离开关打在断开位置，滚筒离合手柄打在脱离位置上，关闭进水总截止阀。

（4）采煤机必须在无载情况下停机。

（5）电动机正常停机，不允许使用隔离开关手柄，只有在特殊情况下或停止按钮不起作用时，才可使用，但此后必须检修隔离开关的触点。

（二）采煤机安全操作的注意事项

（1）未经专门培训或经过培训但未取得特种作业人员安全资格证书（IC卡）的人员不得开机。

（2）应严格执行岗位责任制、操作规程、现场交接班制度、设备维修保养制度及《煤矿安全规程》中的有关规定。

（3）按规定在采煤机上必须设置的机载式甲烷断电仪或便携式甲烷检测报警仪，所指示的甲烷浓度大于或等于1.0%时不得开机（其报警浓度≥1.0% CH_4，断电浓度≥1.5% CH_4，复电浓度≤1.0% CH_4）。

（4）无冷却、喷雾水或水的压力、流量达不到要求时不准开机。

（5）刮板输送机未正常启动运行时不得开机。

（6）开机前要预先喊话，并发出相应的预警信号，注意观察机器周围的情况，确无不安全的因素时方可开机。

（7）点动电动机，在其即将停止转动时操作截割部离合器。

（8）禁止带负荷启动和频繁点动开机。

（9）截割滚筒上的截齿、喷嘴应无短缺和损坏。

（10）司机在翻转挡煤板时，要正确操作，以防损坏挡煤板。

（11）采煤机在割煤过程中，要注意割直、割平并严格控制采高，防止工作面出现过度弯曲或顶底板出现台阶状况，注意防止割到支架顶梁或输送机铲煤板。

（12）采煤机运行时，应随时注意电缆、水管拖移情况及牵引机构运行情况，以防损坏。

（13）主机发出异常声响或过热以及机器发生严重振动时，必须立即停机检查，待处理好后方可继续开机工作。

（14）工作面遇到坚硬夹矸或黄铁矿结核时，应采取松动爆破措施处理，严禁用采煤机强行切割。

（15）工作面瓦斯、煤尘超限时，必须立即停止割煤，必要时按规定断电，撤出人员。

（16）工作面倾角较大时，要采用有效的防滑措施。在采煤机工作过程中，防滑装置应可靠。不应在防滑装置失灵的情况下继续开机采煤。

（17）采煤机停止时，应先停牵引、再停电动机。

（18）需要较长时间停机时，应先让输送机运完中部槽中的煤后，再按顺序停电动机，断开隔离开关，脱开离合器，切断磁力起动器隔离开关，然后闭锁输送机。

（19）除紧急情况外，一般不允许在停止牵引前用停止按钮、隔离开关、断路器或急停开关来直接停止电动机。

（20）检查滚筒或更换滚筒截齿时，应断开截割部离合器与隔离开关，并闭锁刮板输送机。让滚筒处在适宜的高度上，用手转动滚筒，以检查及更换截齿。

（21）认真填写运转日志及班检记录。

三、采煤机在特殊条件下的操作

(一) 采煤机在破碎顶板和分层假顶工作面的操作使用

采煤工作面煤层顶板破碎时，为利于破碎顶板控制，一般都采用铺设金属网的办法，以防顶板冒顶。

厚煤层采用分层开采的综采工作面，开采上分层时要为下分层采煤工作面创造有利条件。其主要措施也是以铺顶网或底网的方式铺设金属网（一般采用铺顶网方式的较多），在放顶线处随回柱放顶将金属网放落到底板上，金属网上垮落的岩石胶结成再生顶板，成为下分层的一种金属网人工顶板。采煤机在这种条件下操作使用时，应注意以下几点：

(1) 为了给下分层采煤工作创造良好的工作条件、消除或减少漏矸冒顶现象，应根据垮落的顶板岩石性质，采取向采空区注水或注泥浆的办法，促使垮落岩石胶结形成再生顶板，从而为下分层采煤工作创造有利条件。

(2) 采煤机司机要配合相关人员经常维护人工顶板，保持人工顶板的完整性，防止下分层出现坠包而破网。采煤机司机要掌握好分层采高，力求使支架顶梁与顶网保持在同一平面上，以减少金属网所受拉力，防止金属网因过度弯曲而发生人工顶板崩落事故。

(3) 在金属网下割煤时，采煤机的滚筒不应靠近顶板截割，以免割破顶网。一般要求留 300 mm 左右厚度的顶煤，如果顶板比较坚硬，可留 200 ~ 300 mm 厚的人工顶板。

(4) 在金属网下割煤时，尤其是采上分层时，因底板不是岩石而是煤，一定要操作控制好采煤机割平底板，不能出现台阶式底板，否则将造成推移刮板输送机、移架困难。

(5) 当煤层厚度变化较大时，采煤机司机要及时掌握和调整各分层的采高，以免造成上、下分层采高过大或过小，给采煤机截割造成困难。为此，开采时工作面沿走向每推进一定距离后，仍要在工作面沿倾斜方向每隔 10 ~ 15 m 打一钻孔，继续探查煤厚，以便随时调整和控制上、下分层的采高。

(6) 当煤壁片帮严重时，应及时伸出支架护帮板护帮。如未及时护帮造成片帮时，应及时前移支架超前支护。若是大块煤掉落到中部槽或采煤机滑靴附近堵住采煤机时，应先停机对大块煤进行人工破碎处理，然后再装运。

(二) 采煤机过断层

1. 采煤机过走向断层

(1) 当断层位于工作面中部、落差小、附近煤层厚度大于滚筒直径时，一般不必挑顶或挖底，可采取留底煤的办法，使工作面平推硬过。留底煤的办法就是在底板上留下一块三角煤（增加了煤炭损失），使采煤机及输送机沿工作面底板上所留的三角煤通过断层。如不留底煤，也可以在底板上垫坑木或矸石，使其保持一定坡度，以保证采煤机及输送机顺利通过断层。一般较多的是采取留底煤的办法。

(2) 当工作面的断层落差较大，附近煤厚小于滚筒直径时，一般用挖底或挑顶的办法，使采煤机顺利通过断层。此时应注意采煤机的机身平稳性，严格控制采煤机牵引速度。

(3) 当断层靠近上下平巷、落差较大、难以处理时，则可另开一段平巷，用联络眼与原平巷连通的方法，将工作面缩短，躲开断层。

2. 采煤机过倾斜断层

（1）对于落差大致等于或小于煤层厚度的倾斜（与工作面斜交）断层，一般采用让采煤机硬过的办法。

（2）采煤机通过断层时，如果煤壁方向与断层线互相平行或相交的角度太小，则断层的暴露范围将很大，会引起顶板压力急剧增加，顶板维护将十分困难。因此，为了使断层与工作面交叉面积尽量小，应在通过断层以前预先调整好工作面方向。一般在工作面距断层 15 m 左右时进行调整，使工作面煤壁方向与断层线保持一定的夹角。夹角越大，交叉面积越小，顶板的维护越容易，但通过断层的时间相对延长。根据经验，一般认为交角为 25°～40°之间较好。

（3）采煤机通过断层时，要特别注意底板坡度的变化、顶板破碎和坚硬岩石等问题。煤层顶底板硬度普氏系数 $f<4$ 时，可采用采煤机直接截割的办法；如果煤层顶底板岩石硬度高时，则要采用打眼爆破的方法预先挑顶或挖底。顶板破碎时，支架移动要和采煤机配合好，应在采煤机前滚筒割煤后立即移架支护。

（4）当采煤机通过工作面断层时，不论断层是在工作面上部或下部，一般应采用挖底的办法，尽量不要采用挑顶的办法，以避免破坏顶板岩层的稳定性，增加维护上的困难。由于断层的顶板比较破碎，支架前移应采用擦顶移架的方法。

（三）采煤机在倾斜煤层工作面中的使用

倾斜煤层综采工作面由于煤层倾角较大，工作面中的设备容易下滑。因此，在倾斜煤层工作面中操作采煤机时应注意下列主要问题：

（1）使用链牵引采煤机时，必须配用防滑液压安全绞车，并有可靠的防滑装置。防滑液压安全绞车必须安置在巷道顶板完整的地点，必须加打戗柱并固定牢靠。当防滑绞车移位时，应尽量使采煤机下行截入煤壁，同时采取相应的锁定措施。

使用无链牵引采煤机时，必须有可靠的液压制动器防滑装置。当液压制动器防滑装置损坏不能制动时，严禁开机采煤。

（2）以防滑杆为防滑装置的采煤机在运行中一旦发生断链，输送机应立即停转，防滑杆随即插入输送机刮板，防止采煤机下滑。因此，要求该类采煤机断链和输送机停转要有安全联锁装置。

（3）对于倾角大、煤质硬的煤层，采煤机应采用单向割煤，也就是采煤机沿工作面下行割煤，上行跑空刀，往返进一刀的割煤方式。这样可以避免上行割煤时由于牵引阻力大而导致采煤机下滑、牵引速度太慢的现象，尤其是可避免煤质坚硬时前滚筒割下来的大块煤卡住采煤机等现象。

（4）倾角大的煤层，采煤机下行割煤时，上平巷的张紧装置要保证牢固可靠，并有足够的张紧力。特别是平链轮传动的采煤机，本身吐链就不快，若上平巷的张紧装置不牢固可靠，会因卡链而发生断链事故。

（5）倾角大的煤层，使用平链轮传动的采煤机下行割煤时，采煤机机身一定要有坚固的导链装置，防止牵引链把导链轮拔出。

（6）采煤机的正常停机要注意防滑。当下行割煤时，要使滚筒切入煤壁后再停止牵引或停机；当上行割煤时，务必使两滚筒降到最低处后再停止牵引或停机。

（7）电缆、水管要有防滑措施，可采用分段固定电缆和改变电缆布设方式来实现。①分段电缆固定，采煤机下行割煤时，为防止移动电缆（含水管）下滑，可用木楔或旧胶带条将移动电缆分段固定在电缆槽中，待采煤机临近时再解除固定；②改变电缆布设方式，采用有较大空间的电缆槽，以有效地防止移动电缆出槽下滑。

（8）在倾角大于30°的工作面，从减少运输设备和电力消耗来考虑，应采用重力运输方式为好。

复习思考题

1. 采煤机分为哪两类？目前煤矿中广泛使用的是哪种？
2. 刨煤机的类型有哪些？其各有什么特点？
3. 刨煤机的优缺点各有哪些？其适用条件是怎样的？
4. 试说明滚筒采煤机的工作原理。
5. 滚筒采煤机的类型按照不同的分类方法各有哪些类型？
6. 滚筒采煤机的主要组成有哪些？
7. 采煤机截割部由哪几部分组成？
8. 滚筒采煤机截割部有哪些特点？
9. 采煤机截割部常见的传动方式有哪几种？电牵引采煤机一般采用哪种传动方式？
10. 采煤机滚筒有哪些主要结构参数？
11. 对采煤机螺旋滚筒的转向和叶片旋向有何要求？
12. 采煤机滚筒常用的截齿有哪几种类型？各适用于什么条件？
13. 采煤机滚筒截齿有几种排列方法？各适用何种煤层条件？
14. 滚筒采煤机牵引部由哪几部分组成？
15. 采煤机牵引部传动装置有哪几种类型？
16. 采煤机牵引机构有哪几种？
17. 采煤机常用的无链牵引装置有哪几种类型？
18. 采煤机调高、调斜的目的是什么？采煤机滚筒调高有哪些形式？
19. 滚筒采煤机破碎装置有什么用途？
20. 滚筒采煤机冷却喷雾系统的主要作用是什么？
21. 滚筒采煤机的防滑装置有哪几种？
22. MG300－W 型采煤机主要由哪几部分组成？
23. MG300－W 型采煤机的牵引部包括哪些部分？
24. 简述 MG300－W 型采煤机牵引部液压传动系统中，主回路、补油和热交换回路的作用。
25. 在 MG300－W 型采煤机牵引部液压传动系统中，其牵引部运行有哪几种操作方式？该系统有哪些保护？
26. MGTY400/930－3.3D 型采煤机主要由哪几部分组成？
27. MGTY400/930－3.3D 型采煤机滚筒的结构是怎样的？
28. MGTY400/930－3.3D 型采煤机液压系统的主要组成、作用与基本原理是什么？
29. 试说明 MGTY400/930－3.3D 型电牵引采煤机冷却喷雾系统。
30. 采煤机井上验收包括哪些内容？

31. 采煤机井下运输应注意什么问题?
32. 采煤机井下试运转包括哪些内容?
33. 采煤机正常启动的操作程序是怎样的?
34. 采煤机正常停机的操作程序是怎样的?
35. 采煤机在什么情况下应紧急停车?
36. 采煤机过走向断层、倾斜断层时的操作方法各是怎样的?

第三章　支护设备与泵站

回采工作面支护设备用于支撑工作面顶板，阻挡顶板垮落的矸石窜入作业空间，以保证工作面内的设备和人员安全。

第一节　单体液压支柱与切顶支柱

一、单体液压支柱

单体液压支柱是靠液压力工作的，其工作特性是恒阻的。按供液方式不同，单体液压支柱有内注式和外注式两种。

（一）内注式单体液压支柱

内注式单体液压支柱的结构，如图 3－1 所示。它是利用支柱内的手摇泵注液升柱的。它主要由活柱 4、缸体 6、活塞 7、泵活塞 11 和曲柄滑块机构 14 等组成。取下顶盖 1 和通气阀 2 可向柱内 A 腔注入液压油。

内注式单体液压支柱的动作包括升柱、初撑、承载和回柱 4 个过程，其动作原理如下。

1. 升柱

立起支柱，通气阀 2 靠自重打开，A 腔与大气相通。将手摇把套入曲柄方头上，然后旋转手把，通过曲柄滑块机构 14 使泵活塞 11 以中心导向管 5 为导向上下往复运动。当泵活塞向上运动时，B 腔形成负压，A 腔的液压油即被吸入 B 腔；当泵活塞向下运动时，B 腔的液压油经进液阀 10、单向阀 8 进入活塞 7 的下腔 C，活柱 4 因受液压力作用而升起。连续摇动手把，直到活柱接顶，即完成升柱过程。

2. 初撑

活柱接顶后，继续摇动手把。当泵活塞向上运动时，A 腔的液压油继续流入 B 腔，并通过进液阀 10 和环形槽 9 充满于二级泵的内腔 12。当泵活塞向下运动时，由于 C 腔内压力较高，而 B 腔内的液压油虽然被压缩，但油压仍较低，因而打不开单向阀 8，只能经泵活塞上的阻尼孔和泵活塞与活柱间的间隙返流到 A 腔。与此同时，内腔 12 的液压油受压缩后经环形槽 9 流至进液阀与单向阀间的油腔，此高压油迫使进液阀关闭、单向阀打开，而流入 C 腔，将活柱进一步撑紧顶板。连续摇动手把，直到支柱达到规定的初撑力（70～80 kN）。

3. 承载

支柱初撑后，随着顶板下沉，作用在支柱上的载荷逐渐增大。当载荷增大到支柱的工作阻力时，安全阀 3 开启溢流（C 腔的液压油经中心导管作用于安全阀上，溢流的液压油又流回 A 腔），支柱在恒阻下让压下缩（工作阻力 300 kN 左右）。

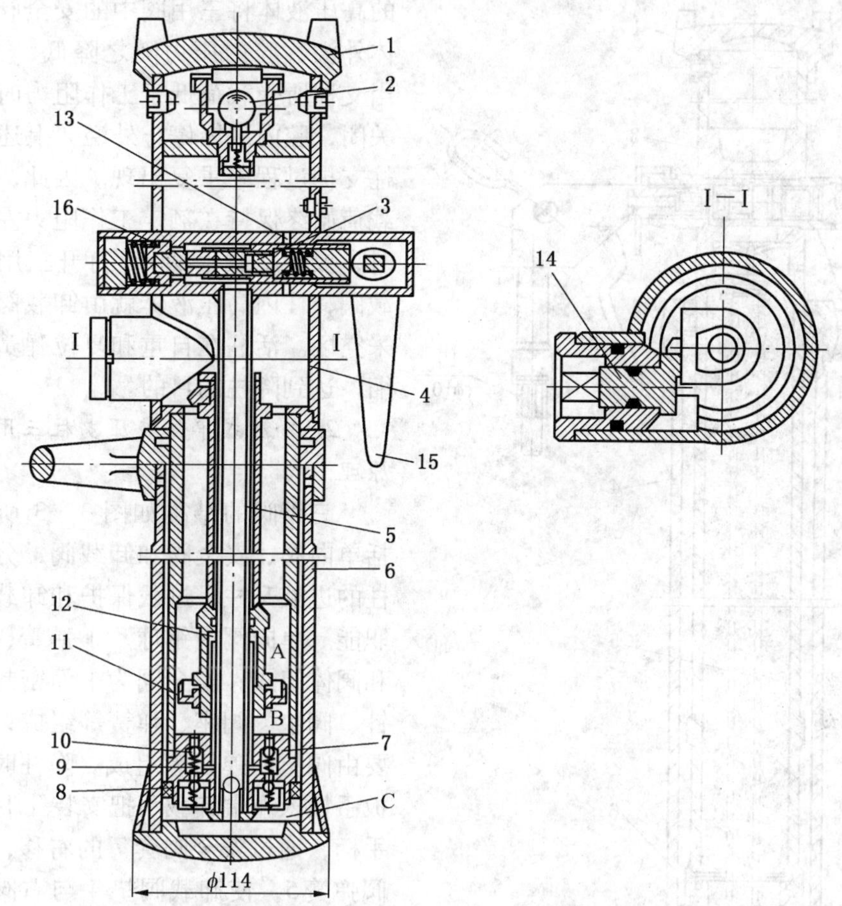

1—顶盖；2—通气阀；3—安全阀；4—活柱；5—导向管；6—缸体；7—活塞；8—单向阀；9—环形槽；10—进液阀；11—泵活塞；12—内腔；13—卸压小孔；14—曲柄滑块机构；15—卸载手把；16—卸载阀

图 3－1　NDZ 型内注式单体液压支柱结构

4. 回柱

只要扳动卸载手把 15，将卸载阀 16 打开，C 腔的液压油即经卸阀流回 A 腔，活柱在自重作用下快速下降。

（二）外注式单体液压支柱

1. 外注式单体液压支柱的动作原理

外注式单体液压支柱的结构，如图 3－2 所示。其原理与液压支架的立柱相同，但它是通过注液枪把泵站的高压乳化液注入支柱的。支柱升柱和初撑时，首先将注液枪 9 插入支柱三用阀 2 的注液孔中，挂好锁紧套，然后扳动注液枪手把，泵站的高压乳化液就由供液管 10 经注液枪和三用阀中的单向阀进入支柱下腔，使活柱 3 升起（同时复位弹簧 5 被拉长）。当支柱升起撑紧顶板后，拔出注液枪。这时，支柱下腔液体压力为泵站工作压力，支柱给予顶板的支撑力为初撑力。随着采煤工作面的推进和顶板下沉，工作面顶板作用在支柱上的载荷增加。当顶板压力超过三用阀中安全阀限定的支柱工作阻力时，支柱内

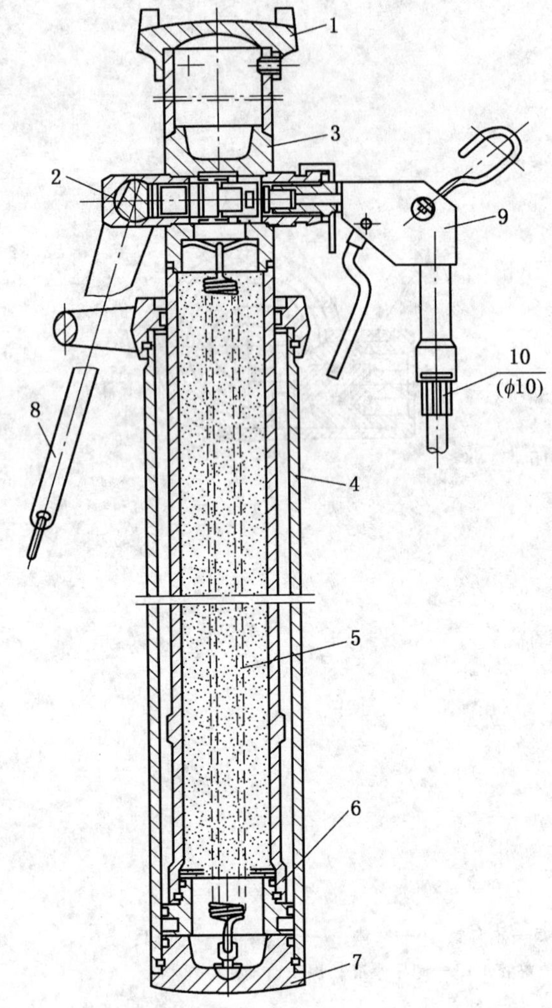

1—顶盖；2—三用阀；3—活柱；4—缸体；5—复位弹簧；6—活塞；7—底座；8—卸载手柄；9—注液枪；10—泵站供液管

图 3-2　DZ 型外注式单体液压支柱结构

的高压液体将三用阀中的安全阀打开，液体外溢，腔内压力随之降低，支柱下缩；当支柱所受载荷低于工作阻力时，安全阀关闭，腔内液体停止外溢。上述现象在支柱支护过程中重复出现。因此，支柱工作载荷始终保持在额定工作阻力左右。回柱时，扳动卸载手柄 8，打开三用阀中的卸载阀，柱内高压液体就由卸载阀排至柱外采空区。活柱在自重和复位弹簧作用下回缩，达到降柱的目的。

2. 外注式单体液压支柱三用阀的动作原理

三用阀的结构如图 3-3 所示，它包括单向阀、安全阀和卸载阀，分别承担支柱的进液升柱、过载保护和卸载降柱 3 种职能。单向阀由钢球、小弹簧、尼龙阀座和阀体组成；安全阀为平面密封式，由阀针、阀垫、阀座、弹簧等组成；卸载阀主要由阀垫和弹簧等组成。降柱时，将专用扳手插入左端卸载手把安装孔 14，并扳动手柄，通过安全阀套 7 的右移，压缩卸载阀弹簧 5，使卸载阀垫 4 与右阀体 1 内的台肩分离，于是活柱下腔液体便从该分离口处排出，支柱下降。

3. 外注式单体液压支柱注液枪的动作原理

注液枪是向支柱供液的主要工具，通过它将供液管来的高压液体供给支柱。它由注液管、锁紧套、手把、顶杆、隔离套和单向阀等组成，如图 3-4 所示。使用时，将注液管 2 插入三用阀注液阀体上，挂好锁紧套 3，扳动手把 4，通过顶杆 8 顶开单向阀的阀芯 17。这时，由泵站来的高压液体便通过单向阀和注液管 2 注入支柱，使支柱升起。当支柱接顶后，松开手把 4，顶杆 8 在高压液体和弹簧 16 作用下复位，单向阀阀芯 17 压向单向阀阀座 18，切断供液管的高压液体。与此同时，由于顶杆 8 复位使 O 形密封圈 11 与顶杆之间的密封失去作用，因而在三用阀注液孔与注液枪中的单向阀之间残存的高压液体便从隔离套 10 和顶杆 8 的间隙溢出，使注液枪卸载，从而可以很容易地摘下锁紧套 3，取下注液枪。

单体液压支柱适用于煤层倾角小于 25°、底板不过软、顶板垮落后不影响支柱回收的地质条件。

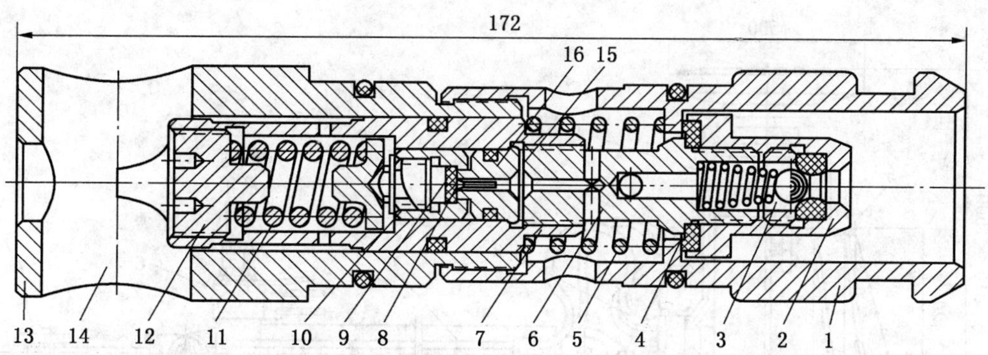

1—右阀体；2—单向阀体；3—钢球；4—卸载阀垫；5—卸载阀弹簧；6—连接螺杆；
7—安全阀套；8—安全阀针；9—安全阀垫；10—导向套；11—安全阀弹簧；
12—调压螺钉；13—左阀体；14—卸载手把安装孔；15—滤网；16—阀座

图3-3　三用阀

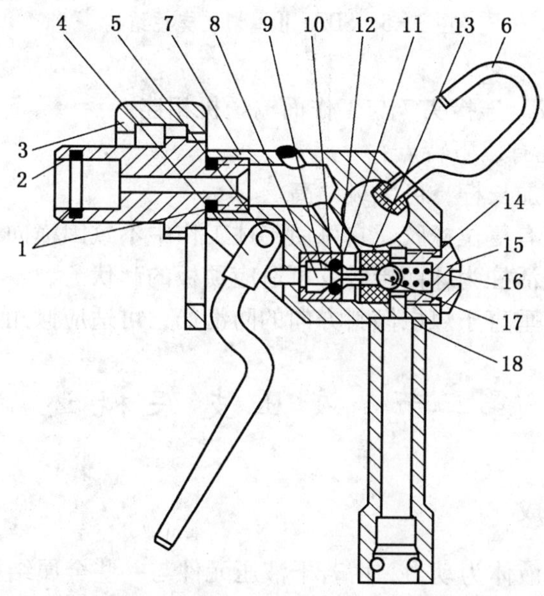

1、9、11、13、14—O形密封圈；2—注液管；3—锁紧套；4—手把；5—柱销；
6—挂钩；7—阀体组；8—顶杆；10—隔离套；12—防挤圈；15—压紧螺钉；
16—弹簧；17—单向阀阀芯；18—单向阀阀座

图3-4　注液枪

二、切顶支柱

在普采工作面，切顶支柱配合单体支柱控制顶板，可以使切顶、移动输送机等实现机械化。配用切顶支柱后，可取消木垛、抬棚、矸石带、密集支柱等特殊支护设备，降低坑木消耗，简化支护工艺，提高工作面支护强度，改善顶板状况，确保安全生产。

图3-5所示是SDZ-Ⅱ型切顶支柱结构。它由支柱1、底座5、复位橡胶2、控制阀

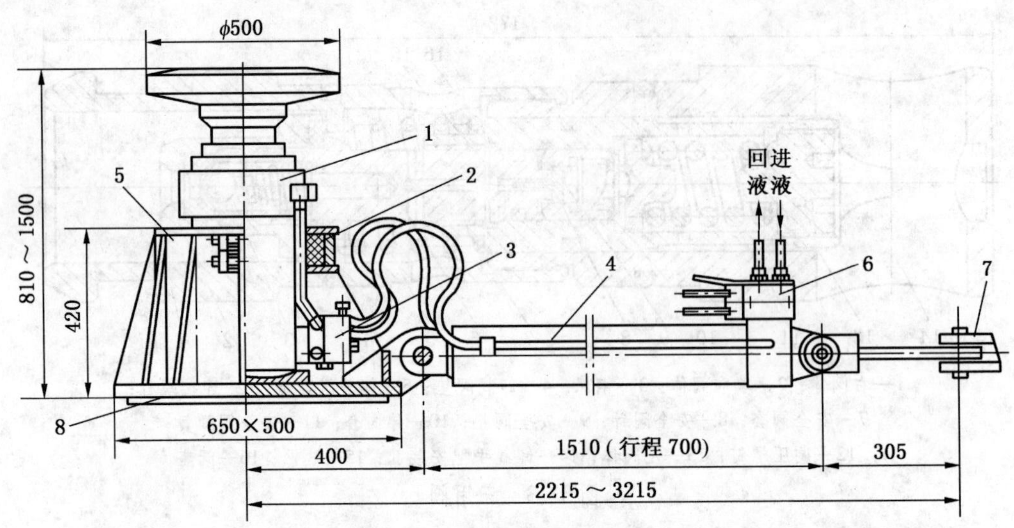

1—支柱；2—复位橡胶；3—控制阀；4—推移千斤顶；5—底座；6—操纵阀；7—连接头；8—防滑筋

图3-5 SDZ-Ⅱ型切顶支柱结构

3、推移千斤顶4等组成。连接头7与工作面输送机相连。

SDZ-Ⅱ型切顶支柱有以下特点：

（1）支柱上有螺纹加长杆，可无级调高。

（2）支柱的中部设有复位橡胶，它可使支柱工作中不致因横向力过大而损坏。

（3）支柱的柱帽与活柱为球面接触，可适应顶板的起伏。

（4）底座底面焊有垂直于煤层倾斜方向的防滑筋，可适应倾角小于15°的条件。

第二节 液压支架概述

一、液压支架的组成

液压支架是以高压液体为动力，由若干液压元件与一些金属结构件按一定连接方式组合而成的一种采煤工作面支护设备，一般由承载结构件、执行元件、控制元件和辅助装置4大部分组成，如图3-6所示。

1. 承载结构件

承载结构件包括顶梁、底座、掩护梁和连杆等金属构件。

（1）顶梁。直接与顶板接触，传递支撑力并起护顶作用的承载构件。

（2）底座。直接与底板接触，传递支撑力并用于支托立柱和其他部件的承载构件。支架通过底座与推移装置相连，实现自身前移和推动刮板输送机前移。

（3）掩护梁。连接顶梁与底座（或连杆），承受支架水平力和垮落顶板岩石压力，防止采空区垮落矸石进入支架的构件。它是掩护式和支撑掩护式支架的特征结构部件。

（4）前、后连杆。它是掩护式和支撑掩护式支架的特征结构部件。前、后连杆与掩护梁、底座铰接形成支架四连杆机构，既可承受顶板水平力，使立柱无须复位装置，又可

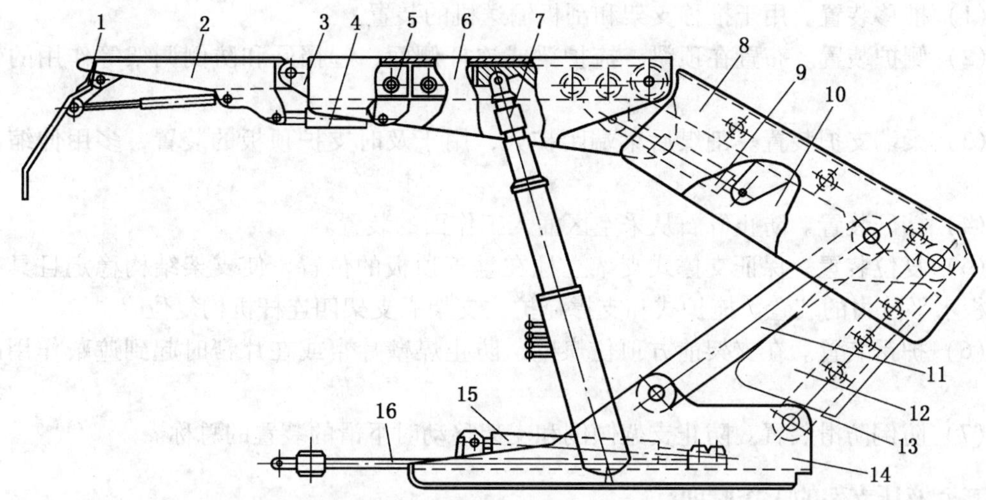

1—护帮装置；2—前梁；3—顶梁；4—前梁千斤顶；5—弹簧筒；6—顶梁侧护板；7—立柱；8—掩护梁；9—平衡千斤顶；10—掩护梁侧护板；11—前连杆；12—后连杆侧护板；13—后连杆；14—底座；15—推移千斤顶；16—推杆

图3-6　掩护式支架结构

在支架升降时顶梁前端沿双扭线移动，使梁端与煤壁之间的端面距变化较小，从而提高了支架控制顶板的可靠性。

2. 执行元件

执行元件包括立柱和各种千斤顶。

（1）立柱。支撑在底座和顶梁或掩护梁之间，调节支架高度并承载的液压缸。

（2）千斤顶。液压支架上除立柱以外的用于完成推移、护帮和调架等功能的其他液压缸的总称，主要有前梁千斤顶、推移千斤顶、侧推千斤顶、平衡千斤顶、护帮千斤顶、复位千斤顶、防倒防滑千斤顶和调架千斤顶等。

3. 控制元件

液压支架液压系统中使用的控制元件主要有两大类：压力控制阀和方向控制阀。压力控制阀主要有安全阀；方向控制阀主要有液控单向阀、操纵阀、截止阀等。

（1）安全阀。支架液压控制系统中限定液体压力的液压元件。当立柱和千斤顶工作腔内的液体压力在外载作用下超过安全阀的调定压力时，安全阀开启，工作腔内的压力液体通过安全阀溢流，达到卸压的目的。卸载后，当工作腔内的压力低于调定压力时，安全阀自动关闭。这样可使立柱和千斤顶保持恒定的工作阻力，避免立柱、千斤顶过载损坏。

（2）液控单向阀。闭锁并控制释放立柱或千斤顶工作腔液体，使立柱或千斤顶获得额定工作阻力的液压元件。

（3）操纵阀。支架液压系统中使液压缸换向，实现支架升降、推移等不同动作的换向（分配）阀。

（4）截止阀。液压支架管路系统中截断供液的液压元件。

4. 辅助装置

辅助装置包括推移装置、挡矸装置、复位装置、护帮装置、防倒防滑装置等。

（1）推移装置。用于推移支架和刮板输送机的装置。

（2）侧护装置。布置在顶梁、掩护梁或连杆侧面，起挡矸和防倒调架等作用的辅助装置。

（3）梁端支护装置。割煤后梁端距扩大，用于及时支护顶板的装置，多用伸缩前梁实现。

（4）挡矸装置。防止矸石从采空区涌入工作面的装置。

（5）复位装置。保证支撑式支架立柱在垂直顶板的位置，使支架结构稳定且具有抵抗顶板水平分力的装置。掩护式和支撑掩护式支架靠支架四连杆机构复位。

（6）护帮装置。在支架前方顶住煤壁，防止煤壁片帮或在片帮时起到遮蔽作用的装置。

（7）防倒防滑装置。防止支架倾倒和支架移动时下滑的装置的总称。

二、液压支架的工作原理

根据回采工艺对液压支架的要求，液压支架不仅要能够可靠地支撑顶板，而且应能随着采煤工作面的推进向前移动。这就要求液压支架必须具备升降和推移两个方面的基本动作，这些动作是利用乳化液泵站供给的高压乳化液，通过立柱和推移千斤顶来完成的，如图3-7所示。

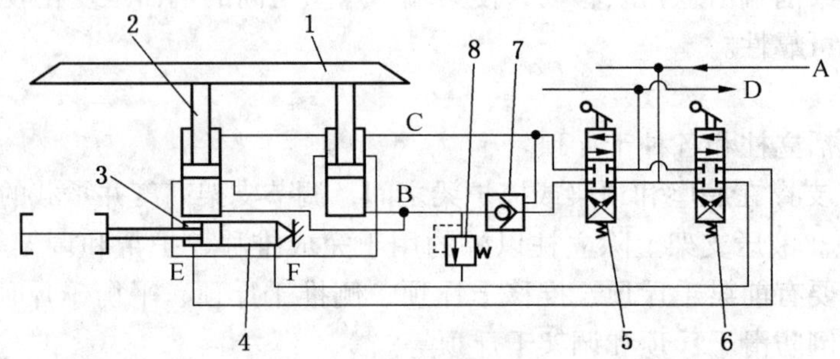

1—顶梁；2—立柱；3—底座；4—推移千斤顶；5—立柱操纵阀；
6—推移千斤顶操纵阀；7—液控单向阀；8—安全阀

图3-7　液压支架的工作原理

（一）升降

升降是指液压支架从升起支撑顶板到下降脱离顶板的整个工作过程。

1. 初撑阶段

将立柱操纵阀5打到升架位置，由乳化液泵站排出的高压乳化液经主进液管A、立柱操纵阀5打开液控单向阀7，经管路B进入立柱2的下腔；与此同时，立柱上腔的乳化液经管路C、立柱操纵阀5回到主回液管D。在压力液体的作用下，活柱伸出使顶梁升起支撑顶板。顶梁接触顶板后，立柱下腔液体压力逐渐增高；当压力达到泵站供液压力（泵站工作压力）时，泵站自动卸载，停止供液，液控单向阀关闭，使立柱下腔的液体被封闭，这一过程称为液压支架的初撑阶段。此时，立柱或支架对顶板产生的支撑力称为初撑力，按下式计算：

立柱初撑力 $$P_{zc}=\frac{\pi}{4}D^2p_b\times10^{-3}$$

支架初撑力 $$P_{jc}=P_{zc}n\eta$$

式中　P_{zc}——立柱的初撑力，kN；

D——立柱缸体内径或活塞直径，mm；

p_b——泵站工作压力，MPa；

P_{jc}——支架的初撑力，kN；

n——每架支架的立柱数；

η——支护效率。

架型不同，支护效率也不同。支护效率主要取决于立柱的倾斜程度。当立柱直立时，支护效率 $\eta=1$。

由此可见，支架的初撑力取决于泵站工作压力、立柱数目、立柱缸体内径以及立柱布置的倾斜程度。

2. 增阻阶段

支架达到初撑力后，随着顶板的缓慢下沉，封闭在立柱下腔的工作液体压力升高，立柱的推力即支架对顶板的支撑力也随之增大，直到立柱下腔压力达到安全阀动作压力为止，这一过程称为支架的增阻阶段。在这一阶段，因立柱下腔的液体受压而使其体积减小，以及立柱缸体弹性膨胀，支架要下降一段距离，下降的距离称为支架的弹性可缩值，下降的性质称为支架的弹性可缩性。

3. 恒阻阶段

安全阀动作后，立柱下腔少量液体经安全阀溢出，压力随之减小。当压力低于安全阀调定压力时，安全阀重新关闭，停止溢流，支架恢复正常工作状态。随着顶板的继续下沉，上述过程重复出现。由此可见，安全阀第一次动作后，立柱下腔压力只能在安全阀调定压力上下波动，支架对顶板的支撑力也只能在一个很小的范围内波动，所以称这一过程为支架的恒阻阶段。在这一阶段，支架对顶板产生的最大支撑力叫做支架的工作阻力，即支架在承载状态下所能承受的最大载荷，按下式计算：

立柱的工作阻力 $$P_{zz}=\frac{\pi}{4}D^2p_a\times10^{-3}$$

支架的工作阻力 $$P_{jz}=P_{zz}n\eta$$

式中　P_{zz}——立柱的工作阻力，kN；

D——立柱缸体内径或活塞直径，mm；

p_a——安全阀调定压力，MPa；

P_{jz}——支架工作阻力，kN；

n——每架支架的立柱数；

η——支护效率。

同样，支架的工作阻力取决于安全阀的调定压力、立柱数目、立柱缸体内径以及立柱布置的倾斜程度。显然，工作阻力主要由安全阀的调定压力决定。所以，安全阀调定压力调整的是否准确和动作是否可靠，对液压支架的性能有决定性的影响。

液压支架承载中达到工作阻力后能加以保持的性质叫做支架的恒阻性。液压支架因安全阀动作使立柱下腔液体少量溢出而下降的性质称为支架的可缩性。当工作面某些支架达到工作阻力而下降时（因顶板压力作用不均匀，工作面支架不会同时达到工作阻力），相邻的未达到工作阻力的支架便成为顶板压力作用的突出对象，即将压力分担在相邻支架上，这种支架互相分担顶板压力的性质叫做支架的让压性。让压性可使支架均匀受力。

4. 降架阶段

降架是指支架顶梁脱离顶板而不再承受顶板压力。当采煤机截煤完毕需要移架时，首先应使支架卸载，顶梁脱离顶板。把立柱操纵阀5手把扳到降架位置，由泵站来的高压液体经主进液管A、立柱操纵阀5、管路C进入立柱上腔；与此同时；高压液体分路进入液控单向阀7的液控室，将单向阀推开，为立柱下腔构成回液通路。立柱下腔液体经管路B、被打开的液控单向阀7、立柱操纵阀5向主回液管D回液。此时，活柱下降，支架卸载，直至顶梁脱离顶板为止。

（二）推移

液压支架推移动作包括移支架和推移刮板输送机。支架架型不同，移架和推移刮板输送机方式也不一样，但其基本原理都相同，即支架的推移动作都是通过推移千斤顶的推、拉来完成的。

1. 移架

支架降架后，将推移千斤顶操纵阀6扳到移架位置，从泵站来的高压乳化液经主进液管A、推移千斤顶操纵阀6、管路E进入推移千斤顶左腔，其右腔的液体经管路F、推移千斤顶操纵阀6回到主回液管D。此时，千斤顶的活塞杆受刮板输送机制约不能运动，所以千斤顶的缸体便带动支架向前移动，实现移架。当支架移到预定位置后，将推移千斤顶操纵阀手把扳回零位。

2. 推移刮板输送机

移到新位置的支架重新支撑顶板后，将推移千斤顶操纵阀6扳到推移刮板输送机位置，推移千斤顶右腔进压力液、左腔回液，因缸体与支架连接不能运动，所以活塞杆在液压力的作用下伸出，推动刮板输送机向煤壁移动。当刮板输送机移到预定位置后，将推移千斤顶操纵阀手把扳回零位。

三、液压支架的类型及特点

（一）基本支架

液压支架按其对顶板的支护方式和结构特点不同，分为支撑式、掩护式和支撑掩护式3种基本架型。

1. 支撑式支架

支撑式支架是最早出现的液压支架。它是在一个底座上竖置几根立柱支撑顶梁，并通过顶梁支撑顶板的结构基础上发展起来的。支撑式支架主要由顶梁、底座、立柱、推移及挡矸装置等组成。由于结构和移架方式的不同，这类支架又分为垛式支架和节式支架，如图3-8所示。垛式支架，如图3-8a所示，每架为一整体，与输送机互为支点整体移架。而节式支架，如图3-8b所示，每架由2~4个框节组成，框节间通过导向装置和移架千斤顶联系，并互为支点，交替前移，而输送机由单独的推移千斤顶推移。节式支架因稳定性差，现已基本淘汰。

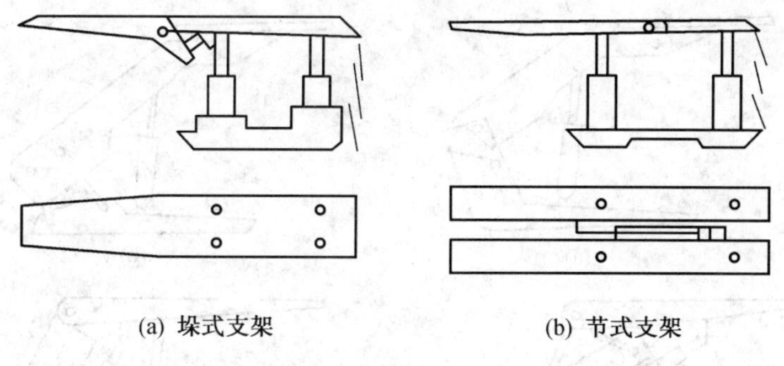

(a) 垛式支架　(b) 节式支架

图3－8　支撑式支架结构型式

支撑式支架的结构特点：呈框型结构，顶梁较长，一般都带有前探梁，其长度多在4 m左右；立柱多，一般为4～6根，且垂直顶梁支撑；支架后部有简单的挡矸装置，一般设有立柱复位装置，以承受指向煤壁方向的不大的水平推力。

其支护性能特点：支撑力大，支撑力作用点靠近支架后部，切顶能力强；对顶板重复支撑的次数多（以顶梁长3.5～4.0 m、采煤机截深0.6 m计，重复支撑次数达6～7次之多），容易把本来完整的顶板压碎；由于顶梁与底座仅通过立柱连在一起，抵抗水平载荷的能力较差，不能带压移架；支架间不接触、不密封，矸石容易窜入工作空间。此外，这种支架的作业空间和通风断面较大。

由上可知，支撑式支架适用于直接顶稳定以上、基本顶有明显或强烈周期来压且水平力小的顶板条件；如果直接顶稳定性差，则极易出现切顶线前移、架间漏矸、前梁下倾、顶梁后端上翘，严重时会将立柱压弯，支架不能推移。

2. 掩护式支架

如图3－9所示，掩护式支架都有一个宽大的掩护梁将作业空间与采空区垮落的矸石隔绝；掩护梁下端一般用前、后连杆与底座相连，如图3－9b、c、d所示，以保持较稳定的梁端距和承受水平推力，少数调高范围小的支架也有掩护梁直接铰接在底座上的，如图3－9a所示，掩护梁上端用直接铰接的方式与顶梁连接；立柱的支撑力通过掩护梁间接作用于顶梁，如图3－9a、b、c所示，或直接作用于顶梁，如图3－9d所示。

两掩护式支架的结构特点：立柱只有一排（一般为2根，也有用1根立柱的），且倾斜支撑，以增大支架的调高范围；架间则通过活动侧护板互相靠拢，实现架间密封；通常顶梁较短，一般在3.0 m左右。

这种支架的性能特点：支撑力小，切顶能力弱，但支撑力集中作用于机道上方的顶板上，故支护强度较大，且均匀；对顶板的重复支撑次数少；密封掩护性好；能承受较大的水平力，且允许带压移架。由于立柱倾斜布置，且顶梁又较短，所以工作空间和通风断面较小。

上述特点决定了掩护式支架适用于顶板压力来自机道上方的不稳定或中等稳定的松散破碎顶板条件。

3. 支撑掩护式支架

支撑掩护式支架结构型式如图3－10所示。支撑掩护式支架是在垛式支架和掩护式支架的基础上发展起来的一种架型。它保留了垛式支架支撑力大、切顶性能好、工作空间宽

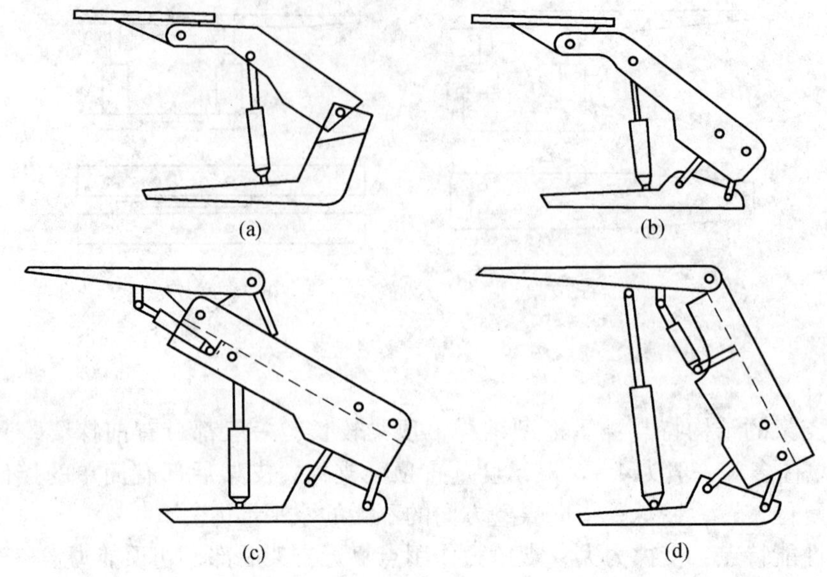

图3-9　掩护式支架结构型式

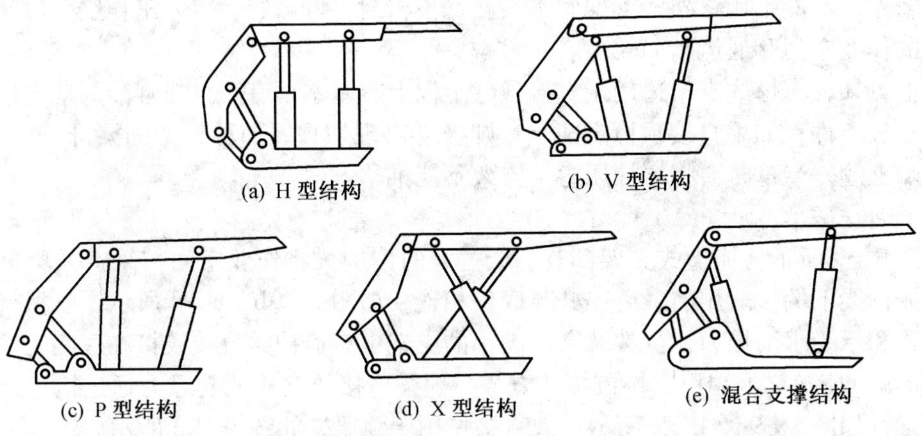

图3-10　支撑掩护式支架结构型式

敞的优点，采用双排立柱支撑，同时又吸取了掩护式支架挡矸掩护性能好、抗水平力强、结构稳定的长处，而且采用坚固的掩护梁及侧护板，将工作空间与采空区完全隔开，并用前、后连杆连接掩护梁和底座。

这类支架适用范围很广，可用于各种顶板条件，尤其适用于中等稳定以上的顶板条件和大采高的条件，有逐渐取代垛式支架的趋势。其缺点是结构复杂，质量大，价格较贵。

如图3-10所示，不同结构型式的支撑掩护式支架，其主要区别是立柱的布置方式不同。图3-10a至图3-10d所示分别为H型、V型、P型、X型结构，图3-10e所示是后排立柱支撑在掩护梁上，前排立柱支撑在顶梁上的混合支撑结构。

（二）特种支架

特种支架是为满足某些特殊要求而发展起来的液压支架，在结构型式上仍属于上述某种基本架型。

1. 端头支架

端头支架是工作面两端与上、下工作面巷道连接处用的支护设备。该处顶板悬露面积较大，机械设备较多，又是人员的安全进出口，因此要求端头支架不仅能有效地支撑顶板，而且要与端部的各种设备相配套。

端头支架的结构大都是以掩护式或支撑掩护式工作面支架作基型，增加前顶梁、前立柱和前底座等而成的。端头支架分为二架一组和三架一组两种型式，使用较多的国产端头支架是二架一组型。两架支架并排置于工作面巷道，作为一个整体承担端头处的支撑。转载机置于两架支架内侧的底座上。

图 3－11 所示的端头支架是由间接支撑的掩护式支架转化而来的。在端头支架前方、转载机两侧各有一个推拉千斤顶 9，其两端分别铰接于转载机侧帮和支架前底座 8 前端，用以移架和推移转载机。工作面输送机机头置于前、后柱之间的底座上，与转载机搭接，两架之间顶梁前端铰接有调架千斤顶 10。为了与工作面支架衔接，靠工作面侧的端头支架的侧护板上固定有过渡掩护梁 12，顶梁上固定有过渡顶梁 11。工作面下排头支架的活动侧护板可伸出，靠在过渡掩护梁上，为下排头支架起导向、防倒作用。

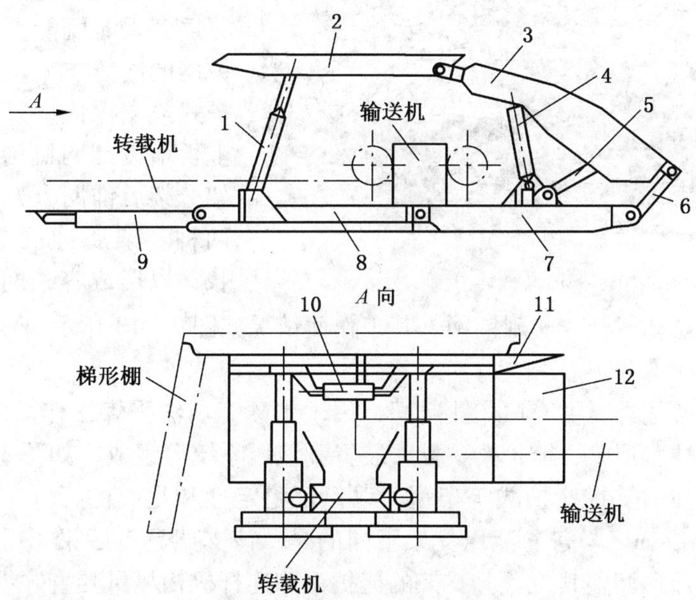

1—前柱；2—顶梁；3—掩护架；4—后柱；5—前连杆；6—后连杆，7—后底座；8—前底座；9—推拉千斤顶；10—调架千斤顶；11—过渡顶梁；12—过渡掩护梁

图 3－11　端头支架

2. 放顶煤支架

放顶煤支架适用于特厚煤层开采时支护顶板和放落顶煤。利用与放顶煤支架配套的采煤机和工作面输送机开采煤层底部煤，上部煤靠矿山压力的作用将其压碎而垮落，垮落的煤通过放顶煤支架的溜煤口流入工作面输送机（或后部输送机），然后运出。在煤层厚度适中（5～15 m）、顶板中等稳定、煤质中硬以下的条件下，沿煤层底板布置放顶煤综采

工作面，实现一次采全厚放顶煤综采。

放顶煤支架分高位放顶煤支架、中位放顶煤支架、低位放顶煤支架 3 种，如图 3－12 所示。

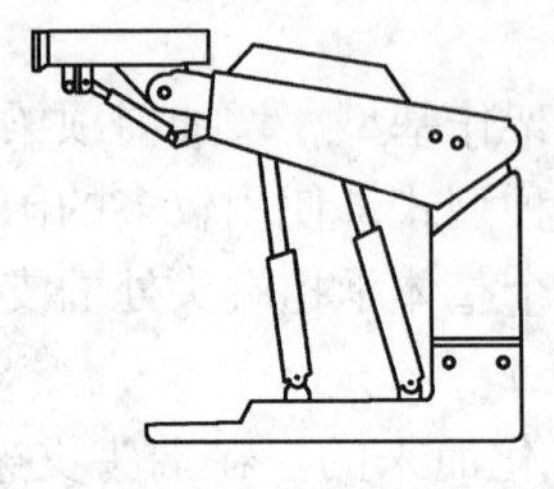

(a) 高位放顶煤液压支架

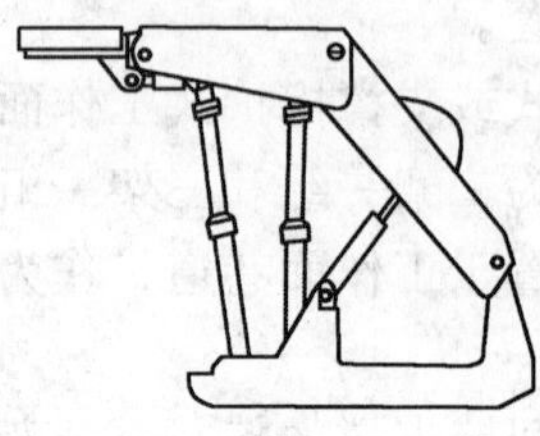

(b) 中位放顶煤液压支架

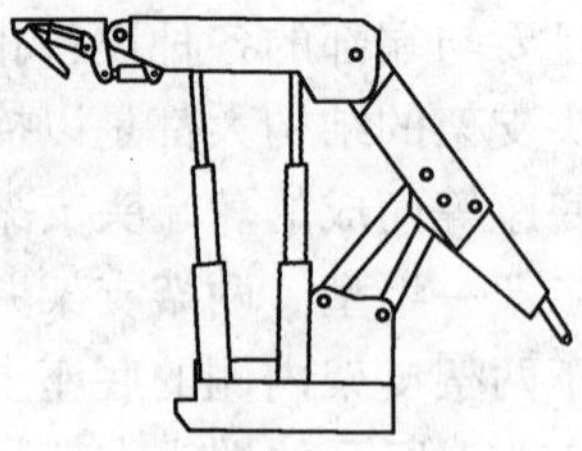

(c) 低位放顶煤液压支架

图 3－12　放顶煤液压支架

图 3－13　铺网支架工作面

3. 铺网支架

铺网支架是特厚煤层采用水平分层开采时既能支护顶板又能自动铺网的液压支架。它是在一般的掩护式或支撑掩护式液压支架的基础上再增设铺网机构而成的。铺网支架分架后铺网支架和架前铺网支架两种。架后铺网支架的掩护梁较长，以形成容纳网卷的空间，支架前移时，网卷即自动展开，实现铺网。其工作面情况如图 3－13 所示。

4. 水砂充填支架

水砂充填支架是为提供充填作业空间，用于水砂充填法采煤工作面的特种液压支架。该支架主要由立柱、顶梁、掩护梁、推移装置和液压系统等组成，如图 3－14 所示。支架多为两排以上立柱的支撑掩护式等架型，以保证稳定性和足够的行人空间。支架顶梁较长，总长可达 6 ~7 m。与普通液压支架不同的是，该支架具有后梁。后梁的结构多为铰接式，用液压千斤顶调整其位置。支架的掩护梁和连杆机构尽量陡直并靠前布置。

支架的动作过程包括降架、移架、初撑和推移输送机，然后进行充填作业，即利用水力经悬挂在后梁下方的充填管路和装置把不同的充填材料送入采空区。支架前后有 2 个作业空间，前面为采煤和行人空间，与采煤机和输送机配套；后面靠采空区为充填空间，用于安设充填管路，进行充填作业等。水砂充填时，在后梁与底座之间连有编织网，用于阻隔充填材料并进行脱水。支架之间有通向采空区的人行道，以保证充填作业时行人和运料等需要。支架掩护梁不起挡矸封闭作用，无活动侧护板，有时直接用作充填墙骨架。根据充填带的作用特点，支架后柱载荷往往大于前柱，故后柱多紧靠顶梁后端布置。该支架的底座经常泡在水中，拉架时后梁要从充填带里拉出，所以水砂充填支架的拉架力应比一般支架大一些。这种支架的推移装置多采用框架结构，以增大拉架力。

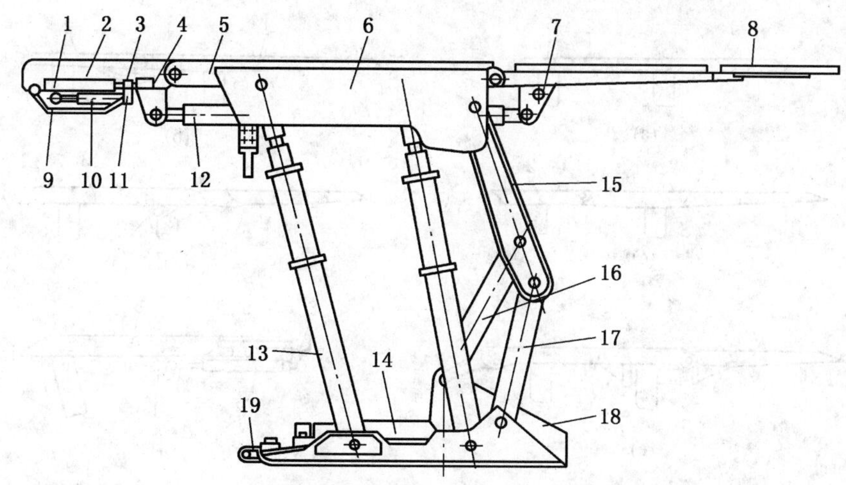

1—导向杆；2—伸缩梁；3—伸缩千斤顶；4—前梁；5—主梁；6—活动侧护板；7—后梁；8—尾梁；
9—护帮板；10—护帮千斤顶；11—托板；12—前梁千斤顶；13—立柱；14—推移千斤顶；
15—掩护梁；16—前连杆；17—后连杆；18—底座；19—推移装置

图3－14　水砂充填支架

第三节　液压支架部件结构

液压支架的结构包括承载结构部件、执行元件、控制元件、辅助装置4大部分。

一、承载结构部件

液压支架的承载结构部件主要有顶梁、掩护梁、底座和前、后连杆。

（一）顶梁

顶梁是支架的直接承载部件，对防止顶板垮落具有重要意义。因此，顶梁除应具有一定的刚度和强度外，还要对顶板有较高的覆盖率，以满足支护顶板的需要。此外，顶梁要尽可能适应顶板起伏不平的变化，与顶板的接触性要好，接触应力在顶梁上分布均匀，以防止其因局部受压过大而造成损坏；还要求其有较好的稳定性，能有效地支撑顶板。顶梁的结构型式主要有以下3种。

1. 支撑式支架顶梁

支撑式支架最早采用刚性顶梁，即顶梁为一个整体，刚性大，承载能力强，但对顶板的适应性较差。因其对梁端支撑力较大，所以现仍在采用。目前除采用整体顶梁外，在顶板来压缓和、直接顶破碎的条件下还采用下列几种顶梁，如图3－15所示。

1）铰接式顶梁

铰接式顶梁由前梁和后梁两部分铰接组成。前梁、后梁分别由前、后排立柱支撑（图3－15a）。这种顶梁接顶性好，能适应顶板起伏不平的变化。但当顶板出现凹坑时，顶梁易成人字形，影响支撑效果和切顶性能，同时支架的稳定性变差，连接件易损坏。所以，一般不使用单纯的铰接顶梁，而采用改进的铰接顶梁：一种是铰接顶梁加垒式弹簧结

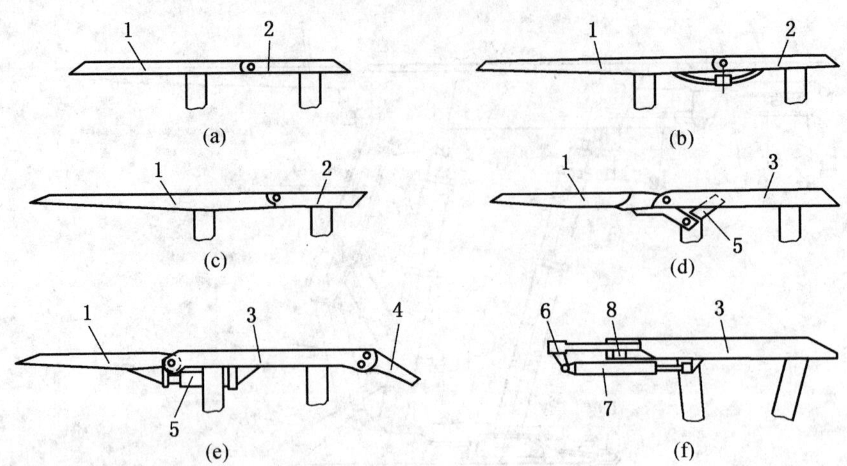

1—前梁；2—后梁；3—主梁；4—尾梁；5—前梁千斤顶；6—前伸梁；
7—前伸梁伸缩千斤顶；8—前伸梁支撑千斤顶

图3-15　支撑式支架顶梁的结构型式

构（图3-15b），这种梁的稳定性较高，切顶性能较强，但这种结构不能解决顶梁前端低头问题，工作面端部顶板支护效果差，现已不再采用；另一种为棘式铰接结构（图3-15c）即顶梁的铰接点在前后梁上部，铰接点下部做成平整碰头（这种铰接顶梁也称为半铰接式顶梁），只能使梁两端上翘，与顶板接触更好，但是当顶板出现凹坑并压在顶梁两端时，该顶梁的连接轴及耳座易被压坏。

2）刚性主梁与铰接前梁的组合顶梁

综合刚性顶梁和铰接顶梁的优点，把刚性顶梁和铰接悬臂梁组合在一起形成的顶梁叫组合式顶梁（图3-15d）。刚性顶梁称为主梁，立柱都支撑在主梁上。铰接悬臂梁称为前梁（或前探梁）。前梁设有前梁千斤顶。前梁千斤顶的一端连接在主梁上，另一端连接在前梁上，用来控制前梁的升、降，支撑靠近煤壁处的顶板；同时还可以调整前梁的上、下摆角，以适应顶板起伏不平的变化。这种顶梁对顶板的适应性较好，目前大多数支撑式支架均采用这种结构型式的顶梁。

为了使垮落矸石滑向采空区，同时防止大块矸石落下时砸坏挡矸帘，主梁尾部可增设尾梁（图3-15e）。尾梁一般采用两个连接点，上部为连接销轴，下部为剪切销。当顶板岩石大块整体垮落时，岩石的下冲击将剪切销切断，尾梁绕连接销轴下转，防止被砸坏。

3）刚性主梁与前伸梁的组合顶梁

为使支架实现“立即支护”，前探梁要做得很长，这样就增加了组合顶梁的长度，使控顶距增大。为此，可将前梁做成伸缩梁（前伸梁）安装在主梁梁内，由伸缩千斤顶控制其伸出和缩回，并在主梁梁内加设支撑千斤顶，控制前伸梁的承载和卸载（升和降），如图3-15f所示。这种由刚性主梁与前伸梁组合的顶梁控顶距小，支架承载能力大，并能用前伸梁临时支护刚裸露的顶板，使端部顶板支护及时，有利于端部顶板的控制。

2. 掩护式支架顶梁

掩护式支架顶梁分长顶梁和短顶梁两种，前者立柱多支撑在顶梁上，后者立柱多支撑在掩护梁上。下面介绍几种常见的掩护式支架顶梁。

1）平衡式顶梁

这种顶梁长度短，为一整体结构，顶梁下部与掩护梁铰接，由掩护梁托起支撑顶板，故称为托梁。由于铰接点前后段比例接近 2∶1，使顶梁两端趋近平衡（靠煤壁端稍重），故又称为平衡式顶梁，如图 3－16a 所示。

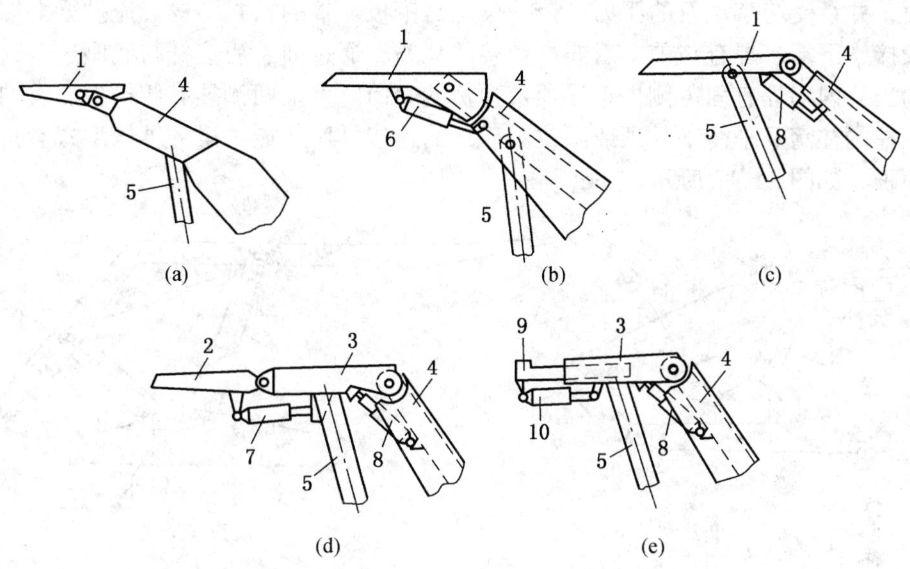

1—顶梁；2—前探梁；3—主梁；4—掩护梁；5—立柱；6—限位千斤顶；
7—前梁千斤顶；8—平衡千斤顶；9—前伸梁；10—前伸梁伸缩千斤顶

图 3－16　掩护式支架顶梁的结构型式

平衡式顶梁后部与掩护梁之间形成一个三角区，易被矸石堵塞，影响支护效果。为防止梁后三角区夹矸损坏顶梁或连接件，需在顶梁后部加设挡矸板或填塞橡胶棍等。

2）潜入式顶梁

为克服梁后三角区带来的不良后果，将顶梁后端做成扇形结构。由于扇形结构可潜入掩护梁内，消除了梁后三角区，所以称为潜入式扇形封闭结构（图 3－16b）。

3）铰接式顶梁

顶梁为整体结构，立柱直接支撑在顶梁上，掩护梁通过销轴铰接在顶梁后端，由平衡千斤顶控制顶梁与掩护梁的正确工作位置（图 3－16c）。这种顶梁支撑力大，稳定性好，具有一定的切顶能力，且消除了夹矸三角区。

4）带有前梁或前伸梁的铰接式顶梁

这种顶梁是在铰接式顶梁的基础上增加了前探梁或前伸梁，前探梁铰接在主梁的前端，由前探梁千斤顶控制；前伸梁装在主梁梁内，由前伸梁千斤顶控制其伸出和缩回。立柱支撑在主梁上。主梁与掩护梁间设平衡千斤顶，以保证主梁与掩护梁的正确工作位置（图 3－16d、图 3－16e）。这种结构型式的顶梁增大了工作空间和通风断面，工作面端面顶板能得到及时支护，适应范围广，所以应用较多。

3. 支撑掩护式支架顶梁

支撑掩护式支架的顶梁和支撑式支架的顶梁基本相同，只是在顶梁上增设了侧护装置。各类支架的顶梁均为箱式结构，由钢板焊接而成。为增强顶梁的刚度，上、下盖板之间焊有加强筋板。顶梁前端呈滑橇形，可减小移动阻力。

（二）掩护梁

掩护梁是掩护式和支撑掩护式支架的重要承载构件，其作用是防止采空区垮落矸石涌入工作面，并承受垮落矸石的压力。掩护梁也是钢板焊接的箱式结构。掩护梁上端与顶梁或主梁铰接，下端多焊有与前、后连杆铰接的耳座，通过前、后连杆与底座连接，形成四连杆机构。梁内均焊有固定侧护千斤顶及弹簧的套筒。梁上两侧挂有侧护板。有的掩护梁上焊有立柱的柱窝及平衡千斤顶或限位千斤顶的连接耳座。掩护梁的结构型式有折线型和直线型两种，如图3－17所示。

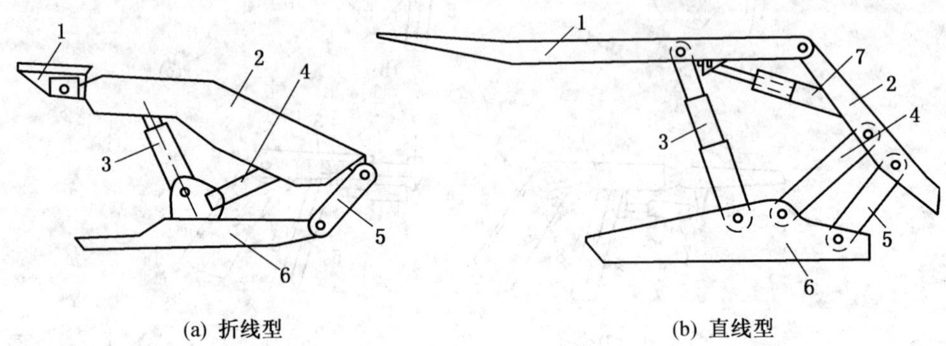

(a) 折线型　(b) 直线型

1—顶梁；2—掩护梁；3—立柱；4—前连杆；5—后连杆；6—底座；7—限位千斤顶

图3－17　掩护梁的不同形状

1. 折线型掩护梁

折线型掩护梁的梁体较长，立柱支撑在掩护梁上，梁前端铰接较短的顶梁（图3－17a）。这种掩护梁承载能力大，掩护面积大，只用于掩护式支架。折线型掩护梁的工艺性差，当支架歪斜时，架间密封性差。

2. 直线型掩护梁

直线型掩护梁的梁体比折线型短，与掩护梁铰接的顶梁较长，在顶梁与掩护梁间要设限位千斤顶或平衡千斤顶。应用这种型式掩护梁的支架，立柱大多支撑在顶梁上（有的支撑在掩护梁上）。这种掩护梁结构简单、工艺性好，易于加工和运输，所以，多数支架采用此种型式的掩护梁（图3－17b）。

掩护梁又可分为整体式和对分式两种。整体式强度高，稳定性好；对分式构件小，易于加工、运输和安装。

（三）底座

支架的底座是将支架承受的顶板压力传至底板并稳固支架的承载部件。因此，底座除满足一定的刚度和强度要求外，还要求其对底板起伏不平的适应性要强，对底板的接触比压要小；要有足够的空间为立柱、推移装置和其他辅助装置提供必要的安装条件；要便于人员操作和行走；能起一定的挡矸作用及具有一定的排矸能力；要有一定的质量，以保证支架的稳定性等。目前，底座的结构型式有整体式底座、对分式底座、底靴式底座3种。其结构如图3－18所示。

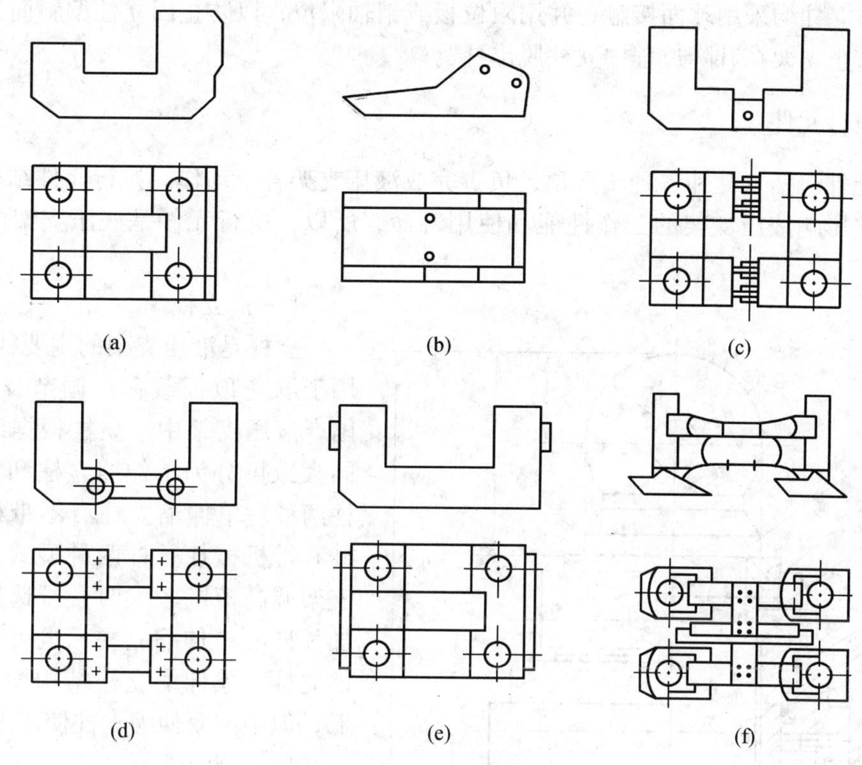

图3-18　支架底座的结构型式

1. 整体式底座

整体式底座是由钢板焊接的箱式整体结构，又称刚性底座。这种底座稳定性好，强度高，不易变形，与底板接触面积大，比压小。图3-18a所示的底座箱体高度大，便于安装立柱的复位装置，底座箱后部具有一定的挡矸作用，前、后底座箱中间有人行道，但占用空间大，一般只用于支撑式支架。图3-18b所示的底座高度低，占用空间小，一般用于掩护式或支撑掩护式支架。整体式底座的缺点是接底性较差。

2. 对分式底座

为使底座在一定范围内适应底板起伏不平的变化，将底座做成前后或左右对分式结构。图3-18c和图3-18d所示底座为前、后座箱对分式结构，前座箱与后座箱用销轴直接铰接（图3-18c）或通过弹簧钢板连接（图3-18d）。图3-18e所示底座为左、右座箱对分式结构，左座箱与右座箱用过桥、弹簧钢板和销轴等连接。对分式底座接底性能好，有较大的变形能力，又称半刚性底座。其缺点是稳定性较差。

3. 底靴式底座

底靴式底座如图3-18f所示。整个底座分为4个底靴，每个底靴上支承1根立柱，用销轴连接。立柱之间用弹簧钢板连接。这种底座结构轻巧，动作灵活，对底板起伏不平适应性很强，但刚度差，稳定性差，接底面积小，对底板比压大，易压入底板。所以底靴式底座只适用于底板坚硬且起伏较大的工作面，多用于节式支架。

各种型式的底座前端均做成滑橇形，可减小支架的移动阻力，避免移架时出现啃底现象。底座与立柱均采用球面接触，并用限位板或销轴限位，以防止因立柱偏斜而受到横向载荷，或防止支架在升降过程中立柱脱出柱窝。

二、执行元件

执行元件包括立柱和各种千斤顶，负责完成液压支架各个动作。执行元件结构和性能的好坏直接影响液压支架的工作性能和使用寿命，所以，执行元件是液压支架的关键部件。

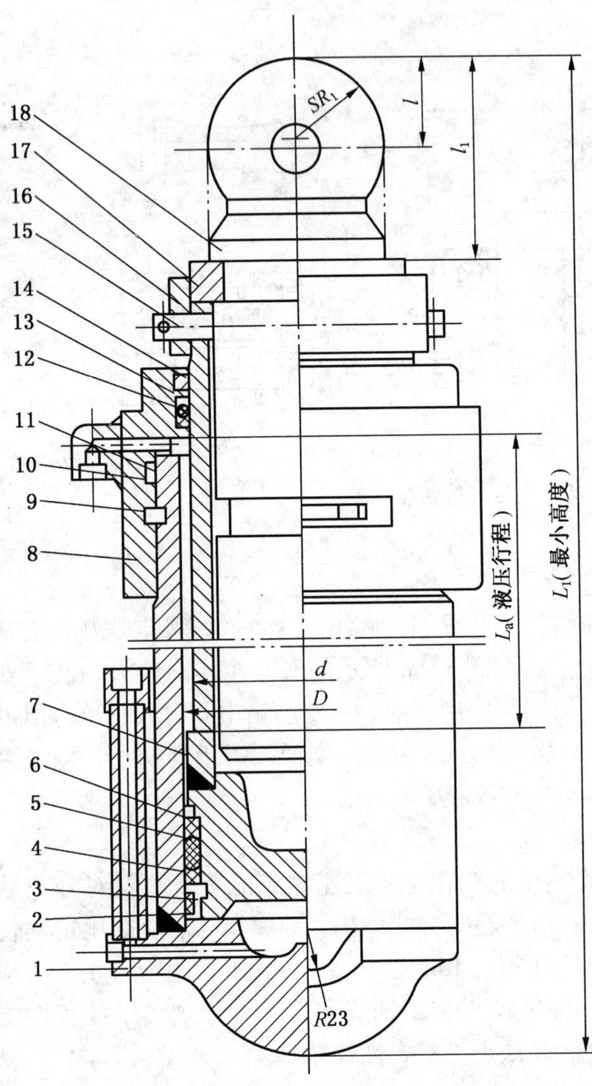

1—缸体；2—卡键；3—卡箍；4—支撑环；5—鼓形密封圈；6—导向环；7—活柱；8—导向套；9—方钢丝挡圈；10、13—聚甲醛挡圈；11—O 形密封圈；12—蕾形密封圈；14—防尘圈；15—销轴；16—保持套；17—半环；18—加长杆

图 3-19 带机械加长杆的单伸缩立柱

(一) 立柱

立柱是液压支架的主要执行元件，用于承受顶板载荷、调节支护高度。国产液压支架中，立柱根据结构的不同大致可分为单伸缩立柱和双伸缩立柱两种。单伸缩立柱有不带机械加长杆和带机械加长杆两种型式。当要求支架调高范围较大时，可选用带机械加长杆的单伸缩立柱，也可选用双伸缩立柱。单伸缩立柱结构简单，成本低，但不如双伸缩立柱使用方便。

1. 单伸缩立柱

单伸缩立柱有单作用和双作用之分。单作用立柱采用液压升柱、自重降柱的工作方式。由于其降柱不采用液压，故对其活塞杆表面的精度和粗糙度等要求较低，加工成本低。但是靠自重降柱速度慢，并且整架支架各个立柱降柱不同步，影响工作面快速推进，所以目前应用较少。双作用立柱靠液压力实现升柱和降柱，提高了立柱工作的可靠性，也为支架的遥控和自动控制提供了可能性，因此目前应用较多。

单伸缩立柱主要由缸体、活柱、加长杆（不带机械加长杆的单伸缩立柱则没有加长杆）、导向套、密封件和连接件组成。

图 3-19 所示为带机械加长杆的单伸缩立柱。该立柱缸体 1 位于立柱的最外层，一端为缸口，另一端为焊有凸球面的缸底。缸底端焊有与活塞

腔相通的管接头，供装接输液软管用。缸底凸球面在组装支架时与底座柱窝接触。活柱7通过销轴15、保持套16、半环17与带有柱头的加长杆18连接在一起装入缸体中，并可相对缸体上下运动，成为液压缸中传递力的重要组件。活柱体由柱管和焊接活塞头构成。柱体表面为先镀锡青铜（或乳白铬）再镀硬铬的双层复合镀层，以防止磨损和锈蚀。活塞上装有鼓形密封圈5，以实现活塞和活塞杆两腔双向密封。导向套8是活柱往复运动时起导向作用的部件。导向套与缸体间通过方钢丝挡圈9相连接，并用O形密封圈11密封。导向套与活柱表面用蕾形密封圈12密封，并用防尘圈14防止外部煤尘进入立柱内。导向套上也焊有一个管接头，供装接输液软管用。

2. 双伸缩立柱

双伸缩立柱由一级缸（或称大缸、外缸）、二级缸（或称中缸、小缸）、活柱、导向套、连接件、密封件等组成，如图3－20所示。一级缸的形状、结构及所处位置均与前面所述的单伸缩立柱的缸体相同。二级缸13可在一级缸内上下运动，是液压缸中的主要传力部件。二级缸由缸筒和活塞头焊接而成。缸筒外表面为镀锡青铜（或乳白铬）和镀硬铬的双层复合镀层，以减少磨损和锈蚀。活塞头为卡键式结构，其内部装有一底阀。活柱12装入二级缸内，可在二级缸内上下运动。活柱是液压缸的主要传力部件，由柱体和活塞头两部分组成。柱体表面镀有与二级缸筒表面相同的镀层。球头部位有进液口，可安装管接头。该进液口通过活柱体中心与二级缸内的环形腔相通。活塞头结构与二级缸活塞头相同。

导向套14为外导向套，通过方钢丝挡圈15与一级缸缸体连接。导向套与一级缸间用O形密封圈16加聚四氟乙烯挡圈17密封，与二级缸缸筒间用蕾形密封圈21加挡圈22密封，并装有导向环25和防尘圈28。聚甲醛导向环25可防止二级缸缸筒受力膨胀时与导向套卡住。导向套上还焊有供装接输液软管的接头。该接头上的进液口与二级缸和外缸间的环形腔相通。导向套20与二级缸缸口通过卡环26连接。为防止卡环锈住影响拆卸，在其外侧装有O形防尘圈27。导向套与二级缸通过O形密封圈18加挡圈19密封。导向套与活柱间通过蕾形密封圈23加挡圈24密封。导向套外端为缸盖29，缸盖通过弹性挡圈30限位，其作用是防止卡环26自动脱落。缸盖与活柱之间安有防尘圈31。

（二）千斤顶

液压支架用的千斤顶种类很多，按其结构的不同有柱塞式和活塞式，活塞式千斤顶可分为固定活塞式和浮动活塞式；按其进液方式的不同，可分为内供液式和外供液式千斤顶；按其在支架中用途的不同，又可分为推移千斤顶、前梁千斤顶、护帮千斤顶、侧推千斤顶、平衡千斤顶、限位千斤顶、防倒千斤顶、防滑千斤顶等。随着支架的功能越来越多，千斤顶的种类也越来越多。

固定活塞式千斤顶、浮动活塞式千斤顶和内供液式千斤顶的结构，分别如图3－21、图3－22和图3－23所示。

千斤顶一般都由缸体、活塞杆、活塞头、导向套、连接件和密封件等组成。

千斤顶的外形结构一般是缸底端和活塞杆端头有连接耳座，连接耳座上有连接销孔，有的千斤顶缸底端没有连接耳座，而是在缸体中部焊接有耳轴。千斤顶的内部结构，固定活塞式千斤顶和浮动活塞式千斤顶的活塞密封，一般都采用山形、鼓形密封圈密封。柱塞式千斤顶的柱塞为圆柱体，装在缸体内，其端部外径与缸体内径为动配合，配合部位安装

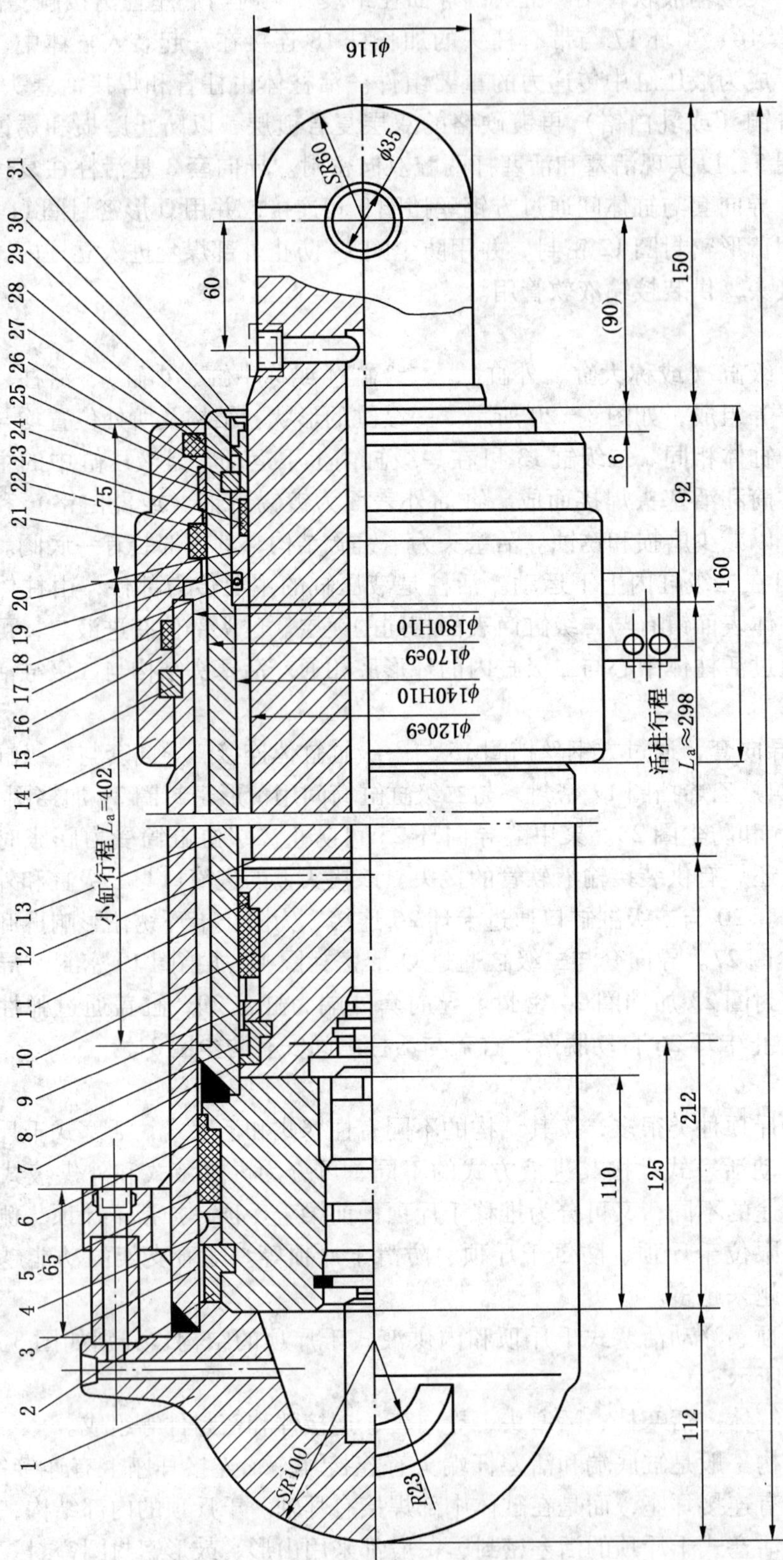

1—一级缸；2、7—卡键；3、8—卡箍；4、9—支撑环；5、10—鼓形密封圈；6、11、25—导向环；12—活柱；13—二级缸；14、20—导向套；15—方钢丝挡圈；16、18—O形密封圈；17、19、22、24—挡圈；21、23—蕾形密封圈；26—卡环；27—O形防尘圈；28、31—防尘圈；29—缸盖；30—弹性挡圈

图3-20 双伸缩立柱

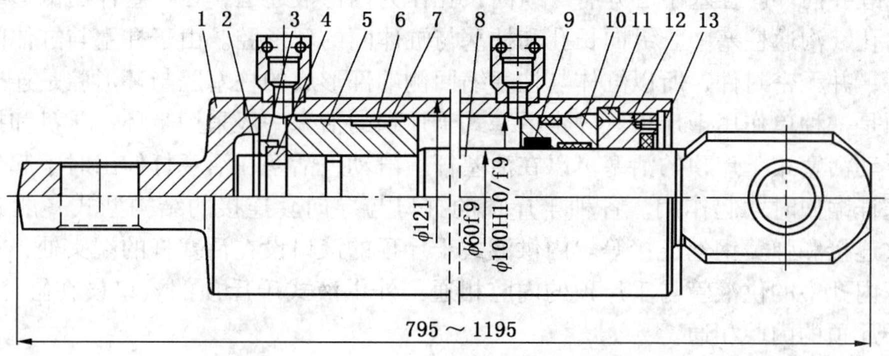

1—缸体；2—挡圈；3—压盘；4—半环；5—活塞；6—山形密封圈；7—活塞导向环；8—活塞杆；9—蕾形密封圈；10—导向套；11—卡键；12—挡套；13—防尘圈

图3-21　固定活塞式千斤顶

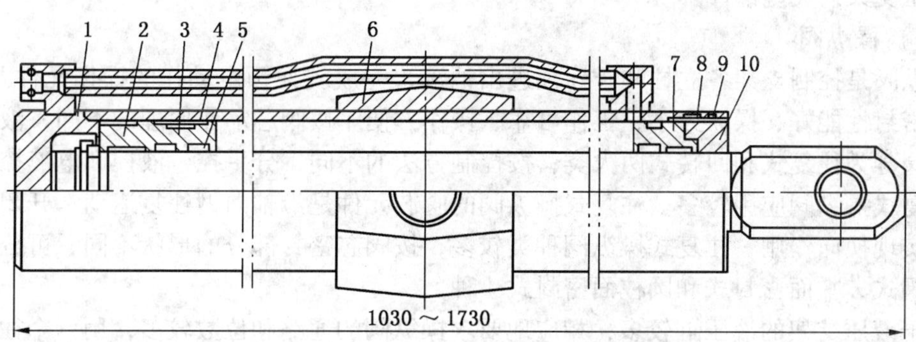

1—缸体；2—浮动活塞；3—山形密封圈；4—活塞导向环；5—蕾形密封圈；6—耳轴；7—导向套；8—卡环；9—挡套；10—防尘圈

图3-22　浮动活塞式千斤顶

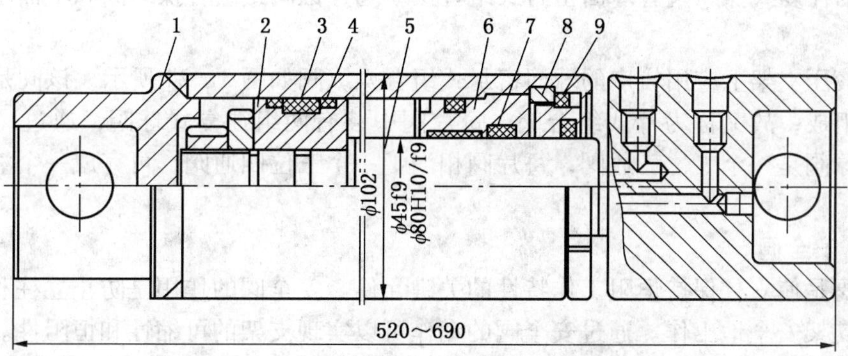

1—缸体；2—活塞；3—山形密封圈；4—活塞导向环；5—活塞杆；6—导向套；7—蕾形密封圈；8—卡环；9—挡套

图3-23　内供液式千斤顶

一个聚甲醛导向环。栓塞中心开有一纵向长孔作为内供液通道，在柱塞伸出侧边缘，另开有一横向孔，沟通柱塞中心纵向长孔和柱塞与缸体间的环形腔。由于柱塞与缸体间只安装有导向环，并无密封件，所以缸体与柱塞缩回侧端部形成的柱塞腔与环形腔是连通的。这种千斤顶是一种单作用千斤顶。固定活塞式千斤顶的活塞一般采用半环、压盘和挡圈联合固定；浮动活塞式千斤顶的活塞可以在活塞杆上滑动，活塞在活塞杆伸出时不起作用，只有在活塞杆缩回时才起作用。各种千斤顶的缸口与导向套连接的结构型式一般有卡键连接、螺纹连接和弹簧钢丝连接等。内供液式千斤顶的液口设在活塞杆的端头处，液口由设在活塞杆内孔中的供液管与千斤顶的内腔相通；外供液式千斤顶的液口设在缸体的两端，直接与千斤顶的内腔相通。

三、控制元件

控制元件担负着液压支架各个动作的操作、控制任务，包括操纵阀、液控单向阀、安全阀等。控制元件结构性能的好坏直接影响液压支架的工作性能和使用寿命，所以控制元件是液压支架的关键部件。

（一）操纵阀

操纵阀是控制支架各立柱和千斤顶进出油液，完成支架预定动作的操作元件。因此，要求其密封性能好、操纵力小、工作可靠、操作方便。按阀芯动作原理的不同，液压支架的操纵阀分为往复式和回转式两大类；按控制方法的不同，分手控、液控和电液控等。

往复式操纵阀应用较多。往复式操纵阀的阀芯元件是沿轴向做往复运动，开闭进出口油路，实现换向作用。往复式操纵阀种类较多，按阀芯密封部分的形状不同，可分为球阀式、锥阀式、平面密封式和圆柱面密封式 4 种。

由于液压支架的液压缸较多，相应地要求操纵阀的通路和位数较多，用一个往复式阀芯难以满足通路和位数的要求，故均采用几个结构基本相同的往复式阀芯（每个阀芯相当于一个单向阀或二位三通阀）构成组合式结构，组合的数量可根据支架动作的多少而定，组合后的阀称为组合阀。组合阀一般采用杠杆或凸轮闭锁的控制装置，也可用电液控制实现遥控和自动化控制。

典型的往复式操纵阀有球面密封式组合操纵阀、锥阀式组合操纵阀和平面密封式滑阀 3 种。

目前液压支架上应用较广的球面密封式组合操纵阀如图 3－24 所示。该阀是由多片往复式阀芯组成，故又称为片式组合阀。每片阀中装有两组往复式球阀，通过一根杠杆操作。每组球阀是一个二位三通阀，每片阀相当于一个三位四通阀，可完成一个液压缸的伸缩动作。

（二）安全阀

安全阀是使立柱保持恒阻工作特性的关键元件。安全阀的作用是防止立柱和千斤顶过载，保证支架安全地工作。通过安全阀的动作可以实现支架的可缩性和恒阻性。由于安全阀长期在高压状态下工作，因此要求安全阀动作灵敏、密封可靠、工作稳定、使用寿命长。液压支架上采用的安全阀均为直动式安全阀，结构简单、动作灵敏，过载时能迅速起到卸载溢流的作用。

安全阀的工作原理是通过阀口前的液压力与弹性元件作用在阀芯上的力的相互作用，

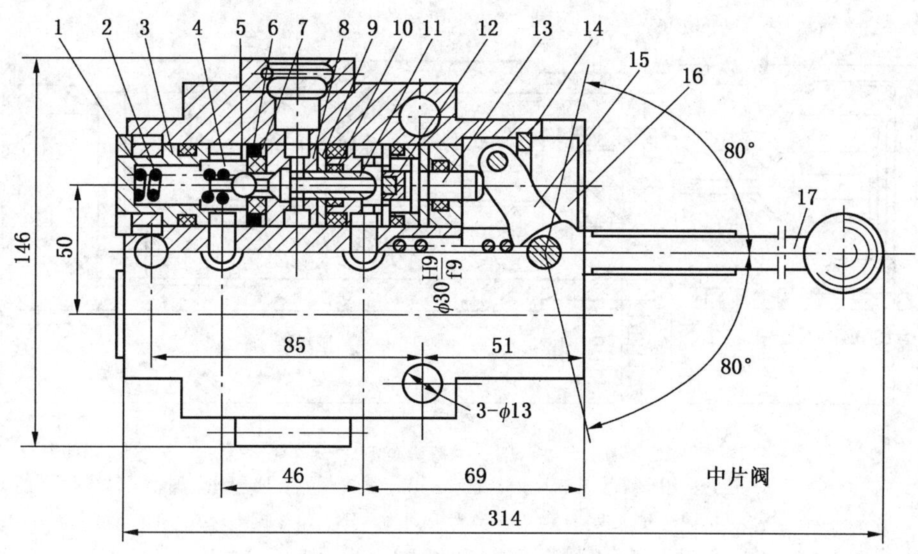

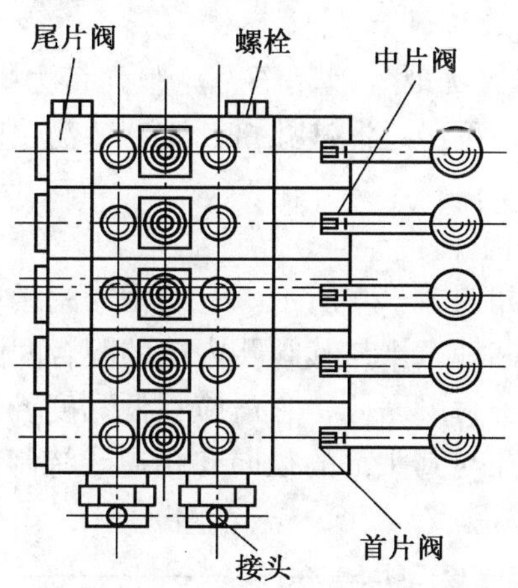

1—弹簧；2—压紧螺钉；3—端套；4—弹簧座；5—钢球；6—O形密封圈；7—阀座；8—中阀套；9—垫圈；10—上阀套；11—阀柱；12—阀垫；13—阀杆；14—半环；15—压块；16—阀体；17—手柄

图3-24　ZC（6）A型组合操纵阀

实现阀的开启溢流和关闭定压作用。根据弹性元件的不同，安全阀有弹簧式和充气式两类；根据安全阀密封副的结构型式不同，有阀座式和滑阀式两类。

1. 弹簧式阀座安全阀

弹簧式阀座安全阀按密封元件几何形状的不同，有球阀、锥阀和平面密封式3种。这3种阀的动作原理相同，结构基本相似。图3-25所示为平面密封式安全阀。该安全阀的密封元件是阀垫4，将其装入阀垫座5内，并由导杆6拧入阀垫座内压紧。通过弹簧9的作用使阀垫压在阀座1的凸台上，形成硬接触软密封。软密封（橡胶制成的阀垫的弹性）补偿了密封副平面接触的不精确度，从而保证了关闭时密封的可靠性。硬接触（阀垫座与阀座的接触）可限制橡胶阀垫的最大变形量，延长使用寿命。为了防止橡胶阀垫在弹簧作用下嵌入阀座的中心孔内，阀座中心孔内装有带平头的阀针3。当进液口的压力超过

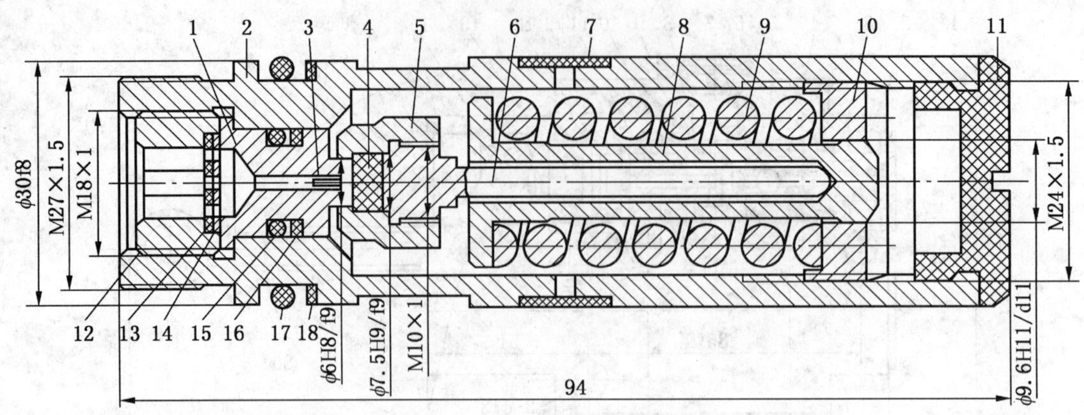

1—阀座；2—阀壳；3—阀针；4—阀垫；5—阀垫座；6—导杆；7—胶套；8—弹簧座；
9—弹簧；10—调整盖；11—保护盖；12—固定螺钉；13—过滤网；
14—过液板；15、17—O 形密封圈；16、18—挡圈

图 3-25 弹簧式阀座安全阀（平面密封式）

由调整盖 10 调定的弹簧弹力时，液体压力克服弹簧力把阀垫连同阀垫座顶开，高压液经阀垫与阀座之间的间隙，再经过泄液孔挤开胶套 7 溢出阀外。弹簧座 8 起导向作用，使阀垫与阀座准确复位。

2. 弹簧式滑阀安全阀

弹簧式滑阀安全阀如图 3-26 所示。它的密封副结构与以普通矿物油作为工作介质的滑阀不同，它不是靠阀芯柱塞 4 与其阀孔内壁的配合间隙密封，而是靠柱塞 4 与特制 O 形密封圈 6 的紧密接触来密封。因此，它适应在低黏度乳化液中工作并保证满足完全密封要求。柱塞中心有轴向盲孔与其头部的径向孔相通。特制 O 形密封圈 6 嵌在阀体 3 中。

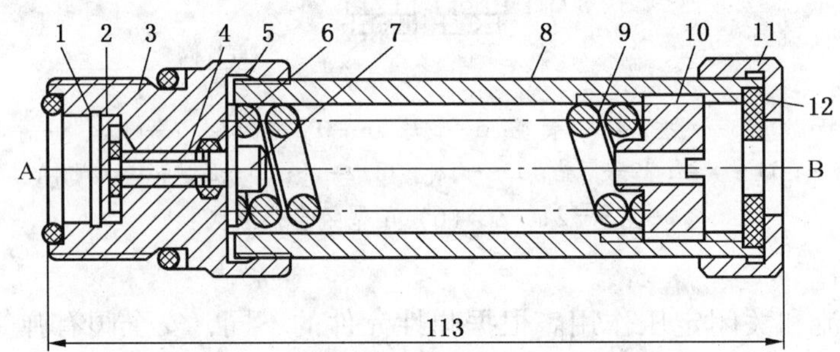

1—弹簧挡圈；2—过滤网；3—阀体；4—柱塞；5—尼龙垫；6—特制 O 形密封圈；
7—弹簧座；8—阀壳；9—弹簧；10—调压螺钉；11—螺母；12—橡胶垫

图 3-26 弹簧式滑阀安全阀

当 A 口液压力对柱塞 4 的作用力小于由空心调整螺钉 10 调定的弹簧 9 的作用力时，弹簧通过弹簧座 7 把柱塞压入阀体，使柱塞径向孔位于特制 O 形密封圈的左侧，安全阀处于关闭状态。若 A 口产生的液压力大于弹簧力，则柱塞右移使其径向孔越过特制 O 形密封圈，安全阀开启溢流卸压。

3. 弹簧式逆流型安全阀

弹簧式逆流型安全阀的结构如图3-27所示。它的主要特点是阀座可以在阀壳2的导向孔中移动，故称为浮动阀座。浮动阀座5上装有阀垫6，它与锥形阀芯7的锥面接触，增强了密封性能。该阀的开启压力由调整螺母1调定。弹簧9用来给定密封副的初始接触压力。

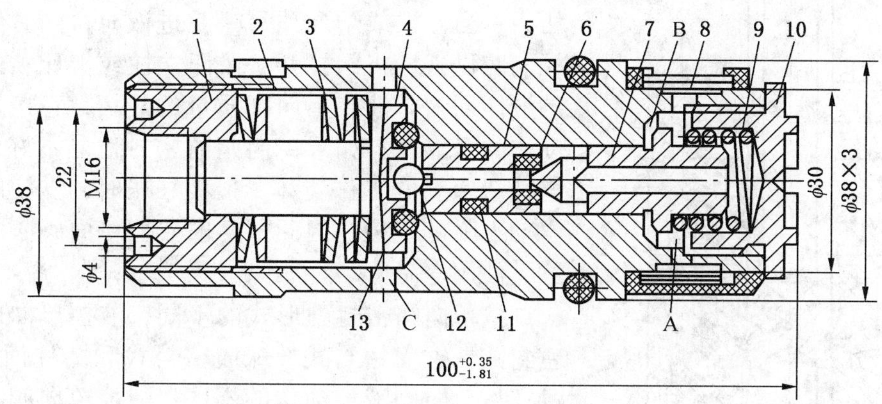

1—调整螺母；2—阀壳；3—蝶形弹簧；4—碟簧座；5—浮动阀座；6—阀垫；7—锥形阀芯；8—过滤器；9—弹簧；10—螺纹端套；11—O形密封圈；12—钢球；13—密封垫

图3-27　弹簧式逆流型安全阀

逆流型安全阀的工作原理是高压液体经过滤器8流入A腔，然后沿锥形阀芯7的孔道集聚于浮动阀座5的右侧。若液体压力小于阀调定的开启压力，则碟形弹簧3通过碟簧座4、使钢球12对浮动阀座左侧的作用力大于阀座右侧受到的液压力，浮动阀座不动；A腔液压力增高，但低于调定的开启压力时，仅仅增大了锥形阀芯7对阀垫6的压紧力，使之密封更严。只有当A腔液压力升高到超过阀调定的开启压力时，浮动阀座受到的液压力才大于碟形弹簧预压缩力，阀芯便推动浮动阀座向左移动。阀芯凸肩被阀壳2的端部B阻挡后不再移动，但浮动阀座继续在液压力作用下向左移动，使阀座和阀芯脱离接触，安全阀开启溢流卸压，溢流液体从C口排出阀外。

4. 充气式安全阀

充气式安全阀的特点是用压缩气体代替弹簧，因此充气式安全阀都有一个储存压缩气体的气室，如图3-28和图3-29所示。气室中压缩气体多为氮气，预充气压力由安全阀开启压力决定。

图3-28所示为充气式滑阀安全阀。它的气室5和液室6对柱塞4的作用面积相等。若气室压力大于液室压力时，柱塞被压入柱塞套2内，柱塞径向孔8在O形密封圈7的下侧，安全阀关闭。若液室压力增高，超过气室中的预充氮气压力，则柱塞上升，柱塞径向孔8越过O形密封圈，安全阀开启，液体由溢流口9排出。10为充气孔，由密封圈11堵住此孔，防止充入的氮气向外泄漏。

图3-29所示为充气式阀座安全阀。阀芯由螺钉2、密封垫3和活塞4组成。在气室预充氮气压力的作用下，阀芯压在阀体1内凸肩的锥面上，安全阀处于关闭状态。当从进液口A来的压力超过调定的开启压力时，液室对活塞的作用力大于气室中预充氮气压力产生的作用力，安全阀开启，液体从溢流口B排出。弹簧6的作用是使单向阀7关闭，防

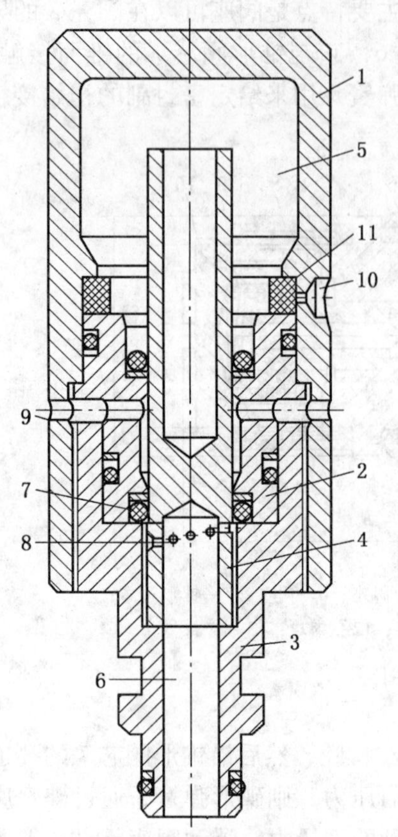

1—阀壳；2—柱塞套；3—接头；4—柱塞；5—气室；6—液室；7—O形密封圈；8—柱塞径向孔；9—溢流口；10—充气孔；11—密封圈

图3-28　充气式滑阀安全阀

止充入的氮气从充气孔C泄漏。

（三）液控单向阀

液控单向阀是支架控制元件的主要组成部分，用来闭锁立柱或千斤顶工作腔的液体，使之保持一定的压力；当立柱或千斤顶另一腔进液时，同时给该阀的控制腔供液，将阀打开，保证立柱或千斤顶工作腔中的液体回液。液控单向阀质量的好坏，直接影响支架动作的可靠性。如果单向阀的密封性能不好，锁不住立柱活塞腔的工作液体，顶板来压时，支架就会出现自动下降的现象。因此，要求液控单向阀必须密封可靠，使用寿命长。

按单向阀密封副形式的不同，液控单向阀有平面密封式、锥面密封式、球面密封式和圆柱面密封式4种；按单向阀液控动作的不同，液控单向阀有单液控和双液控两种；按单向阀卸载动作的不同，液控单向阀有单级卸载和双级卸载两种；液压支架中，有些千斤顶的前、后两腔均需锁紧，需要设置双向液压锁。

目前，液压支架上采用的液控单向阀的结构原理基本相同，主要由单向阀芯和液控顶杆两部分组成。液压支架上采用的液控单向阀以单液控、单级卸载、球面密封式的结构型式居多。

图3-30所示为单液控、单级卸载、球面密封式液控单向阀。这种液控单向阀结构简单，制造方便，但磨损快，对污物较敏感。因此，在高压系统中使用时，常采用阀套导向和塑料阀座，以提高其可靠性和密封性。

液压支架中，有些千斤顶的前、后两腔均需锁紧，需要设置2个液控单向阀。为了简化结构，往往将2个液控单向阀装入一个阀壳内，并通过一个双头顶杆双向分别控制2个液控单向阀的开启。这种结构的阀称为双向液压锁，如图3-31所示。2个结构完全相同的液控单向阀分别设置在阀壳2中心孔的两端，由双头顶杆8分别控制。当A口供压力液体时，一方面打开左侧钢球4，从C口供入千斤顶的一腔；另一方面通过顶杆将右侧钢球顶开，使千斤顶另一腔回液。反之，从B口供压力液体时，压力液体将右侧钢球打开，从D口供给千斤顶；而顶杆将左侧钢球顶开，使C口回液。A、B口均不供液时，两钢球分别在弹簧作用下压紧在自己的阀座5上，液

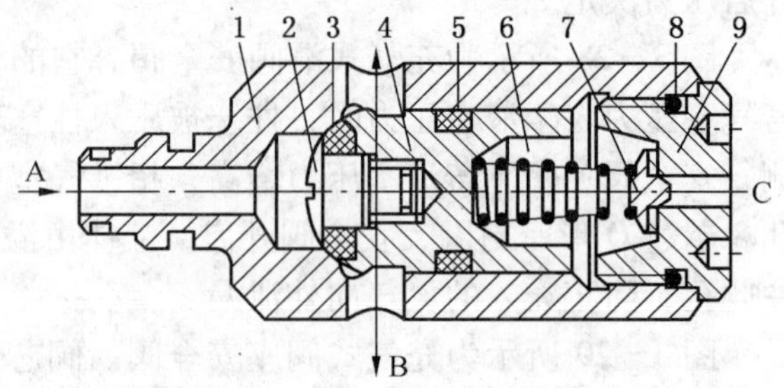

1—阀体；2—螺钉；3—密封垫；4—活塞；5—密封圈；6—弹簧；7—单向阀；8—O形密封圈；9—旋塞

图3-29　充气式阀座安全阀

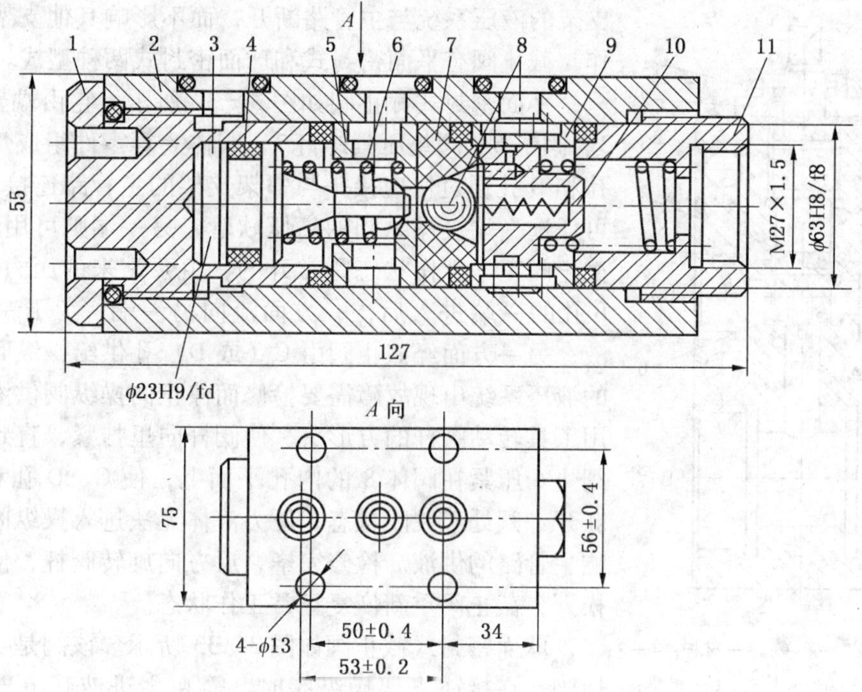

1—杆套；2—阀体；3—顶杆；4—O 形密封圈；5—阀套；6—弹簧；7—阀座；8—钢球；9—压套；10—减振阀；11—端盖

图 3-30　KDF2 型液控单向阀

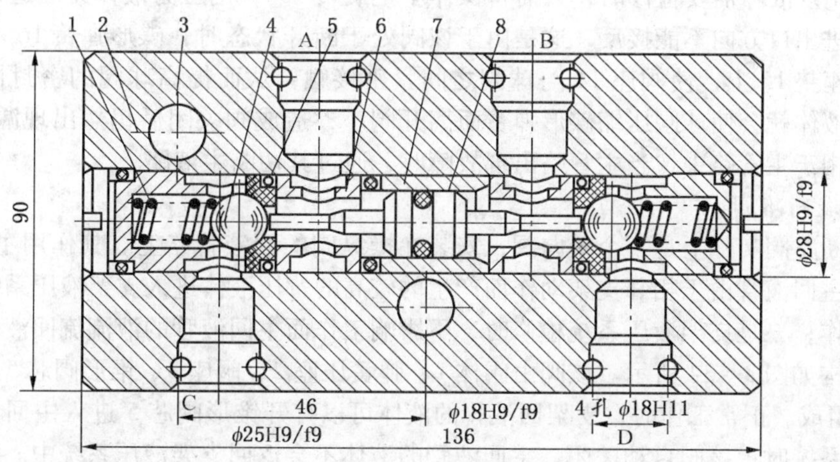

1—弹簧；2—阀壳；3—端套；4—钢球；5—阀座；6—进液套；7—导向套；8—双头顶杆

图 3-31　双向液压锁

口 C、D 连接的千斤顶两腔压力被封闭。

（四）其他液压元件

1. 截止阀

截止阀的作用是当工作面上某一支架的液压系统发生故障而需要检修时，它能够使该

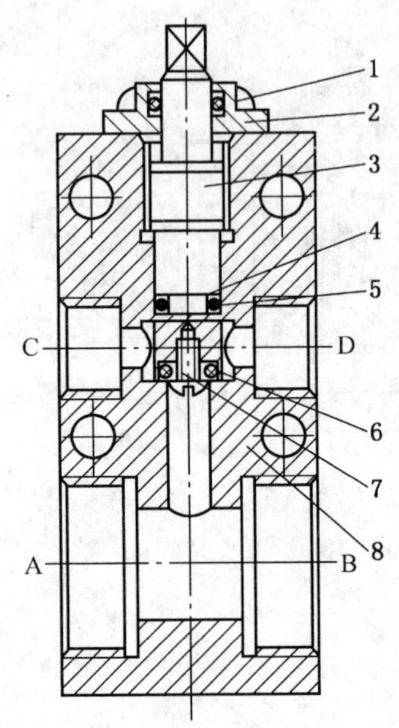

1—螺钉；2—端盖；3—阀杆；4—挡圈；5—O 形密封圈；6—阀垫；7—阀垫压紧螺钉；8—阀体

图 3－32　平面密封式截止阀

支架的液压系统与主管路断开，而不影响其他支架的正常工作。截止阀有平面密封式和球面密封式两种型式。

平面密封式截止阀如图 3－32 所示。它由端盖 2、阀杆 3、阀垫 6、阀垫压紧螺钉 7、阀体 8 等零件组成。阀体上 A 孔和 B 孔通过快速接头与邻架支架的主管路连接；C、D 孔可任选一端接操纵阀的高压软管，另一端则可用堵头堵住。截止阀正常工作状态是常开的，由泵站来的压力液体从 A、B 孔的一端进入后，一方面流向另一端，为下一架支架供液；另一方面经截止阀由 C（或 D）孔供给操纵阀。当支架的液压系统出现故障需要检修而停止向操纵阀供液时，用专用工具转动阀杆的方形头，使阀杆向里拧紧，直到阀杆上的阀垫 6 压紧在阀体 8 的内孔平面上，使 C、D 孔和 A、B 孔断开，阀处于关闭状态，压力液体无法进入操纵阀，但不影响主管路的供液。检修完毕，反方向旋转阀杆，使阀杆向外松开，截止阀重新恢复正常工作状态。

球面密封式截止阀如图 3－33 所示。该阀是一个二位二通阀，在接往支架操纵阀时，需在主进液管上连接一个三通。正常工作时，该阀处于常开状态，如图示位置。在球阀 14 的中心有一通孔，操作手把 8 可带动球阀转动。当操作手把 8 转动到与阀体中液体流动的方向平行时，球阀上的孔正好可以使液体通过。当支架液压系统出现故障需要检修时，只需将操作手把旋转 90°，则压力液体无法通过。该阀的压力液体进出口方向不能接反，这是由于该阀处于断开状态时，碟形弹簧 16 和压力液体作用于阀座垫 15 上，使阀座 11 与球阀之间紧密接触，从而提高球阀的密封性能。若接反，压力液体就会使球阀压缩碟形弹簧而离开阀座，造成阀关闭后仍然出现漏液的现象。该阀也可用于主管路中，当主管路出现故障时，通过其切断主液路。

2. 回液断路阀

回液断路阀实际上是一个单向阀，安装在操纵阀的回液管路上。其作用主要有两个：一是防止主回液管由于相邻支架动作而产生的较高的背压液体进入支架液压系统，引起千斤顶误动作；二是支架液压系统检修时，不影响工作面主回液管的液流流回液箱。回液断路阀的结构如图 3－34 所示。该阀由阀体 1、弹簧压座 2、阀座 3、锥形阀芯 5、阀座压套 4 等零件组成。正常工作时，支架回液管的液体可以打开锥形阀芯 5 进入主回液管。检修支架液压系统时，该阀自动关闭，主回液管的液体不会返回支架液压系统中。该阀也可用于主回液管与主进液管之间，当回液压力因故障增大时，可向主进液管卸压，以保证回液管路不致因背压过大而损坏。

3. 交替单向阀

支架动作中，若两个不同的动作均需携带另一个动作时，或两个动作均需向某一液腔供液时，需设置交替单向阀。例如，在液压支架的降架和移架两个不同动作中均需携带喷雾降尘动作，则需在降架、移架、喷雾降尘 3 个动作液路中设置交替单向阀。又如，在差动推移千斤顶中，为了使推移千斤顶的推力小于拉力，在推移刮板输送机和拉架两个动作

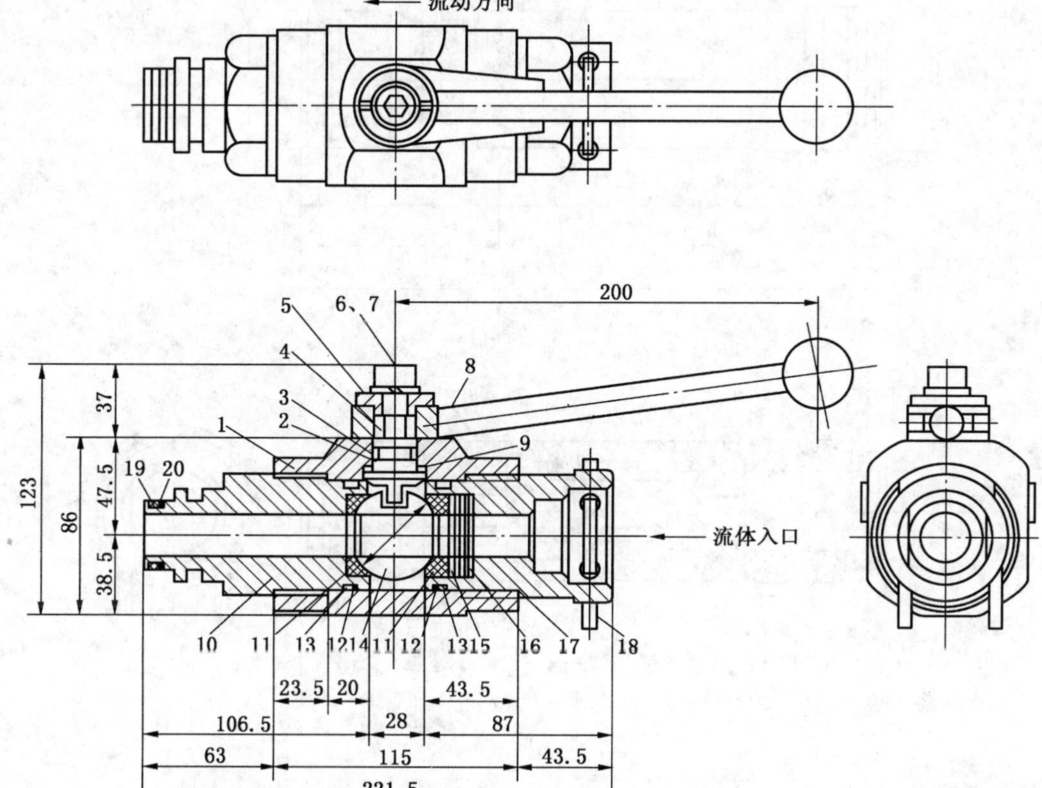

1—阀体；2、12、19—O 形密封圈；3、13、20—挡圈；4—阀杆；5—方向指示盘；
6—螺钉；7—弹簧垫圈；8—操作手把；9—衬垫；10—螺纹接头；11—阀座；
14—球阀；15—阀座垫；16—碟形弹簧；17—管座；18—销子

图 3-33 球面密封式截止阀

中均需向活塞杆腔供液，则需在推移刮板输送机和拉架两个动作液路中设置交替单向阀。

交替单向阀的结构如图 3-35 所示。该阀相当于 2 个单向阀组合在 1 个阀壳内，主要由阀芯 3、阀座 4、阀套 2 和阀壳 5 组成。阀壳上有 3 个液口 a、b、c，其中液口 a 和 c 为进液口，液口 b 为出液口。由于阀芯可左右移动，因此，不论从液口 a 或 c 进液，均可保持从液口 b 出液。

4. 测压阀

为了测定立柱和千斤顶高压腔压力的大小，以定期检查安全阀的开启压力是否符合要求，可在立柱和千斤顶液路中设置测压阀，使其与压力测试仪表配合使用。

图 3-36 所示为 CYF1 型测压阀，该阀主要由滚花螺盖 1、压紧螺塞 3、阀壳 4、阀座 7、球形阀芯 8 和弹簧 10 组成。

测压阀的 A 口接立柱或千斤顶的高压腔。不需要测定压力时，弹簧和液压力把球形阀芯 8 压紧在阀座上，呈密封状态。需要测定压力时，首先将滚花螺盖 1 拧掉，然后把压力测试表的进液管接头（图 3-37）插入测压阀 B 孔内，使螺母与阀壳上螺纹旋合，最后转动螺母使顶针逐渐插入。这时，针上的 $\phi 4$ mm 圆柱段与 O 形密封圈相接触而密封。继

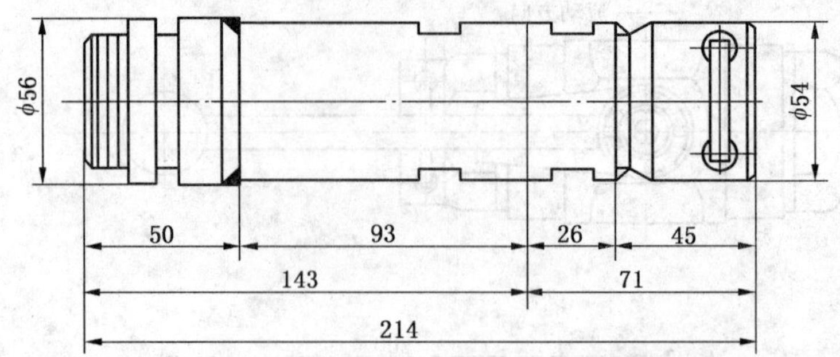

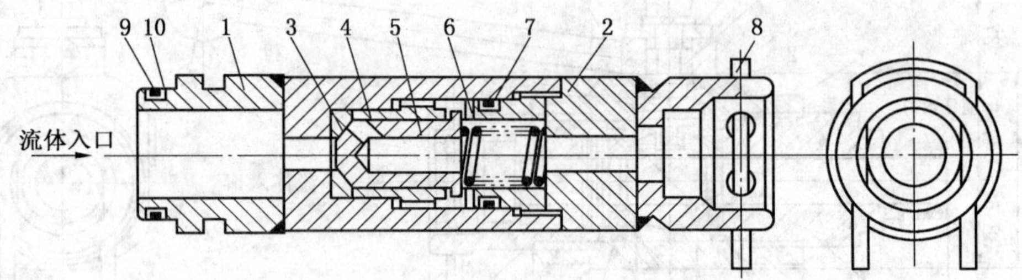

1—阀体；2—弹簧压座；3—阀座；4—阀座压套；5—锥形阀芯；6—弹簧；7、9—O 形密封圈；8—销子；10—挡圈

图 3-34　回液断路阀

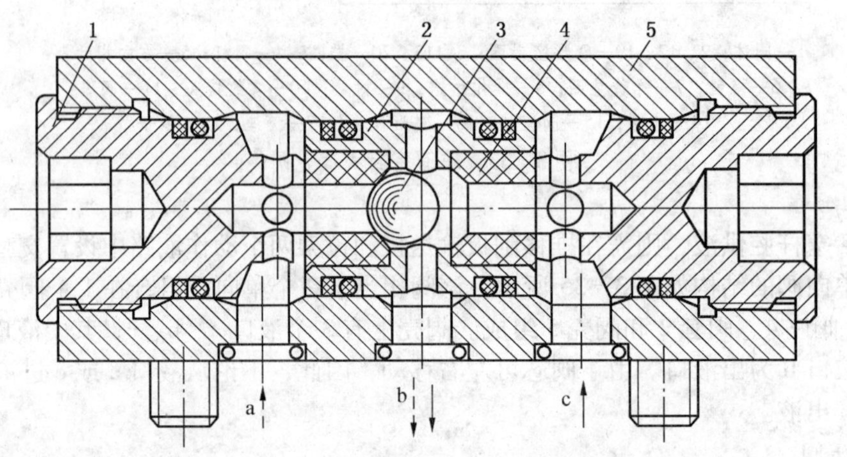

1—螺母；2—阀套；3—阀芯；4—阀座；5—阀壳

图 3-35　交替单向阀

续转动螺母，顶针推开钢球，高压液体经顶针端部的小孔进入内孔，再经导管进入压力仪表，使之指示立柱或千斤顶高压腔的液体压力值。测压结束后，将压力测试装置卸掉，球形阀芯又在弹簧力和液压力的作用下恢复到原先的密封状态，然后拧上滚花螺盖。

5. 过滤器

为了保证支架液压系统正常工作，一般在主进液管至支架操纵阀的液路中均需设过滤器。常用过滤器的类型有网式和烧结式两种，网式应用最多，如图3-38所示。该过滤器由网式滤芯3、滤体4、接头8和密封件等组成。液体通过过滤器时，滤芯将液体中的脏物过滤在外圈上。为了清洗过滤器方便，不允许将过滤器的进、出液口接反。

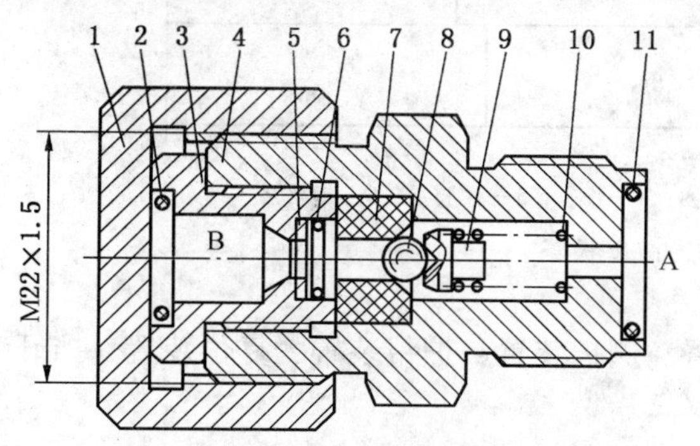

1—滚花螺盖；2、6、11—O形密封圈；3—压紧螺塞；4—阀壳；5—挡圈；7—阀座；8—球形阀芯；9—弹簧座；10—弹簧

图3-36　CYF1型测压阀

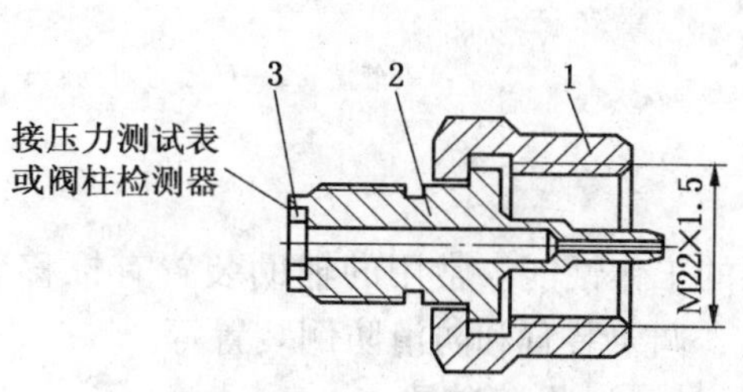

1—螺母；2—顶针；3—O形密封圈

图3-37　压力测试表进液管接头

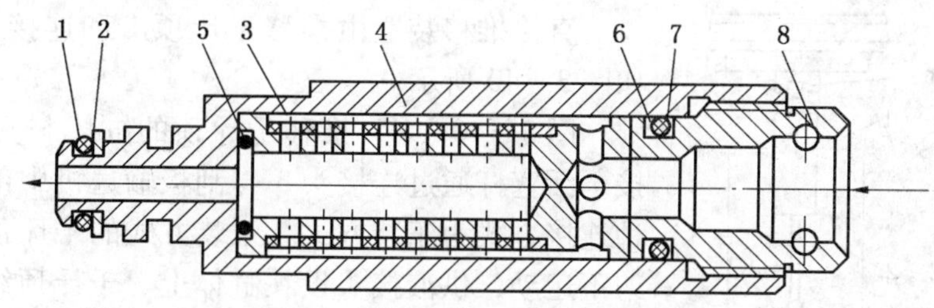

1、5、6—O形密封圈；2、7—挡圈；3—网式滤芯；4—滤体；8—接头

图3-38　过滤器

6. 软管

液压支架使用的供液管以软管为多。根据软管连接方式的不同，有快速接头和螺纹接头两种型式，各符号及数字的意义如下：

K——快速连接；J——接头；R——软管；L——螺纹连接；6、8、10…——软管内径，mm；60、42、38…——工作压力，MPa；1200…——软管长度，mm。

例如，KJR6-60/1200为快速接头的高压软管，工作压力为60 MPa，软管内径为6 mm，软管长度为1200 mm。

KJR系列的高压软管主要由管芯1、外套4、橡胶层5和钢丝层6等组成，如图3-39所示。

高压软管在液压支架中使用较多，每架支架使用量为10~30根，因此，高压软管的结构、使用方法以及连接方法都将直接影响支架的工作稳定性。

四、辅助装置

液压支架根据其结构的不同、使用条件的不同，需要设置必要的辅助装置，以满足支

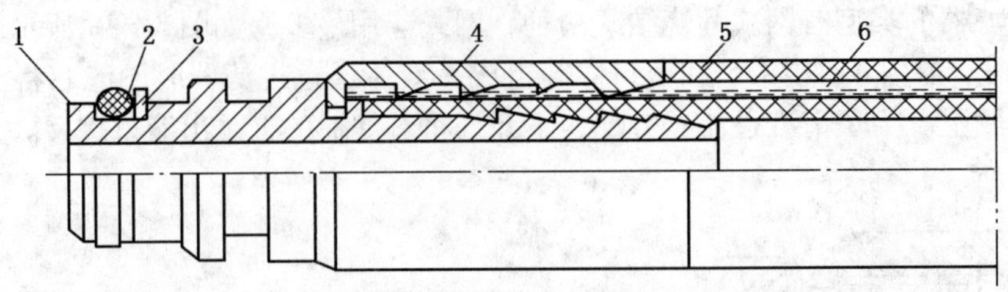

1—管芯；2—O形密封圈；3—挡圈；4—外套；5—橡胶层；6—钢丝层

图3-39 高压软管

架的工作性能。常用的辅助装置有推移装置、侧护装置、护帮装置、复位装置、挡矸装置、调架装置和防滑防倒装置等。

（一）推移装置

推移装置是液压支架必备的辅助装置，担负着推移刮板输送机和移架任务。推移装置由推移千斤顶及其附属装置组成。推移装置按结构和推移方式的不同，可分为直接推移装置和间接推移装置两种。

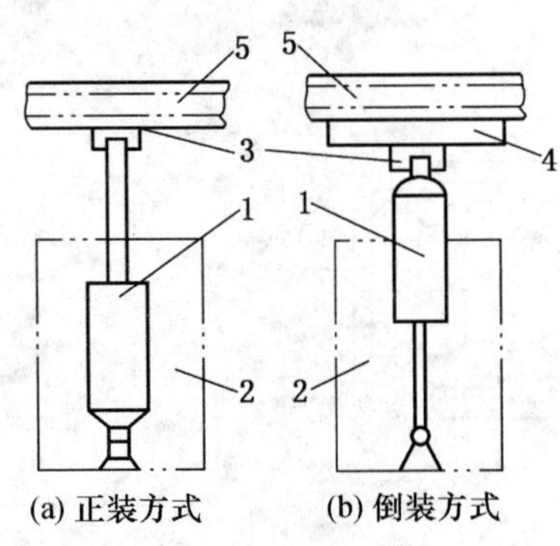

1—推移千斤顶；2—支架底座；3—连接头；4—移步横梁；5—中部槽

图3-40 直接推移装置及其连接方式

1. 直接推移装置

直接推移装置由推移千斤顶1和连接头3等组成，如图3-40所示。

图3-40a中，推移千斤顶的缸体与支架底座2连接，活塞杆通过连接头3与刮板输送机中部槽相连。这种连接方式为正装方式。正装方式的千斤顶缸体相对支架不运动，供液接头设在缸体上。千斤顶结构简单，加工容易，成本低。但由于活塞杆伸出支架底座外，其表面容易在推移刮板输送机和移架中被擦伤或被煤块、矸石砸伤。为了保护活塞杆表面，往往在其外套装一保护罩。

图3-40b中，推移千斤顶的活塞杆与支架底座连接，缸体通过连接头与刮板输送机中部槽相连。这种连接方式为倒装方式。倒装方式的千斤顶活塞杆相对支架不运动，活塞杆表面在支架底座内，不容易被煤块和矸石砸伤，但由于供液接头设在活塞杆接头上，增加了千斤顶的复杂程度。

直接推移装置结构简单，连接方便，但存在着推移千斤顶推、拉力分配不合理的问题。对于同一推移千斤顶，泵站供液压力不变时，其推力明显大于拉力。液压支架的质量大，移架阻力也较大，而推移刮板输送机阻力比移架阻力小得多，那么，用较大的推力去推较小阻力的刮板输送机，用较小的拉力去拉较大阻力的支架，这种力的分配显然是不合理的。直接推移装置要按拉架力来设计千斤顶，即千斤顶的拉力必须满足移架要求，因此，推力过大，容易推坏中部槽。为了解决这个问题，有的推移装置采用了移步横梁结构，即在输送机中部槽加设较长的横梁，如图3-40b所示，推移千斤顶通过移步横梁推移输送机，使中部槽受力均匀，不致推坏，但增加了结构的复杂程度，现已很少使用。

为了解决推、拉力分配不合理问题，一般采用如下4种方法：

（1）采用不同的供液压力。为千斤顶的活塞杆腔供较大的液压力，增大其拉架力；为千斤顶活塞腔供较小的液压力，减小其推机力。由于千斤顶压力液体是由泵站提供的，这样就增加了泵站的复杂程度。

（2）采用差动供液方式。在推移千斤顶液路上装一差动供液阀（交替逆止阀），推移刮板输送机时，压力液体经差动供液阀后同时供入千斤顶两腔，呈差动原理推移刮板输送机，一方面减小了推机力，另一方面增快了推移速度。

（3）采用浮动活塞结构的千斤顶。当千斤顶活塞腔进压力液体时，首先是活塞沿活塞杆滑动，当滑动到千斤顶缸口处不能继续滑动时，活塞杆在压力液体的作用下才伸出推移输送机。此时的千斤顶相当于柱塞式液压缸。活塞杆腔进液时，活塞沿活塞杆滑动至杆端部，然后通过卡环带动活塞杆缩回拉架，其拉架力不变。

（4）采用千斤顶倒拉架装置，即间接推移装置。

2. 间接推移装置

将千斤顶伸出的推力作为移架力，缩回时的拉力作为推机力，即可实现拉架力大于推机力。这需将千斤顶活塞杆（或缸体）连接在支架底座的前端，而千斤顶的缸体（或活塞杆）通过一间接连接机构（长框架或连杆）与刮板输送机连接。这种将千斤顶推、拉力变换的连接装置称为千斤顶倒拉架装置，或称为间接推移装置。间接推移装置有长框架间接推移装置、连杆间接推移装置两种结构型式。

（1）长框架间接推移装置，如图3-41所示。这种推移装置由推移千斤顶4、推移长框架3等组成。推移千斤顶的缸体与支架底座前端连接，千斤顶活塞杆与推移长框架后端连接，推移长框架前端再与刮板输送机中部槽连接。拉架时，以刮板输送机的中部槽为支点，当压力液体进入推移千斤顶活塞腔使活塞杆伸出时，中部槽以及与中部槽连接的长框架、活塞杆不动，缸体带动支架向刮板输送机方向移动。推移刮板输送机时，以支撑顶板的支架作为支点，当压力液体进入推移千斤顶的活塞杆腔使活塞杆缩回时，拉动长框架，将刮板输送机推向煤壁。这种推移装置结构较复杂，框架较长，支架移动时底座易啃底。

（2）连杆间接推移装置，如图3-42所示。这种推移装置减小了框架长度，利用与

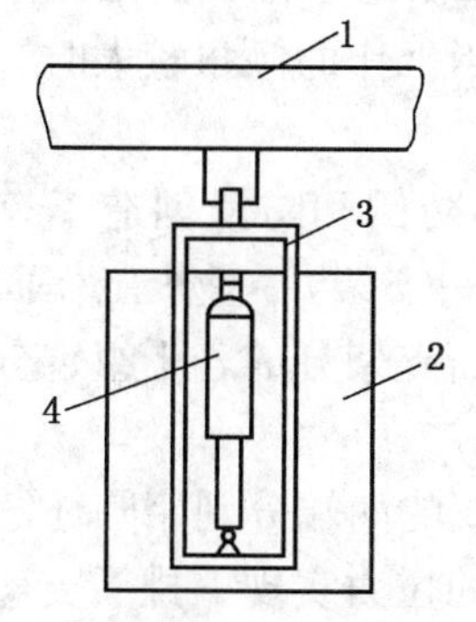

1—中部槽；2—支架底座；3—长框架；4—推移千斤顶

图3-41　长框架间接推移装置及其连接方式

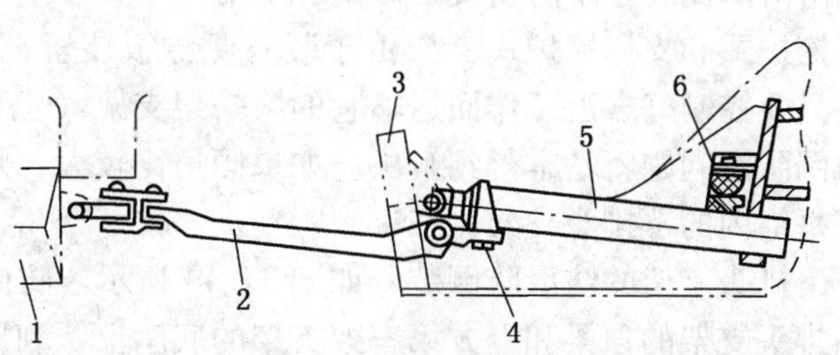

1—中部槽；2—连杆；3—支架底座；4—固定卡轴；5—推移千斤顶；6—限位橡胶

图3-42　连杆间接推移装置及其连接方式

千斤顶缸体上固定卡轴 4 连接的连杆 2 来代替长框架。这样移架力有一个向上分力，移架时可避免啃底，但连接处受力不好。

（二）护帮装置

护帮装置安装在顶梁前端下部，一般由护帮千斤顶和护帮板组成。正常情况下，护帮板伸出紧贴煤壁，防止片帮或在片帮时起缓冲作用。当采煤机割到支架前面时，需将护帮板收回，让采煤机通过。支架移到新的工作位置后，重新伸出护帮板，以支护新裸露的煤壁。

（三）侧护装置

侧护装置用于掩护式和支撑掩护式支架，作用是防止架间漏矸和调架。侧护装置由位于支架顶梁和掩护梁两侧的侧护板、侧推千斤顶、伸出弹簧等组成。侧护装置的伸缩动作是在支架卸载后进行的，由侧推千斤顶和伸出弹簧控制。图 3－43 所示是常用的几种侧护板结构型式。

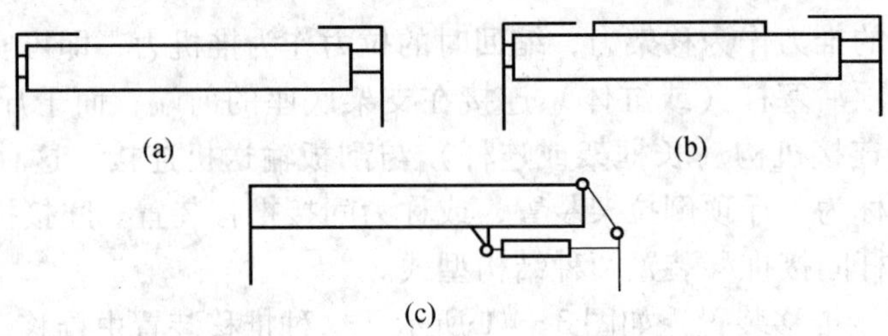

图 3－43　侧护板结构型式

（四）防滑防倒装置

液压支架在倾斜工作面工作时，由于支架自重在倾斜方向的分力，会使支架沿倾斜方向下滑或倾倒。煤层倾角越大，下滑和倾倒现象越严重。因此，为了保证支架的正常工作，必须采取相应的防滑、防倒措施。

当煤层倾角在 12°以内时，为防止支架下滑和倾倒，可把工作面布置成伪倾斜推进形式，即工作面下端超前上端。实践证明，这种方法是有效的。当工作面倾角较大时，就需采用防滑防倒装置来防止支架倾倒和下滑。

掩护式和支撑掩护式支架由于装有侧护板装置，给支架的防倒和防滑创造了有利条件，只要控制好靠近工作面运输巷的第一架支架（也称为下排头支架），整个工作面支架的防倒防滑问题就基本得到解决。如果倾角比较大，则将工作面支架分成若干组，分别控制好每组内的下排头支架。

下排头支架的防滑防倒装置如图 3－44 所示。防倒千斤顶 6 的两端分别用圆环链连接于下排头支架的顶梁和上方第三架支架的底座上，利用千斤顶的拉力实现下排头支架的防倒。防滑千斤顶 2 的两端通过圆环链 1 分别连接在下排头支架和第三架支架的底座前部，用拉力防止下排头支架下滑，必要时还可向上调架。为防止下排头支架尾部下滑，在其底座下侧安设了防转千斤顶 3，通过圆环链 5 穿过底座尾部的导向管 4 连接在第三架支架的底座后端，将尾部兜住。

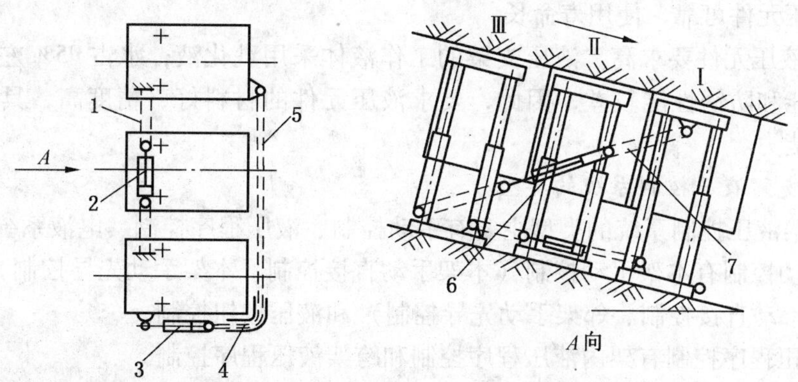

1、5、7—圆环链；2—防滑千斤顶；3—防转千斤顶；4—导向管；6—防倒千斤顶

图3-44　下排头支架的防滑防倒装置

第四节　液压支架的液压控制系统

一、液压支架液压系统的特点及液压支架液压控制系统的类型

1. 液压支架液压系统的特点

液压支架液压系统属于液压传动中的泵—缸开式系统。动力源是乳化液泵，执行元件是各种液压缸。乳化液泵从乳化液箱内吸入乳化液并增压，经各种控制元件供给各个液压缸，支架各液压缸回液流入乳化液箱。乳化液泵、液箱、控制元件及辅助元件组成乳化液泵站，通常安装在工作面运输巷，可随工作面一起向前推进。泵站通过沿工作面全长铺设的主供液管和主回液管，向各支架供给高压乳化液和接收低压回液。工作面中每架支架的液压控制回路相同，通过截止阀连接于主管路，相对独立。其中任何一架支架发生故障进行检修时，可关闭该架支架与主管路连接的截止阀，不会影响其他支架工作。

液压支架液压系统具有下列特点：

（1）液压系统庞大，元件多。液压支架沿采煤工作面全长铺设，铺设长度大（可达300 m）。液压系统中有大量的立柱（80～1000根）和千斤顶（80～1500根），还有数量很多的安全阀、液控单向阀、操纵阀，以及大量的高压软管、管接头等，因而整个系统错综复杂。系统中各部件的密封性和可靠性对支架工作影响很大。

（2）工作压力高。液压支架在工作面支护顶板，要求有较大的支撑力，与初撑力有关的泵站工作压力一般为10～35 MPa。初撑以后，立柱活塞腔被封闭，达到工作阻力时的液压力可达40～80 MPa。因此，要求液压元件有足够的耐高压强度。

（3）供液路程长，压力损失大。液压支架的立柱和千斤顶的工作液体是由设在工作面运输巷的泵站供应，液压能需要长距离输送，压力损失较大。尤其是移架和推移输送机时，支架液压系统中有很大容量的工作液体进行循环流动，所以要求主管路有足够的过流断面。

（4）工作环境恶劣、潮湿、粉尘多，工作空间有限，采场条件经常变化，检修不方便，要求液压元件可靠，使用寿命长。

（5）对液压元件要求高。液压支架的工作液体采用乳化液，水占95%左右，故黏度低，润滑性能和防锈性能较差，因此，要求液压元件的材料好、精度高，具有较好的防锈、防腐蚀能力。

2. *液压支架液压控制系统的类型*

液压支架液压控制系统的类型主要有手动控制、液压程序控制、电液系统控制等。

（1）手动控制有本架手动控制（本架手动直接控制、本架手动先导控制）、邻架手动控制（邻架手动直接控制、邻架手动先导控制）和液压按钮控制。

（2）液压程序控制有架内液压程序控制和跨架液压程序控制。

（3）电液系统控制有简单电气按钮控制、手动启动跨架电脑程序控制和远红外线启动电脑程序控制。

二、液压支架的典型液压控制系统

（一）ZY2000/14/31 型支架液压系统

ZY2000/14/31 型支架的液压系统如图 3-45 所示。

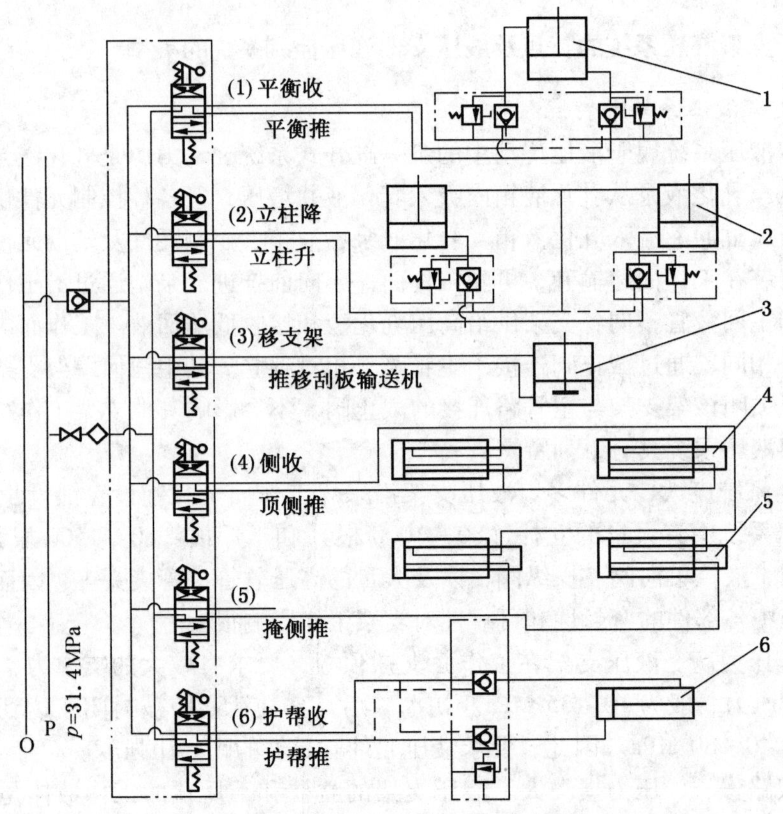

1—平衡千斤顶；2—立柱；3—推移千斤顶；4—顶梁侧推千斤顶；
5—掩护梁侧推千斤顶；6—护帮千斤顶

图 3-45　ZY2000/14/31 型支架液压系统

1. 液压系统的特点

（1）控制方式为手动全流量本架控制。

（2）液压主管路采用二线整段供液，压力管路 P 的压力为 31.4 MPa。

（3）各立柱和千斤顶由片式组合操纵阀构成简单换向回路，可以机动动作。

（4）立柱采用单向锁紧限压回路，平衡千斤顶采用双向锁紧限压回路，护帮千斤顶采用双向锁紧单侧限压回路。

2. 支架的各个动作及其液路

该系统可完成立柱升降，推移刮板输送机，移架，护帮板推出和收回，顶梁与掩护梁角度调整，侧护板推出和收回等动作。

1）升柱

扳动立柱操纵阀手把，使其处于图示下部位置。这时，压力液体直接打开两立柱液控单向阀，进入两立柱的下腔；两立柱上腔的液体经操纵阀回液，两立柱同时升起。

2）降柱

扳动立柱操纵阀手把，使其处于图示上部位置。这时，压力液体经两立柱操纵阀后分两路：一路直接进入两立柱上腔；另一路打开闭锁下腔液路的液控单向阀，使下腔液体经操纵阀回液，两立柱同时下降。

3）推移刮板输送机

扳动推移千斤顶操纵阀手把，使其处于图示下部位置。这时，压力液体进入推移千斤顶的活塞腔，推动活塞杆伸出推移刮板输送机；活塞杆腔的液体经操纵阀回液。

4）移架

扳动推移千斤顶操纵阀手把，使其处于图示上部位置。这时，压力液体进入推移千斤顶的活塞杆腔，迫使活塞杆缩回移架；活塞腔的液体经操纵阀回液。

5）推出护帮板

扳动护帮千斤顶操纵阀手把，使其处于图示下部位置。这时，压力液体到液控双向锁，打开锁紧护帮千斤顶活塞腔的单向阀，进入护帮千斤顶的活塞腔，推动千斤顶伸出；同时，压力液体将锁紧护帮千斤顶活塞杆腔的单向阀打开，接通千斤顶活塞杆腔的回液管路，活塞杆腔的液体经操纵阀回液，护帮千斤顶伸出，带动护帮板贴紧煤壁。

6）收回护帮板

扳动护帮千斤顶操纵阀手把，使其处于图示上部位置。这时，压力液体到液控双向锁，打开锁紧护帮千斤顶活塞杆腔的单向阀，进入护帮千斤顶的活塞杆腔；同时，压力液体将锁紧护帮千斤顶活塞腔的单向阀打开，接通千斤顶活塞腔的回液管路，活塞腔的液体经操纵阀回液，护帮千斤顶缩回，护帮板收回。

7）顶梁与掩护梁角度调整

（1）角度增大。扳动平衡千斤顶操纵阀手把，使其处于图示下部位置。这时，压力液体到液控双向锁，打开锁紧平衡千斤顶活塞腔的单向阀，进入平衡千斤顶活塞腔；同时，压力液体将锁紧平衡千斤顶活塞杆腔的单向阀打开，接通千斤顶活塞杆腔的回液管路，活塞杆腔的液体经操纵阀回液，平衡千斤顶伸出，顶梁与掩护梁之间的角度增大。

（2）角度减小。扳动平衡千斤顶操纵阀手把，使其处于图示上部位置。这时，压力液体到液控双向锁，打开锁紧平衡千斤顶活塞杆腔的单向阀，进入平衡千斤顶活塞杆腔；

同时，压力液体将锁紧平衡千斤顶活塞腔的单向阀打开，接通千斤顶活塞腔的回液管路，活塞腔的液体经操纵阀回液，平衡千斤顶缩回，顶梁与掩护梁之间的角度减小。

8）推出侧护板

推出侧护板必须在支架降下后进行，即通过侧护板向上山或下山方向调整支架，须在该架支架降下后进行。

（1）推出顶梁侧护板。扳动顶梁侧推千斤顶操纵阀手把，使其处于下部位置。这时，压力液体直接进入顶梁两侧推千斤顶的活塞腔，千斤顶活塞杆腔的液体经操纵阀回液，顶梁侧推千斤顶伸出，推出顶梁侧护板。

（2）推出掩护梁侧护板。扳动掩护梁侧推千斤顶操纵阀手把，使其处于下部位置。这时，压力液体直接进入掩护梁两侧推千斤顶的活塞腔，千斤顶活塞杆腔的液体经操纵阀回液，掩护梁侧推千斤顶伸出，推出掩护梁侧护板。

9）收回侧护板

扳动侧推千斤顶操纵阀手把，使其处于上部位置。这时，压力液体同时进入顶梁和掩护梁侧推千斤顶的活塞杆腔，千斤顶活塞腔的液体分别经相应操纵阀回液，顶梁和掩护梁侧推千斤顶同时缩回，收回侧护板。

（二）WS1.7－210/450 型掩护式支架电液控制系统

WS1.7－210/450 型掩护式支架电液控制系统主要由电液控制阀组、支架控制箱、传感器、各液压缸及其控制元件等组成。

电液控制阀组是一个“多路系统”，由 7 块控制阀块和 1 块开关阀块组成。每个控制阀块都由 2 个先导阀和 2 个主控阀构成。先导阀为电磁控制的二位三通阀。主控阀为液控二位三通阀。

每个控制阀块的工作原理，如图 3－46 所示。位置 1 时，先导阀电磁线圈断电，阀不动，阀口与回液管相通。位置 2 时，电磁线圈通电，电磁推杆顶先导阀阀芯，先导阀开启，但此时控制压力液体仍未进入先导阀内。位置 3 时，遥控开关阀（EV）被接通，压

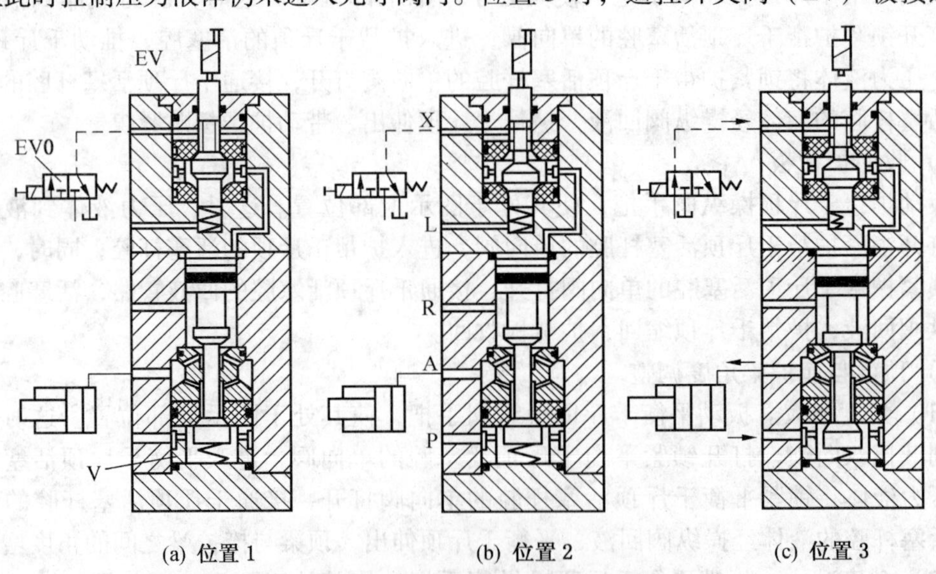

图 3－46　控制阀块工作原理图

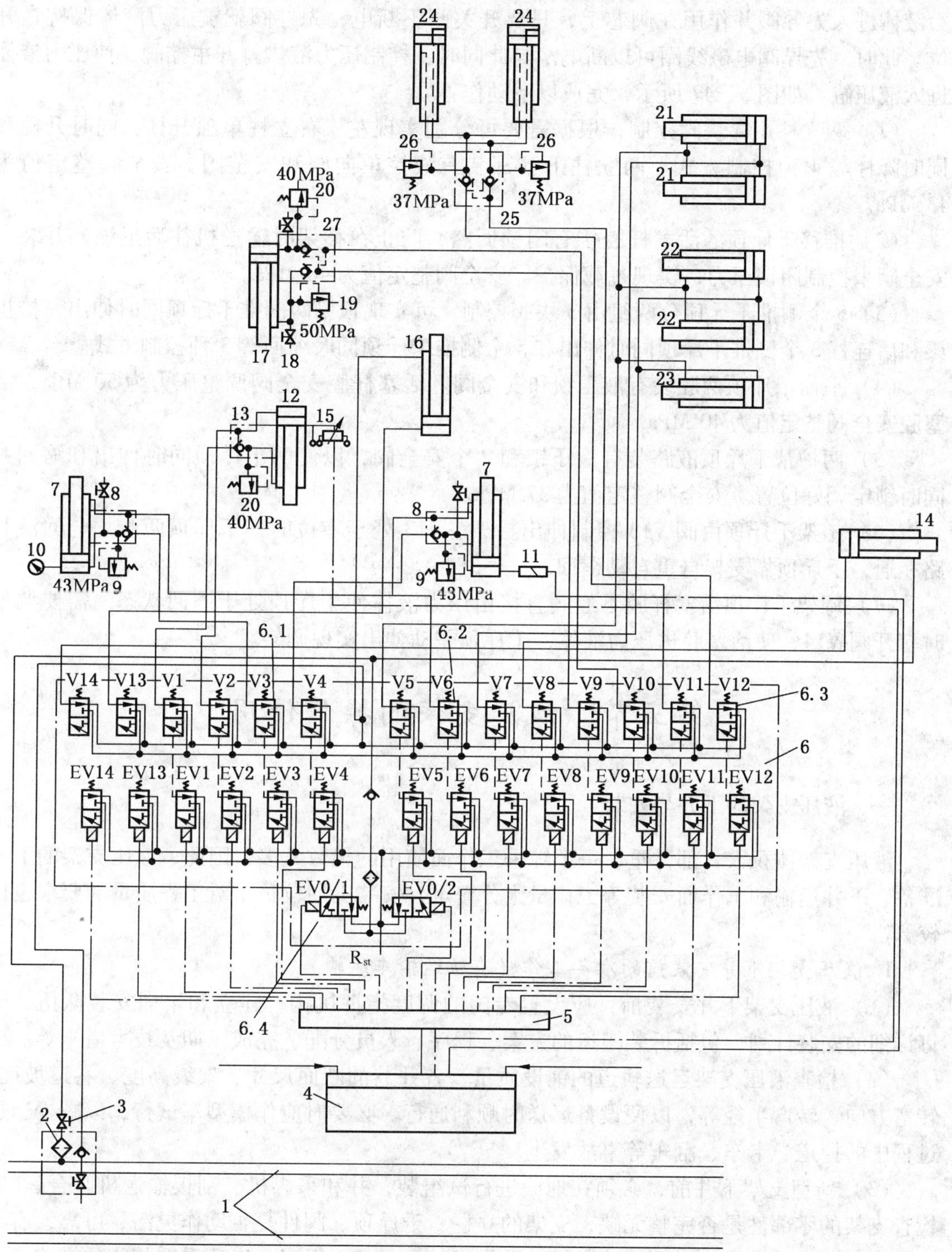

1—进回液管；2—过滤器；3—截止阀；4—支架控制箱（scu）；5—电磁线圈驱动器；6—电液控制阀组；7—立柱；8、13—液控单向阀；9、19、20、26—安全阀；10—压力表；11—压力传感器；12—推移千斤顶；14—调架千斤顶；15—位移传感器；16—底座抬架千斤顶；17—平衡千斤顶；18—截止阀；21—顶梁侧推千斤顶；22—掩护梁侧推千斤顶；23—后连杆侧推千斤顶；24—护帮千斤顶；25、27—双向液压锁

图3-47　WS1.7-210/450型掩护式支架电液控制系统

力液体进入先导阀并作用在阀芯上，只要开关阀不断电，先导阀就被压力液体保持在开位。此时，先导阀电磁线圈可以断电。与此同时，控制压力液体打开主控阀，使压力液体进入液压缸，如图3－47所示，完成以下动作：

（1）两立柱用3块阀控制，根据需要可分别实现左、右立柱单独升柱，同时升柱和同时降柱等4种控制方式。两立柱下腔都装有液控单向阀和安全阀。安全阀整定值为43 MPa。

（2）推移千斤顶的活塞杆腔接有闭锁回路，防止在移架时输送机往后退缩，并装一安全阀来控制闭锁压力，实现过载保护。安全阀整定值为40 MPa。

（3）5个侧推千斤顶分两组由3块阀控制，可实现顶梁两侧推千斤顶同时伸出，掩护梁和后连杆3个侧推千斤顶同时伸出和5个侧推千斤顶同时缩回等3种控制方式。

（4）平衡千斤顶两腔装有液压锁和安全阀。活塞杆腔安全阀调整压力为50 MPa，活塞腔安全阀整定值为40 MPa。

（5）两护帮千斤顶液路装有液压锁和2个安全阀，以使两千斤顶同时伸出和缩回并同时锁定调好位置。安全阀整定值为37 MPa。

（6）抬架千斤顶由阀V13控制伸出抬架。V13处于零位时，千斤顶两腔均与回液管路相通，千斤顶靠支架自重自动缩回。

（7）调架千斤顶活塞杆腔不经阀直接由压力液体使千斤顶处于缩回状态。需要调架时打开阀V14，使活塞腔进压力液体，千斤顶差动伸出实现调架。

第五节　液压支架的操作使用

一、液压支架的下井与安装

液压支架体积大，部件重，一个综采工作面使用的架数又多，因此，液压支架的下井准备、下井运输和工作面安装等工作量十分繁重，安装工期较长，对工程质量的要求也比较严格。

1. 液压支架下井安装前的准备工作（有轨运输车运输）

（1）液压支架下井安装前，应设置专门的调度指挥机构，建立和培训安装队伍，制订详细的安装计划，包括拆装搬运的方案、程序、人员分配、完成工期及技术措施等。

（2）检查液压支架运送轨道的铺设质量、各井巷的断面尺寸、架线高度、巷道坡度、转弯方向、转弯半径等，以便设备运送时顺利通行。必要时应作模型车试行，以减少运送过程中的掉道、卡车、翻车等事故发生。

（3）新型支架下井前，必须在地面进行试组装，并和采煤机、刮板输送机联合运转。检查支架的零部件是否完整无缺，支架的立柱、千斤顶、阀件是否动作灵活、可靠，有无渗漏现象等；验证支架与刮板输送机、采煤机的配合是否得当，以便采取相应的措施。

（4）准备好运送车辆、设备、安装工具等。

（5）检查工作面的安装条件，宽度不够要扩大，高度不够应挑顶或挖底，并清扫底板。

2. 液压支架的装车和井下运送

（1）液压支架下井一般应整体运输，当顶梁较长时可将前梁分开运输。首先将支架降到最低位置，拆下前梁千斤顶，将支架主进、回液管的两端插入本架断路阀的接口内，使架内管路系统成为封闭状态。凡需要拆开运送的零部件应将其装箱编号运送，以防丢失或混乱。

（2）液压支架装车时应轻吊轻放，然后捆紧系牢，不得使软管或其他零部件露出架体外，以防运送过程中损坏。

（3）液压支架运送过程中应设专人监视。在倾斜巷道和弯道搬运时应注意安全，防止出现跑车、掉道、卡车等运送事故。

（4）运送过程中，不得以支架上各种液压缸的活塞杆、阀件以及软管等作为牵引部位，不得将中部槽、工具等相互紧靠，以防碰坏这些部件。

3. 液压支架的工作面安装

液压支架一般从工作面回风巷运入工作面。在工作面回风巷与工作面连接处应根据支架结构及安装要求适当扩大其巷道断面，以利于支架转向。当采用分体运输需在连接处安装前梁时，还需适当挑顶以便安装起重设备。液压支架送入工作面的方法有3种。

1）利用刮板输送机运送液压支架

在工作面先安装好刮板输送机，此时输送机先不安装挡煤板、铲煤板和机尾传动装置。在输送机中部槽上设置滑板，把液压支架用起重设备移放在滑板上，开动刮板输送机带动滑板至安装地点；再用小绞车将液压支架在滑板上转向，拉至安装处调整好位置，并与刮板输送机连接；然后，接上主进液管路和主回液管路，升起支架支撑顶板。第一架支架至此安装完毕。按此方法继续安装其他支架。待支架全部运送安装完毕后，再逐步装好刮板输送机挡煤板、铲煤板、机尾传动装置等。这种运送方法简单，运送的支架高度较低，转向和运送速度较快。但由于刮板输送机运行时的振动而使运送平稳性差，在倾斜工作面不能使用。

2）利用绞车在底板上拖移液压支架

在工作面上、下出口处，各设置1台慢速绞车。用起重设备将支架吊起后放到底板上并转向（当底板较硬时可直接用绞车拖拽；当底板较软时可在底板上铺设轨道，轨道上设置导向滑板）；用绞车将液压支架拖至安装地点；再用2台绞车进行转向，调整好位置；接通液压管路，将液压支架升起支撑顶板。这种运送方法简单，运送支架高度低、运送平稳，适用于各种工作面的运送，但运送设备较多，操作较复杂，运送速度慢。

3）利用平板车和绞车运送液压支架

在工作面回风巷与工作面连接处设轨道转盘，并在工作面铺设轨道。装有液压支架的平板车被拉入转盘后在其上进行转向，使其对准工作面轨道，利用绞车拉入工作面安装地点；然后通过2台绞车卸车并调好支架位置，接好液压管路，升起支架支撑顶板。这种运送方法适应性广，支架在工作面回风巷与工作面连接处转向时不需起吊，所用设备少，运送平稳，但运送高度较高，操作较难，并且要求工作面宽度大，以便平板车退出。

二、液压支架的操作

（一）支架排列与支撑的基本要求

（1）支架中心距合适。支架中心距就是相邻两支架中心线之间的距离，支架中心距有 1.1、1.2、1.5、1.6、2.2 m 等多种，为了恰好与长度 1.5 m 的输送机中部槽配套，目前大部分支架的中心距是 1.5 m。

(2) 支架端面距合适。支架端面距就是支架顶梁前端至煤壁之间的距离，一般为 200～400 mm。如果移架步距不够，则使端面距扩大，容易引起冒顶。但移架步距太大使端面距缩小后，采煤机滚筒又容易切割支架顶梁。

(3) 支架应垂直顶、底板支撑。如果顶梁上或底座下有凹坑及杂物支垫，则容易造成支架歪斜甚至倾倒。

(4) 支架中心线应垂直于工作面。如果支架不垂直于工作面而是垂直于输送机，当输送机弯曲时将可能造成支架打架（相碰）。

(5) 支架支撑高度必须合适。支架不应出现过高或过低的支撑，掩护式支架和支撑掩护式支架应尽量在最佳工作高度下工作。如果支架升到最大高度时仍不能接触顶板，则容易引起支架倾倒；如果支架在接近或等于支架最小高度下工作，由于顶板下沉，很容易将支架压死。

(6) 支架的防倒防滑。当工作面倾角在 15°上时，用防倒、防滑装置，否则将造成支架下滑或倾倒。

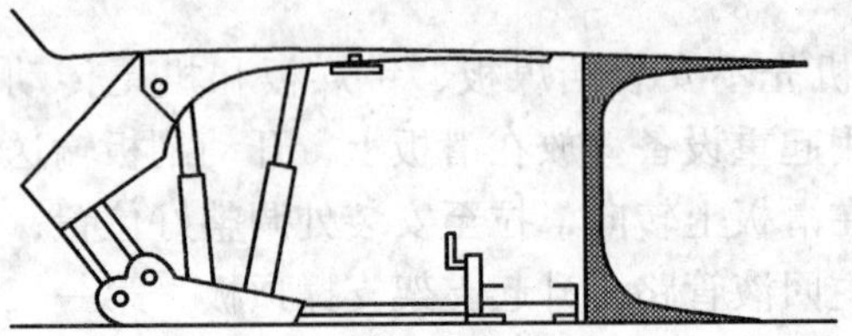

（二）支架操作方式与顺序

综采工作面采用立即支护和滞后支护两种方式，根据两种不同的支护方式，操作顺序为先移架、后推移刮板输送机或先推移刮板输送机、后移架。目前大多数综采工作面采用先移架、后推移刮板输送机的立即支护方式。如图 3－48 所示。

(a) 割煤

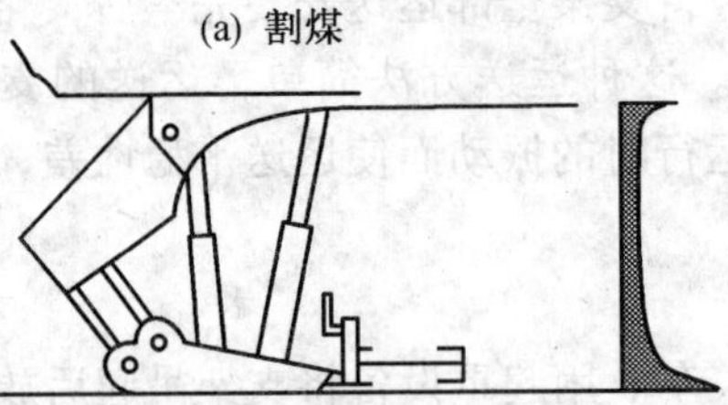

(b) 移架

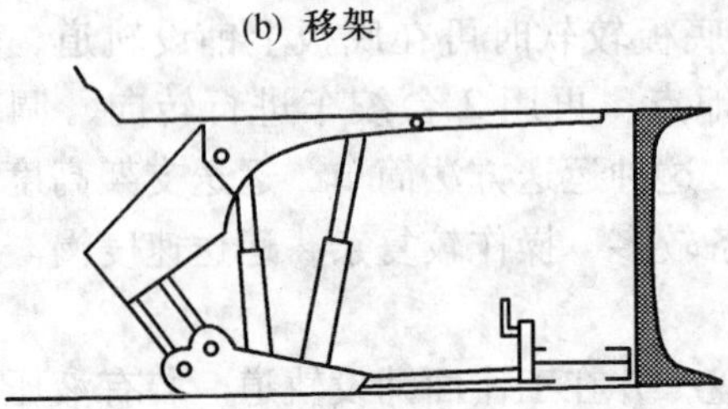

(c) 推移输送机

图 3－48　立即支护方式

1. 移架

在顶板条件较好的情况下，移架工作要在滞后采煤机后滚筒约 1.5 m 处进行，一般不超过 3～5 m。当顶板较破碎时，移架工作则应在采煤机前滚筒切割下顶煤后立即进行，以便及时支护新暴露的顶板，减少空顶时间，防止发生顶板抽条和局部冒顶，如图 3－48b 所示。此时，应特别注意与采煤机司机密切联系和配合，以免发生挤人、顶板落石和割前梁等事故。移架的方式与步骤主要根据支架结构来确定，其次是工作面的顶板状况和生产条件。

在一般情况下，液压支架的移架过程分为降架，移架和升架 3 个动作。为尽量缩短移架时间，降架时，当支架顶梁稍离开顶板就应立即将操纵阀扳到移架位置使支架前移；当支架移到新的支撑位置时，应蹩压一下，以保证支架有足够的移动步距，调整好支架位置，使之与刮板输送机垂直且架体平稳。然后，操作操纵阀，使支架升起支撑顶板。升架时，注意顶梁与顶板的接触状况，尽量保证全面接触，防止点接触破坏顶板。当顶板凸凹不平时应先塞顶后再升架，以免顶梁接顶状况不好，导致局部受力过大而损坏。支架升起支撑顶板后，也应蹩压一下，以保证支架对顶板的支撑力达到初撑力。

在移架过程中，如发现顶板卡住顶梁，不要强行移架，可再将操纵阀手把扳到降架位置，使顶梁下降之后再移架。

根据顶板情况和支架所用的操纵阀结构可采用下列方法移架：

（1）如果顶板平整，较坚硬，支架操纵阀有降移位置，可操作支架边降边移，等降移动作完成后，再进行升柱动作。这种方法降移时间短，顶板下沉量少，有利于顶板控制，但要求拉架力较大。如果有带压移架系统，操作就更方便，控顶也更有效。

（2）如果顶板坚硬、完整，顶底板起伏不平时，可选择先降下支架后再移架的方式。此种方法使顶梁脱离顶板一定距离，拉架省力，但移架时间长。

总之。移架过程要适应顶板条件，满足生产需要，加快移设速度，保证安全。

2. 推移输送机

当液压支架移过 8～9 架后，距采煤机后滚筒 10～15 m 时，即可进行推移输送机，如图 3－48c 所示。推移输送机可根据工作面的具体情况，采用逐架推移输送机、间隔推移输送机或几架支架同时推移输送机等方式。为使工作面刮板输送机保持平直状况，推移输送机时，应注意随时调整推移输送机步距，使刮板输送机除推移输送机段有弯曲外，其他部分应保证平直，以利于采煤机正常工作，减小刮板输送机运行阻力，避免卡链、掉链事故的发生。在推移输送机过程中如出现卡移输送机现象应及时停止推移输送机，待检查出原因处理完毕后再进行推移输送机，不许强行推移输送机，以免损坏中部槽或推移装置，影响工作面正常生产。

（三）支架操作的基本要求

综合各矿综采工作面的实践经验，可把使用液压支架的基本要求概括为细、匀、净、快、够、正、平、紧、严 9 个字。即准备工作面要做到细、匀、净；移架操作要做到快、够、正；支架的工作状况要平、紧、严。具体要求如下：

细：各项准备、检查工作要仔细。

匀：支架间距要按规定保持均匀。

净：将底板上的浮煤、浮矸清理干净，保证支架和输送机顺利前移。

快：移架及时、迅速，做到少降，快拉。

够：每次移架步距要够（一般为 0.6 m），移架后要成一条直线。

正：支架定向前移，不上下歪斜，不前倾后仰。

平：要使顶梁和底座平整地和顶、底板接触，力求受力分布均匀。

紧：使顶梁紧贴顶板，移架后支架必须达到足够的初撑力。

严：架间空隙要挡严，侧护板、挡矸板要保持正常工作状态，防止顶板漏矸或采空区矸石窜入支架。

（四）液压支架操作使用注意事项

液压支架在使用过程中，应注意以下几点：

（1）操作者必须经过培训，熟悉支架性能、结构及各元件的性能和作用，熟练准确地按操作规程进行各种操作。

（2）移架之前，要认真清理架前、架内的浮煤和碎矸，以免影响移架。

（3）认真检查管路有无被砸、被挤情况，防止胶管和接头损坏。

（4）认真检查顶梁与掩护梁、掩护梁与连杆、连杆与底座、立柱及千斤顶与架体间的连接销有无脱落、窜出、弯曲现象，并及时处理。

（5）爱护设备，不允许用金属件、工具等硬物碰撞液压元件，尤其要避免碰伤立柱、千斤顶活塞杆的镀层。

（6）液压支架工作面，一般不允许爆破；如遇特殊情况必须爆破时，应对爆破区域内的支架立柱、千斤顶、软管等采取可靠的保护措施，并经支架工严格、认真检查同意后方可爆破。爆破后，要加大通风量，尽快排除有害气体和煤尘。

（7）操作动作完成后，将手柄放回原位，以免发生误动作。

（8）支架的各种阀类以及各种液压缸，均不允许在井下调整和解体修理。若有故障时，只能用合格的同类组件更换。

（9）井下更换零部件时，要关闭截止阀，使受检支架与主供、回液管路断开，严禁带压作业。

（10）备用的各种软管、阀类、液压缸等都必须用堵头封好油口，只允许在使用地点打开。使用前，接头部分必须用乳化液清洗干净。

（11）如果工作面支架较长时间不需供液时，应关闭泵站。

（12）当底板出现台阶时，支架工必须采取措施，把台阶的坡度减缓。若底板松软，支架下陷到输送机的水平以下时，要用木楔垫好底座，或用抬架机构调正底座。

（13）若顶板出现垮落空洞，应及时用坑木或板皮塞顶，使支架顶梁能较好地支撑顶板。

（14）应根据不同水质，选用适当牌号的乳化油，按 5% ：95% 的油：水比例配制乳化液。在使用过程中，应经常检查其性能。

（15）当需要用支架起吊输送机中部槽时，必须将该架和左右相邻的几架支架的推移千斤顶与输送机的连接销脱开，以免在起吊过程中将千斤顶的活塞杆别弯。

（16）应经常保持底板上没有浮煤、浮矸，以保持支架实际的支撑能力，有利于控制顶板。

（17）要注意及时清除掉支架顶梁上垮落的坚硬石块，使支架保持良好接顶状况，防止架顶梁遭到破坏。

（18）调架时，要注意保持支架顶梁和底座相对位置正确，特别是支撑高度较大的支架，严防顶梁和底座产生相对横向移位，以免支架受力状态恶化。

（19）使用液压支架时，要随时注意采高的变化，防止支架“压死”事故。支架被“压死”，就是活柱完全被压缩，而没有行程，支架无法降柱，也不可能前移。使用中要及早采取措施，进行强制放顶或加强无立柱空间的维护。在顶板垮落处，必须用木垛填实，浮煤、浮矸要清理干净，使支架处于正常工作状态。一旦出现“压死”支架情况，有以下 3 种处理方法：①利用一根辅助千斤顶（推移千斤顶或备用的立柱）与被“压死”的立柱串联。当给辅助千斤顶供液时，则被“压死”的立柱下腔压力增大。这样反复升柱，待顶板稍有松动、活柱稍有小量行程时，就可拉架前移。②爆破挑顶。在用上法仍不能拉架时，如果顶板条件允许，则采用“放小炮”挑顶的办法来处理。爆破要分次进行，每次装药量不宜过多。只要能使顶板松动，立柱稍微升起，就可拉架前移。③爆破挖底。

在顶板条件不好，不适于挑顶时，可采用挖底的办法。它是在底座前的底板处打浅炮眼，装小药量进行爆破，将崩碎的底板岩石块掏出，使底座下降。当立柱有小量行程时，就可拉架前移。在顶板破碎的情况下，用挖底的方法处理压架时，为了防止局部冒顶，可在支架两侧设临时台棚。

（20）液压支架使用时要注意解决初撑力偏低的问题。初撑力偏低的主要原因有乳化液泵站压力低，系统漏液，操作时充液时间短。操作者要随时检查调整泵站供液压力，防止系统漏液。操作时，要特别注意掌握充液时间，达到初撑力后方可把手柄拉到中位。使用初撑力保持阀，能在技术上比较好地解决初撑力大小的控制问题。

第六节　乳化液泵站

一、乳化液泵站的功用及组成

乳化液泵站是向综采工作面液压支架（或高档普采工作面的外注式单体液压支柱）输送高压乳化液的设备，是液压支架的动力源。它工作的好坏直接影响液压支架的工作性能和使用效果。

如图3－49所示，乳化液泵站由两套乳化液泵组、一套乳化液箱及附属装置等组成。它具有较完善的控制装置及过滤系统。

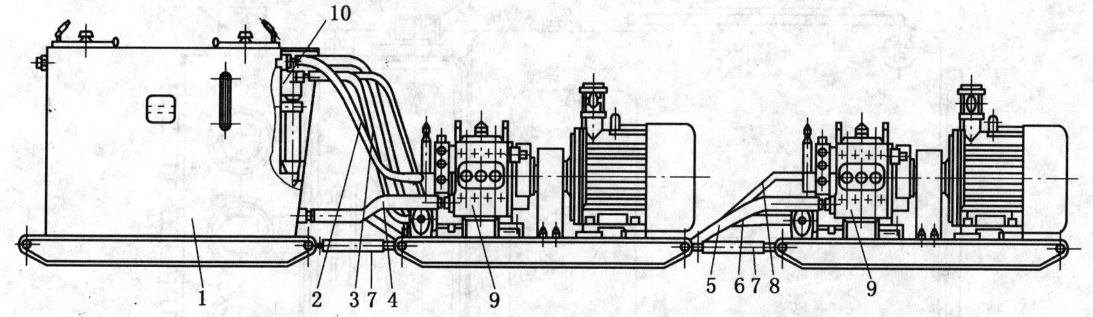

1—乳化液箱；2、8—回液软管；3、6—高压软管；4、5—吸液软管；
7—连接杆；9—乳化液泵组；10—压力控制装置

图3－49　XRB型乳化液泵站

乳化液泵组9由两台乳化液泵、防爆电动机、联轴器和底架等组成，通过连接杆7与乳化液箱1连接为一个整体。两台乳化液泵通常是一台工作另一台备用，必要时也可两台同时运行，以获得较大的流量。

乳化液箱1是储存、回收和过滤乳化液的装置。若在井下配制乳化液，还应在乳化液箱上附带自动配液器。

压力控制装置10由手动卸载阀、自动卸载阀、压力表开关以及压力表等组成，用来控制供给液压支架乳化液的压力，并可实现对液压系统的保护。

乳化液泵站用主进液管路和主回液管路沟通与液压支架的供液线路，形成循环的泵—缸液压系统。

二、乳化液泵的主要结构

XRB_2B 型乳化液泵由箱体传动部分、泵头部分和泵用安全阀等组成，其结构如图 3-50 所示。

（一）箱体结构

箱体传动部分包括箱体、一级齿轮减速装置、曲轴、连杆和滑块等主要零部件组成。箱体既是安装齿轮箱、齿轮、曲轴、连杆、滑块以及泵头的基架，又是承受柱塞推力及传

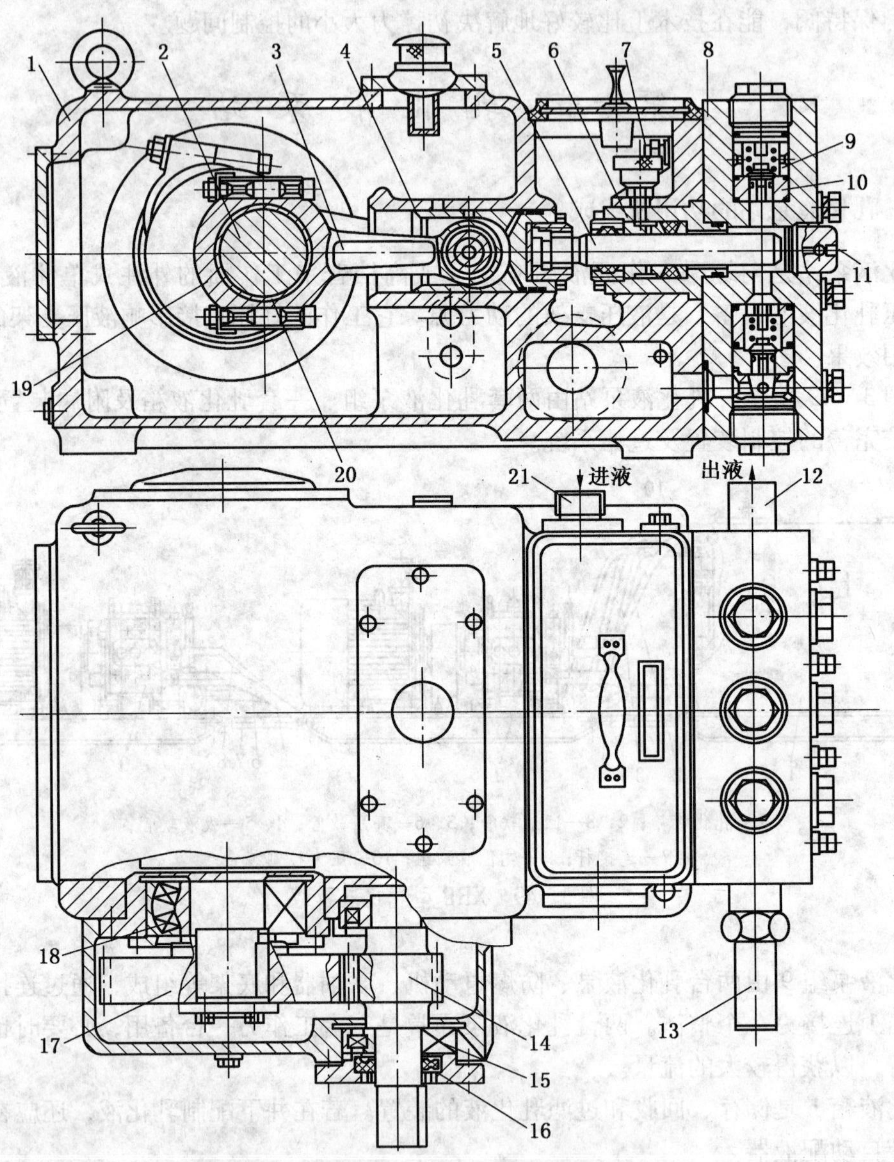

1—箱体；2—曲轴；3—连杆；4—滑块；5—柱塞；6—高压钢套；7—油杯；8—泵头；9—阀芯；10—阀座；11—放气螺钉；12—排液接头；13—安全阀；14—小齿轮；15—轴承；16—油封；17—大齿轮；18—曲轴轴承；19—后轴瓦；20—前轴瓦；21—进液接头

图 3-50　XRB_2B 型乳化液泵

动反扭矩的主要受力构件，因此，箱体必须具有一定强度和足够的刚性。乳化液泵的箱体为整体式结构，材料为高强度铸铁。

箱体分为3个腔体：曲轴箱腔、乳化液进液腔及隔离腔。曲轴箱腔有3个滑道孔，上方设盛油池，用于滑道及连杆小头处的润滑。箱体上有曲轴和齿轮安装孔，曲轴安装孔与滑道孔用专用镗床加工，具有高的加工精度。曲轴箱后部有后盖板，便于清洗曲轴箱。底部设有放油孔。进液腔设在箱体的前端，成五通腔，三孔与泵头进液口相连，吸液接头与此腔相通。进液腔的上方设有放气螺孔，以放尽在进液腔的空气，确保吸液性能。隔离腔处有3个与滑道孔同轴的高压钢套安装孔，其上方为润滑油池，下部有小孔可泄放漏出的乳化液及润滑油。空气过滤器安装在箱体上方的盖板上。

（二）泵头结构

泵头部分由泵头，吸、排液阀，柱塞及密封等部分组成，与箱体之间用螺栓相连接，如图3－51所示。泵头由锻钢加工而成，强度较高。泵头内腔装有吸、排液阀及柱塞，在排液阀芯上方，由一个$\phi 30$通孔连接3个排液阀的排液腔，成为排液集液腔。在集液腔的一端安装出液接头，另一端安装泵用安全阀，柱塞腔前端有放气螺钉。

XRB_2B型乳化液泵的吸、排液阀采用竖置的菌形锥阀结构。吸、排液阀通用，阀芯、阀座材料均为不锈钢，经热处理具有高的硬度。维修、装配时必须经精细研磨，以确保密封性能。从性能试验可知，采用这种泵阀结构的泵容积效率较高。

吸、排液阀弹簧的刚度是不同的，排液阀弹簧稍硬，以减少滞后，吸液阀弹簧稍软，有利于提高泵的吸液性能。

（三）泵用安全阀的结构

泵用安全阀安装在泵头上，由阀壳、阀芯、阀座、弹簧座、橡胶阀垫及弹簧等组成。

图3－52所示为直接作用二级卸载的平面密封式安全阀。阀芯外径与阀壳间有一隙缝阻尼段。该阀打开前的密封直径为6.5 mm，打开后隙缝阻尼的直径为15 mm，这就使阀打开前后液压力作用面积发生变化，以高压瞬时打开，降低了的压力持续泄液。长期放置后，乳化液因化学变化和水分散失而产生黏稠物，使阀芯动作迟缓，加上阀芯开始移动的静摩擦力，可能造成安全阀开启压力超过调定压力。为此，该阀采用浮动装配方法，首先让弹簧座靠紧阀壳端面，螺套轻轻地压住阀垫，使阀垫仅受小的比压。打开阀前，阀芯先移动，从而可防止阀的超调。

泵用安全阀可根据乳化液泵额定工作压力的大小分别安装单弹簧或双弹簧。当乳化液泵站的额定工作压力为20 MPa时，安装1根大弹簧；当乳化液泵站的额定工作压力为35 MPa时，安装2根弹簧（大弹簧6，小弹簧7）。

三、乳化液箱及卸载阀的结构

1. 乳化液箱的结构

乳化液箱是乳化液泵站的重要组成部分，XRXT型乳化液箱结构如图3－53所示。它的作用是储存、回收、过滤和沉淀乳化液，并配有使乳化液泵正常工作所必需的液压控制系统。

XRXT型乳化液箱主要由箱体、吸液断路器、回液断路器、卸载阀、蓄能器、磁性过滤器、压力表和交替阀等部件组成。

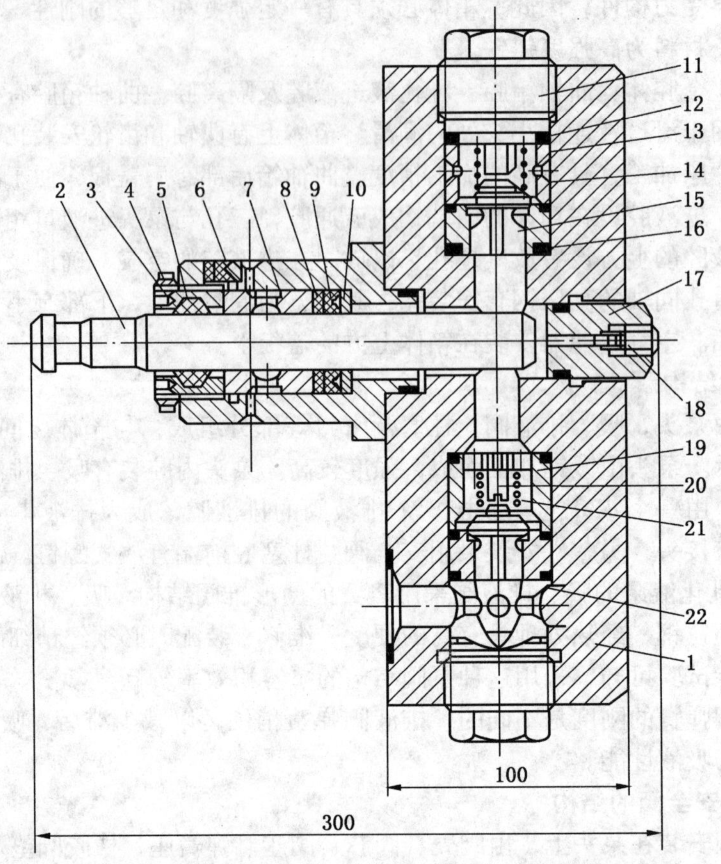

1—泵头体；2—柱塞；3—钢套丝堵；4—螺母；5—毡封油圈；6—高压钢套；7—导向铜套；
8—压环；9—密封环；10—衬环；11—排液丝堵；12—排液阀定位螺钉；13—排液阀套；
14—排液阀弹簧；15—阀芯；16—阀座；17—柱塞腔丝堵；18—放气螺钉；
19—吸液阀套；20—吸液阀定位螺钉；21—吸液阀弹簧；22—吸液丝堵

图 3-51 泵头组件

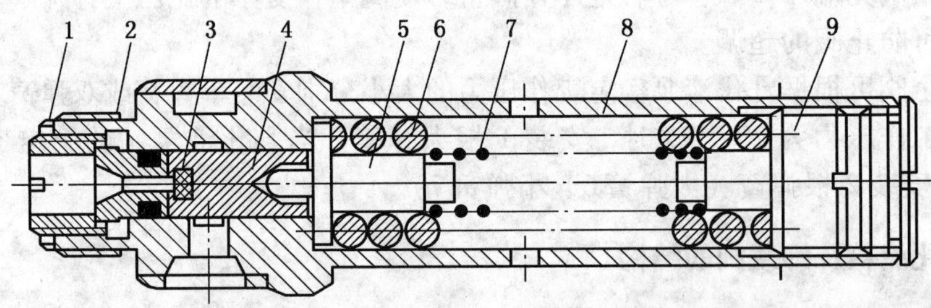

1—锁紧螺母；2—阀座；3—阀垫；4—阀芯；5—顶杆；
6—大弹簧；7—小弹簧；8—阀壳；9—调压螺钉

图 3-52 泵用安全阀

XRXT 型乳化液箱的箱体由钢板焊接而成，工作容积为 640 L。箱内分为 4 个部分，即沉淀室、消泡室、磁性过滤室和工作室。工作面支架的回液先进入沉淀室，将密度大的

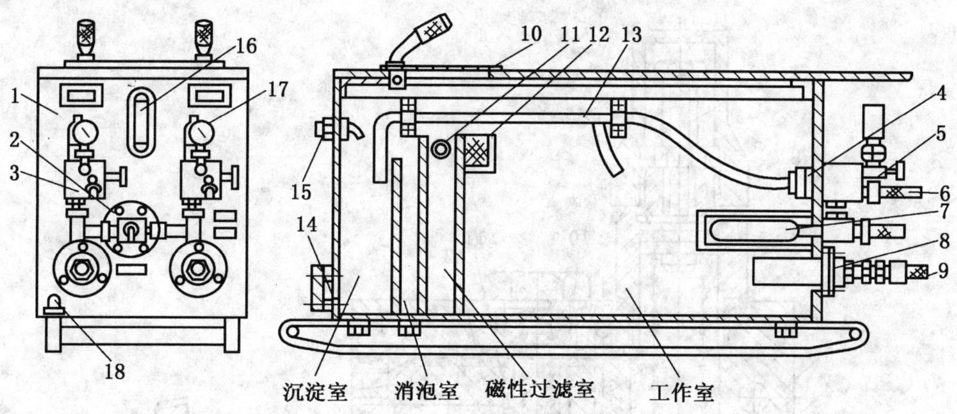

1—箱体；2—交替阀；3—卸载阀；4—回液断路器；5—压力表开关；6—高压软管；7—蓄能器；8—吸液断路器；9—吸液软管；10—视孔盖；11—磁性过滤器；12—网状过滤器；13—总卸载管；14—清渣孔；15—支架回液接头；16—液位观察窗；17—压力表；18—溢流管

图 3－53　XRXT 型乳化液箱

杂物沉淀在箱底部；再流上去进入消泡室，将气泡隔离在消泡室内；然后进入磁性过滤室，经磁性过滤器 11 吸附掉液体中的磁性杂质，经网状过滤器 12 除去其他悬浮微粒；最后进入工作室，由吸液断路器 8 进入乳化液泵。

箱体左端下部设有清渣孔 14，上部设有支架回液接头 15，支架回液从该接头进入沉淀室。箱体右端设有液位观察窗 16 和乳化液溢流管 18，当工作室液位超过网状过滤器的安装高度时，多余的乳化液可自动由溢流管排出。

2. 卸载阀的结构

XRXT 型乳化液箱上的卸载阀主要由单向阀 12、主阀 10、先导阀 5、顶杆 3、手动卸载阀 13 等组成，如图 3－54 所示。

乳化液泵排出的压力液体由 P 孔进入卸载阀，推开单向阀 12，由接头 1 经交替阀后送到工作面支架；同时，压力液体也绕过手动卸载阀 13，经过主阀 10 上的节流孔 11，再经过孔道 6 到达先导阀下腔 4，液压力作用在先导阀 5 上。当液压力低于调压弹簧 7 的调定弹簧力时，先导阀 5 处于关闭状态。此时，孔道 6 中的压力液体不流动，节流孔 11 两侧的液压力相等，主阀上部的液压力加上弹簧作用力大于主阀下部的液压力，主阀也处于关闭状态，乳化液泵不能卸载。当工作面用液量减少或不用液时，泵排出的压力液体压力急剧升高。当达到卸载阀的调定压力（调压弹簧 7 的调定弹簧力）时，就把先导阀 5 打开，先导阀下腔 4 中的压力液体通过先导阀流入回液孔 R，先导阀下腔 4 压力下降，顶杆 3 在下部液压力作用下上移并顶住先导阀。此时，一小部分液体经节流孔 11、孔 6、先导阀下腔 4、回液孔 R 流回乳化液箱。由于液体流过节流孔时产生压力降，节流孔内侧压力低于外侧，使得主阀上部液压力加上弹簧力小于主阀下部的液压力，主阀上移开启。这时，大部分液体绕过手动卸载阀 13 经被打开的主阀直接由回液孔 R 回到乳化液箱。与此同时，泵压立刻下降，单向阀 12 关闭，顶杆 3 继续顶住先导阀，维持在打开位置，泵一直处于卸载状态。

当工作面用液使主进液管压力低于卸载阀恢复压力时，调压弹簧 7 把先导阀关闭，先

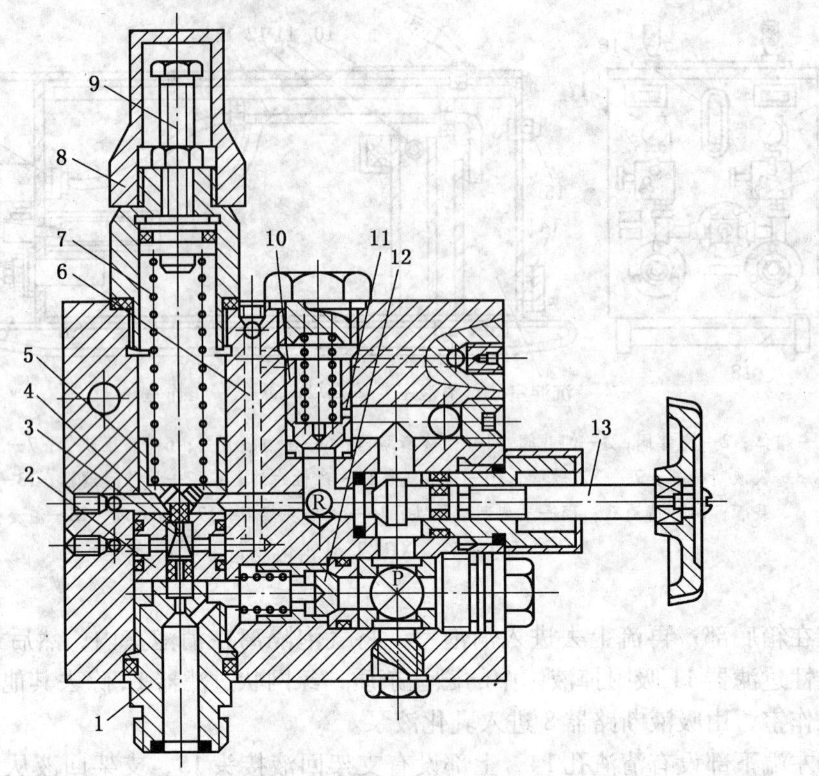

1—接头；2—先导阀座；3—顶杆；4—先导阀下腔；5—先导阀；6—孔道；7—调压弹簧；
8—保护帽；9—调压螺钉；10—主阀；11—节流孔；12—单向阀；13—手动卸载阀

图 3-54　XRXT 型乳化液箱上卸载阀

导阀下腔 4 与回液孔 R 断路，节流孔 11 液体不流动，节流孔内外侧压力相等，主阀在弹簧作用下关闭。泵排出压力增高，打开单向阀 12，又继续向工作面供液。

为了能使泵在空载状态下启动，卸载阀上还装有手动卸载阀 13。乳化液泵启动时，旋转手动卸载阀 13 手把，P 孔与 R 孔直接接通。

卸载阀的作用：当工作面支架不需要继续供给高压乳化液时，卸载阀自动卸载，泵排出的压力液体经卸载阀直接流回乳化液箱，泵在空载下运行。当工作面支架需要乳化液时，卸载阀动作，继续向工作面支架输送高压乳化液。

四、乳化液泵站的液压系统

XRB_2B 型乳化液泵站液压系统由 2 台并联的乳化液泵 1（1 台工作，1 台备用）、安全阀 2、卸载阀组 3、蓄能器 5、乳化液箱 10 和管路等构成，如图 3-55 所示。

1. 泵站启动

首先打开图 3-55 中的手动卸载阀 e，使乳化液泵在空载下启动。乳化液泵经吸液断路器 4 从乳化液箱吸液，排出的压力液体经高压供液管 A、手动卸载阀 e、回液断路器 11、回液管 C 回到乳化液箱沉淀室。

2. 泵站正常工作

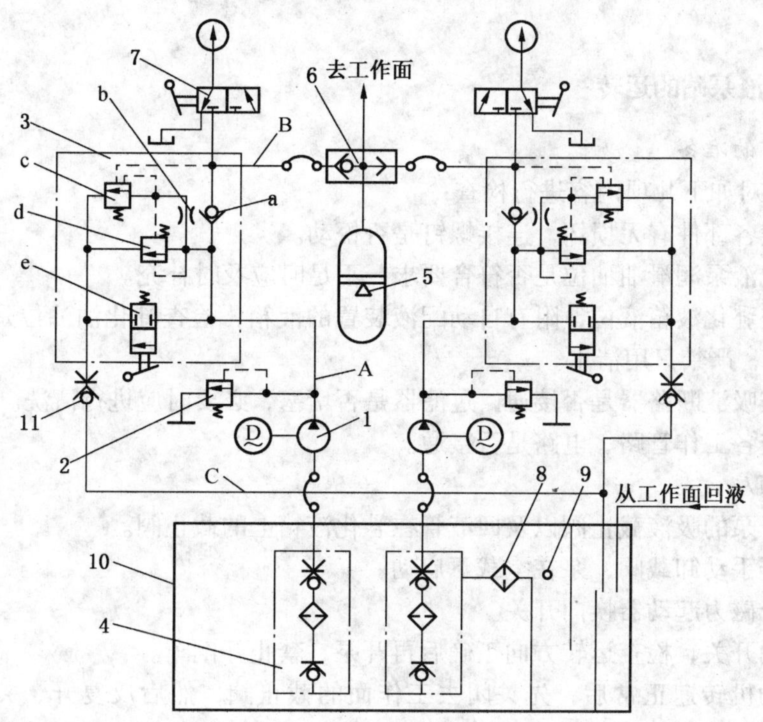

1—乳化液泵；2—安全阀；3—卸载阀组；4—吸液断路器；5—蓄能器；6—交替阀；7—压力表开关；8—过滤网；9—磁性过滤器；10—乳化液箱；11—回液断路器；a—单向阀；b—节流阀；c—先导阀；d—主阀；e—手动卸载阀

图 3－55　XRB_2B 型乳化液泵站液压系统

待乳化液泵启动并运转正常后，慢慢关闭手动卸载阀，使泵的排液压力逐渐升高，直到手动卸载阀完全关闭。泵排出的压力液体打开单向阀 a，经高压管 B、交替阀 6、工作主进液管去工作面支架；支架回液经主回液管到乳化液箱沉淀室。

3. 泵站卸载

当工作面暂不用液而泵站继续运转时，高压管路中的乳化液压力急剧升高。当升高至卸载阀的动作压力时，先导阀 c 和主阀 d 打开，单向阀 a 关闭。此时，乳化液泵卸载，排出的压力液体经主阀 d 和先导阀 c、回液断路器 11、回液管 C 回到乳化液箱沉淀室。

当工作面支架需要液体时，即主进液管压力下降至卸载阀恢复压力时，先导阀关闭，主阀关闭，泵压升高打开单向阀 a，恢复供液。

4. 泵站安全保护

泵站的一级压力保护由卸载阀组 3 实现。为防止自动卸载阀失灵或液压系统瞬时压力超过额定工作压力而使系统中的液压元件及乳化液泵损坏，泵站液压系统中增设了安全阀 2，实现对系统的二级超压保护。安全阀的调定压力略高于卸载阀的调定压力（约为卸载阀调定压力的 110%）。泵排出压力一旦超出安全阀调定压力，安全阀开启喷液时，应立即打开手动卸载阀 e，使乳化液泵卸载，然后停泵检查超压原因。如果自动卸载阀失灵，则应更换卸载阀组；如果安全阀调定压力值过低，则应重新调定压力；如果卸载阀和安全阀均正常时，则应检查整个系统，查出原因进行处理后，才可再次启动乳化液泵，否则不许重新启动。

五、乳化液泵站的运转

1. 开泵前的准备

开泵前应对如下几项内容进行检查：

（1）检查各部件有无损坏，连接螺钉是否松动。

（2）乳化液泵润滑油油位是否符合要求，不足时应及时补充。

（3）检查乳化液箱液位，附有自动配液装置的液箱，检查乳化油油位是否符合要求，不足时应补充，严禁只用清水。

（4）检查吸液断路器是否接通，过滤器是否堵塞，必要时应进行清洗。

（5）检查各工作管路、电路是否接通。

2. 开泵顺序

（1）打开泵的吸液截止阀以及回液管在乳化液箱上的截止阀。

（2）打开手动卸载阀，泵在空载下启动。

（3）闭合磁力起动器换向开关。

（4）点动开关，检查运转方向正确后再开泵，禁止开倒车。

（5）电动机转速正常后，先关闭去工作面的截止阀，然后反复开、关手动卸载阀，使自动卸载阀多次动作，检查自动卸载阀的动作是否灵敏，动作压力是否符合要求。

（6）上述检查正常后，打开去工作面的截止阀，关闭手动卸载阀，把泵输出的高压乳化液输送到工作面去。

启动过程中要注意各部位有无漏液现象。

3. 停泵顺序

（1）先打开手动卸载阀，泵的排液回乳化液箱，卸载运行。

（2）按动磁力起动器停止按钮，泵停止运转。

（3）将磁力起动器的换向开关回零，并进行闭锁。

4. 运转中应注意的事项

（1）不允许同时开启两台高压泵。当使用一台高压泵、一台低压泵时，不准两台泵同时启动。

（2）不准在运转中随意调整安全阀、卸载阀、减压阀的动作压力。

（3）不准甩开高压过滤器直接供液。

（4）不准甩开系统中的任何保护元件。

（5）注意机器运转声音是否正常。

（6）要经常观察压力表指针是否在正确的指示范围内，发现问题立即停泵。

（7）注意卸载阀的工作状况是否正常。

（8）注意润滑泵的压力是否符合要求（润滑油压力一般要高于0.2 MPa）。

（9）检查机器温度，最高不得超过60 ℃。

（10）检查乳化液温度，最高不得超过40 ℃。

（11）泵正常运转中，如发现蓄能器、卸载阀、安全阀、压力表等保护装置失效，应立即停泵，进行处理。排除故障前，严禁再次开泵。

（12）泵站周围应清洁无杂物，工作中不准随意打开乳化液箱盖。

复习思考题

1. 掩护式液压支架分为哪几种类型？各种类型支架的特点和适用条件是什么？
2. 支撑掩护式液压支架有哪些特点？
3. 放顶煤液压支架有哪些优点？
4. 液压支架有哪几种顶梁？
5. 千斤顶有哪几种？
6. 简述固定活塞式千斤顶的结构特点。
7. 简述浮动活塞式千斤顶的结构特点。
8. 试述操纵阀的作用和主要结构。
9. 安全阀有哪几种结构型式？各自的特点是什么？
10. 试述安全阀的作用和主要结构，为什么不能随意调整支架安全阀的压力？
11. 试述液控单向阀的作用和主要结构。
12. 液压支架有哪些辅助装置？
13. 推移装置有几种？如何解决推机力大于拉架力问题？
14. 简述液压支架液压系统的特点。
15. 简述液压支架排列与支撑的基本要求。
16. 液压支架操作的基本要求是什么？
17. 液压支架一旦出现“压死”的情况，一般有哪几种处理方法？
18. 乳化液泵站由哪些部分组成？各部分有何作用？

第四章 掘进机械

第一节 钻孔机械

一、概述

目前，在采矿工程中，通常采用凿岩爆破法将岩石从岩体上崩落下来，这种开掘巷道的方法叫钻爆法。承担凿岩工作的机械设备（或工具）统称为钻孔机械（或钻孔工具）。它的作用是在岩体上钻凿一定孔径、一定方向和一定深度的爆破用孔（炮孔）。

（一）凿岩机的作用及类型

凿岩机适宜在中等坚硬和坚硬的岩石上钻凿炮眼，应用十分广泛。凿岩机的类型很多，常见的分类方法有以下两种。

1. 按凿岩机安设及推进方式划分

（1）手持式凿岩机。质量小于 25 kg，手持进行操作，适用于钻凿炮眼直径不大于 40 mm、眼深不大于 3 m 各种方向的较浅小炮眼。

（2）气腿式凿岩机。利用气腿支撑及推进凿岩机，质量小于 30 kg，可钻凿直径 34 ~ 42 mm，眼深 2 ~ 5 m，方向为水平或倾斜的炮眼，为矿山广泛使用。

（3）伸缩式凿岩机。气腿与凿岩机主体刚性固定呈一条直线，适用于钻凿 60° ~ 90° 的向上的炮眼，可用于钻锚杆孔和挑顶炮眼，故又称为向上式凿岩机。

（4）导轨式凿岩机。凿岩机装在凿岩台车或架柱导轨上使用，机体较重（30 ~ 100 kg），钻眼较深（5 ~ 10 m 以上），钻眼直径较大（可达 75 mm），凿岩机安装在可使其往复运动的滑动轨道上，此滑动轨道又架设在钻车或柱架上，可钻凿水平及各种方向的炮眼。

2. 按凿岩机的动力划分

（1）气动凿岩机。以压缩空气作为驱动动力，结构较简单，使用安全可靠，为矿山大量使用。

（2）电动凿岩机。以电动机作为驱动动力，效率较高，可省去压气设备，使动力单一化，有省电、节油、减少设备投资和降低凿岩成本的明显效果，但凿岩速度较低，可靠性较差，目前多用于地方小煤矿。

（3）内燃凿岩机。以小功率的内燃机作为驱动动力，使用灵活，可适用于野外或山地以及没有其他能源的地方进行凿岩作业。在矿井中应用时，废气的净化和防爆问题不易解决。

（4）液压凿岩机。以高压液体作为驱动动力，具有钻眼速度快，能量利用率高，动力消耗少，零件寿命长，无噪声和油雾，改善了工作环境等优点，是发展的方向。但液压凿岩机需要和液压台车配套使用，投资大，设备重，技术要求和维护费用高，因此目前还不能广泛应用于现场生产。.

（二）冲击钻孔的工作原理

凿岩机是一种在岩壁上钻凿炮眼用的钻眼机械，按冲击破碎岩石的原理进行工作的，如图4-1所示。

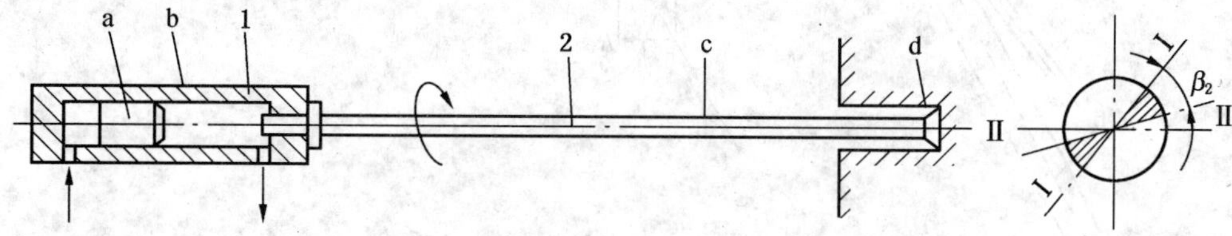

1—凿岩机；2—钎子；
a—活塞（冲击锤）；b—缸体；c—钎杆；d—钎头
图4-1 凿岩机的工作原理

凿岩机1的主要机构是一个在缸体b内作往复运动的活塞（冲击锤）a，称为冲击机构。在气压力或液压力作用下，使活塞不断冲击钎子2的钎杆c的尾端；每冲击一次，使钎子的钎头d的钎刃凿入岩石一定深度，形成一道凹痕Ⅰ—Ⅰ，凹痕处岩石被粉碎。活塞返回行程时，在凿岩机的转钎机构（图中未表示）作用下，使钎子回转一定角度β_1，然后活塞再次冲击钎尾，又使钎刃在岩石上形成第二道凹痕Ⅱ—Ⅱ。同时，相邻凹痕间的两块扇形面积的岩石被剪切下来。凿岩机以很高的频率（1800次/min以上）使活塞不断冲击钎尾，并使钎子不断回转，这样就在岩石上形成直径等于钎刃长度的钻孔。随着钎子不断向前钻进，岩孔内的岩粉必须不断地及时清除，否则钎刃无法有效工作，甚至会使钎头卡住，凿岩机不能正常工作。为此，凿岩机上还设有除粉机构，一般靠压力水经钎子中心孔进入孔底，将岩粉变成泥浆从岩孔排出，这样既能除岩粉，又能冷却钎头。由此可见，凿岩机的破岩刀具是一根细长的钎子，凿岩机本身是由冲击机构、转钎机构、除粉机构等组成，至于推进机构一般与凿岩机本体分开，掘进凿岩台车上以推进器作凿岩机的推进机构。

二、气动凿岩机

1. 气动凿岩机的主要组成

气动凿岩机的类型很多，但用于煤矿岩石巷道掘进的主要是气腿式凿岩机。按照冲击转动式凿岩的动作原理，凿岩机必须具备以下一些借以完成各主要动作和辅助动作的机构和装置：冲击配气机构、转钎机构、推进机构、排粉机构、润滑系统和操纵机构。各种气动凿岩机就是这些机构的各种不同的组合，主要区别在于冲击配气机构和转钎机构。

气腿式凿岩机外形，如图4-2所示。钎杆的尾端装入凿岩机2的机头钎套内，注油器3连接在风管5上，使压气中混有油雾，对凿岩机内零件进行润滑，水管4供给清除岩粉用的水，气腿6支撑凿岩机并给以工作所需的推进力。

2. 冲击配气机构

冲击配气机构是气动凿岩机实现活塞往复运动以冲击钎尾的机构。常用的冲击配气机

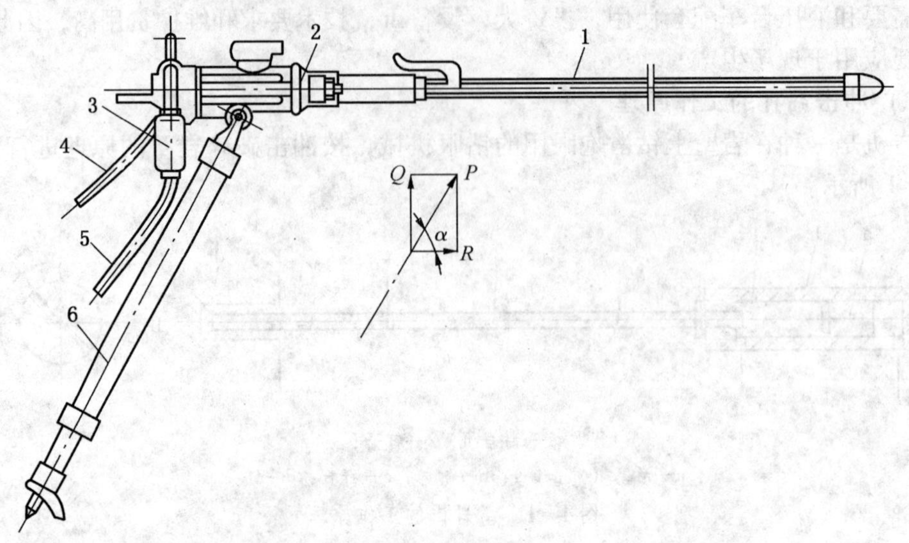

1—钎杆；2—凿岩机；3—注油器；4—水管；5—风管；6—气腿

图 4-2　气腿式凿岩机外形

构有被动阀配气机构、控制阀配气机构和无阀配气机构 3 种。

被动阀配气机构依靠活塞往复运动压缩前后腔气体，形成高压气垫推动配气阀变换位置，如图 4-3 所示。压缩空气按图 4-3a 所示箭头方向进入气缸后腔推动活塞进入冲击

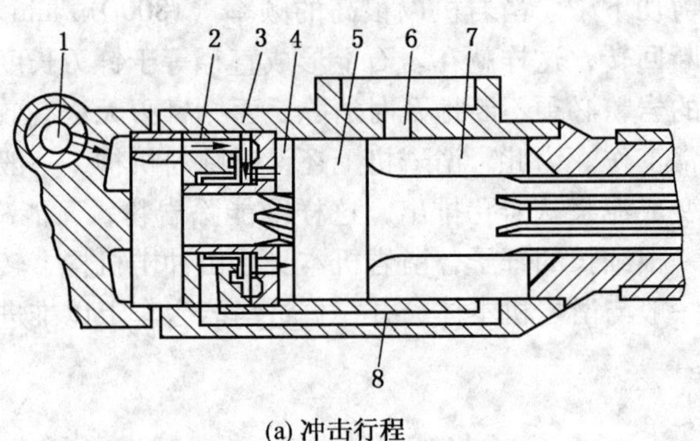

(a) 冲击行程

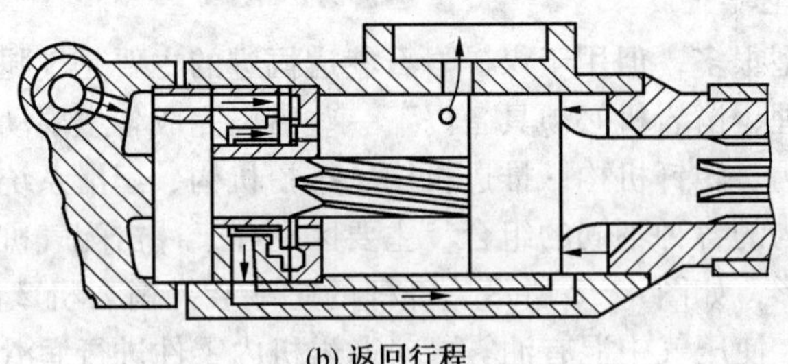

(b) 返回行程

1—压气入口；2—气道；3—配气阀；4—气缸后腔；5—活塞；
6—排气口；7—气动前腔；8—气路通道

图 4-3　被动阀配气机构工作原理

行程；当活塞前进至关闭排气孔时，气缸前腔成为密封腔，其压力随着活塞的前移而上升，该压力通过气孔作用于配气阀后腔；当压力超过压缩空气压力时，配气阀换位，压缩空气按图4－3b所示箭头方向进入前腔，使活塞返回；待活塞关闭排气口后，后腔压力上升，又推动配气阀换位。配气阀的不断换位使活塞往复运动，冲击钎尾。

3. 转钎机构

转钎机构是使气动凿岩机钎杆回转的机构，有内回转和独立回转两种型式。

内回转转钎机构，如图4－4所示。当活塞4往复运动时，通过螺旋棒3和棘轮机构，使钎杆每被冲击一次转动一定的角度。由于棘轮机构具有单向间歇转动特性，冲程时棘爪处于顺齿位置，螺旋棒转动，活塞依直线向前冲击。回程时，棘爪处于逆齿位置，阻止螺旋棒转动，迫使活塞转动，从而带动转钎套和钎杆转动一定角度。内回转转钎机构多用于轻型手持式或气腿式气动凿岩机。

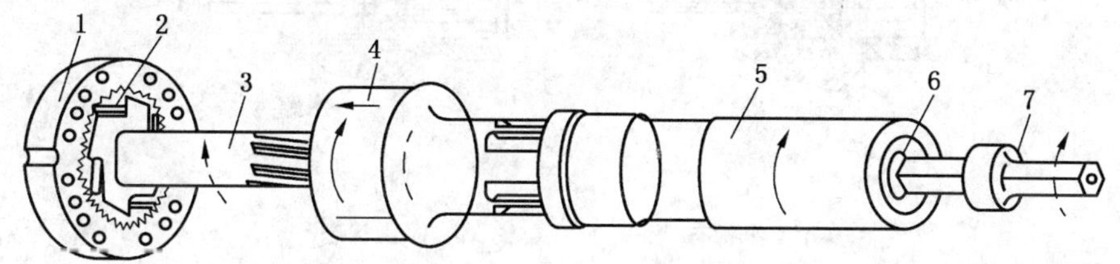

1—棘轮；2—棘爪；3—螺旋棒；4—活塞；5—转动套；6—钎尾套；7—钎杆

图4－4　内回转转钎机构

独立回转转钎机构由独立的气动马达经齿轮减速驱动钎杆转动，具有转速可调、转矩大、转动方向可变等特点，有利于装拆钎头、钎杆。独立回转转钎机构多用于重型导轨式气动凿岩机。

4. 排粉机构

在凿岩机钻眼过程中，眼底的岩石不断被钎头击碎成为岩粉，必须将其及时排除，才能顺利地进行凿岩。因此，凿岩机的排粉也是钻眼过程中的一个重要环节。

排粉灭尘最有效的方法是用水冲洗炮眼，即采用湿式钻眼法。YT－23型凿岩机和其他许多气腿式凿岩机一样，一般都设有湿式钻眼装置。凿岩机工作时，压力水经孔道、水针、钎杆中心孔注入眼底，将混成泥浆的岩粉排出眼孔，使用水压为0.2～0.3 MPa。水压必须低于风压，以防止水液流入气缸。

YT－23型凿岩机设有风水联动冲洗机构，其特点是接通水管后，凿岩机运转时自动注水，冲洗炮眼；凿岩机停止工作时，又可自动关闭水路，停止供水。风水联动冲洗机构如图4－5所示。

当凿岩机开动时，压气从缸盖（柄体）气室经过进气孔道，到达注水阀（图4－5a）的前面，克服弹簧的压力，使注水阀后移，从而开启水路，使水通过水针及钎子中心孔注入眼底。当机器停止运转时，注水阀前端无压气进入，注水阀将在弹簧力的作用下，向前移动并堵塞水路，停止注水（图4－5b）。

如果钎头水孔被泥浆堵塞，或者炮眼太深、向下钻眼时，聚集在眼底的岩粉较多，必须强力吹洗，才能疏通水路，排出泥浆。为此，可将操纵阀手柄推到强力吹扫位置，如图

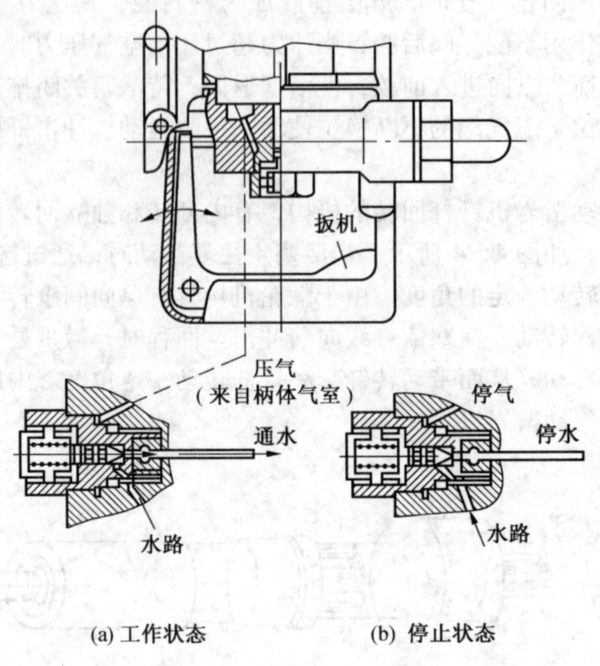

图 4－5 风水联动冲洗机构

4－6 所示。这时，压气从操纵阀孔 1 进入，经由气缸壁等相应的专用孔进入钎子中心孔中，然后通过水针与钎子孔间隙直达眼底实现强力吹粉。由于孔道面较大，气流充足，吹洗力量很强，为防止强吹时因活塞后退而从排气口漏气，在气缸左腔钻有与强吹风路相通的小孔 6，使压气进入气缸左侧，保证强吹时活塞处在封闭气口的位置，防止漏气，以免影响强吹效果。

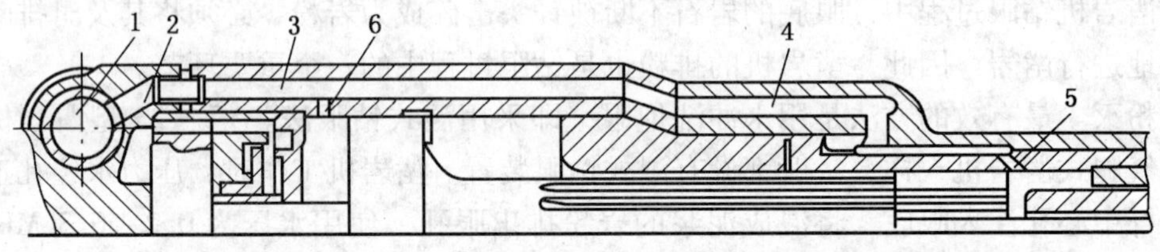

1—操纵阀孔；2—柄体孔；3—气缸孔；4—机头体孔；5—转动套孔；6—小孔

图 4－6 强力吹扫炮孔示意图

5. 凿岩机的支撑及推进机构

凿岩机在工作时会产生一定的后坐力，为了使活塞冲击钎尾时钎刃能抵住眼底，提高凿岩效率，必须对凿岩机施以适当的轴推力，以克服后坐力，保证其正常工作。

YT－23 型凿岩机采用了 FT－160 或 FT－140 型气腿为其支撑与推进机构。

图 4－7 所示为钻凿水平炮眼时 FT－160 型气腿的支撑与推进的状态。图中可见，气腿是由气缸（外管）5、活塞 4、伸缩管（活塞杆）6、架体 2、气针 3 等组成。气腿借连接轴 1 与凿岩机铰接。顶叉 7 固定在伸缩管下端，工作时支撑在底板上。

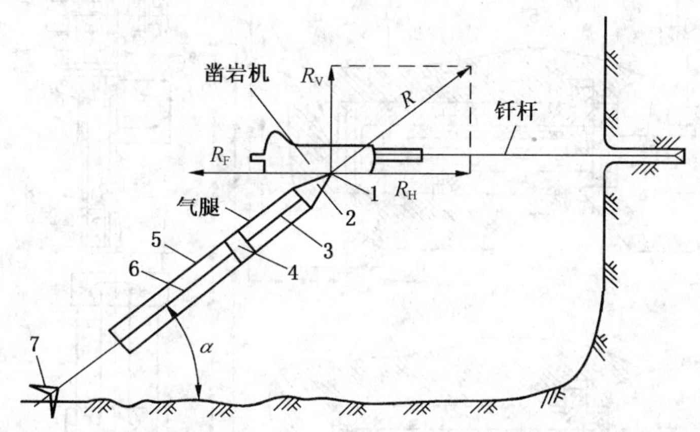

1—连接轴；2—架体；3—气针；4—活塞；5—气缸；6—伸缩管；7—顶叉

图 4－7　FT－160 型气腿的支撑与推进

工作时，气腿轴心线与地面成 α 角。当气缸上腔进气时，活塞伸出，把凿岩机支撑在适当的钻孔位置。顶叉抵住底板后，气缸上腔继续进气，则气腿对凿岩机产生一个作用力 R，此力可以分解为水平分力 R_H 和垂直分力 R_V。R_H 的作用是平衡凿岩机工作时产生的后坐力，并对凿岩机施加适当的轴向推力，使凿岩机获得最优钻速。水平分力 R_H 必须大于后坐力。R_V 力的作用是平衡凿岩机和钎杆的重量。

随着炮眼的不断加深，活塞继续伸出，α 角是逐渐缩小的。凿岩机身加长，刚性不好，有时会影响炮眼质量。因此，为了保持凿岩机工作时的最优状态、最佳推力和适当的推进速度，可借调节进气量的方法来实现。当活塞全部伸出，或在调换钎杆时，可转动换向阀使压气进入气腿下腔，从而使活塞快速缩回。将顶叉的位置移动后，重新支撑凿岩机继续凿岩。

FT－140 型气腿也可与 YT－23 型凿岩机配套使用，其构造如图 4－8 所示。其主要由连接横臂、架体、活塞、伸缩管、顶叉、把手等部件组成。它的工作原理与 FT－160 型气腿基本相同。

气腿的工作由调压阀和换向阀来控制，这两个阀组合在一起装在柄体上，它们的作用是用来控制气腿的运动。两者互相配合，又互相独立。凿岩机上还有一个手柄，是用以操作操纵阀的，操纵阀是用来开闭凿岩机气路及控制凿岩机进气量的。三阀共同组成凿岩机的操纵机构，且 3 个手柄都安装在缸盖上，集中控制、操纵方便。

操纵阀的构造如图 4－9 所示，呈圆柱中空形。A 孔通气缸，B 孔是当机器停止工作时，进行弱吹风的气孔，C 孔是强力吹扫用孔。操纵阀的手柄有 5 个位置，不同位置的凿岩机工作状态有所不同。

调压阀是用来调节气腿的轴向推力，以适应凿岩机在各种不同条件下打眼时对轴向推力的不同要求。调压阀实质上是一个偏心式可调节流阀，通过调节过流面积的大小改变进入气腿的压气量，同时改变了压气进入气腿的压力，从而达到调节气腿和凿岩机轴向推力的目的。它的工作原理，如图 4－10 所示。

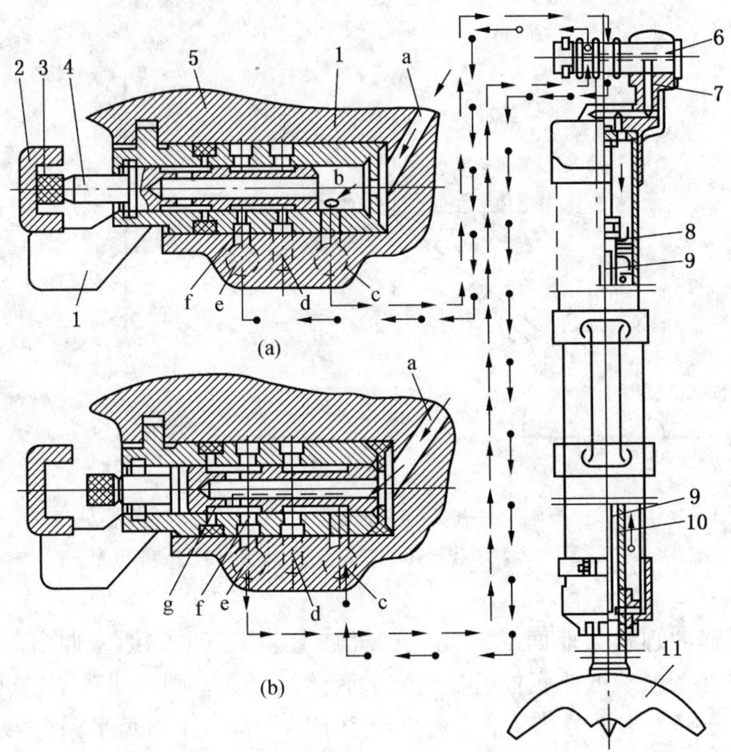

1—调压阀；2—把手；3—扳机；4—换向阀；5—柄体；6—横臂；
7—架体；8—活塞；9—气针；10—伸缩管；11—顶叉
a、b、c、d、e、f、g—通风孔道

图4-8 FT-140型气腿构造及工作原理

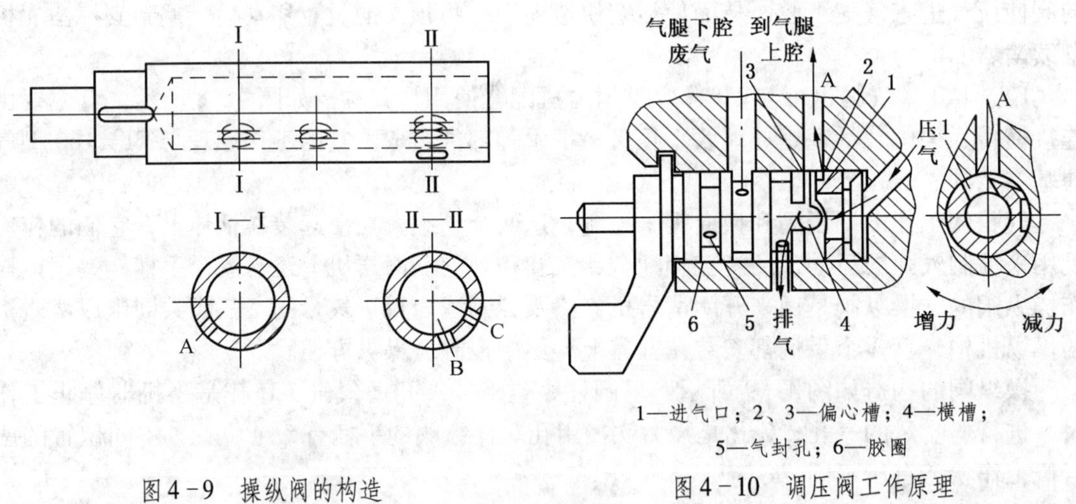

图4-9 操纵阀的构造

1—进气口；2、3—偏心槽；4—横槽；
5—气封孔；6—胶圈

图4-10 调压阀工作原理

当气腿伸出，从操纵阀来的压气经调压阀端部进气口1、偏心槽2进入通向气腿上腔的孔道A。另外一部分压气通过偏心槽3和横槽4泄入大气。偏心槽2是进气槽，偏心槽3是泄气槽，两者偏心方向相反。顺时针转动阀时，偏心槽2的断面加大，偏心槽3的断面减小，则进入气腿的压气量逐渐加大，泄气量减少，此时气腿的轴向推力亦逐渐加大；反之，轴向推力减小。轴向推力的调节是无级的。当进气口 1 完全对准 A 孔时，偏心槽 3 全部脱离 A 孔，这时轴向推力最大；而当横槽 4 完全对正 A 孔时，进气口 1 与偏心槽 2 全部脱离 A 孔而使气腿处于关死状态。另外图 4－10 中 5 为气封孔、6 为胶圈，阀内始终有一股压气经由气封孔 5 进入胶圈 6 的环形腔内，借以膨胀胶圈，从而使调压阀固定在所需要的位置上。

换向阀的作用是控制气腿的换向动作，它的工作原理如图 4－11 所示。换向阀 3 装在调压阀 2 内部，它是一个手动的二位四通滑阀，阀中有弹簧（图中未画出）靠圆周上的两个环形槽及中心孔来改换进出气腿压气的方向。当需要伸长气腿时，放松扳机 4，阀在弹簧作用下处在图示的左位，此时压气从 C 孔、经 A 孔进入气腿上腔使气腿伸长推进，而气腿下腔的废气经孔 B、换向阀 3 的径向孔、中心孔、柄体排到大气，孔 D 被封闭。当需要缩回气腿时，扳动扳机，使换向阀 3 向右移动至右位，这时 C 孔被封闭，压气只能有一个通道，即 D 孔与 B 孔沟通，进入气腿的下腔，使气腿缩回，上腔的压气经 A 孔与换向阀 3 的径向孔、中心孔、柄体排到大气，从而实现了气腿的换向。

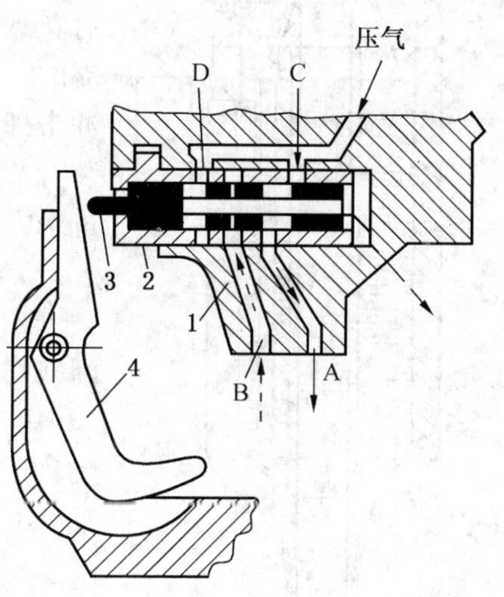

1—柄体；2—调压阀；3—换向阀；4—扳机

图 4－11　调压与换向原理

6. 凿岩机的润滑

凿岩机一般都在进风管上连一个自动注油器，实现自动润滑。YT－23 型凿岩机配用了 FY－200A 型注油器，注油器的构造原理如图 4－12 所示。当凿岩机工作时，压气从油阀的迎风孔 1 进入壳体内腔 2，向油面施加压力。油阀上的出油小孔 3 与压气流向垂直，故在压气高速流动时，出油小孔 3 处形成负压，使润滑油从润滑油管 4 经过出油小孔 3 喷入压气管路中并形成油雾。油雾随同压气进入凿岩机和气腿，润滑各运动零件。

油量的大小可利用调整阀调节。YT－23 型凿岩机的润滑油消耗量一般为 2.5 mL/min 左右。

三、液压凿岩机

1. 液压凿岩机的特点

液压凿岩机是在气动凿岩机的基础上发展起来的一种凿岩机。它是利用高压液体为动力，推动活塞在缸体内往复运动，冲击钎杆来破碎岩石的。因此能克服气动凿岩机存在的一系列问题和缺陷。由于液压凿岩机对零件加工精度和维护使用技术要求较高，所以目前还不能完全代替风动凿岩机。

2. 液压凿岩机的结构与工作原理

现以国产 YYG－80 型液压凿岩机为例，说明液压凿岩机的基本结构和工作原理。

YYG－80 型液压凿岩机的冲击机构属于前后腔交替进、回油式，采用滑阀配油，其结构如图 4－13 所示。冲击机构由缸体 4、活塞 5 和滑阀 12 等组成。缸体作成一个整体，

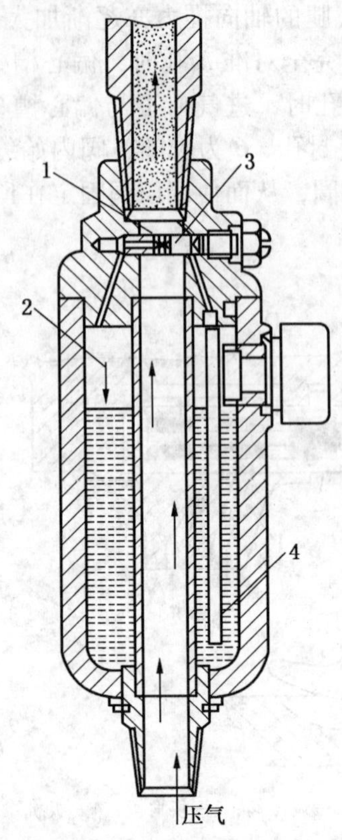

1—迎风孔；2—壳体内腔；
3—出油小孔；4—润滑油管

图4-12 FY-200A型自动注油器

滑阀与活塞的轴线互相平行。在缸孔中，前后各有一个铜套6、3支撑活塞运动，并导入液压油。滑阀的作用是自动改变油液流入活塞前、后腔的方向，使活塞往复运动，打击冲击杆8的尾部，从而将冲击能量传给钎子。

YYG-80型液压凿岩机的转钎机构由摆线转子液压马达11，减速齿轮10、7及冲击杆8等组成。减速齿轮7中压装有花键套，与冲击杆8上的花键相配合，钎尾插入冲击杆前端的六方孔内。因此，当液压马达带动减速齿轮7转动时，冲击杆和钎子都将跟着一起转动。在液压马达的液压回路中装有节流阀，可以调节液压马达的转速。排粉机构采用旁侧进水方式，压力水经过水套9进入钎子中心孔内。

YYG-80型液压凿岩机冲击配油机构的工作原理，如图4-14所示。图4-14a所示为活塞冲击行程开始时的情况。活塞与滑阀阀芯均处于左端位置，压力油经进油管P进入滑阀H腔后，经a孔进入活塞左端A腔，使活塞向右（前）运动，活塞右端M腔内的油液经孔e、滑阀K腔、Q腔流入回油管O回油箱。此时两端E腔、F腔均通油箱，阀芯保持不动。当活塞运动到一定位置时，A腔与b孔接通，部分高压油经b孔到阀芯左端E腔，而阀芯右端F腔经孔d、缸体B腔和c孔回油箱，在压力差作用下，阀芯右移，同时活塞冲击钎尾，完成冲击行程，开始返回行程。图4-14b所示为活塞返回行程开始时的情况。此时压力油经滑阀H腔、e孔进入活塞右端M腔，活塞左端A腔经a孔、滑阀N腔回油箱，活塞被推动左移。当活塞移动到打开d孔时，M腔部分压力油经孔d作用在阀芯右端，推动阀芯左移，油流换向，回程结束并开始下一个循环的冲程。在活塞左移的过程中，当活塞左端关闭f孔后，D腔内油液被压缩，使回程蓄能器3

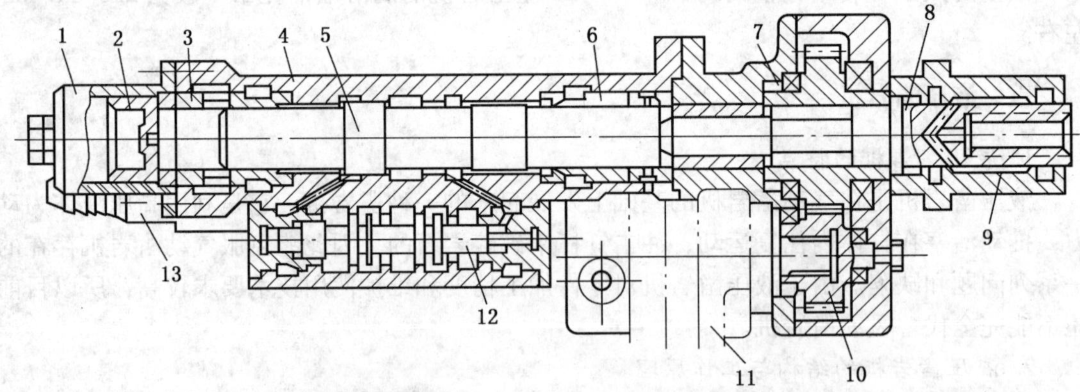

1—回程蓄能器壳体；2—活塞；3、6—铜套；4—缸体；5—活塞；7、10—减速齿轮；
8—冲击杆；9—水套；11—液压马达；12—滑阀；13—进油管

图4-13 YYG-80型液压凿岩机结构

储存能量，同时还可对活塞起缓冲作用。当冲程开始时，该蓄能器就释放能量，以加快活塞向前运动的速度，提高冲击力。

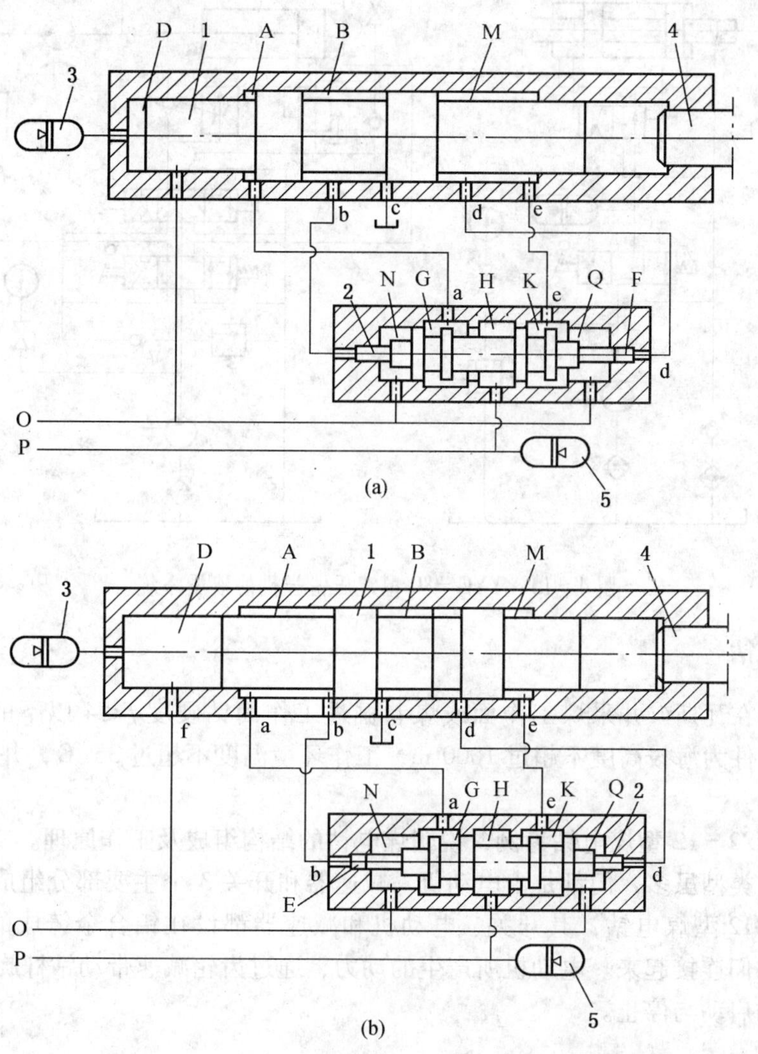

1—活塞；2—滑阀；3—回程蓄能器；4—钎尾；5—主油路蓄能器

图4-14 YYG-80型液压凿岩机冲击配油机构的工作原理

在YYG-80型液压凿岩机上还装有一个主油路蓄能器5，其作用是积蓄和补偿液流，减少液压泵供油量，从而提高效率，并减少液压冲击。

YYG-80型液压凿岩机的液压系统，如图4-15所示，可分为冲击液压系统和转钎—推进液压系统两部分。冲击液压系统是独立的。转钎—推进液压系统可以和配套的掘进凿岩台车的液压系统合并，因为凿岩机和台车不是同时工作的。

YYG-80型液压凿岩机的液压系统采用了两台液压泵供油。冲击液压系统采用CB-H90C齿轮泵，转钎—推进液压系统采用YBC-45/80齿轮泵。凿岩过程中，冲击液压系统内油液温升很高，有可能达到90 ℃，为此必须在油箱内设置冷却器。

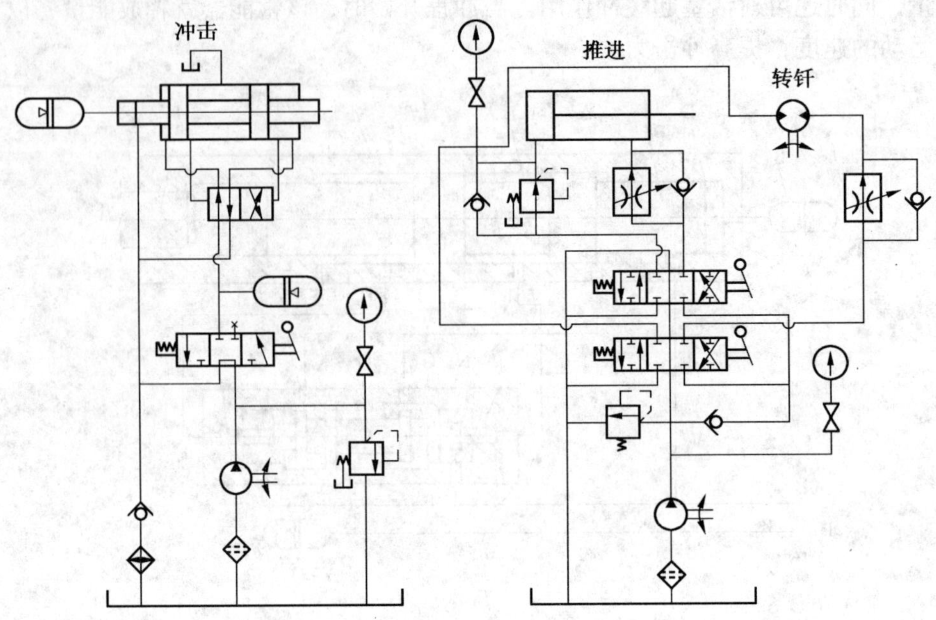

图 4-15　YYG-80 型液压凿岩机的液压系统

四、煤电钻

煤电钻用在瓦斯矿井采煤工作面或煤巷掘进工作面钻硬度 $f \leqslant 4$ 以下的煤层或软岩。其具体适用条件为海拔高度不超过 1000 m，工作环境温度不超过 35 ℃，井下相对湿度不超过 95%。

下面以 MZ2-12 型煤电钻为例，说明煤电钻的结构组成及工作原理。

煤电钻的类型虽多，但都是由电动机、减速器和开关 3 个主要部分组成的。图 4-16 所示为 MZ2-12 型煤电钻，其开关、电动机和减速器都设在铝合金铸成的隔爆外壳内，并用螺栓把它们连接起来。电动机所产生的动力，通过齿轮减速带动钻杆旋转。开关直接操纵电动机的启动与停止。

1. 电动机

电动机为三相异步鼠笼全封闭自扇冷式感应电动机，由中间盖、定子、转子、外壳、风扇和风扇罩等部分组成。转子轴支撑在两个滚珠轴承上。一个滚珠轴承安装在机体后部，另一个滚珠轴承嵌在中间盖子上。风扇装在机体后端的轴头上，随着电动机一同旋转，其作用是冷却电动机。风扇由风扇罩保护。

2. 减速器

煤电钻的电动机是两级的，转速较高，需用减速器来降低转速，以达到钻杆所需的转速。MZ2-12 型煤电钻为二级减速。

3. 开关

为了接通或切断电动机的电源，故在煤电钻开关盒内装有 7KKI 型开关。当按下开关手柄时，相应地推动拨杆、推杆及开关，使动触点接通，电动机运转；当松开手柄时，借助弹簧的返回力，使开关恢复原位，电动机停止运转。

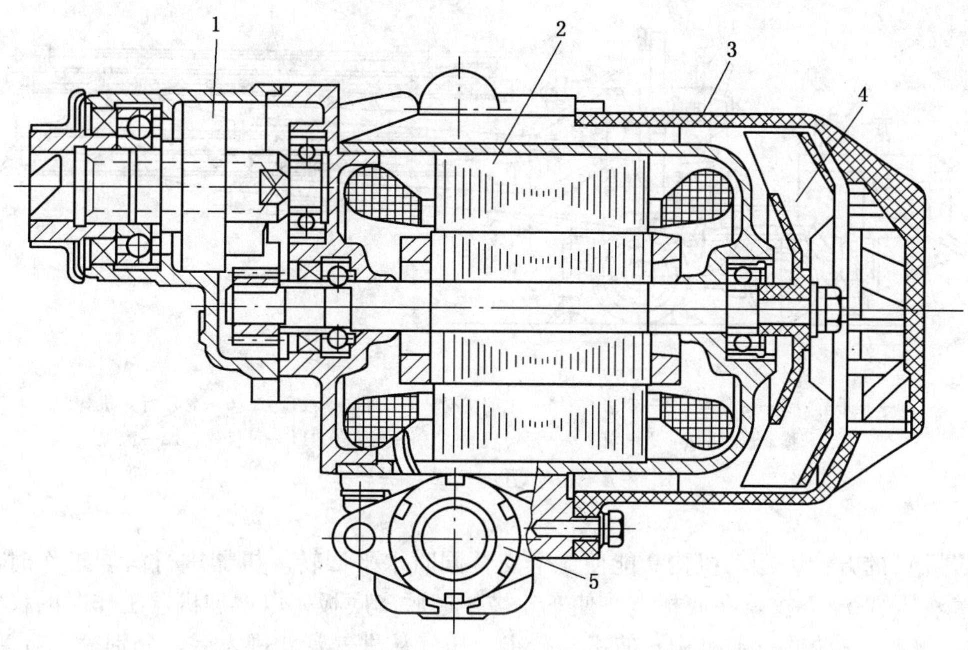

1—减速器；2—电动机；3—风扇罩；4—风扇；5—电缆压紧装置

图4-16 煤电钻的结构

五、凿岩台车

凿岩台车是用于煤矿平巷掘进的一种机械化凿岩设备。用它来代替人工扶持冲击式凿岩机。司机坐在台车上可以同时操作2~3台中、重型、高频冲击式凿岩机，并可与装载、转载和运输设备等配套使用，组成机械化程度较高的作业线，提高了凿岩速度，减轻了工人劳动强度，改善了劳动条件，提高了劳动生产效率。

1. 凿岩台车类型

目前井下使用的凿岩台车类型很多，大体可按以下方法分类。

(1) 按其行走机构分：轨轮式、履带式和轮胎式。

(2) 按其安装的支臂数分：有双机、三机和多机的。每个支臂装有一台凿岩机。

(3) 按支臂的移动方式分：直角坐标式和极坐标式两种。

(4) 按适应巷道断面及配用凿岩机质量分：台车支臂有轻型、中型、重型3种。

此外，直角坐标式的台车支臂又有推进器可翻转、支臂可旋转和支臂可伸缩等型式。推进器的推进方式有马达—丝杠、液压缸—钢丝绳和马达—链条等结构。

2. 凿岩台车的基本结构和组成

现以CTJ-3型凿岩台车为例，说明凿岩台车的基本结构和组成部分。

CTJ-3型凿岩台车，如图4-17所示。它是由推进器1、侧支臂2、中间支臂4、轮胎行走机构6、风水系统和液压系统等基本部分组成，该机全部以压气作动力。

CTJ-3型凿岩台车有两个相同的侧支臂2和一个中间支臂4，每个支臂前端安有相同的推进器1，3台YGZ-70型外回转凿岩机3位于相应的推进器上工作，推进器的作用是给凿岩机以轴向推力，以达到钻进岩壁的目的。支臂按极坐标运动方式调节推进器（连

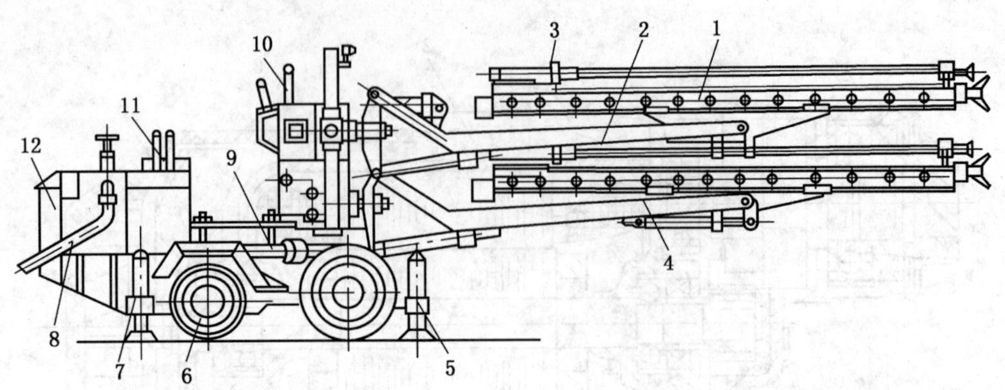

1—推进器；2—侧支臂；3—凿岩机；4—中间支臂；5—前支撑液压缸；6—轮胎行走机构；
7—后支撑液压缸；8—进气管；9—摆动机构；10—操纵台；11—司机座；12—配重

图4-17　CTJ-3型凿岩台车

同凿岩机）的方位，摆动机构9能使3个支臂同时水平回转。机器进行凿岩工作时，前、后支撑液压缸5、6撑紧在底板上，使车轮被抬起脱离底板，以增加机器工作时的稳定性。机器移动时，靠轮胎行走机构6使机器行走。压气从进气管8进入后，分别输入有关气动马达，供各部分使用。操纵手把都集中在操纵台10上和司机座11旁边，操纵方便。

六、凿岩机械的操作使用

凿岩机扭矩大，冲击频率高，结构紧凑，内部零件配合精密。气腿的外管及注油器壳体均用铝合金制成以减轻重力，因此需要安全合理地使用并精心维护。

1. 机器使用时的注意事项

（1）新机器在使用前，须拆卸清洗内部零件，除掉机器在出厂时所涂的防锈油质。重新安装时，各零件的配合表面要涂润滑油。使用前应在低气压下（0.3 MPa）开车运转20 min左右，检查运转是否正常。

（2）使用前需吹净供气管路内和接头处的脏物，以免脏物进入机体内使零件磨损，同时也要细心检查各部螺纹连接是否拧紧及各操作手柄的灵活可靠程度，避免机件松脱伤人，保证机器正常运转。

（3）供气管路气压应保持在0.5~0.6 MPa范围内，若气压过高则零件易损坏；气压低则机器效率下降，甚至影响机器的正常使用。

（4）机器开动前注油器内应装满润滑油，并调好油阀。工作过程中应每隔1 h向注油器内注油1次，不得无润滑油作业。

（5）机器开动时应先小开车，在气腿推力缓慢加大的同时逐渐开全车凿岩。不得在气腿推力最大时骤然开全车运转，更不应长时间开全车空运转，以免零件擦伤和损坏。在拔钎时，应以开半车为宜。

（6）钻完孔后，应先拆掉水管进行轻运转，吹净机器内部残存水滴，以防内部零件锈蚀。

（7）采用湿式中心注水凿岩机时，严禁打干眼，更不许拆掉水针作业，防止运转不正常及损坏阀套。

(8) 经常拆装的机器，在凿岩时应注意及时拧紧螺栓，以免损坏内部零件。

(9) 已经用过的机器，需要长期存放时，应拆卸清洗、涂油封存，不宜存放潮湿处。

2. 凿岩机操纵机构的操作

为了便于操作，凿岩机的操纵机构（除注油器的油量调节外）全集中于柄体。

(1) 操纵阀手把是控制机器的总开关，又是气水联动、强力吹洗的控制机构。操纵阀手把共有 5 个位置，如图 4－18 所示。

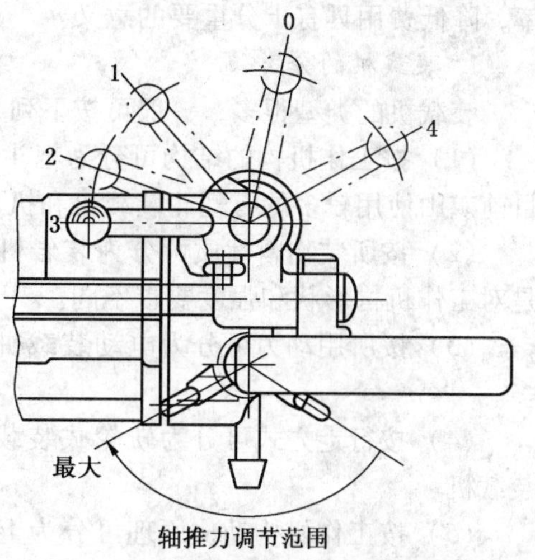

图 4－18 操纵阀和调压阀的手把位置

位置 0——停止工作。

位置 1——轻运转，注水、轻吹洗。

位置 2——中运转，注水、轻吹洗。当岩石破碎时，裂缝较多，若全运转，钻头很快地钻进裂缝里将会卡住钎子。因此，在较软的岩石中或打高眼时，为了使钻速与轴向推力相适应而采用中运转。

位置 3——全运转、注水、轻吹洗。

位置 4——强力吹洗炮眼，机器停止工作，停水。

(2) 调压阀手把用来控制气腿的运动速度和调节气腿的轴向推力（图 4－18）。调压阀手把从右方顺时针推向左方，可以无级调节轴向推力由零到最大值 1.4 kN（压力为 0.5 MPa 时）。反之，手把从左方逆时针推向右方，则气腿轴向推力可以调节到零，即停止气腿的伸缩。

(3) 气腿快速缩回。扳机用来控制换向阀的换向使气腿快速缩回。凿岩机在工作过程中，气腿的一次推进行程尚不能满足凿深要求，需挪动气腿在地面上的支撑点位置时，只需钩动扳机压动换向阀到气腿缩回位置，则气腿便可快速缩回，而不需关闭操纵阀和调压阀。

3. 润滑油的选择

润滑对机械的使用性能和使用寿命有很大影响，但鉴于目前对凿岩机润滑的专题研究成果不多，因而尚未能对凿岩机用油作出理想的选择。选用润滑油的原则是现场温度高时用黏度较大的油，温度低时，黏度应小一些。大气温度在 10～30 ℃时选用 HJ40 机械油；大气温度在 －10～10 ℃时选用 HJ20 机械油；大气温度在 －10～30 ℃时选用冷冻机械油。

第二节 装 载 机 械

一、概述

装载作业是采掘生产中最繁重的工作之一。消耗在这一工作上的劳动量占整个掘进循环的 40%～70%；装载作业时间占整个掘进总循环时间的 30%～40%。因此大力推广使用装载机械，提高装载作业的机械化水平，对于减轻工人劳动强度，提高生产率和掘进效率，降低费用具有十分重要的意义。

1. 装载机的分类

装载机的类型很多，一般可按下列几种方法进行分类：

（1）按工作机构的结构可分为耙斗装载机、扒爪装载机、铲斗装载机和立爪装载机。目前矿山使用较多的有耙斗装载机和扒爪装载机等。

（2）按所装物料性质可分为装岩机和装煤机。大多数装载机既可装岩也可装煤，只是对工作机构形状和强度要求不同。

（3）按所用动力可分为电动装载机、气动装载机、液动装载机。电动装载机使用最多。

（4）按行走方式可分为轨轮式装载机、履带式装载机、轮胎式装载机、履带轮胎式装载机。

（5）按工作机构动作原理可分为上取式、底取式和侧取式。立爪和耙斗属上取式工作机构；铲斗属于底取式工作机构；扒爪属于侧取式工作机构。

近年来，为了进一步提高掘进机械化水平，又发展了凿岩台车和装载机结合成一体的钻载机，既可钻眼也可装载。

2. 对装载机的要求

（1）装载能力大。要求装斗容量大或者能连续装载。

（2）结构简单，坚固耐用，动力单一，操纵简单，维修方便。

（3）行动灵活，便于调动，能在弯曲巷道中工作。

（4）适应能力强，要求能装载各种不同的块度，清底干净，能在一定角度的倾斜巷道中进行装载。

（5）造价低，运转费用少。

二、耙斗装载机

耙斗装载机是我国煤矿巷道掘进使用最多的装岩设备，可用在平巷、上下山及拐弯巷道。耙斗装载机的优点是结构简单，操作容易和价格便宜。缺点是钢丝绳消耗量大。

（一）耙斗装载机的结构及工作方式

耙斗装载机是用绞车拖动一个耙斗，耙取岩石装入矿车的机械。它的主要组成部分，如图 4－19 所示。耙斗 2 的前端连有一工作钢丝绳 3，后端连有一返回钢丝绳 1。两绳各绕过一些导向滑轮（尾轮 9、头轮 8），最后分别固定到绞车 5 的工作卷筒和回程卷筒上。绞车 5 装在台车 4 上，台车 4 顶上装有槽子，槽子由簸箕口 11、连接槽 13、中间槽 14 和卸载槽 15 组成。倾斜的中间槽与水平成 25°～30°的倾角。耙斗工作时，工作卷筒绕绳，回程卷筒放绳，矿石被耙斗耙运至转载槽后部，以其自重由卸载槽底板上的孔落入下面的矿车中。此后，回程卷筒绕绳，工作卷筒放绳，使耙斗返回到工作面，再进行第二次装载。

槽子两边挡板作为耙斗导向之用，中间槽宽度比耙斗宽 150～200 mm，簸箕口则比中间槽宽。

绞车的操纵装置安在台车侧面，台车下有车轮，移动耙斗装载机时，利用人力推动或用绞车牵引。工作时利用卡轨器 6 将车轮卡住，把机器固定，并用副撑脚 7 将卸载槽末端

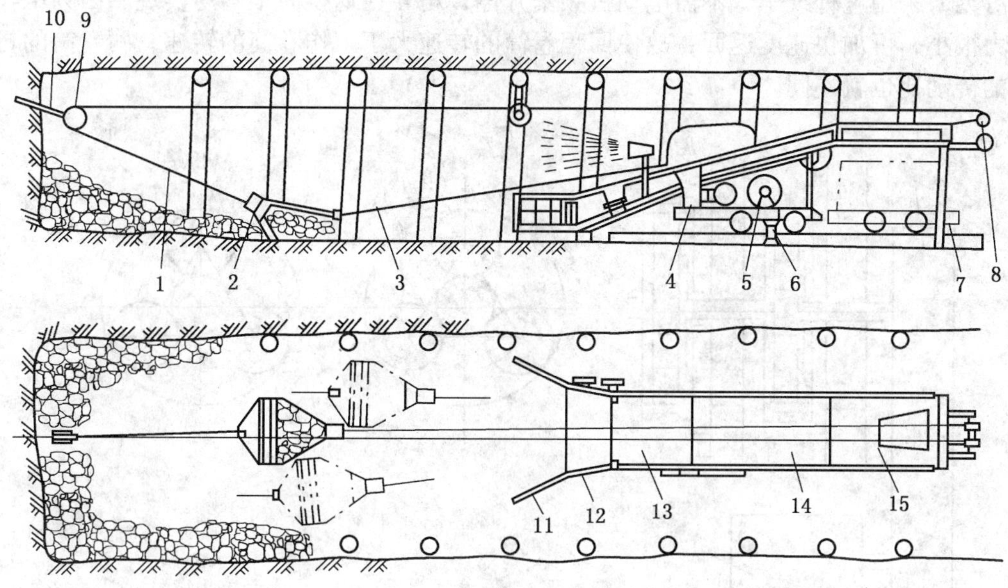

1—返回钢丝绳；2—耙斗；3—工作钢丝绳；4—台车；5—绞车；6—卡轨器；7—副撑脚；8—头轮；9—尾轮；10—尾轮架；11—簸箕口；12—升降装置；13—连接槽；14—中间槽；15—卸载槽

图 4-19　耙斗装载机

撑起以增加稳定性。在倾角大的斜巷内工作时，除用卡轨器外，需另设一套阻车装置，以防止机器下滑。

1. 绞车

耙斗装载机按绞车结构可分为行星轮式、摩擦式和内胀式 3 种。下面以我国 P-30B 型（原 ZPY-17 型）耙斗装载机的行星轮式绞车为例，说明绞车需具有的功能。

P-30B 型耙斗装载机的绞车钢丝绳布置如图 4-20 所示，其传动系统如图 4-21所示。它具有两个卷筒，由电动机经减速器传动两套行星轮系的中心轮，两卷筒以轴承支撑在轴上，各与其行星齿轮传动的系杆连接在一起。每个行星轮系的内齿圈外有带式制动闸。耙斗装载机工作时，电动机和中心轮始终转动，而工作卷筒和回程卷筒是否转动则视制动闸是否闸住相应的内齿圈而定。而内齿圈的制动闸放松时（图 4-21 中 Ⅰ），中心轮经行星轮带动内齿圈空转，而系杆和卷筒不转动。当内齿圈被闸住时（图 4-21 中Ⅱ），迫使系杆和卷筒转动，其转动方向与中心齿轮转动方向相同。若要某个卷筒卷绳时，则应将相应的内齿圈闸住。但要特别注意另一卷筒内齿圈是不能在同一时间被闸住的，否则会使钢丝绳拉断或使耙斗跳起来。

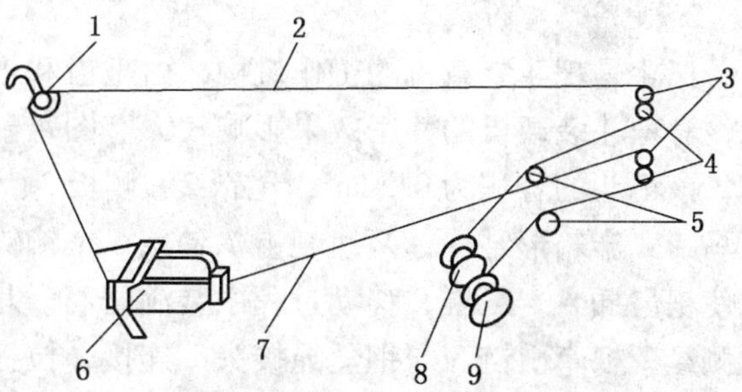

1—尾轮；2—返回钢丝绳；3—上夹轮；4—下夹轮；5—托轮；6—耙斗；7—工作钢丝绳；8—回程卷筒；9—工作卷筒

图 4-20　耙斗装载机绞车钢丝绳布置图

由此可见，采用这种绞车，不需电动机频繁开停，耙斗往返换向很容易实现。因为耙斗返回阻力很小，可加快速度返回，故使回程卷筒的转速大于工作卷筒的转速，两卷筒的行星轮系的传动比也就不同。

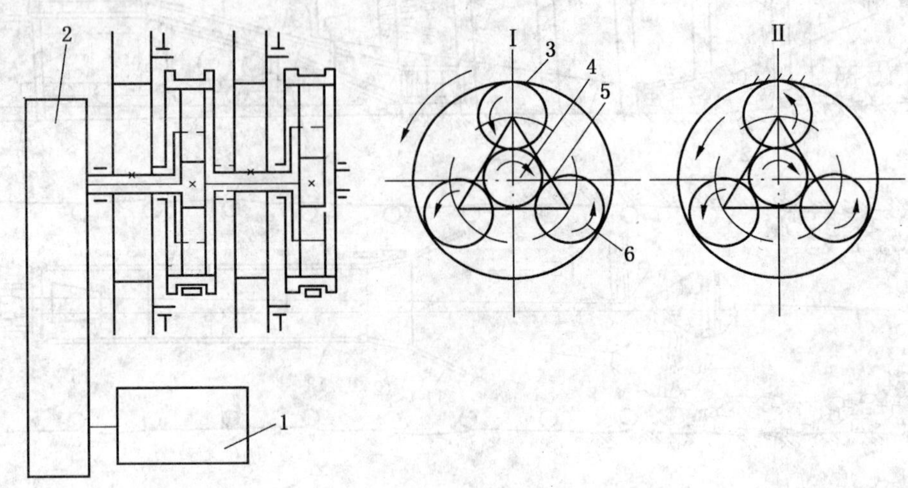

1—电动机；2—齿轮减速器；3—内齿圈；4—中心轮；5—系杆；6—行星轮

图4－21　牵引绞车传动系统

P－30B型耙斗装载机绞车工作卷筒转速为61.2 r/min，回程卷筒转速为84.8 r/min。

为防止两卷筒在工作中由于卷筒转动惯性不能及时停车，而产生钢丝绳乱绳现象，从而引起卡绳事故，每个卷筒上装有一辅助闸。

耙斗装载机工作时，利用闸带和内齿圈之间摩擦打滑的特性，调节耙斗的移动速度。通过卷筒缠绳圈数的多少来改变牵引钢丝绳的长和短，以适应耙装距离不断变化的要求。

2. 耙斗

耙斗是耙斗装载机的工作机构，由耙齿和耙斗体两部分组成。耙斗的形状、容积、重力，对耙斗装载机的使用效果影响较大。图4－22所示为P－30B型耙斗装载机耙斗的结构，该耙斗的容积为0.3 m^3，尾帮2、侧板3、拉板4和筋板5焊接成整体，组成耙斗体的马蹄式半箱形结构，两块耙齿7各用6个铆钉固定在尾部下端。耙斗工作时，靠耙斗自重使耙齿插入岩石堆，移动过程中装满岩石。耙齿材料为ZGMn13，磨损后可更换。尾帮后侧经2根牵引链8与钢丝绳接头1连接，拉板前侧与钢丝绳接头6连接，绞车上工作钢丝绳和返回钢丝绳末端分别固定在钢丝绳接头6和1上。

耙齿一般根据其形状有平齿和梳齿之分。如图4－23所示，a为平齿，b为梳齿。平齿插入岩堆阻力较大，梳齿插入岩堆阻力虽较小，但易被坚硬岩块嵌入齿间，反而增大阻力，故对坚硬块状岩石以采用平齿较合适。

耙斗是依靠自重插入岩石堆，重力越大越容易插入，但重力过大功率消耗增加，容易刮入底板，增加牵引阻力。耙斗重力一般根据岩石的坚硬程度、齿刃宽度即耙斗宽度以及岩石块度大小来决定。耙装硬而大的岩块时，重力应大些，耙装软的、松散的岩渣或煤时可小些。

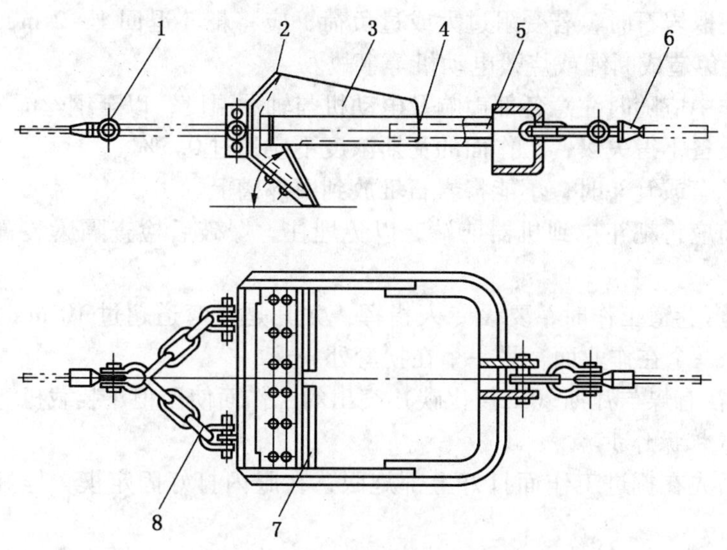

1、6—钢丝绳接头；2—尾帮；3—侧板；4—拉板；5—筋板；7—耙齿；8—牵引链

图 4－22　P－30B 型耙斗装载机的耙斗

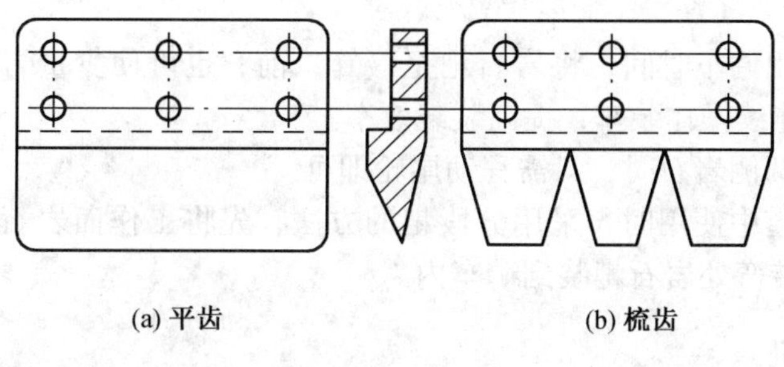

图 4－23　耙齿

（二）使用维护及故障处理

1. 使用耙斗装载机注意事项

（1）开车前一定要发出信号，机器两侧及绳道内不得站人，司机一侧的护栏应完好可靠，以免伤人。

（2）操作时，两个制动闸只能一个紧闸，另一个松闸，否则会引起耙斗跳起，甚至拉断钢丝绳。操作时钢丝绳的速度要保持均匀。

（3）悬挂钢丝绳的尾轮一定要固定好，打楔眼时要有一定的偏角。安装固定楔处的岩石要坚硬，以防止由于固定楔不牢靠，在工作过程中拉脱伤人。

（4）选好装岩位置后，还要把机身固定好，防止在工作过程中活动。在上、下山使用装载机时，更应该注意装载机的防滑，以防止机器下滑伤人。下山时，若坡度小于10°，除原有的 4 个卡轨器外，可在车轮前面加道卡或在车轮后面再加两个卡轨器；坡度大于10°时，须另加防滑装置来固定，如常用 4 个 U 形卡把车轮与导轨一起卡住。上山时，除用卡轨器、道卡、U 形卡固定外，可在台车后的立柱上加 2 个斜撑，这样不仅能起到安全防滑作用，而且还能支撑机器。

（5）耙斗耙取岩石时，若受阻过大或过负荷，应将耙斗退回 1 ~ 2 m，重新耙取，不得强行牵引，以免造成断绳或烧毁电动机等事故。

（6）在工作中应随时注意各部声响及电动机与轴承温度，以至钢丝绳的磨损情况。

（7）电气设备不得失爆；工作面的瓦斯浓度不应超过 0.5%。

（8）在无矿车或箕斗时，不能将岩石堆放到中部槽上。

（9）爆破前应将耙斗拉到机器前端，以免埋住。爆破后检查隔爆装置、电缆和中部槽后再进行工作。

（10）在拐弯巷道工作时，要设专人指挥，尤其是在弯道超过 10 m 时，要设两个专人用信号指挥，一个在作业面，另一个在拐弯处。

（11）严禁在有煤与瓦斯（二氧化碳）突出的工作面使用耙斗装载机。

2. 耙斗装载机操作步骤

（1）爆破后先在掘进工作面打好上部炮眼，在眼内打好固定楔，挂好尾轮，然后开始耙岩。

（2）压紧牵引卷筒操作手把，牵引卷筒（工作卷筒）将牵引耙斗耙取岩石，并到卸料口卸入矿车。

（3）压紧牵引返回卷筒手把，返回卷筒（回程卷筒）将牵引耙斗返回工作面。依次重复耙岩动作。

（4）司机可利用调车时间，将岩石耙至簸箕口前，也可使少量岩石耙到机槽上，待空车到达后，司机连续操作装车，提高装载效率。

（5）耙取巷道两侧岩石时，只需移动尾轮即可。

（6）机器在弯道中使用时，采用分段耙的方法，先将工作面岩石耙到转弯处，然后移动尾轮位置，把转弯处岩石耙装到矿车内。

三、铲斗装载机

铲斗装载机是矿山使用最普遍的一种装载机，主要用于井下岩巷掘进工作面装载岩石，故又叫装岩机。它具有结构紧凑、尺寸小、机动灵活、适应性强、工作可靠、操作简单、能在弯曲巷道内工作等优点。铲斗装载机的工作机构是铲斗。利用铲斗铲取岩石，然后提起铲斗将岩石卸入矿车或其他运输设备。卸载后再将铲斗放下进行第二次铲取。铲斗装载机装载工作和耙斗装载机一样，是间断式的，适宜装载较大块度而且坚硬的岩石。

铲斗装载机的种类很多，煤矿中使用的铲斗装载机，按卸载方式可分为直接卸载式和间接卸载式（带转载机式）两种。

直接卸载式铲斗装载机，按其卸载位置又可分为后卸式和侧卸式两种。后卸式铲斗装载机靠机器牵引力及惯性力将铲斗铲入岩堆，装满岩石后使铲斗向后提起，将岩石卸入机器后面的矿车中。其行走方式目前多采用轨轮式。侧卸式铲斗装载机的铲斗保留一个侧壁，铲取岩石后，通过斗臂的动作使铲斗向机器的一侧倾斜，将岩石卸入机器旁侧的矿车或刮板转载机中。行走方式多采用履带式，可实现无轨作业，是今后发展的方向。

间接卸载式铲斗装载机本身带有带式输送机或刮板输送机的转载机构，铲斗装满岩石后，先将岩石卸到输送机上，然后转载到机器后面的矿车里。这种装载机卸载高度大，可与大容积矿车配合作业。行走方式多为轨轮式。

其中，侧卸式铲斗装载机用铲斗作工作机构从底部铲取爆落的岩石，而后机器退到卸载点，铲斗向一侧翻转卸载的装载机械，主要用于在煤矿岩石平巷、18°以下小倾角斜巷、硐室、隧道以及其他矿山工程中铲装爆落的松散岩石，也可作为材料和设备的短途运输设备，还可充当登高支护作业的工作台以及用来清理巷道内的散落物。侧卸式铲斗装载（装岩）机适用的巷道断面，既取决于机器自身的最大宽度（履带或铲斗的宽度）和卸载时的最大高度，又取决于配套设备。与刮板转载机配套时，最小适用断面约 6 m^2；与矿车配套时，巷道断面不小于 10 m^2。

下面以侧卸式铲斗装载机为例，简述其类型与基本结构。

（一）侧卸式铲斗装载机分类

侧卸式铲斗装载机，按行走履带驱动方式分为气动、电动和电—液驱动 3 种。按铲斗臂的结构型式可分为固定斗臂、伸缩斗臂和摆动斗臂 3 种。伸缩斗臂侧卸式铲斗装载（装岩）机又可分为单臂和双臂两种。目前大多数侧卸式铲斗装载（装岩）机采用固定式斗臂结构。

1. 气动侧卸式铲斗装载（装岩）机

由两台气动马达分别驱动两侧的履带，一台气动马达驱动液压泵，为铲斗装载机的各个液压缸提供动力。气动马达排气噪声大，废气污染作业环境，耗气量大，能源利用率低。

2. 电动侧卸式铲斗装载（装岩）机

由两台电动机分别驱动两侧履带，一台电动机驱动铲装机构的液压泵。电动侧卸式铲斗装载（装岩）机克服了气动侧卸式铲斗装载机的一些缺点，但履带启动不平稳、冲击力大、不能变速，必须设制动系统。

3. 电—液驱动侧卸式铲斗装载（装岩）机

由电动机驱动装载（装岩）机自身的液压泵站，向两台行走液压马达和铲装机构的各液压缸供液。电—液驱动的侧卸式铲斗装载（装岩）机行走平稳，冲击力小，作业时噪声小，不污染环境，还可实现无级变速，简化了行走机构，且无须制动系统。随着液压技术的发展，系统工作压力可进一步提高，更有利于装载（装岩）机斗容加大和行走速度的提高。

（二）侧卸式铲斗装载机基本结构

如图 4-24 所示，侧卸式铲斗装载机主要由铲装机构、履带行走机构、液压传动系统、电气系统、制动和操纵系统等组成。

1. 铲装机构

铲装机构主要由铲斗、铲斗座、侧卸液压缸、翻斗液压缸、升降液压缸和斗臂等组成，如图 4-25 所示。

（1）铲斗是直接铲装岩石的斗形构件，一般采用耐磨钢板焊接制成。铲斗容积为 0.45～2.0 m^3，其最先插入岩堆底部的部分称为斗唇，有平斗唇和弧形斗唇两种。平斗唇铲斗插入阻力较大，但清理巷道散落岩石的效果较好；弧形斗唇铲斗插入阻力较小，适于铲装硬岩。铲斗可以制成一侧敞开或两侧均敞开的型式。

（2）斗臂是铲斗和铲斗座的支撑和升降机构，后端部与装岩机的机架铰接。固定式斗臂多采用“H”形框架，它与翻斗液压缸、铲斗座和机架共同组成双曲柄摇杆机构；伸

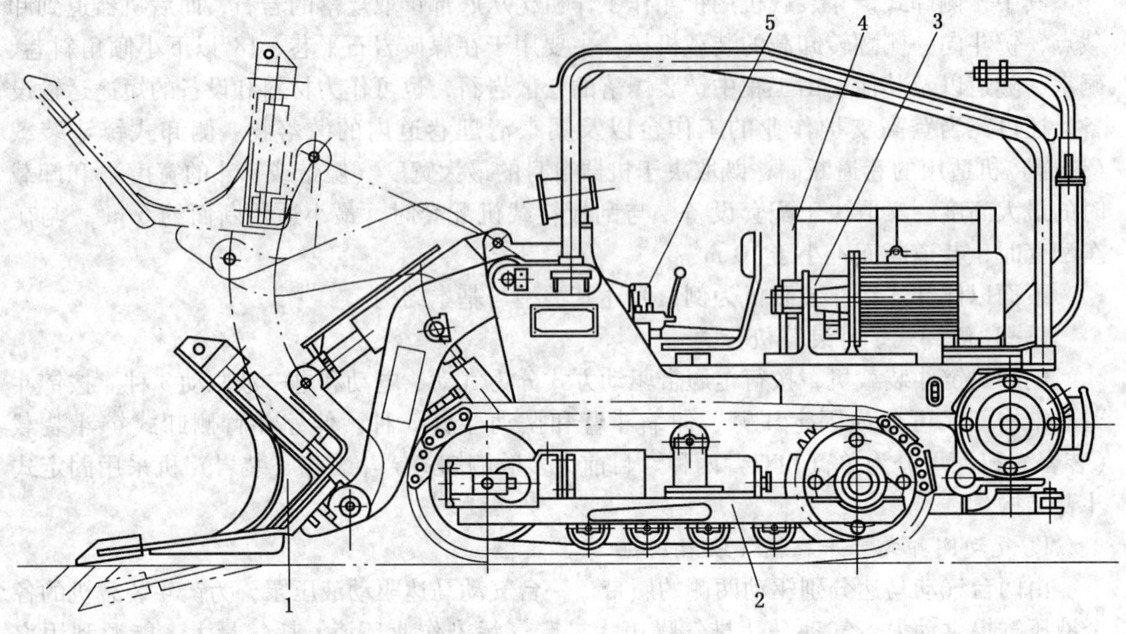

1—铲装机构；2—行走机构；3—液压装置；4—电气系统；5—操纵系统

图4－24　侧卸式铲斗装载（装岩）机

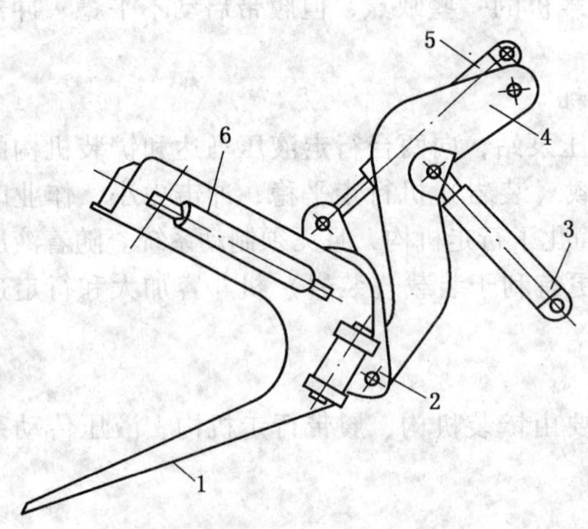

1—铲斗；2—铲斗座；3—升降液压缸；4—斗臂；
5—翻斗液压缸；6—侧卸液压缸

图4－25　铲装机构

缩式斗臂一般为内外两层矩形断面套接的悬臂梁，外层为主臂（定臂），内层为动臂，动臂的前端与铲斗座相连，主臂与动臂之间安装液压缸，液压缸活塞杆直接推动动臂伸缩。当采用双伸缩臂时，为了扩大装载面，两个伸缩臂还可以分别作横向摆动；摆动式斗臂可以上下和左右摆动，其横断面多为矩形。

2. 履带行走机构

履带行走机构可实现装载机的行走功能，给予铲装机构在铲装岩石时所需的插入力和承载机器的总重量，由履带总成（又称履带链）、引导轮、支重轮、托链轮、驱动链轮、行走液压马达（或气动马达、电动机）、张紧和缓冲装置、履带架和机架等组成。

3. 液压传动系统

液压传动系统由液压泵、行走液压马达、油箱、驱动电动机、多路控制阀、压力表、过滤器和管路等组成。先进的液压系统中还采用一系列安全保护元件、自控元件和电磁阀等。

4. 电气系统

电气系统由防爆开关箱、电动机、照明灯、报警器、控制开关和按钮等组成。动力回路由电动机台数决定。检测与故障显示、安全保护和自动控制回路因机型而异。动力回路的电压有380/660 V和550/1100 V两种，我国采用前一种。电动侧卸式铲斗装载（装岩）机的行走电动机为绝缘等级和热容量较高的专用电动机。

5. 制动系统

制动系统的作用是，当一侧（或两侧）行走电动机断电时，司机施加制动力并通过杠杆系统使闸带闸紧行走减速器的制动轮，迫使一侧（或两侧）的履带停止运转，用这种方法来实现电动侧卸式铲斗装载（装岩）机的制动或转弯。

四、扒爪装载机

耙斗装载机的工作机构是按周期间歇地进行装载岩石，生产效率的提高受到一定限制。和耙斗装载机相比，扒爪装载机的主要优点是连续装载，生产效率高；工作高度很低，适合于较矮的巷道使用。装载方法是旁取式的。

现以我国目前使用较多的ZMZ_{2A}-17型扒爪装载机为例说明其工作情况。

（一）ZMZ_{2A}-17型扒爪装载机的使用条件

ZMZ_{2A}-17型扒爪装载机主要适用于煤巷和含少量岩石的半煤岩巷掘进，巷道断面小于5 m^2，巷道高度小于1.4 m，巷道倾角不大于10°。能装的最大岩石块度可达300 mm，装块度小于100 mm岩石的效率较高，也可用于条件适宜的采煤工作面装煤或地面装车。

（二）ZMZ_{2A}-17型扒爪装载机的工作原理

如图4-26所示，ZMZ_{2A}-17型扒爪装载机主要由扒爪工作机构、转载机构、履带行走机构、电动机及控制各部运动的液压系统组成。

工作时，开动履带冲向煤堆，使扒爪工作机构的铲板插入煤堆，煤块落到铲板上，对称布置的左右两个扒爪交替地把铲板上的煤块收集和推运进刮板转载机，再由转载机把煤装入矿车或巷道输送机。前升降液压缸能调节铲板的倾角，以适应不同煤堆高度的需要，铲板前缘可高出履带底面370 mm，或低于该平面150 mm，以适应不同煤堆高度的需要；通过两个后升降液压缸，可使转载机尾部在离底板890～2200 mm范围内升降，以改变卸载高度；两个回转液压缸可使转载机尾部左、右摆动45°，以改变卸载位置。机器各部分动作都靠一台17 kW的电动机驱动，减速箱还兼作油箱用，布置在转载机构下面和两条履带中间，结构紧凑。

（三）装载运输和行走机构结构原理

1. 扒爪装载机构

扒爪装载机构由装载铲板和左右扒爪组成，其动作原理如图4-27所示。曲柄圆盘1、连杆3、扒爪2和摇杆5是通过销轴活装在一起的，形成一个曲柄摇杆机构。扒爪是连杆的延伸部分。当曲柄圆盘上的锥齿轮被传动时，曲柄圆盘作匀速圆周运动，将驱动扒爪在铲台上作平面复合运动，爪尖的轨迹形同一个肾形复合曲线，从而将扒爪旁侧和前面的岩碴扒到中间刮板转载机构被转运走。两个扒爪的相位差为180°，当一个扒爪耙取时，而另一个扒爪处于返回行程。因此两个扒爪能交替地耙取岩块，使装载工作连续进行。扒爪磨损后可以更换，铲板前沿做成锯齿形以便于插入岩堆。

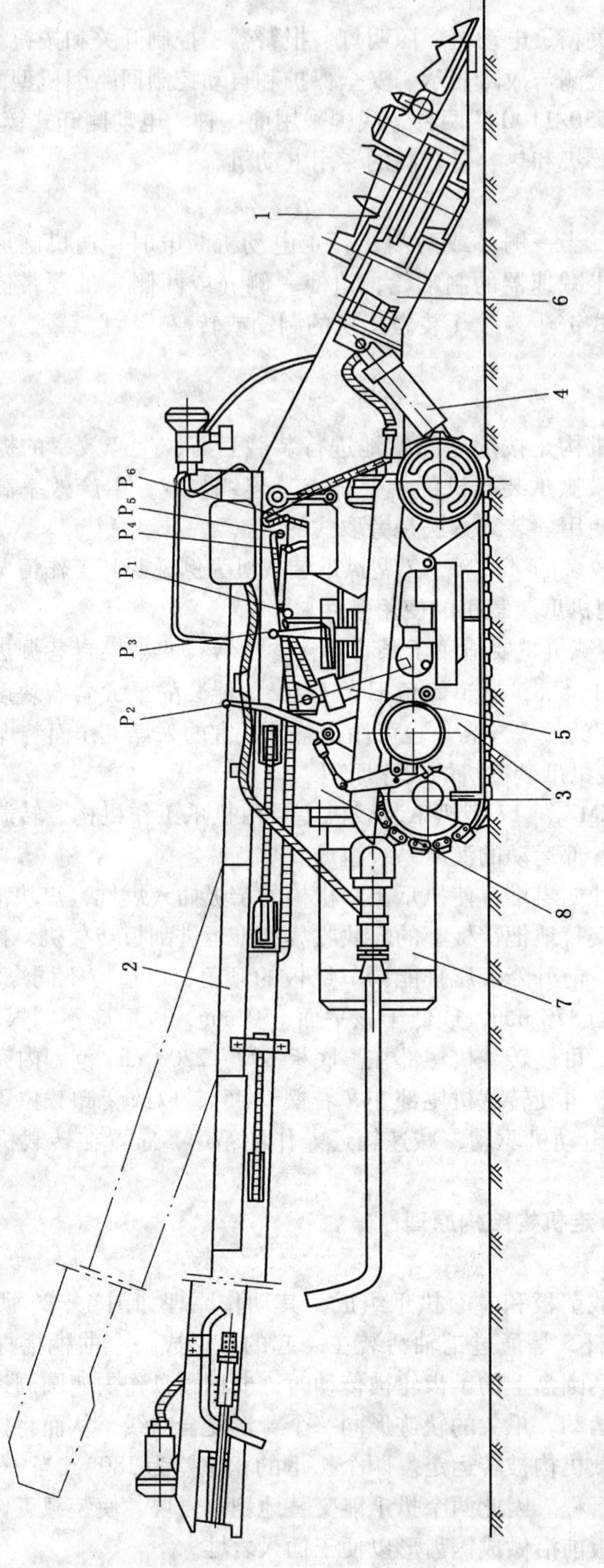

1—扒爪工作机构；2—刮板转载机构；3—履带行走机构；4—前升降液压缸；5—后升降液压缸；6—铲台；7—电动机；8—主传动装置

图 4-26　ZMZ_{2A}-17 型扒爪装载机

扒爪装载机构的特点是结构简单，扒爪的每一运动循环可分为插入、耙取、扒装、返回4个阶段，且各阶段扒爪的运动速度不同。插入、耙取速度低，返回速度高，适应了扒爪插入、耙取时负荷大，返回时负荷小的工作特点，既可提高装载能力，又能充分发挥电动机效率。其缺点是岩块可能卡在连杆和摇杆下面而把它们挤坏。

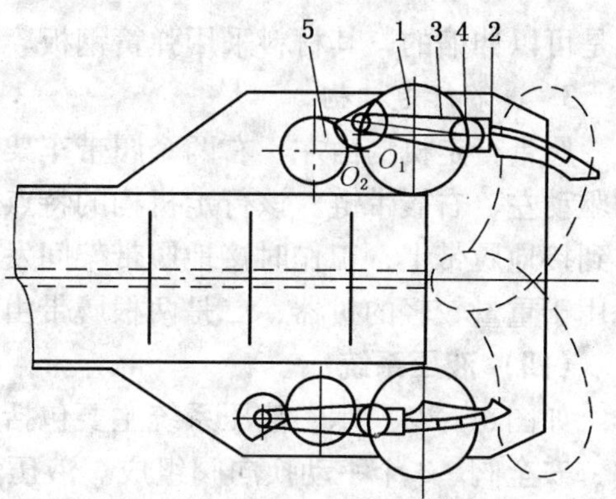

1—曲柄圆盘；2—扒爪；3—连杆；4—曲柄销；5—摇杆

图4-27 扒爪装载机构工作原理

2. 转载机构

转载机构是一台刮板输送机，它将装载扒爪耙上来的岩块运到机器后端并卸入矿车。当刮板转载机在后升降液压缸作用下改变卸载高度时，刮板链允许在垂直平面内弯曲，刮板转载机还能在水平面内弯曲，以适应卸载位置变化的需要。刮板转载机的水平摆动是用两个水平摆动液压缸实现的，其工作原理如图4-28所示。

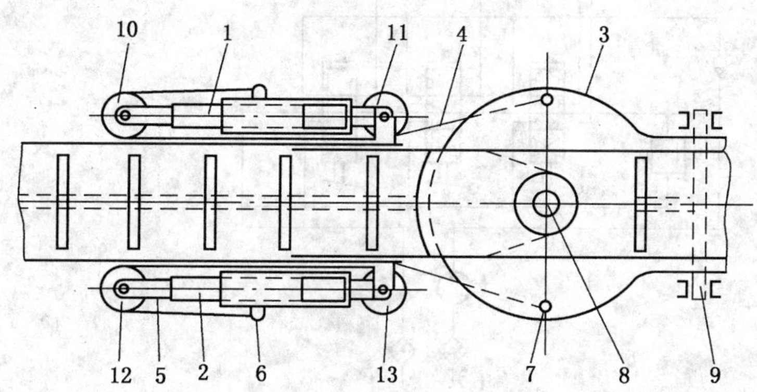

1—左摆动液压缸；2—右摆动液压缸；3—回转座；4、5—钢丝绳；6、7—钢丝绳固定点；8—立轴；9—水平轴；10、12—动滑轮；11、13—定滑轮

图4-28 刮板转载机尾部摆动工作原理

左、右摆动液压缸1、2是两个相同的单作用液压缸，液压缸缸体固定在刮板输送机两侧，在两个液压缸柱塞端各装有动滑轮10和12，缸体端装有定滑轮11和13。两条长度相等的钢丝绳4和5各有一端固定在液压缸的外侧，绕过液压缸两端的滑轮后，将其另一端固定在回转座3上。如右侧钢丝绳的两端固定在钢丝绳固定6和7。当操作左摆动液压缸进油而右摆动液压缸回油时，左摆动液压缸的柱塞伸出，使钢丝绳4造成一拉力，动滑轮10使钢丝绳4的外侧段伸长，即该钢丝绳的内侧段缩短，拉动刮板输送机的侧板绕立轴8向左回转，输送机尾部便向左摆动，与此同时，右摆动液压缸的柱塞跟随着缩进缸体，相应钢丝绳5的内侧段缩短，外侧段伸长。反之，操纵右摆动液压缸进油而左摆动液压缸回油时，输送机的尾部便向右摆动。输送机尾部可绕立轴左、右摆动各45°。

回转座3在两个后升降液压缸的作用下能绕水平轴9升降，带动刮板输送机尾端升降，调节卸载高度。由于刮板输送机尾部摆动时，其槽帮要弯曲，故刮板输送机中部的槽帮是可以伸缩的，其材料采用弹簧钢板。

3. *履带行走机构*

履带行走机构由左、右两个履带车架及主机架等组成，两个主动轮在履带架的后部分别驱动左、右履带链。该行走机构的特点有二：一是没有支重轮，整个机重通过履带架支撑到接地履带上，工作时接地履带架间发生相对滑动而使行走阻力增加，但结构较简单，适用于重量较轻的机器；二是两根履带由一台主电动机驱动，故结构传动系统较复杂。

（四）液压系统

如图4－29所示，液压系统主要包括液压泵、换向阀组和液压缸。换向阀组是由单向阀、安全阀、3个手动换向阀组成。液压缸都是单作用柱塞式液压缸，每两个组成一组，分别控制装载铲板的升降、转载机尾的升降和回转。

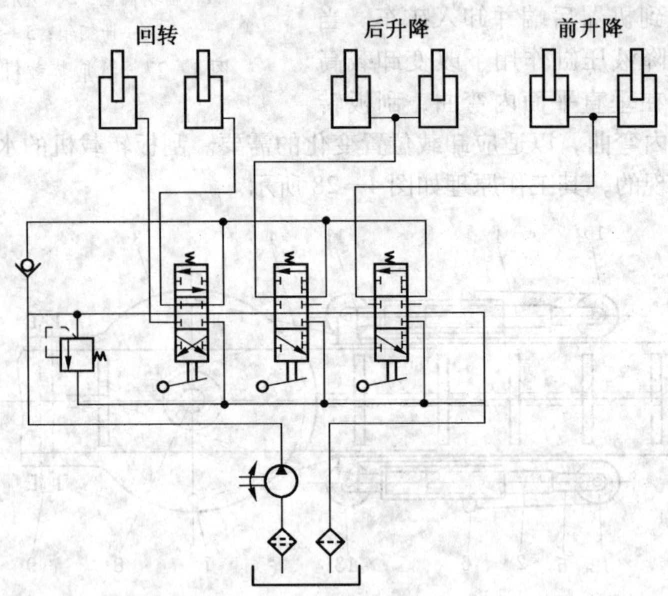

图4－29　ZMZ_{2A}－17型扒爪装载机液压系统

3个手动换向阀手把的位置分别是，右侧手把控制装载铲板升降，左侧手把控制机尾的回转液压缸，中部手把为机尾的升降手把。

液压系统3组液压缸是并联于泵的主油路上的，但是由于换向阀组结构的限制，3组液压缸不会同时动作。3个手把只许同时操纵一个，即液压泵只能同时向一对液压缸供油。若液压缸因某种原因动作受阻，会使液压系统油压升高，当超过安全阀开启压力时，安全阀卸载，对系统起保护作用。若液压缸运动到极限位置，司机因其他原因仍未切断供油，安全阀亦可进行保护。3个手把处在中间位置时，液压泵自动卸荷。

（五）扒爪装载机的安全使用

使用扒爪装载机应注意的安全事项：

（1）在底板松软，遇水膨胀、潮解的岩层，扒爪装载机的履带不易行走，因此不宜采用。

（2）装岩、煤时，机器前端应贴底板连续向矸或煤堆推进，边前进边装载，岩石较硬时，装载机可周期性地向岩、煤堆推进，以防机器受损。

(3) 要注意巷道底板是否平整，如发现底板不平，须经处理后才能继续装载。

(4) 要注意岩石块度，如有超过机器允许的大块，应破碎后再装。

(5) 移、调装载机时，要防止压翻和损坏道轨。

(6) 电动机的温升不准超过 80 ℃。

(7) 电动机开动时如有不正常声响，而且只能空转时，应立即切断电源，检查处理。

(8) 用人工耙岩作辅助劳动清理死角时，司机必须注意他们的安全。

(9) 机器在装岩或行走时，其前后左右 1 m 范围内不准有人，司机要四周观察。

(10) 要防止矿车冲撞装载机后部。

第三节 巷 道 掘 进 机

一、掘进机的分类

1. 按掘进机截割煤岩的性质分类

(1) 用于 $f\leqslant4$ 的煤巷，称为煤巷掘进机。

(2) 用于 $f\leqslant6$ 的煤或软岩巷，称为半煤岩巷掘进机。

(3) 用于 $f>6$ 或研磨性较高的岩石巷道，称为岩巷掘进机。

2. 按掘进机可掘巷道的断面大小进行分类

(1) 可掘巷道断面小于 8 m^2 的，称为小断面掘进机。

(2) 可掘巷道断面大于 8 m^2 的，称为大断面掘进机。

3. 按工作机构截割工作面的方式进行分类

(1) 部分断面掘进机，又称循环作用式巷道掘进机，也称煤巷掘进机或半煤岩巷掘进机。这种掘进机的工作机构只能同时截割工作面煤岩断面的一部分，必须在断面内多次连续地移动工作机构，才能沿整个工作面破落一层煤岩，掘进机才能完成一次推进。工作机构一般为安装在悬臂上的截割头，悬臂沿工作面的水平或垂直方向作左右或上下摆动实现断面截割，故称之为悬臂式工作机构。具有悬臂式工作机构的掘进机通常又称为悬臂式掘进机，主要用于煤巷和半煤岩巷掘进，掘出巷道断面的形状为梯形和矩形。

(2) 全断面巷道掘进机，又称连续作用式巷道掘进机，也称岩巷掘进机。其工作机构沿整个工作面同时破碎煤岩并连续推进，掘出的巷道断面形状为圆形，主要用于掘进岩石巷道。该掘进机在煤矿使用较少，多用于开凿涵洞和隧道。

二、煤巷掘进机

煤巷掘进机有多种型号，现仅介绍目前使用较多、性能比较好的国产定型产品 AM－50 型掘进机，它属于部分断面巷道掘进机。其总体结构如图 4－30 所示。

(一) AM－50 型掘进机的结构特点

(1) 采用横轴式截割机构，与同类掘进机相比，稳定性较好。

(2) 截割功率大（100 kW），对煤岩的适应性好，其经济截割硬度 $f\leqslant5.5\sim6$。

(3) 结构紧凑，操作简便，保护齐全，对过载、漏电、短路、冷却水温、油温、计

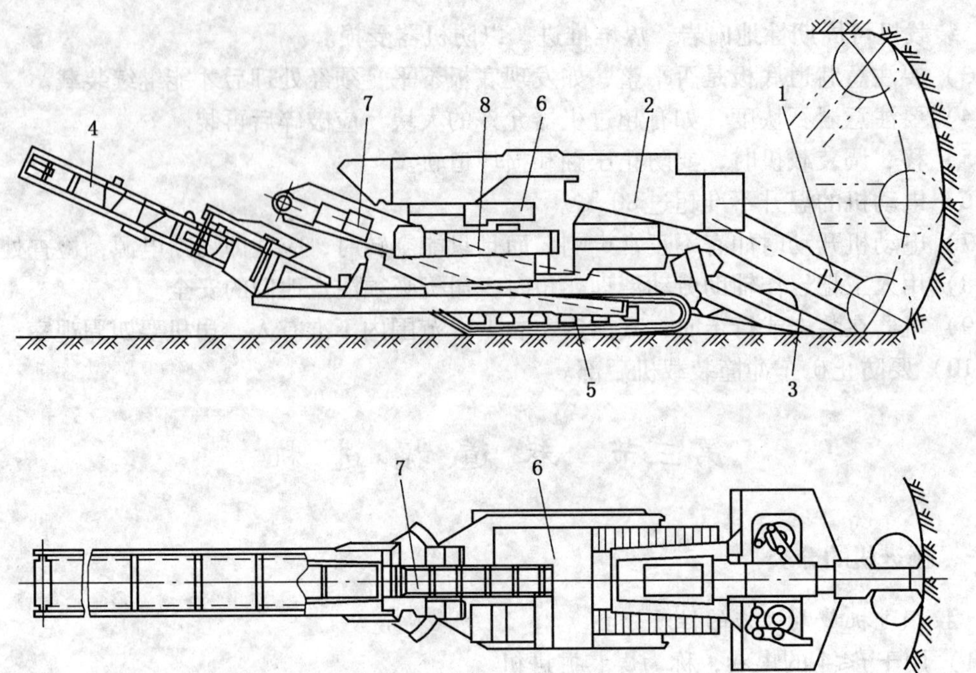

1—截割悬臂；2—回转台；3—装载铲板；4—转载机；5—履带行走机构；
6—电控箱；7—中间刮板输送机；8—液压装置

图4-30　AM-50型掘进机总体结构

时等均设有保护装置或监测仪表。截割头与传动主轴之间以及回转台中，均装有胀套联轴器；装运机构中装有摩擦联轴器，能够实现过载保护。

(4) 整机全部采用电动机、减速器传动，比较适合我国目前的维修水平。

(二) 机械传动系统

AM-50型掘进机的传动系统由截割机构、装运机构、行走机构和附属转载机构等各自独立的传动系统组成。这些机构分别由各自的电动机通过减速器驱动，如图4-31所示。

截割机构传动系统由截割电动机和截割减速器组成。截割电动机经截割减速器中一对弧齿锥齿轮1和2，斜齿圆柱齿轮3和4及圆柱齿轮5、6、7三级减速后，驱动垂直于悬臂的2个截割头。转速73.5 r/min的截割电动机为水冷式，由2个50 kW电动机转子串装于同一根轴上构成。

装运机构传动系统为集中传动形式，即装载扒爪和中间刮板输送机由位于中间输送机机头两侧的2台电动机（2×11 kW）驱动。2台电动机的输出轴分别通过2台完全相同的减速器分别驱动两侧的扒爪。

行走机构分别由2台完全相同的电动机（2×15 kW）和传动系统驱动2条履带。驱动电动机的输出轴经直齿圆柱齿轮14和15、16和17、18和19三级减速，再经一级行星齿轮机构减速后驱动履带链轮，行走速度5 m/min。

中间输送机后面的刮板转载机单独由1台电动机通过三级圆柱齿轮减速后驱动滚筒转动。

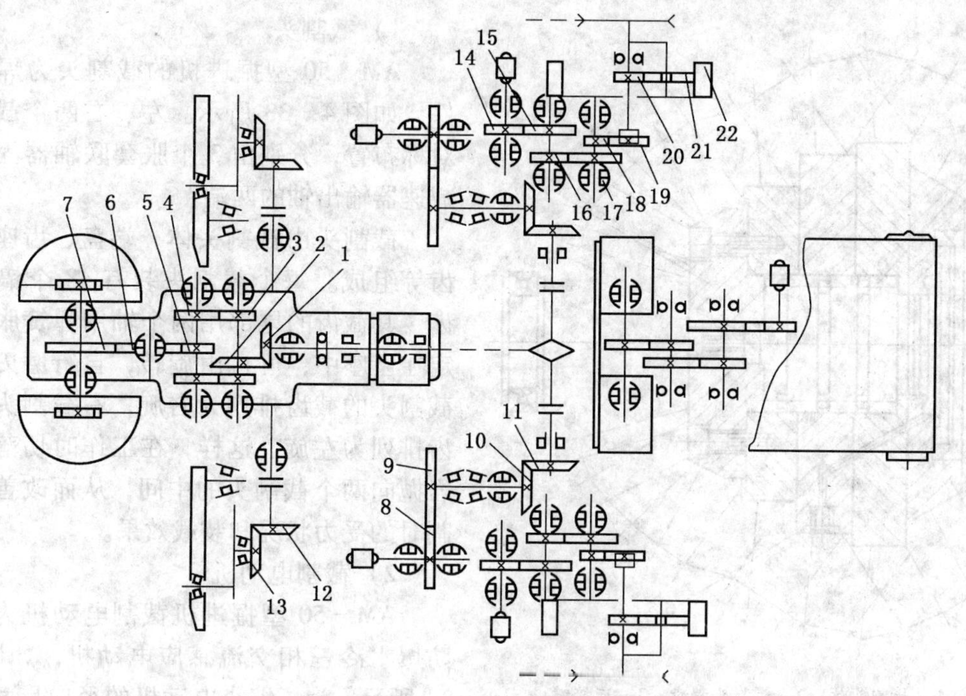

1、2、10、11、12、13—弧齿锥齿轮；3、4、8、9—斜齿圆柱齿轮；5、6、7—圆柱齿轮；14、15、16、17、18、19—直齿圆柱齿轮；20—太阳轮；21—行星轮；22—行星机构内齿圈

图 4-31　AM-50 型掘进机的传动系统

（三）主要结构分析

AM-50 型掘进机主要由截割机构（包括截割悬臂、回转台）、装运机构（包括装载铲板、中间刮板输送机和转载机）、行走机构、电气系统和液压系统等部分组成。

1. 截割机构

AM-50 型掘进机的截割机构，如图 4-32 所示。该截割机构的特点为截割头的轴线与截割臂的轴线相垂直，属横轴式截割机构。工作时截割头主要靠截割悬臂水平摆动来实现切割。由于截割头围绕与截割悬臂相垂直的轴线旋转，截割反作用力能被机体的自重所平衡，所以该机在平巷工作时的稳定性较好。

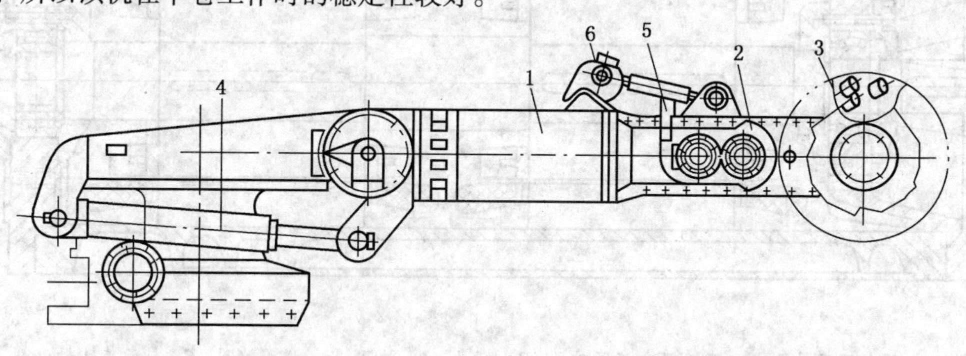

1—电动机；2—减速器；3—截割头；4—回转机构；5—喷雾降尘装置；6—托梁器

图 4-32　截割机构

1）截割头

AM－50 型掘进机的截割头为焊接组件，如图 4－33 所示。左、右两个截割头对称布置，分别由 3 个胀套联轴器固定在减速器输出轴的两端。

截割头由截割头体、端盘、齿座、截齿等组成。每个截割头装有 48 个镐形截齿，其截齿的尾部用两个轴用弹簧胀圈固定在齿座中，可自由旋转，自行磨刀。左截割头的截齿排列为右旋，右截割头的截齿排列为左旋。这样，在工作时切落的煤岩抛向两个截割头的中间，从而改善了切割时的受力状况和装载效果。

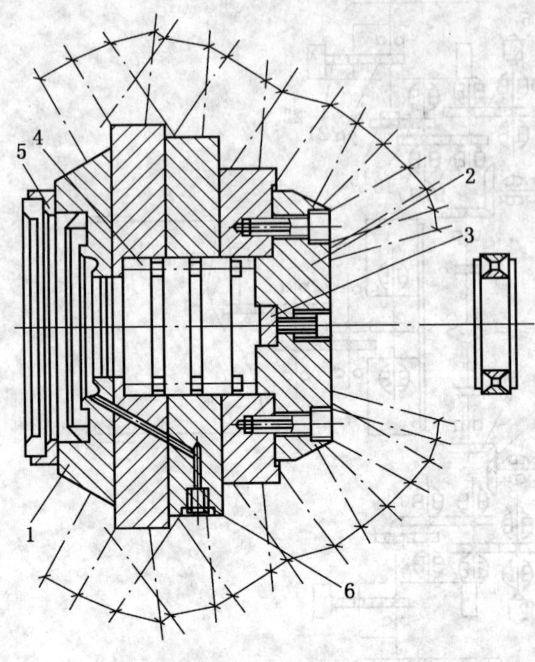

1—截割头体；2—截割头端盘；3—连接键；4—胀套联轴器；5—防尘圈；6—注油嘴

图 4－33　截割头

2）截割电动机

AM－50 型掘进机截割电动机为矿用防爆水冷三相交流感应电动机，如图 4－34 所示。为了缩小电动机的径向尺寸，满足安装于截割悬臂上的几何尺寸要求，该截割电动机在同一外壳内同轴安装了两个各 50 kW 的定子绕组和相应的转子，这样能在体积增加不大的情况下增加截割电动机的输出功率。

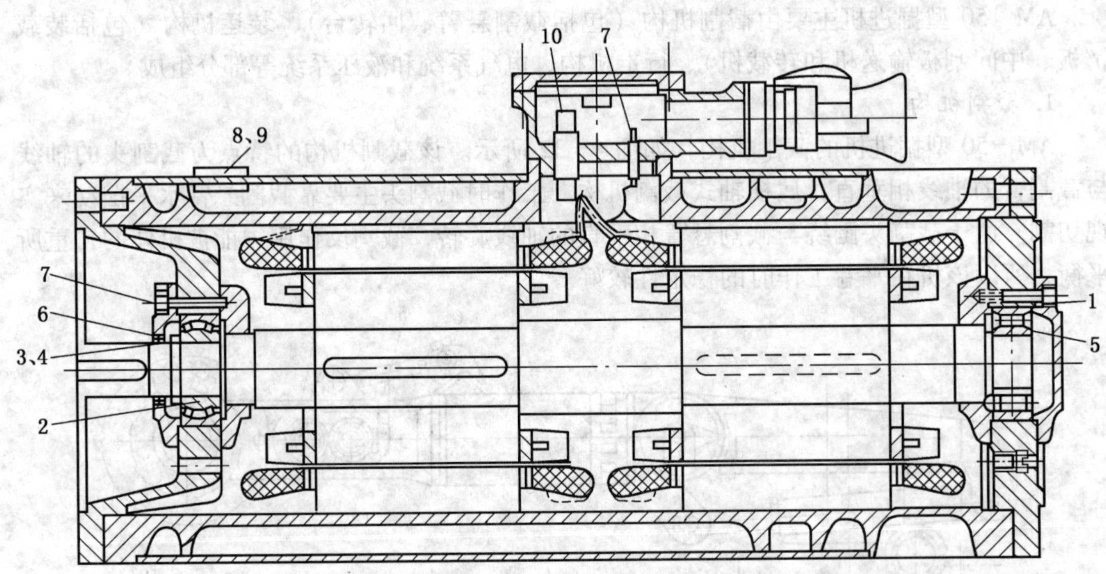

1—圆柱滚子轴承；2—双列调心滚子轴承；3—螺母；4—垫圈；5—弹簧挡圈；6—轴承盖油封；7—热敏电阻；8—冷却水进口；9—冷却水出口；10—动力线接线柱

图 4－34　水冷截割电动机

截割电动机由于体积小，启动和过负荷频繁，容易发热，所以在特制的电动机外壳上又设置了导水外套。喷雾系统的冷却水在导水外套内流过，使电动机得到冷却。该电动机的一侧与回转台上的支撑座相连，另一侧与截割减速器相连组成截割悬臂。

3）减速器

截割机构减速器为三级圆锥—圆柱齿轮减速器。输入轴经弹性联轴器与电动机输出轴连接，电动机输出轴通过胀套联轴器与左、右截割头连接。该减速器的减速比为19.98，输出轴转速为73.5 r/min，输出扭矩为13 kN·m。

截割机构减速器采用垂直剖分式箱体结构，改善了箱体的受力状况，提高了箱体在截割过程中的承载刚性；一级减速为弧形齿锥齿轮，重叠系数较大，承载能力高，传动平稳，工作可靠、寿命长、噪声及振动较小；二级减速为两对并列的斜齿轮传动，其齿数和模数完全相同，螺旋角对应相反，相当于一对人字齿轮传动，使得轴向力互相抵消，既提高了传动能力，又改善了轴向受力状况；三级减速为直齿圆柱齿轮传动，并在两直齿圆柱齿轮之间增设了一个惰轮，传动中心距增大到535 mm，使截割悬臂具有足够的长度，满足截割范围及挖底量的要求。

4）回转台

回转台主要用于连接左、右履带架，支撑、连接截割机构并实现截割机构的升降和回转运动，如图4-35所示。

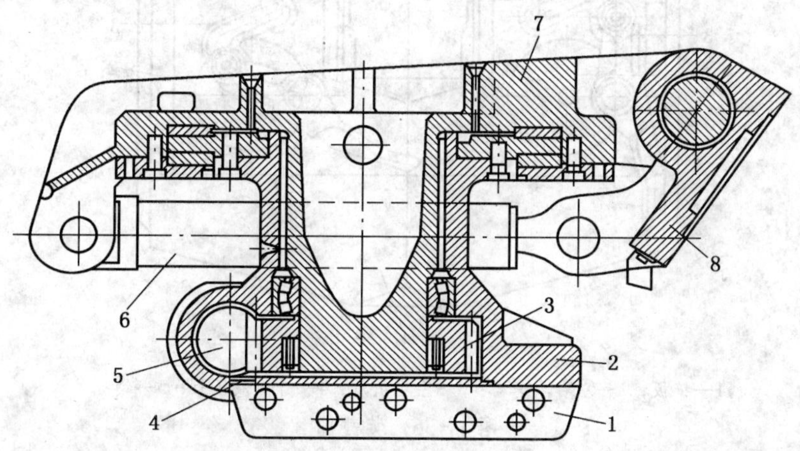

1—回转台底座；2—圆柱形壳体；3—齿轮；4—胀套联轴器；5—双作用水平液压缸；6—悬臂升降液压缸；7—回转体；8—截割悬臂

图4-35 回转台

回转台的底座用M30的螺栓和定位弹性胀销在水平和垂直方向上与左、右履带架连接成一个刚性框架，以承受复杂的交变切割反作用力。底座的上面为一个圆柱形壳体，壳体内装有一个水平布置的齿轮，齿圈内安装一个胀套联轴器（该胀套联轴器的结构型式和工作原理与截割头内的胀套联轴器相同），齿轮通过该胀套联轴器与回转体相连，过载时可自行打滑起到保护作用。壳体后方横向设置了一个双作用水平液压缸，缸内有两个ϕ70 mm的活塞，两个活塞之间是一个带齿条的活塞杆，该齿条与壳体内的齿轮相啮合。工作时，在液压油的作用下，活塞推动齿条式活塞杆平移，通过啮合齿轮带动回转体左、右转动，从而使截割悬臂在水平方向摆动，其摆动角度左、右各36°。截割悬臂的升降是通过与左右耳轴铰接的两个升降液压缸完成的，最大升角为58°32′，最低下降角为30°30′。

2. 装运机构

AM－50型掘进机的装运机构包括装载部和中间刮板输送机两部分，这两部分采用了集中驱动的方式。两台11 kW的电动机安设在中间刮板输送机的机头部两侧，通过联轴器和减速器驱动机头传动链轮，然后再通过刮板链、机尾链轮和扒爪减速器带动扒爪工作。

1）装载部

装载部如图4－36所示。装载部的作用是将截割机构切落下来的煤岩收集，扒装到中间刮板输送机上。铲板是通过销孔和销轴铰接于主机架上，并通过升降液压缸实现上下摆动的。铲板通过升降液压缸下摆接地后，还可以成为机体的前支点，增加机器的稳定性。

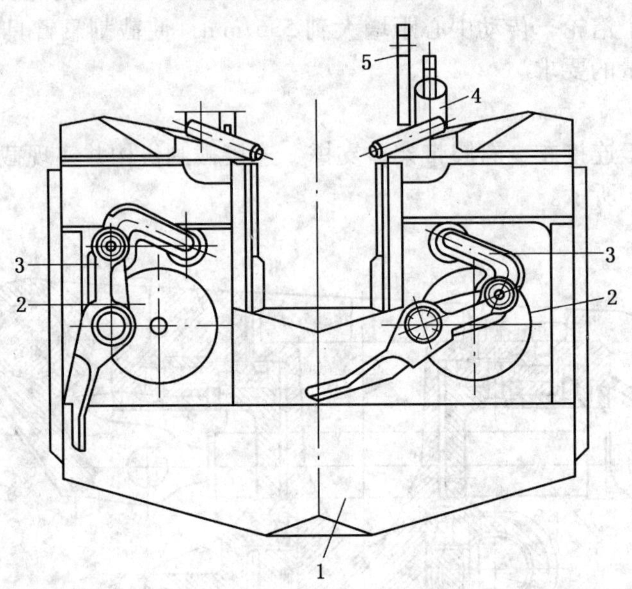

1—铲板；2—左右减速器；3—左右扒爪；4—升降液压缸；5—销孔

图4－36 装载部

铲板的上部表面从中线向两侧倾斜，前端呈三角形结构，有利于减少铲板插入阻力，有利于扒集煤岩。铲板一般宽度为2 m，也可以根据使用要求增加至2.5 m或3 m。当增至2.5 m或3 m时，可在主扒爪上加装副扒爪，使之达到更佳的装载效果。

扒爪装置采用了曲柄摇杆机构，两曲柄圆盘的中心距为1225 mm。曲柄主轴与扒爪减速器之间的密封，采用了迷宫密封和橡胶密封的组合形式。

装载装置的减速器采用了一级弧齿锥齿轮传动，锥齿轮副的轴夹角为98°05′32″±1′。该减速器的特点是，小锥齿轮输入轴通过十字滑锥联轴器与刮板输送机的机尾轴连接，两轴之间允许有一定的径向偏差，小锥齿轮轴的前后由两盘单列圆锥滚子轴承支撑，提高了安全精度，改善了受力状况，大锥齿轮用螺钉和胀销紧固在曲柄圆盘上，有利于加工和检修。

2）刮板输送机

刮板输送机由两台 11 kW 的电动机、刚性联轴器、摩擦离合器、减速器、机头链轮、机尾链轮、刮板链、中部槽等组成。刮板输送机的减速器为二级圆柱圆锥齿轮减速器。

电动机与减速器之间是通过多盘式摩擦离合器连接的。该摩擦离合器一方面起联轴器的作用，即通过内、外摩擦片的接触摩擦力传递扭矩，另一方面又可以起过载保护作用。摩擦联轴器为干式，在安装使用时要严防油脂沾污。为了提高摩擦片的摩擦性能，内摩擦片两面黏结石棉铜丝层，外片为淬火钢片，内片共 9 片，外片共 11 片。在出厂时，摩擦片组要进行成套研磨，并作性能试验。更换时，摩擦片组要成套更换和研磨。

3. 行走机构

行走机构主要由机架、左右履带、左右减速器、紧链装置和机尾稳定器组成。行走机构的主动链轮由两台功率各为 15 kW 的电动机通过左、右两侧对称安装的减速器来带动。行走机构是整台机器连接、支撑的基础。

履带行走机构的减速器由三级圆柱齿轮传动和一级行星齿轮传动组成，如图 4 - 31 所示。2K - H 型行星轮中心轮的轴向位置可通过调整螺杆和弹簧进行改变，当行星轮系与中心轮脱离时，整机由绞车牵引自由拖拽。

为了保证履带正常工作及拆装的需要，履带行走机构安装了张紧装置，通过调整两个链轮轴之间的中心距，实现履带链的张紧。紧链装置装于机器前部的履带从动轮处。

稳定器安装在机后的履带架上，用于增加机器工作时的稳定性。当稳定器的液压缸活塞伸出时，可将机体后部抬起，既可减少机器切割时的振动，也有利于机体下部的清理和履带的维修。稳定液压缸的推力为 137.2 kN。

4. 转载机构

AM - 50 型掘进机配套的转载机为刮板转载机，如图 4 - 37 所示。该转载机安装在掘进机的尾部，将中间刮板输送机运来的煤岩转运至巷道中的配套运输设备中，如矿车、可伸缩带式输送机或刮板输送机等。转载机通过设在司机操纵台左侧的多路换向阀 11 进行控制，使其水平或垂直摆动。

转载机采用三级圆柱齿轮减速器，箱体为垂直剖分结构，外形窄长，总传动比为 16.7。减速器的输出轴两端分别装有两个主动滚筒。为了增加滚筒与输送带之间的摩擦因数，滚筒表面黏结了一层带有倾斜沟槽的橡胶层。

刮板转载机有 5、8、13 和 18 m 共 4 种规格，可根据使用条件进行选择。

（四）液压传动系统

AM - 50 型掘进机的液压系统由主机液压系统和刮板转载机液压系统两部分组成，它为开式系统，由 1 台斜轴式轴向柱塞变量泵供油。液压系统的主要元件为液压泵、油箱、冷却装置、多路换向阀、溢流阀、液控单向阀、单向节流阀、管路、液压缸等，如图 4 - 38 所示。

1. 主机液压系统

主机液压系统包括泵站、液压马达回路（截割电动机冷却回路）、截割悬臂水平摆动和升降液压回路及机后稳定器升降液压回路。

1）泵站

斜轴式轴向柱塞变量泵安装在油箱内，由 1 台 11 kW 的电动机驱动。液压泵输出油

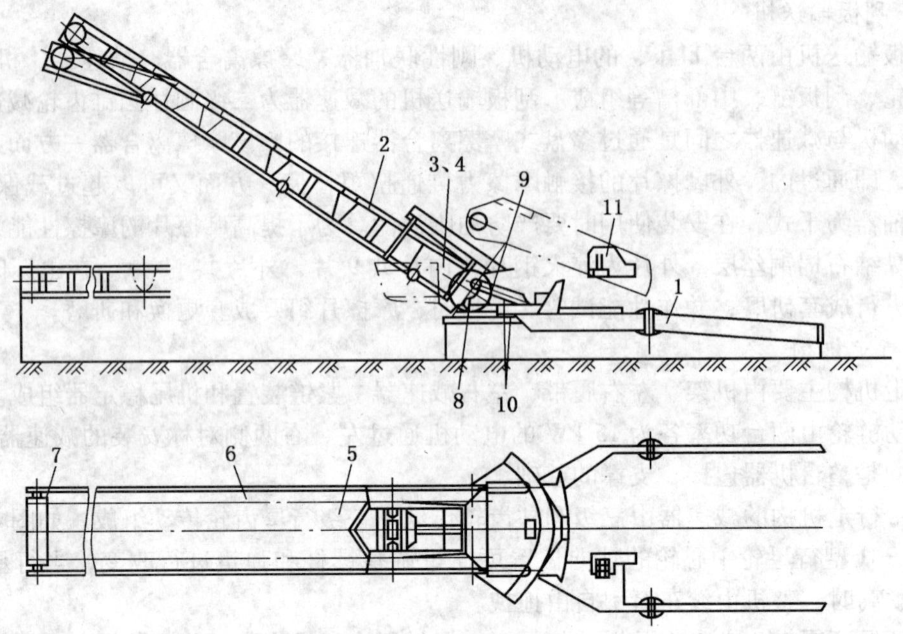

1—连接框架；2—机架；3—减速器；4—电动机；5—输送带；6—托辊；7—从动滚筒；
8—主动滚筒；9—底架托盘；10—液压缸；11—多路换向阀

图4-37 转载机

液先进入焊接在油箱上的分配器（图中未画出），之后进入刮板转载机的二联三位六通手动多路换向阀24，再进入四联三位六通多路换向阀2，然后经三路流量调节阀3，分出部分流量供给液压马达，最后返回油箱。该系统齿轮液压马达6与多路换向阀组24、2为串联工作状态。此外，在司机操纵台上接有一个内充甘油的减振型压力表，用以测量主泵的出口压力。

泵站的最高工作压力由多路换向阀的溢流阀限定，其值为20 MPa。多路换向阀2和24均有泄漏油管（图中未画出）接回油箱。

2）液压马达回路（截割电动机冷却回路）

系统回油经三路流量调节阀3，分出部分流量进入齿轮液压马达6，驱动马达旋转。马达的两端出轴分别带动冷却用水泵和风扇。水泵从水箱18吸水，排出的压力水进入电动机的定子冷却水套，经热交换后的热水再经过由风扇冷却的蛇形管冷却器回到水箱，不断循环，形成闭式冷却回路。水箱的水温通过遥测线反映在操纵台的遥测温度计上（图中未画出），最高水温不得超过55 ℃。三路流量调节阀中的溢流阀调定压力为3 MPa。

3）截割悬臂水平摆动和升降液压回路

截割悬臂的运动由四联多路换向阀的手柄A按照A_1和A_2进行操纵。手柄的动作方向与截割悬臂的运动方向一致。当手柄A处于中间位置时，截割机构水平摆动液压缸13由于液控单向阀的锁紧作用，使截割悬臂固定在一定的回转角度上；截割机构升降液压缸14也由于液控单向阀的锁紧作用，将截割悬臂固定在一定高度。单向节流阀7的作用是当操纵截割悬臂下降时，防止因自重引起下降速度过快，避免冲击和振动。工作中，如果

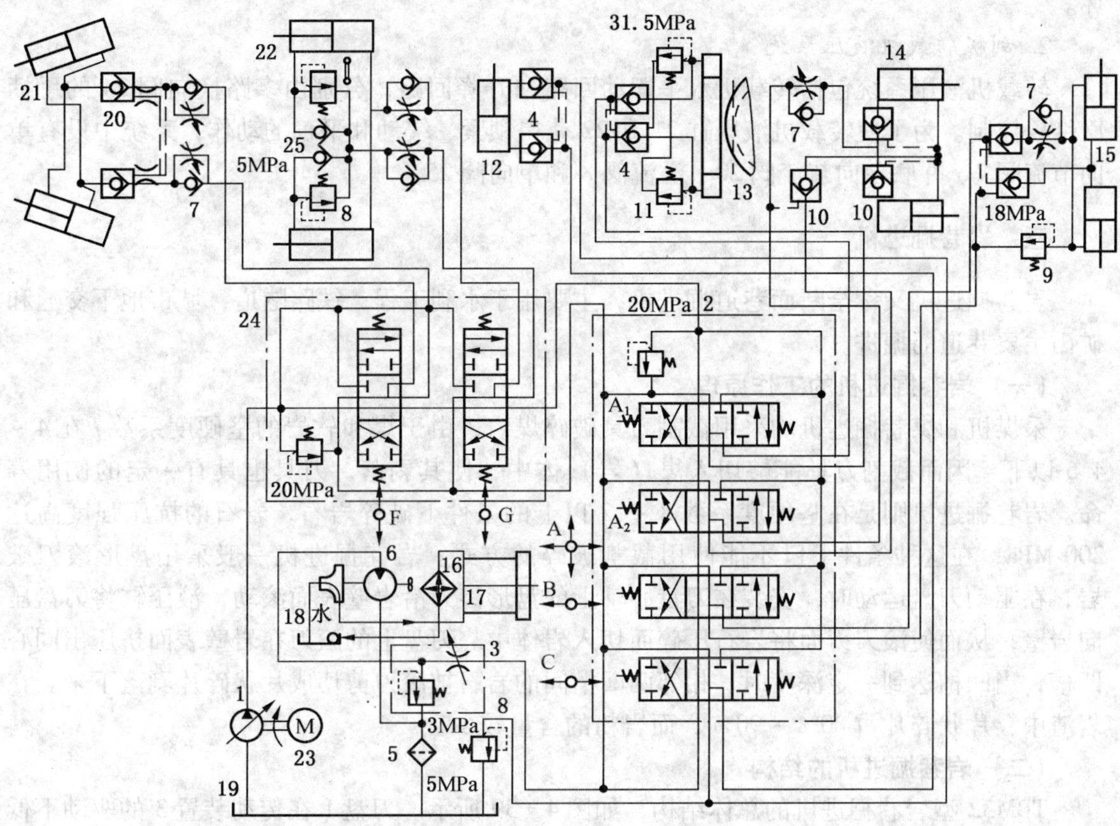

1—斜轴式轴向柱塞变量泵；2、24—多路换向阀；3—三路流量调节阀；4—液压锁；5—过滤器；6—齿轮液压马达/水泵风扇；7—单向节流阀；8、9、11—溢流阀；10—液控单向阀；12—稳定器升降液压缸；13—截割机构水平摆动液压缸；14—截割机构升降液压缸；15—铲板升降液压缸；16—冷却器；17—截割机构电动机；18—水箱；19—油箱；20—并联单向节流阀；21—刮板转载机水平摆动液压缸；22—刮板转载机升降液压缸；23—液压泵电动机；25—单向阀

图 4-38　AM-50 型掘进机的液压系统

截割头一侧受到大的水平阻力引起截割机构水平摆动液压缸一侧的液压力增大时，与之相连的溢流阀 11 可起过载保护作用，其调定值为 31.5 MPa。

4）铲板升降液压回路

装载铲板的升降由多路换向阀的手柄 B 控制。当手柄 B 处于中间位置时，铲板升降液压缸 15 在液压锁的锁紧作用下，使装载铲板固定在一定高度。当操纵铲板下降时，单向节流阀可限制铲板因自重而下降过快。工作中，当铲板受到过大的向下作用力时，液压缸有杆腔的压力将增高，此时由溢流阀 9 实施保护，其调定值为 18 MPa。

5）机后稳定器升降回路

机后稳定器是增加掘进机工作稳定性的辅助装置，以减轻振动，改善截割效果。掘进机工作时，应使稳定器紧贴底板，作为后支点（但不要使掘进机离开地面）。稳定器液压缸的升降由多路换向阀手柄 C 控制。液压缸有杆腔的油路接有一个溢流阀 8，其调定值为 5 MPa，可防止稳定器提起时将大块岩石、物料卡在行走机构电动机之间而将电动机损坏。

2. 刮板转载机液压系统

转载机液压系统包括转载机水平摆动回路和升降回路，分别由多路换向阀 24 的手柄 F 和 G 控制。为了使转载机液压缸 21 和 22 获得锁紧、缓动和平稳的动作，系统中设有单向节流阀 7、并联单向节流阀 20、溢流阀 8 和单向阀 25。

三、岩巷掘进机

岩巷掘进机又称全断面巷道掘进机，主要用于水利工程、铁路隧道，城市地下交通和矿山主要巷道的掘进。

（一）岩巷掘进机的工作原理

采煤机和煤巷掘进机均采用截割刀具破碎煤岩，由于煤和软岩的坚硬度系数 f 在 4 ~ 4.5 以下，因而截割刀具能够切入煤（岩）体中，使其剥落，刀具也具有一定的使用寿命。岩巷掘进机则是在坚硬度系数 8 ~ 12 以上的条件下破碎岩石，岩石的抗压强度高达 200 MPa，在这种条件下已不能使用截割破碎的方式。岩巷掘进机一般采用盘形滚刀破岩，在驱动刀盘运动时，安装在刀盘心轴上的盘形滚刀沿岩壁表面滚动，液压缸将刀盘压向岩壁，从而使滚刀刃面将岩石压碎而切入岩体中。刀盘上的滚刀在岩壁表面挤压出同心凹槽，当凹槽达到一定深度时，相邻两凹槽间的岩石被滚刀剪切成片状碎片剥落下来。在岩渣中，片状碎片占 80% ~90%，而岩粉的含量较少。

（二）岩巷掘进机的结构

TBM32 型岩巷掘进机的总体结构，如图 4－39 所示。刀盘 1 在传动装置 3 的驱动下低速转动，刀盘支撑在机头架 2 的大型组合轴承上。掘进机工作时，水平支撑机构 5 撑紧在巷道的两帮，铰接在机头架和水平支撑机构间的推进液压缸 4 以水平支撑机构为支承推动机头架，使刀盘迈步式推进。被滚刀剥落下来的岩碴由装在刀盘上的铲斗铲起装到带式转载机 9 上。岩碴在运出工作面后，卸入矿车或其他转载设备。滚刀破碎岩石时生成的粉尘则由除尘风机抽出。

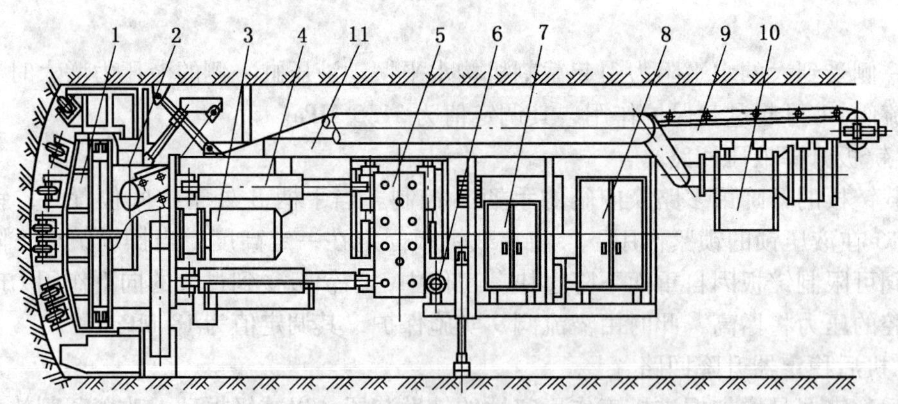

1—刀盘；2—机头架；3—传动装置；4—推进液压缸；5—水平支撑机构；6—液压传动装置；7—电气设备；8—司机室；9—带式转载机；10—除尘风机；11—大梁

图 4－39　TBM32 型岩巷掘进机的总体结构

1. 刀盘

刀盘工作机构的结构如图 4-40 所示。刀盘 10 是由高强度、耐磨损的锰钢板焊接成的箱形构件。刀盘前盘呈球形，分别装有双刃中心滚刀 1、正滚刀 2、边滚刀 3。铲斗装在刀盘的外缘，铲斗的侧壁上分别装有一个正滚刀和一个边滚刀。刀盘通过组合轴承 6 支撑在机头架上，组合轴承的内外圈分别与刀盘和机头架相连接。

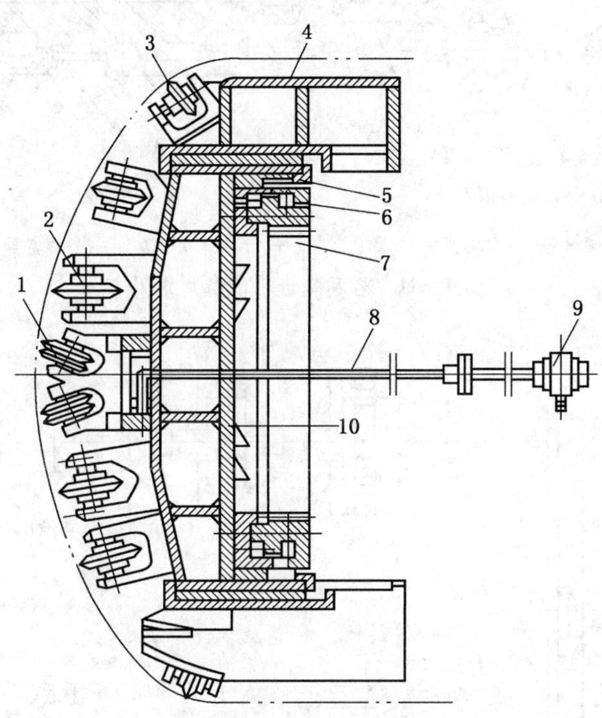

1—中心滚刀；2—正滚刀；3—边滚刀；4—铲斗；5—密封圈；6—组合轴承；
7—内齿圈；8—中心供水管；9—水泵；10—刀盘

图 4-40 刀盘工作机构

盘形滚刀的结构，如图 4-41 所示。盘形滚刀是破岩的工具，其质量直接影响机器的破岩能力、掘进速度、效益和可靠性。因此刀圈 3 是由强度高、韧性大、耐磨性高并能承受冲击载荷的模具钢锻造的。为提高轴承的承载能力，刀圈直径较大并采用端面密封和永久润滑，刀圈磨钝后，取下卡环 9 即可将刀圈卸下。

盘形滚刀的刀座一般按螺旋线方向布置在刀盘上，相邻两滚刀在径向方向的间距称为截距。截距是刀盘的一个重要参数，直接影响破岩能力和单位能耗，在一定条件下，与刀盘的推压力恰当配合，可以得到最佳的破岩效果。

2. 刀盘的传动系统

TBM32 型岩巷掘进机刀盘的传动系统，如图 4-42 所示。

机头架两侧的两台电动机经两级行星齿轮减速器和一级内齿轮的传动，驱动刀盘转动。两台电动机中有一台电动机是两端出轴的，右端出轴经摩擦离合器和液压马达相连，点动液压马达可实现刀盘的微动，调整刀盘入口处的位置，以便司机由入口进入刀盘前端检查和更换刀具。

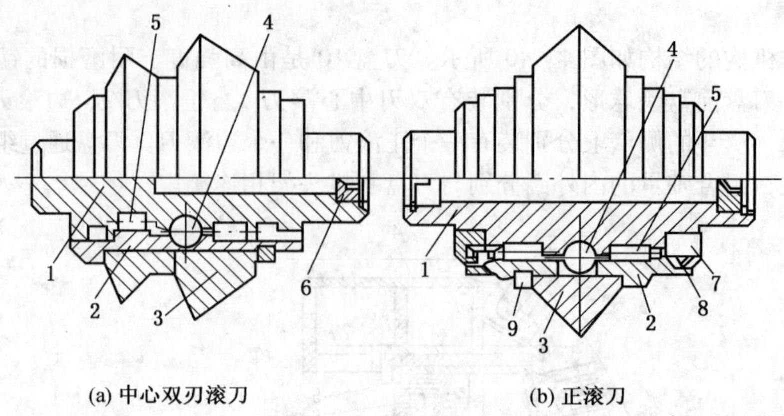

1—心轴；2—刀体；3—刀圈；4—钢球；5—滚子；6—堵头；7、8—金属密封环；9—卡环

图4-41　岩巷掘进机的盘形滚刀

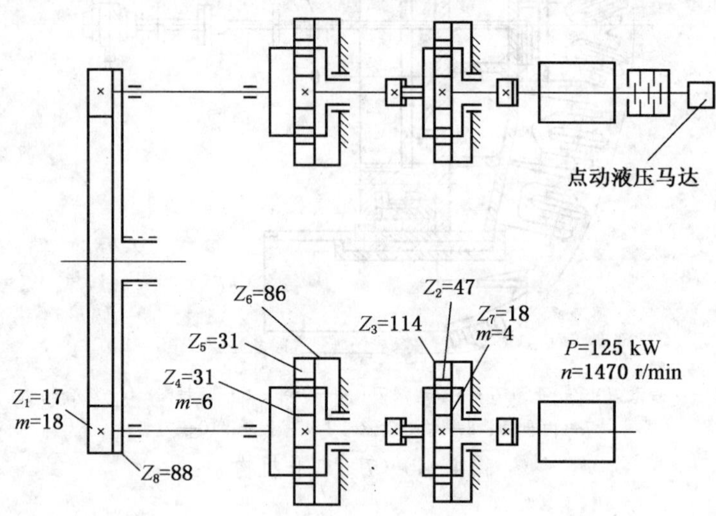

图4-42　TBM32 型岩巷掘进机刀盘传动系统

3. 行走机构

掘进机的行走机构由水平支撑和推进液压缸两部分组成，以实现岩巷掘进机的迈步行走并使刀盘获得足够大的推进力。

TBM32 型岩巷掘进机行走机构的结构如图 4-43 所示，推进缸 1 的缸体与机头架相连，活塞杆则与水平支撑板 3 连接，利用水平支撑缸将支撑板撑紧在巷道的侧帮上，当推进缸活塞腔进油时，便可推动刀盘前进；当刀盘推进一段距离后，支撑缸松开支撑板，向推进液压缸活塞杆腔供油即可将水平支撑机构拖向刀盘。这样，通过推进缸和水平支撑缸的交替动作，便可实现掘进机的迈步行走。斜缸 2 的缸体和活塞杆端分别与鞍座 4 和水平支撑缸铰接，起着浮动支撑的作用。掘进机大梁的导轨和鞍座的导槽相配合，使水平支撑—推进机构以大梁为导向推进。

掘进机采用激光导向装置，以确保按预定方向推进。

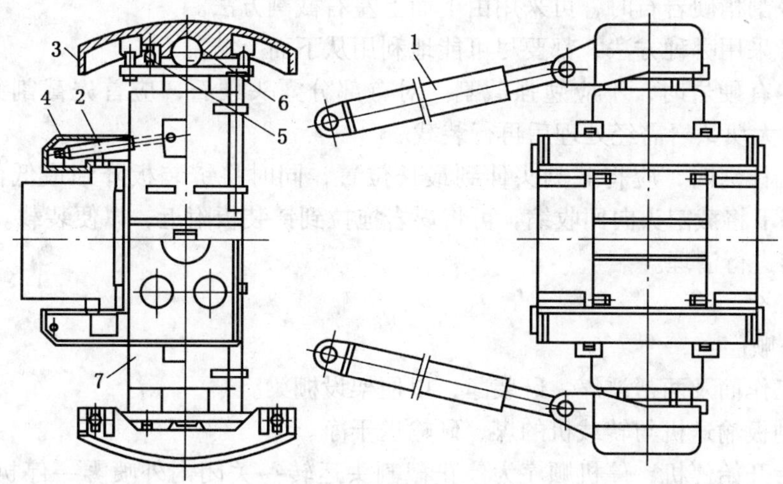

1—推进缸；2—斜缸；3—水平支撑板；4—鞍座；5—复位弹簧；6—球头压盖；7—水平支撑缸

图4-43 TBM32型岩巷掘进机的行走机构

四、掘进机的操作使用

（一）使用前的准备工作

1. 运行前检查

（1）首先检查周围的安全情况，并且注意巷道环境温度、有害气体等是否符合规定。

（2）检查各注油点油量是否合适，油质是否清洁。

（3）检查各接合面，螺栓是否齐全、紧固。

（4）检查各电缆是否吊挂不良或绷得太紧，是否有外部损伤、漏电现象。更要充分注意不要被掘进机压住或卷入履带内。

（5）检查所有机械、电气系统裸露部分是否都有护罩，是否安全可靠。

经以上检查确认安全无误后，方可开机。

2. 正式运行前准备工作

（1）先按按钮使电动机微动，以确定其运转方向是否正确。

（2）开机前先鸣响报警，打开照明灯。

（3）电动机空载运行3 min，观察各部位声响、温度是否正确，有无卡阻或异常现象。

（二）掘进机操作程序

1. 开机操作

开机顺序一般为液压泵电动机→转载输送机→刮板输送机→扒爪→供水阀→截割头。

当没有必要开动装载时，也可以在开动液压泵电动机后，启动截割电动机。

具体掘进作业操作方法：

（1）利用截割头上下、左右移动截割，可截割出初步断面形状。如果截割断面与需要的形状和尺寸有一定的差别，可进行二次修整，以达到断面形状尺寸要求。

（2）当截割较软煤壁时，采用左右循环向上的截割顺序。

(3) 当截割稍硬岩石时，可采用由下而上左右截割方法。

(4) 不管采用哪种方法，都要尽可能地利用从下而上截割。

(5) 当遇有硬岩时，不应勉强截割。对有部分露头硬石，应首先截割其周围部分，使其坠落。对大块坠岩需经处理后再行装载。

(6) 当掘柱窝时，应将截割头伸到最长位置，同时将铲装板降到最低位置向下掘，然后在此状态下将截割头向回收缩，可将煤岩拖拉到铲装板附近，以便装载。然后，还需用人工对柱窝进行清理。

2. 停机操作

停机操作顺序：

(1) 把工作面及两帮浮煤、矸装净，以便架设棚梁。

(2) 把刮板输送机与转载机的煤、矸输送干净。

(3) 然后开始停机，停机顺序为停止截割头运转→关闭内外喷雾→停扒爪→停刮板输送机→停转载机→铲装板落地→截割头落地→后支撑落地→停止液压泵→切断电气开关箱电源→取下电源开关手柄→停止上一级磁力起动器。

(三) 操作中注意事项

(1) 发现异常应停机检查，处理好后再开机。

(2) 截割头必须在空载旋转工况下才能向煤岩壁钻进。

(3) 掘进机前进或后退时，必须收起后支撑，抬起铲装板。

(4) 截割部工作时，若遇闷车现象应立即停车，防止截割电动机长时间过载。

(5) 对大块掉落煤岩，应破碎后再进行装载。

(6) 输送机减速器中的湿式摩擦离合器，其打滑时间为 15 s。若在使用过程中出现打滑现象，应及时关闭截割电动机、装运电动机，避免有关零部件损坏。

(7) 液压系统和供水系统的压力不能随意调整，需要调整时应由专职人员进行。

(8) 若油箱油温大于或等于 70 ℃，此时油温指示灯亮，应停机冷却，降温后再开机工作。

(9) 若油箱油位低于工作油位，指示灯亮，应停机注油。

(10) 注意观察油箱回油滤油器上的压差指示器，若指针从绿色指到红色，即需更换滤芯。

(11) 人工加油时，须用洁净的容器，避免油质污染造成元件损坏。

(12) 若外喷雾供水压力低于 1.5 MPa，需打开水泵站中与减压器并联的球阀，以保证冷却水供应。

(13) 掘进机工作中，若遇到非正常声响和异常现象，应立即停机查明原因，排除故障后方可开机。

复习思考题

1. 凿岩机的破岩原理是什么？

2. 气腿式凿岩机的组成有哪些？

3. 液压凿岩机的冲击机构原理如何？

4. 煤电钻主要由哪几部分组成？
5. 耙斗装载机主要由哪几部分组成？
6. 操作耙斗装载机应注意哪些事项？
7. 侧卸式铲斗装载机是如何进行工作的？
8. 简述扒爪装载机的主要组成部分和工作过程。
9. 使用掘进机掘进巷道有哪些优点？
10. 试述部分断面巷道掘进机的主要组成部分和工作过程。
11. 岩巷掘进机主要有哪些组成部分？
12. 掘进机在操作中应注意哪些事项？

第五章　运输机械

第一节　刮板输送机

一、概述

（一）刮板输送机的用途及适用范围

刮板输送机作为一种运输设备主要用来运送散状的小块细碎物料，如碎煤、岩石、沙以及各种矿石等。

刮板输送机（俗称溜子）主要用于缓倾斜回采工作面中煤炭的运输，也可用作采区巷道与上下山、辅助巷道、联络眼、采区平巷以及掘进工作面和地面矸石山等处的运输。刮板输送机既可用于水平运输，也可用于倾斜运输。沿倾斜向上运输时，煤层倾角不得超过25°；沿倾斜向下运输时，煤层倾角不得超过20°。但兼作采煤机轨道的输送机，其铺设倾角一般不超过10°，当倾角大于10°时，必须要有防滑锚固装置。

刮板输送机在使用中要受拉、压、弯曲、冲击、摩擦和腐蚀等多种作用，因此，必须有足够的强度、刚度、耐磨和耐腐蚀性。由于它的运输方式是物料和刮板链都在槽内滑行，因此运行阻力和磨损都很大。但是，在采煤工作面运煤，目前还没有更好的机械可替代，只能从结构上、强度上、材料和制造工艺上不断研究，使它减少运行阻力、更加完善、耐用。

（二）刮板输送机的主要组成和工作原理

1. 主要组成部分

刮板输送机虽经不断改进，类型不同，但其基本组成部件与工作原理是相同的。可弯曲刮板输送机的结构如图5－1所示，它主要由机头部、机尾部、机身部（也叫中间部）和附属装置组成。机头部又由机头架、传动装置（电动机、液力偶合器、减速器）、链轮组件等组成；机尾部由机尾架、传动装置、链轮组件等组成；机身部由中部槽（包括中部标准槽、调节槽和过渡槽）、刮板链等组成；附属装置由铲煤板、挡煤板、紧链器、防滑锚固装置和供移动输送机用的推移装置等组成。

2. 工作原理

1）输送货载工作原理

刮板输送机是一种以挠性体（链条）作为牵引机构，利用链轮与链条啮合传动的连续动作式运输机械，其传动系统如图5－2所示。刮板输送机的牵引机构是绕经机头链轮和机尾链轮（或滚筒）进行循环运动的无极闭合的刮板链，承载机构是中部槽。启动电动机，经液力偶合器、减速器、传动链轮而驱动刮板链连续运行，将装在中部槽上的货载拖拉到机头处卸载转运。一般情况下，中部槽上部装载，下部回空链。

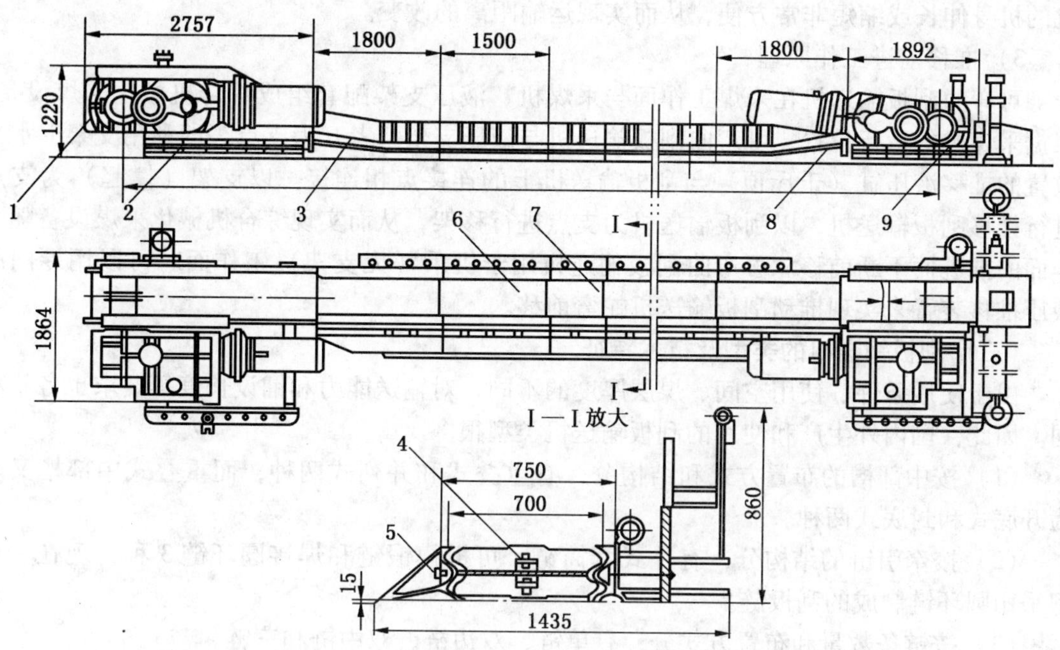

1—机头部；2—机头支撑推移装置；3—机头过渡槽；4—刮板链；5—铲煤板；6—中部槽；7—1 m调节槽；8—机尾过渡槽；9—机尾部

图5-1　可弯曲刮板输送机结构

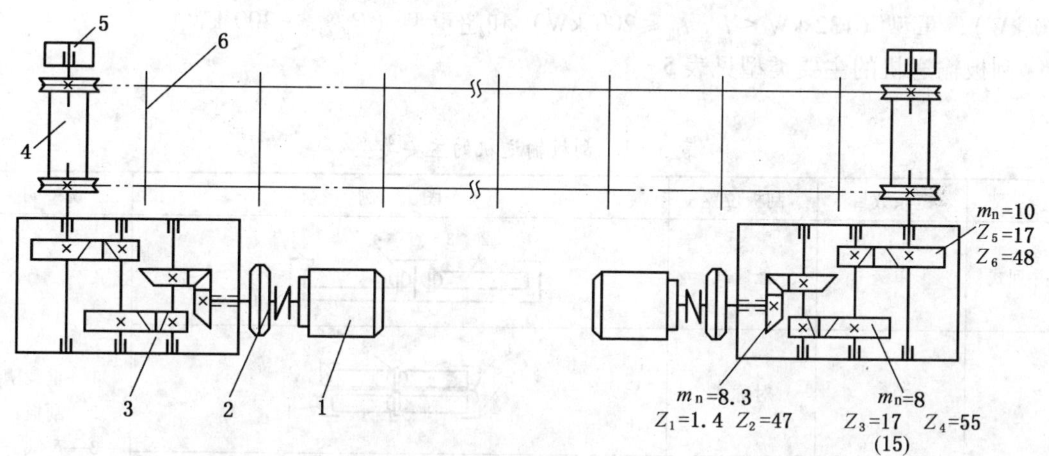

1—电动机；2—液力偶合器；3—减速器；4—链轮组件；5—盲轴；6—刮板链

图5-2　刮板输送机的传动系统

2）可弯曲工作原理

一方面，可弯曲刮板输送机利用中部槽之间的可活动性连接，相邻中部槽间不仅能沿垂直和水平方向弯曲2°~4°，从而使输送机不仅可以水平弯曲，在推移装置的作用下不需要拆卸即可逐段向前移动；还能够垂直弯曲，可以弥补底板高低不平的影响。另一方面，正是因为由多节中部槽连接而成和中部槽之间的方便拆卸的结构原理，使得刮板输送机的机身伸长或缩短非常方便，从而实现运输距离的改变。

3）推移前进工作原理

可弯曲刮板输送机在采煤工作面与采煤机、液压支架配套组成综合机械化采煤设备。根据采煤机的运行位置，可弯曲刮板输送机与液压支架两者互为支点，即利用支架上水平放置的推移液压缸（千斤顶）与刮板输送机上的连接点相连接。以支架（撑起）为支点进行推移刮板输送机，以刮板输送机为支点进行移架，从而实现综合机械化采煤设备随工作面的推进而不断前移。可弯曲刮板输送机用于机采（无支架）工作面时可以用专门的液压推移装置来实现推动刮板输送机蛇弯前移。

（三）刮板输送机的类型及技术特征

由于使用条件、使用空间、煤层厚度的不同，对输送能力和铺设长度等要求也各不相同。因此，国内外生产和使用的刮板输送机类型很多。

(1) 按中部槽的布置方式和结构分，有重叠式和并列式两种，而重叠式中部槽又分为开底式和封底式两种。

(2) 按牵引链的结构分，有片式套筒链、可拆模锻链和焊接圆环链3种，现在一般都采用圆环链制成的刮板链。

(3) 按链条数量和布置方式分，有单链、双边链、双中链和三链。

(4) 按传动动力类型分，有电力传动（电动机）和液压传动。

(5) 按电动机传动装置的数量和布置方式分，有单电动机传动和双电动机传动两种。双电动机传动装置的布置方式又分为并列式（平行式）、垂直式和复合式。

(6) 按传动电动机的功率分，有轻型（$P_{电动机} \leqslant 75$ kW）、中型（75 kW $< P_{电动机} \leqslant$ 110 kW）、重型（132 kW $< P_{电动机} \leqslant 200$ kW）和超重型（$P_{电动机} > 200$ kW）。

刮板输送机的主要类型见表5-1。

表5-1 刮板输送机的主要类型

类型	链条数目	刮板位置	图例	说明
并列式	单链	悬臂式	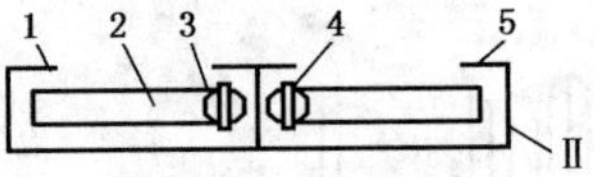 1 2 3 4 5 Ⅱ	
重叠式	单链	对称式	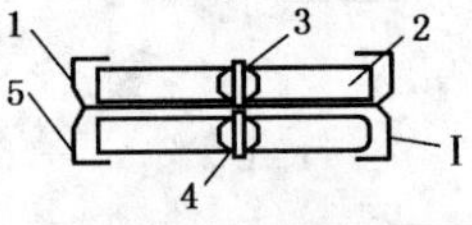 1 3 2 5 Ⅰ 4	1—重载槽； 2—刮板； 3—重载链； 4—回空链； 5—回空槽； Ⅰ—敞底式； Ⅱ—封底式
	双边链	中间式	 2 3 1 4 5 Ⅱ	
	双中链	对称式	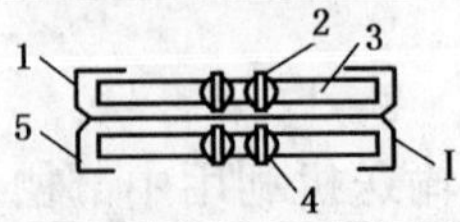 2 3 1 5 Ⅰ 4	
	三链	对称式	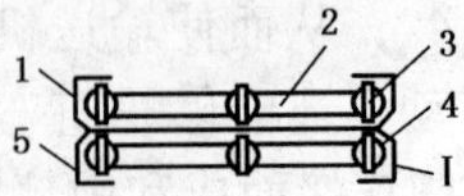 2 3 1 4 5 Ⅰ	

目前常用的国产刮板输送机有 SGB 系列、SGW 系列、SGZ 系列。

刮板输送机产品型号表示方法，例如，中部槽槽宽为 630 mm，配用电机为 2×75 kW 的双边链型刮板输送机的型号表示为

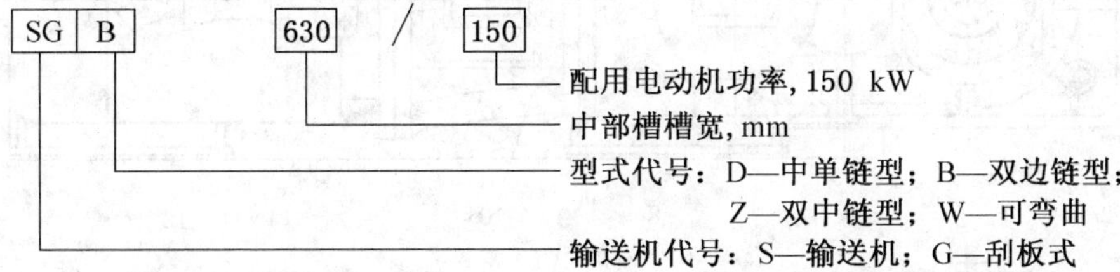

二、刮板输送机的结构

根据工作需要，矿用刮板输送机的结构应满足如下要求：

(1) 能用于左或右工作面。

(2) 各部件便于在井下拆装和运输。

(3) 同一型号的部件安装尺寸和连接尺寸应保证相同，同类部件应保证通用互换。

(4) 刮板链安装后，在正、反方向都能顺利运行；有紧链装置，且操作方便、安全可靠；不需拆卸就可用机械推移，为此，应有便于安装推移装置的连接点。

(5) 要有足够的强度、刚度和耐磨性；从端部卸载的刮板输送机，机头架应有足够的卸载高度，防止空载刮板链返程带回煤。

(6) 一般应有拨链器。拨链器是供刮板链在下中部槽或上中部槽脱出时通过它顺利返回槽内的装置。

(7) 用于机械化采煤工作面的刮板输送机，应结合技术上的需要，能装设下列部分或全部附属部件：采煤机的导向装置、铲煤板、挡煤板；无链牵引采煤机的齿轨；放置电缆、水管、乳化液管路的槽或支座；在机头部和机尾部能安装采煤机外牵引的传动装置、牵引链的固定装置或刨煤机的传动装置和控制保护装置。

(8) 用于综采工作面的刮板输送机，相关的外廓尺寸应与采煤机和液压支架相配套。

(9) 刮板输送机沿倾斜面铺设，在工作中有下滑可能时，应有防滑锚固装置。

刮板输送机由机头部、机尾部、中部槽及其附属部件等装置组成，下面分述其结构及技术要求。

(一) 机头部

机头部既是刮板输送机的传动部件，又是整个输送机的卸载端，具有传动、紧链、锚固和固定采煤机牵引链等功能。其两侧均可与动力部连接。机头部主要由机头架、链轮、减速器、盲轴、液力偶合器（联轴器）和电动机组成。用螺栓将减速器固定在机头架上。减速器和电动机外壳均带有法兰盘，通过液力偶合器外壳把三者连接起来，安装时要保证减速器输入轴、电动机轴和液力偶合器轴三者之间的同心度。刮板输送机的机头部，如图 5-3 所示。

1. 机头架

机头架是机头部的骨架，是支撑和安装机头动力部（电动机、液力偶合器、减速

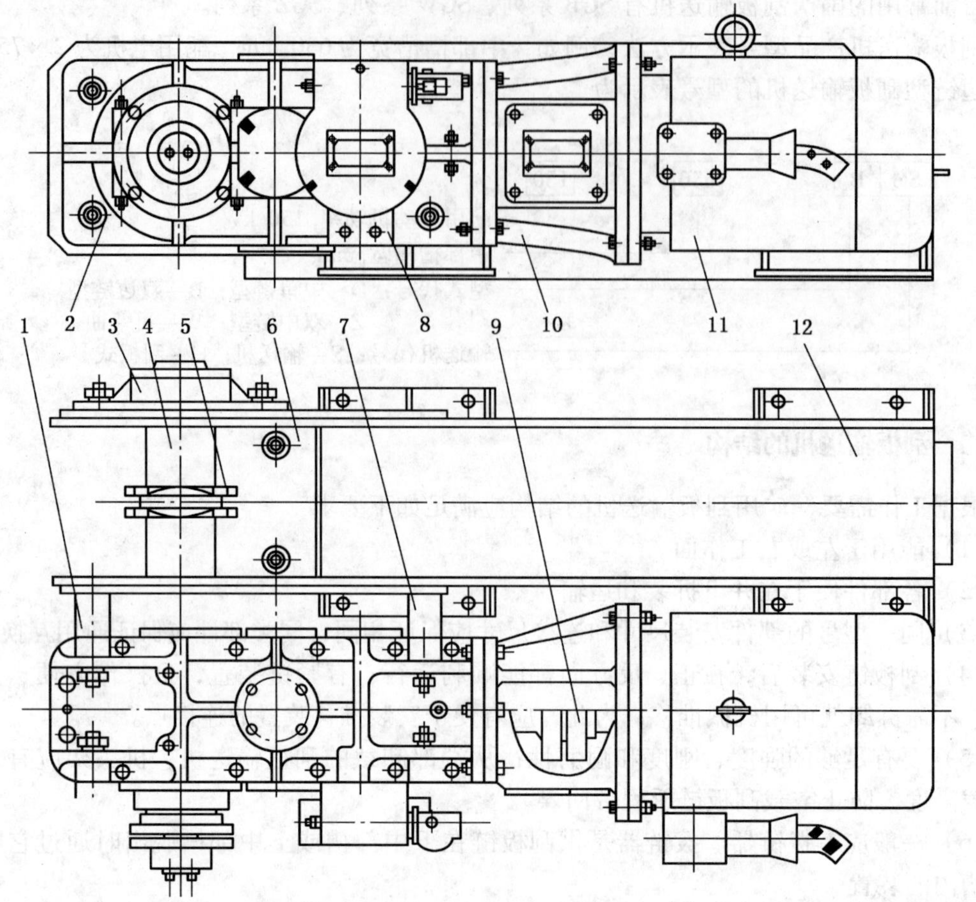

1—垫块；2—减速器；3—盲轴；4—链轮组件；5—拨链器；6—护轴板；7—垫块；
8—紧链装置；9—液力偶合器；10—连接罩；11—电动机；12—机头架

图5-3　刮板输送机机头部

器）、链轮组件、盲轴及其他附属装置。应有足够的强度和刚度，由厚钢板焊接制成，各型机头部的共同点如下：

（1）两侧对称，两侧壁上都能安装减速器，以适应左、右采煤工作面的需要。

（2）链轮由减速器伸出轴和盲轴支撑连接，这种连接方式便于在井下拆装。

（3）拨链器和护轴板固定在机头架的前横梁上，它的作用是防止刮板链在与链轮的分离点处被轮齿带动卷入链轮。护轴板是易损部位，用可拆换的活板，所以也叫舌板。它既便于链轮和拨链器的拆装，又可更换。

（4）机头架的易磨损部位采取耐磨措施，例如加焊高锰钢堆焊层或局部采用耐磨材料的可更换零件。

2. 链轮

链轮组件由链轮和滚筒组成。链轮是传力部件，也是易损件，运转中除承受静载荷外，还承受脉动和冲击载荷。

双边链用的链轮组件，如图5-4所示，采用剖分式滚筒，滚筒两端有环槽与链轮的环槽相接，内孔用平键分别与减速器伸出轴及盲轴连接，两半个滚筒间用螺栓固接。链轮用花键与减速器的伸出轴和盲轴连接。安装时必须保证两个链轮的轮齿在相同的相位角上。这种结构的优点是链轮磨损后可以只更换链轮。但是，当滚筒螺栓锈死时，很难拆卸。

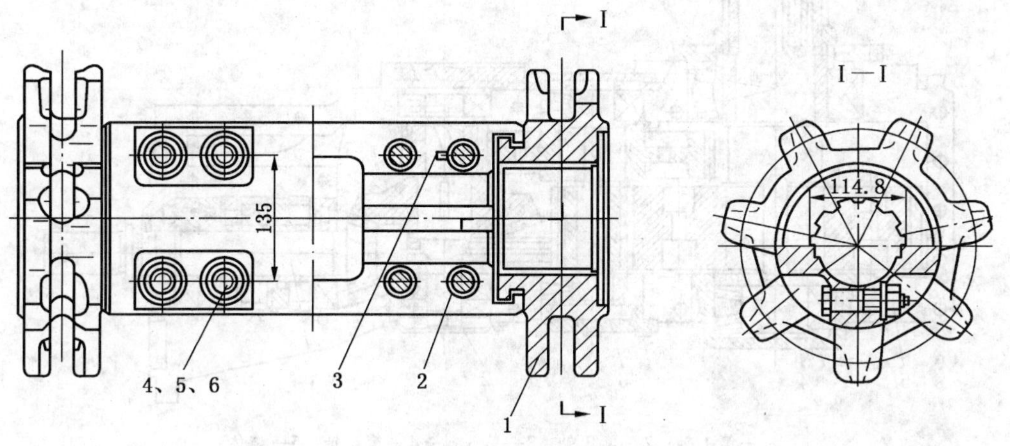

1—链轮；2—剖分式滚筒；3—定位销；4、5、6—螺栓、螺母、垫圈

图 5-4　双边链用的链轮组件

图 5-5 所示为双中链用焊接链轮组件，滚筒两端的内花键分别与减速器输出轴和盲轴连接，这种结构拆装维修方便。《刮板输送机通用技术条件》（MT 105—1993）中规定，轻型刮板输送机的链轮寿命应不低于 1 年，中、重型刮板输送机的链轮寿命应不低于 1 年半。

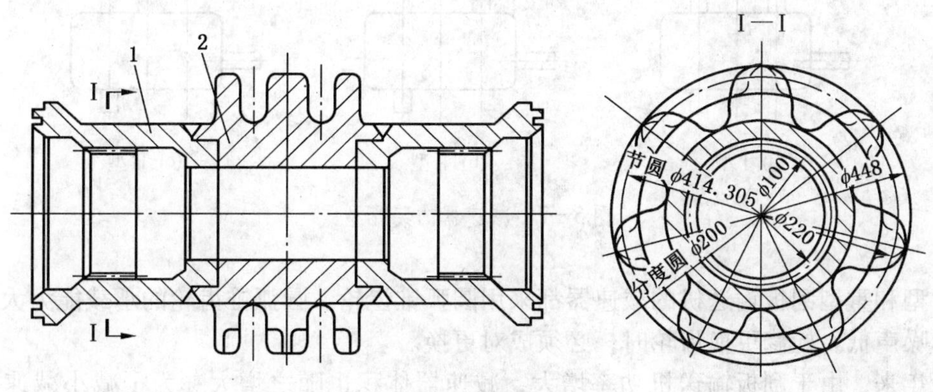

1—滚筒；2—链轮

图 5-5　双中链用焊接链轮组件

3. 减速器

双边链刮板输送机的传动装置均为并列式布置（电动机轴与传动链轮轴垂直），故都采用三级圆锥—圆柱齿轮减速器，减速器的箱体为剖分式对称结构，三级圆锥—圆柱齿轮减速器，如图 5-6 所示。减速器的输入端通过机头架上的定位键进行定位。箱体用球墨

铸铁制造，以保证强度。为保证在倾斜状态下，第一轴的轴承能得到良好的润滑，用挡环和油封隔成了一个独立的油室，使润滑油不会流入箱体。

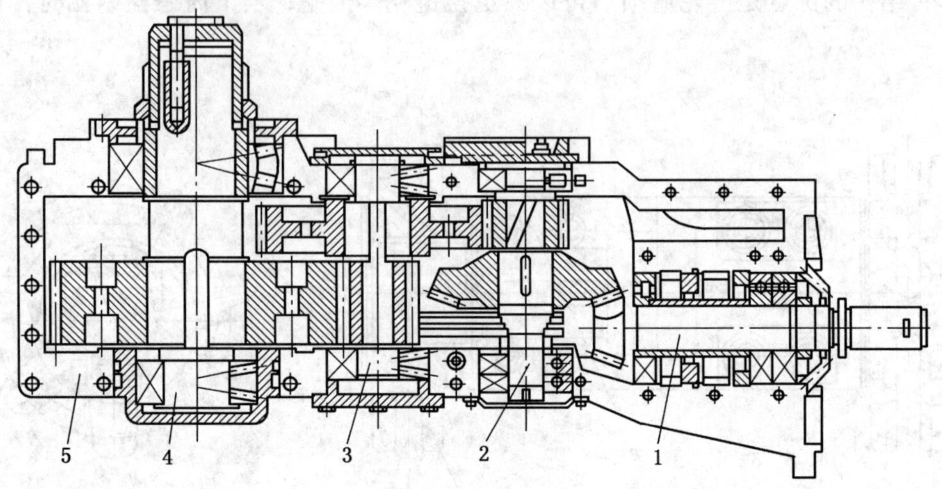

1—第 1 轴；2—第 2 轴；3—第 3 轴；4—第 4 轴；5—箱体

图 5-6　三级圆锥—圆柱齿轮减速器

为适应不同现场的需要，三级圆锥—圆柱齿轮减速器有 3 种装配型式，如图 5-7 所示。Ⅰ型减速器用于 30 kW 以下的输送机；单机功率 40 ~ 75 kW 的减速器多采用Ⅱ型减速器；Ⅲ型减速器的第一轴装紧链装置，利用液力偶合器实现过载保护，多用于单机功率 90 kW 以上的输送机。

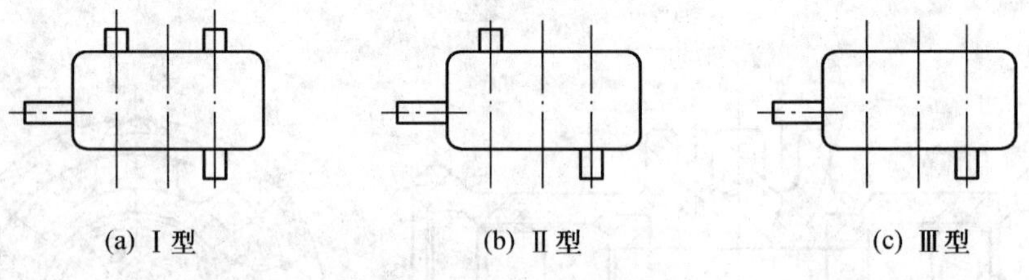

图 5-7　减速器的装配型式

中型和重型刮板输送机的减速器都采用圆弧锥齿轮。圆弧锥齿轮的承载能力大，传动平稳，噪声低。检修更换齿轮时，必须成对更换。

近年来，由于刮板输送机功率增大，减速器体积也随之增大。为了减小减速器的尺寸，多采用行星齿轮传动减速器。

4. 盲轴

盲轴即图 5-8 中所示的花键轴。盲轴（及其组件）是用来支撑链轮的。它是安装在与机头架上减速器对称位置的一侧。它（用于与图 5-4 所示的链轮组件相配套）的一端安装有轴承，其轴承座装在机头架侧板的座孔内，用螺栓固定；另一端插于链轮内，用花键与链轮连接和用平键与滚筒连接。因为该轴不是通轴，埋藏于链轮滚筒内不出头（看不见），所以称之为盲轴。盲轴组件的结构如图 5-8 所示，由盲轴（花键轴）1、轴承 3、

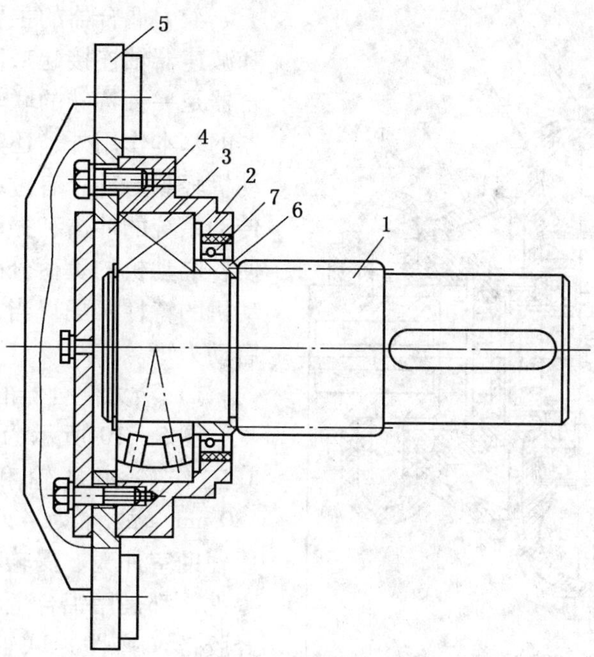

1—盲轴（花键轴）；2—轴承座；3—轴承；4—盖板；5—轴承托板；6—轴套；7—油封

图5-8　盲轴组件

轴承座2、轴承托板5、轴套6和盖板4等组成。

5. 液力偶合器

通常电动机与减速器之间需要用联轴器来连接传递动力，而刮板输送机的电动机与减速器的连接有弹性联轴器和液力偶合器两种。中型和重型刮板输送机一般都采用液力偶合器，如图5-9所示。

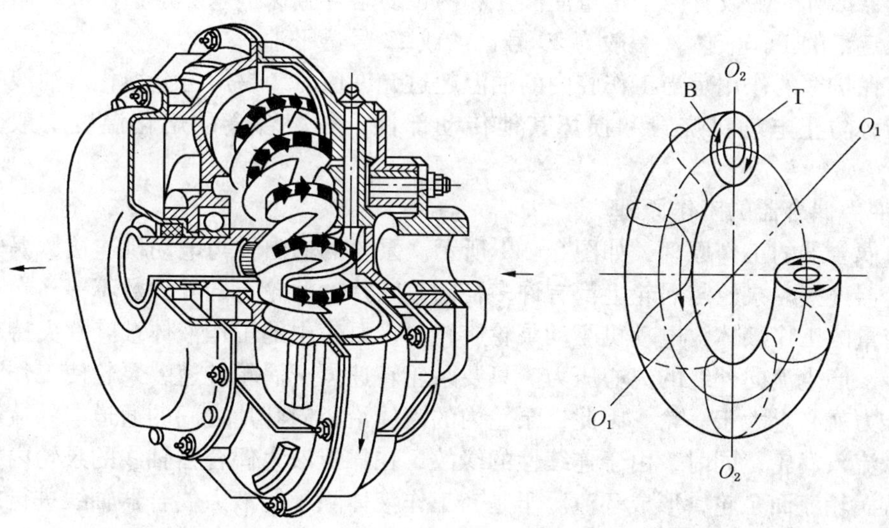

图5-9　液力偶合器形状结构与液流示意图

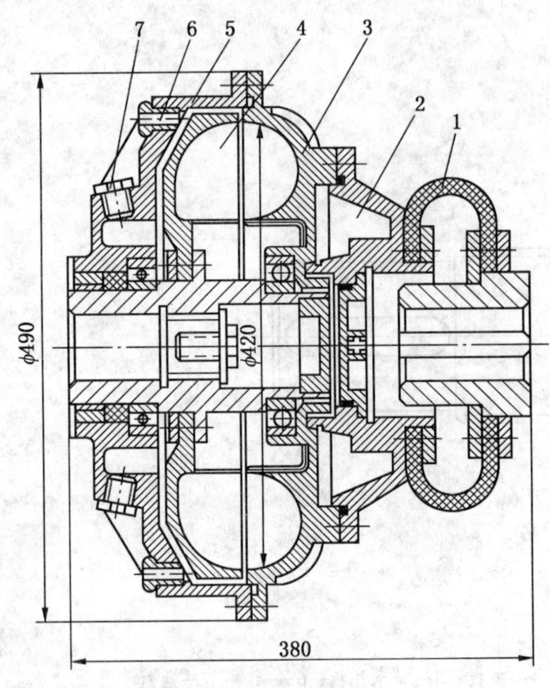

1—胶带（弹性）联轴器；2—后辅助室；3—泵轮；4—涡轮；5—外壳；6—易熔保护塞；7—注油塞

图 5-10 420 型液力偶合器

液力偶合器的主要作用是将电动机轴和减速器轴连接起来以传递转矩。液力偶合器是一种特殊的联轴器，除了具有联轴器的基本作用外，还具有以下优点：使电动机轻载启动；有过载保护功能；能减缓传动系统的冲击和振动；多电动机驱动能使各电动机的负荷分配较均匀。如果与电动机的特性匹配得当，能增大驱动装置的启动力矩。

1）液力偶合器的结构

图 5-10 所示为 420 型液力偶合器，其工作轮（泵轮和涡轮）直径都是 420 mm，故称为 420 型，其中的泵轮、后辅助室外壳、涡轮和涡轮外壳 4 个主要零件，都是用铝合金浇铸而成。由电动机经胶带（弹性）联轴器和后辅助室外壳用 4 个 M12 螺钉连接传动。后辅助室外壳和泵轮用 12 个 M12 的螺钉紧密连接。泵轮与涡轮外壳用 18 个 M12 的螺钉连接在一起。为防止漏油，在泵轮与后辅助室外壳、涡轮外壳的接触处均垫有纸垫圈。泵轮轮毂借滚珠轴承支撑在涡轮的轴套上。泵轮有径向叶片 45 片，涡轮上有径向叶片 42 片。涡轮的外壳除了与泵轮连接外，在另一端支撑在滚珠轴承轴套上。

泵轮与涡轮装配好后，两轮的径向槽相互吻合形成了若干个小环形工作腔。另外，在液力偶合器的外壳上设有两个定量注液孔和两个易熔合金保护塞。定量注液孔向液力偶合器内注入定量的工作液体（一般为 20 号机油或 22 号透平油）。

易熔保护塞的作用是当工作腔内的油温超过允许值时，易熔合金熔化，油液喷出，使泵轮空转，防止电动机烧毁和损坏其他传动部件。易熔合金的熔化温度一般为 110 ~ 140 ℃。

2）液力偶合器的工作原理

液力偶合器的工作原理，如图 5-11 所示。泵轮的输出轴与电动机连接，涡轮的输出轴与减速器连接。泵轮与涡轮上都有许多径向直叶片，两轮上的叶片数不等。在工作腔内灌注一定量的工作液体，电动机驱动泵轮旋转时，泵轮中的工作液体被叶片夹持着同泵轮一起旋转，产生流向外缘的离心压力。只要泵轮转速大于涡轮转速，泵轮使工作液体产生的离心推力就必定大于涡轮。因此，泵轮内的液体沿径向叶片之间的通道向外流动，并在泵轮外缘流入涡轮；同时，由于连续性的缘故，在靠近液力偶合器轴线的泵轮内缘，工作液体又从涡轮流回泵轮，形成环流。于是，工作液体除了绕液力偶合器轴线进行旋转运动（牵连运动）之外，还要绕泵轮和涡轮所组成的循环圆的中心进行环流运动（相对运动），因而，工作液体的绝对运动是螺管状的复合运动（图 5-9）。

进入螺管运动的液体质点在泵轮中被加速增压，泵轮的机械能转换成液体的动能，液体进入涡轮后，推动涡轮旋转，液体被减速降压，液体的动能又转换成涡轮的机械能而输出做功。因此，液力偶合器是依靠液体环流运动传递能量的，而产生环流的条件是泵轮转速大于涡轮转速，即两者之间存在转速差，这个转速差值称为“滑差”。当两者转速相等时，液体的环流运动消失，能量传递也就停止了。

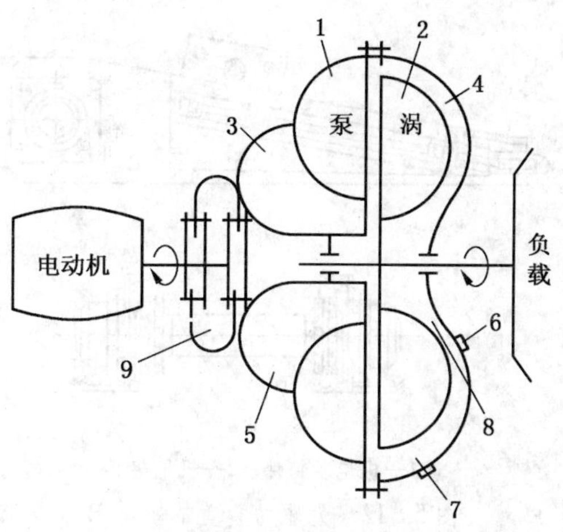

1—泵轮；2—涡轮；3—后辅助室外壳；4—涡轮外壳；5—后辅助室；6—注油孔；7—易熔保护塞；8—前辅助室

图5-11　液力偶合器工作原理示意图

液力偶合器的工作液体可用矿物油、水或难燃液。在矿井中采用矿物油作工作液体有引起火灾的危险。为防止油温过高，安全型液力偶合器的工作腔装有易熔保护塞。易熔保护塞上有通孔，用专门配制的易熔合金封死。当过载时间较长，油温超过限定温度时易熔合金被熔化，腔内油液喷出，泵轮与涡轮就会失掉液力联系，从而保护了电动机不会长时间过载，链条就不会被拉断，也不致因油温过高而造成各种事故。

6. 电动机

刮板输送机不用液力偶合器时，采用双鼠笼转子并具有高启动转矩的隔爆型电动机；采用液力偶合器时，对电动机的启动转矩无高要求，只是要求最大转矩要高。因为用液力偶合器时，电动机是轻载启动，如果液力偶合器的输入特性与电动机特性匹配得当，则对负载的启动转矩可接近电动机的最大力矩。

为解决刮板输送机重载启动的困难，德国、英国使用双速电动机。双速电动机是指有两种额定转速的鼠笼式感应电动机，它的定子上装两套绕组，一套为低转速绕组，另一套为高转速绕组，以低速绕组启动，达到一定转速时，电动机自动换接到高速状态并维持运转。

采用双速电动机需要专用的控制开关，以低速启动运转，在给定的时间内，断开低速绕组，接通高速绕组运行。在换接的断电间隔（时间约150 ms）中，电动机的转速因负载不同下降50～250 r/min，即使是满负荷启动，高转速绕组也不是从静止启动的，因而高速启动的电流也不高。双速电动机的机械特性使刮板输送机在重载下能平稳启动。

采用双速电动机与使用液力偶合器相比，因没有液力偶合器的滑差，不需经常检查和补充工作液体，没有过载喷油之患。但是，它也没有液力偶合器的几种有益功能。双速电动机专用的控制开关中，必须有可靠的电气保护装置。

目前我国生产的双速电动机型号有 YDB 系列和 KBY 系列。

（二）机尾部

机尾部分为有驱动装置和无驱动装置两种。一般情况下，有驱动装置的机尾部，因机尾部不需卸载高度，除了尾架比机头架低矮外，其他部件与机头部相同。

有驱动装置机尾部的结构与机头部基本相同，SGW-80T型刮板输送机的机头部与机

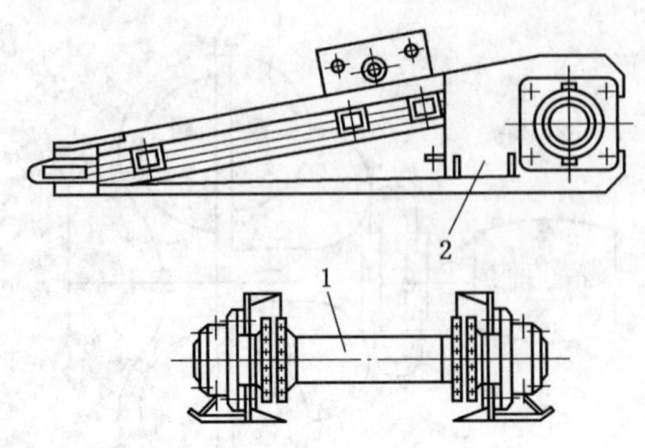

1—机尾轴部件；2—机尾架

图5-12 无驱动装置的机尾部

尾部结构就完全相同；SGZ-830/630型双中链刮板输送机的机尾部与机头部的结构也相同，只是在机尾部加装了回煤罩。机尾传动部的安装、拆卸与机头部也相同。

无驱动装置的机尾部（图5-12），尾架上只有供刮板链改向用的机尾部轴部件，机尾部轴上的链轮也可用滚筒代替。

（三）中部槽及附件

如图5-13所示，中部槽是刮板输送机的主体部分，刮板输送机的中部槽主要作用是承载和作为采煤机的轨道。中部槽分为中部标准槽、过渡槽、调节槽。

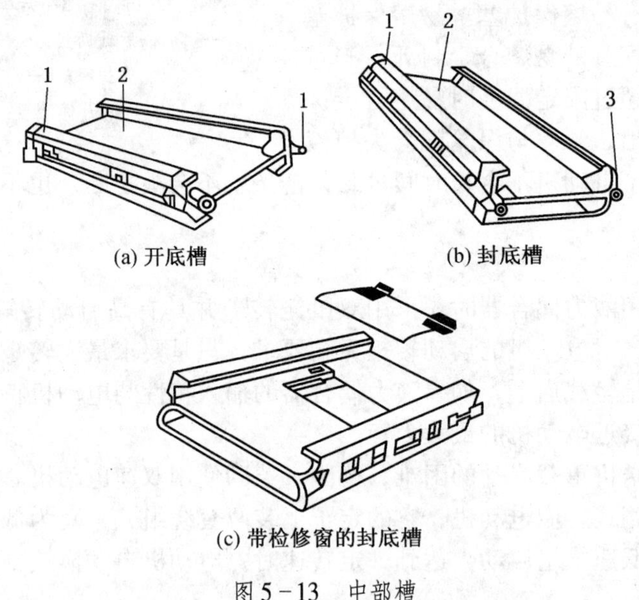

图5-13 中部槽

工作面刮板输送机中部槽靠采空区一侧安装挡煤板，以提高装载能力，靠煤壁一侧安装铲煤板，用来清理底板浮煤，铲平底板，便于输送机向煤壁推进。挡煤板、铲煤板均属于附件。

1. 中部标准槽

中部标准槽是刮板输送机的机身，由槽帮钢和中板焊接而成，每节长度为1.5 m，如图5-14所示。上槽是装运物料的承载槽，下槽底部敞开供刮板链返程用。为减小刮板链返程的阻力，或在底板松软的条件下使用时防止槽体下陷，在槽帮钢下加焊底板构成封底槽。使用封底槽安装下股刮板链和处理下股断链事故较困难，可以采用每间隔几节封底槽装一节有可拆中板的封底槽办法（参见图5-13c），以减少处理断链事故的难度。

中部标准槽的型式列入标准的有单中链型、双边链型、双中链型3种。中部标准槽的断面形状有如图5-14所示的3种，其尺寸在《刮板输送机中部槽》标准中有规定。制造

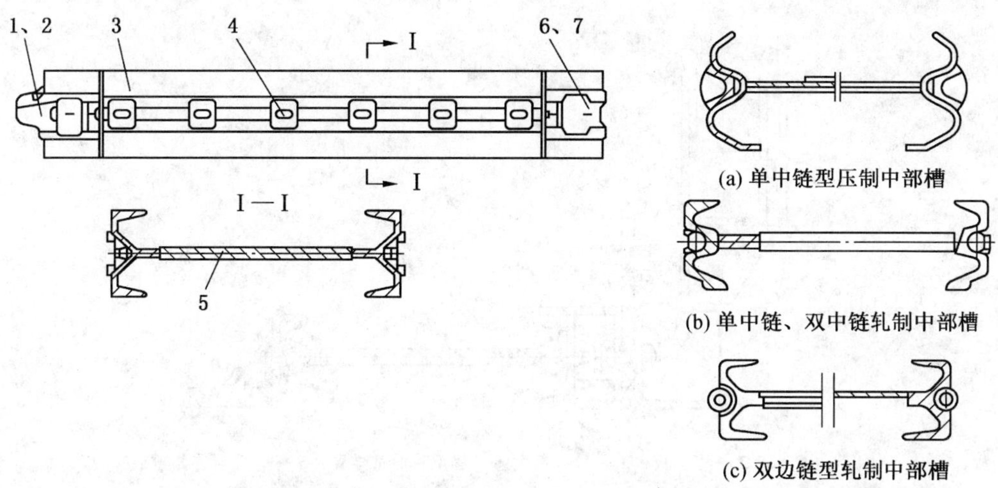

1、2—高锰钢凸端头；3—槽帮钢；4—支座；5—中板；6、7—高锰钢凹端头

图5-14 中部标准槽及其断面

中部标准槽的槽帮钢已有定型标准，规定的型式有D型、E型和M型3种。D型为单中链刮板输送机用热轧槽帮钢；E型为单中链和双中链用，双边链也可使用，M型为双边链用的热轧槽帮钢。E型与M型相比不仅中板宽度减小从而增大了刚度，而且还增强了中板与槽帮钢的焊缝强度，便于焊接，链条不磨焊缝。中部标准槽的槽帮钢中腰上的支座（图5-14），供安装铲煤板、挡煤板和无链牵引齿条用。

2. 过渡槽、调节槽

调节槽与中部标准槽结构完全相同，只是长度不同。调节槽主要是用来调节刮板输送机的长度，以适应工作面长度变化的需要，通常有0.5 m和1 m两种长度规格。

过渡槽（或叫连接槽）用于机头架或机尾架与中部标准槽的过渡处的连接，使机头架、机尾架和中部标准槽连接成为整体。

3. 挡煤板、铲煤板

挡煤板的作用是防止煤向采空区撒落，以及为采煤机导向、放置电缆和水管、为推移千斤顶提供连接点等。挡煤板必须具有足够的强度和刚度，因为它的变形和损坏会影响采煤机的运行。中部标准槽在弯曲状态下，挡煤板之间不仅不能互相干涉，还应使采煤机能正常运行。运输巷道中使用的刮板输送机上安装挡煤板仅作增加装载量和防止撒煤之用。

铲煤板在推移中部标准槽时用来清理工作面的浮煤，它固定在中部标准槽的支座上，安装后上缘应低于槽帮，下缘要超出槽底，宽度方向与采煤机滚筒应有一定的间隔距离，也就是铲煤板的前沿应不到采煤滚筒的（垂足点）位置，以免铲到煤壁，影响滚筒割煤，如图5-15所示。铲煤板的刃口应有足够的强度。

（四）刮板链

刮板链由链条和刮板组成。其中链条是刮板输送机的牵引构件，刮板是刮板输送机的工作执行构件，其作用是刮推槽内的货载。

常见的刮板链结构型式主要有单中链、双中链和双边链3种，分别如图5-16、图5-17和图5-18所示。

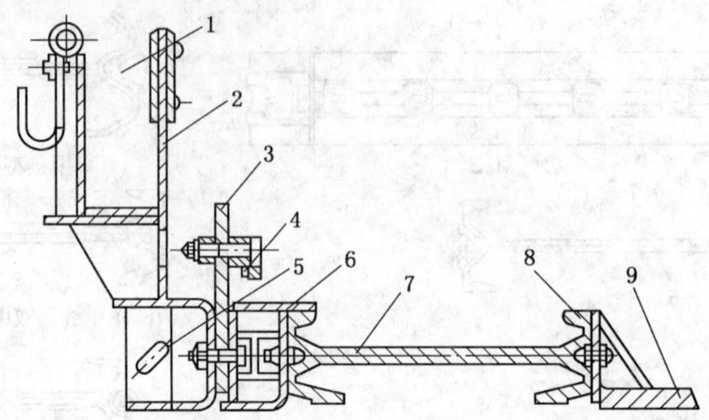

1—电缆槽；2—挡煤板；3—无链牵引齿条；4—导向装置；5—千斤顶连接孔；
6—定位架；7—中部槽中板；8—槽帮（采煤机导轨）；9—铲煤板

图5-15　中部槽及其附件的连接

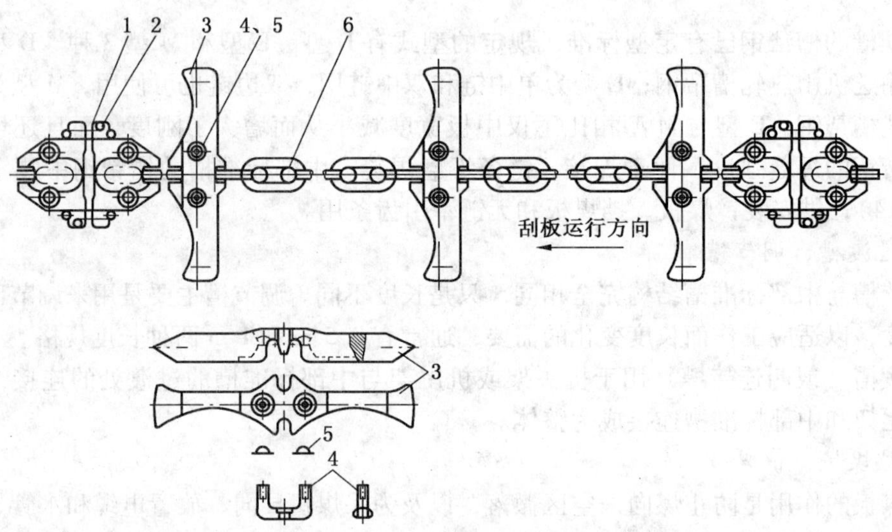

1—接链器；2—开口销；3—刮板；4—U形螺栓；5—自锁螺母；6—圆环链

图5-16　单中链式刮板链

1. 链条

早期刮板输送机曾使用板片式链、套筒滚子链和可拆模锻链作为刮板链，均已逐步淘汰。目前，刮板输送机都使用圆环链作为刮板的牵引链。圆环链条用优质合金钢焊接而成的，具有强度高、韧性大、耐磨和耐腐蚀等特性。

目前，刮板输送机使用的圆环链已经标准化。圆环链规格是以链环棒料直径和链节距用毫米尺寸表示，标准规格有7种：$\phi10\times40$、$\phi14\times50$、$\phi18\times64$、$\phi22\times86$、$\phi24\times86$、$\phi26\times92$、$\phi30\times108$。按强度分为B、C、D共3个等级，B级强度最低，C级强度居中，D级强度最高。

2. 刮板

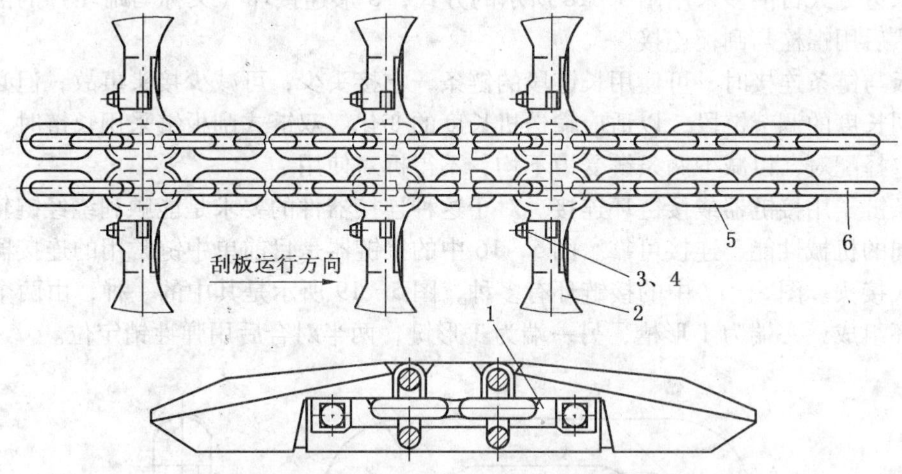

1—卡链横梁；2—刮板；3—螺栓；4—螺母；5—圆环链；6—接链环

图 5-17 双中链式刮板链

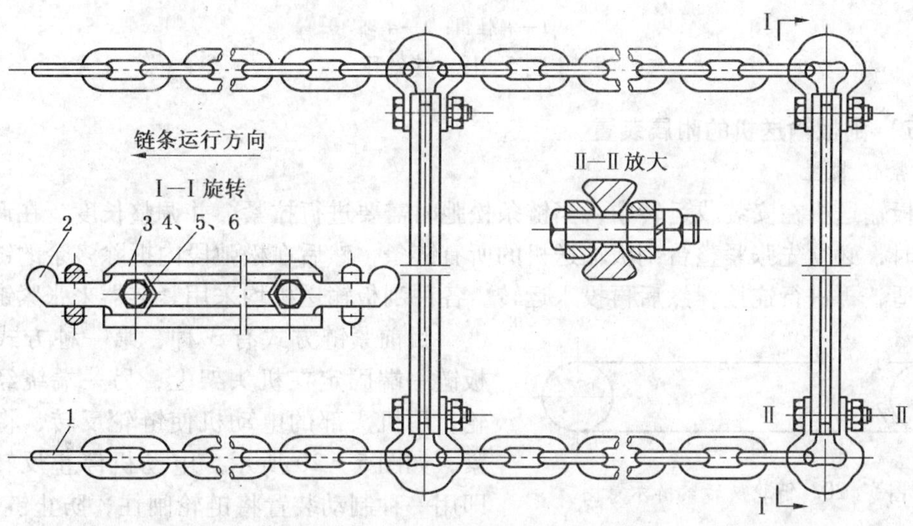

1—圆环链；2—接链环；3—刮板；4—螺栓；5—螺母；6—弹簧垫圈

图 5-18 双边链式刮板链

刮板的主要作用是刮运货载。在输送机运行时刮底清帮、防止煤粉黏结和堵塞。刮板可用轧制异型钢锻造或铸造合金钢经韧化热处理制成。当链条不与中板接触，刮板两端与槽帮形状相同，刮底清帮效果最佳。各种刮板的结构形状大致相似，因与不同牵引链条配合情况不同而各有差异，具体结构形状如图 5-16、图 5-17、图 5-18 所示。

3. 刮板与链条的连接

刮板与链条的连接方式有 3 种：①单中链式采用图 5-16 所示的方式，刮板上有链窝，以此链窝与链条的平环相配，用特制的 U 形螺栓和自锁螺母固定；②双中链式采用图 5-17 所示的方式，刮板上有链窝，用卡链横梁和刮板夹持平环，以螺栓和自锁螺母固定；③双边链式目前多采用图5－18所示的方式，U形连接环（又称马蹄环）的两侧套入链环，然后用螺栓与刮板连接。

刮板与链条连接时，可使用长链段的链条，它接头少，可减少接头事故，但必须配备几种不同长度的调节链段，以适应输送机长度的变化。双链式刮板链采用长链时，应按规定长度选择配对，以减少两条链受力不均，不得拆对使用。

两条链子用接链器或接链环连接。对于这种连接器件的要求是能顺利绕经链轮，与链条有相同的机械性能，连接可靠。图5－16中的接链器是目前单中链常用的连接器件，又称作蛙式接头。图5－17中的接链环有多种，图5－19所示是其中的一种，由两个完全对称的半环组成，一端为T形槽，另一端为T形键，两半对合后用弹性销定位。

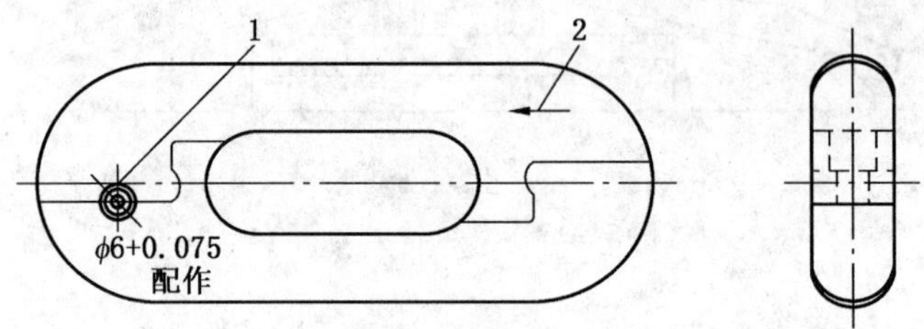

1—弹性销；2—半环

图5－19　接链环

（五）刮板输送机的附属装置

1. 紧链装置

刮板输送机在安装或运转中，当链条松弛时需要进行拉紧，并调整长度。在调整刮板链长度时，必须先张紧整台刮板输送机的所有链条，然后在松弛段内拆除多余的链环，使长度合适，再进行连接，然后再投入运转。各种刮板输送机均采用紧链器来张紧链条。

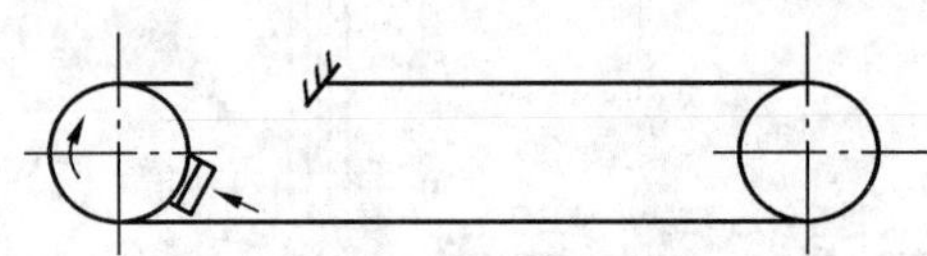

图5－20　链轮反转紧链示意图

目前紧链方式有3种，第一种方式是将刮板链一端固定在机头架上，另一端绕经机头链轮，用机头部的电动机使链轮反转，将链条拉紧，如图5－20所示。电动机停止反转时，立即用一种制动装置将链轮闸住，防止链条回松；第二种方式与前一种基本相同，只是不用电动机反转紧链，而用专设的液压马达紧链；第三种方式是采用专用的液压缸紧链。其中，电动机反转式紧链方式有3种紧链器，即棘轮紧链器、摩擦轮紧链器、闸盘紧链器。

上述多种紧链装置中，棘轮紧链器和摩擦紧链器结构简单，使用方便，但它们不能显示出链条张力的大小。其余能显示和准确控制链条的张力。液压马达紧链装置的操作简单，安全性高。液压缸紧链器使用虽不方便，但它可以移到任何部位使用。其中液压马达紧链和液压缸紧链均需泵站提供压力油液才能工作。

新的重型刮板输送机均采用可控制张紧力的液压紧链装置。这种紧链装置由于液压系统设有定压阀、安全阀，把液体的工作压力控制在一定数值范围内，从而使液压紧链装置的张紧力也控制在一定程度，保证安全可靠地紧链。

2. 推移装置

推移装置是为满足工作面不断推进的需要，按步距推移输送机的装置。综采工作面使用液压支架的推移千斤顶。非综采工作面使用单体液压推移装置。单体液压推移装置沿输送机全长间隔6 m（或4.5 m）均匀布置，机头、机尾间隔较小。单体液压推移装置由乳化液泵站供液。

3. 锚固装置

锚固装置主要是刮板输送机在大倾角的工作面工作时，防止输送机上窜或下滑的固定设备。它由单体液压支柱和锚固架组成，锚固架与机头架、机尾架分别相连接。锚固装置的液压缸和工作面上的液压支架共同使用同一个泵站的压力液体。

三、刮板输送机的安装、运转

（一）刮板输送机的安装

1. 安装刮板输送机时应注意的问题

（1）安装双边链时，每个链段中两条配对圆环链的长度误差不得大于4 mm。每对链段厂家已预先选配好了，安装时不要随意另行配对。

（2）安装双中链时，每个链段中两条配对圆环链的长度误差不得大于8 mm。

（3）圆环链有焊口的一侧应背向中板和槽帮钢，即上链竖链环焊口朝上，下链竖链环焊口朝下，横链环焊口朝内。

（4）双中链相邻两刮板之间两条链子的总节距误差不得大于4.8 mm。

2. 刮板输送机的安装工作

1）定位

首先定出机头和机尾的位置，然后再定出刮板输送机的中心线。

2）铺设中部槽

根据定出的输送机中心线，铺设中部槽。铺设时，要注意平直，中部槽之间的接缝处尽量要对齐，其上下或左右的错位量均不应大于3 mm，机头架和机尾架与过渡槽接缝处的上下错位量不应大于2 mm，左右错位量不应大于3 mm，以防止工作时卡住刮板链和加剧磨损。

3）安装机头和机尾

机头和机尾应留有一定空间，便于维护及检修。链轮中心线要与输送机中心线垂直，并保证水平。

4）装刮板链

刮板链在安装前，应预先连接好，刮板均匀地分布在链条中。如果是两条链条，要选择长度相等，或按出厂时的配对链条组装。链条不得有扭转（即拧麻花）现象。上行的圆环链焊缝边朝上，防止链条与链轮发生夹卡现象。

5）检查和空运转

输送机安装好后，应进行全面检查并开动输送机。主要检查驱动装置和刮板运转是否正常。同时，使各相邻中间槽靠紧，再次紧链，调节链条长度。刮板输送机工作的最初两周内，应特别注意链条的松紧程度。检查的方法是，如果机尾有驱动装置，则点动该驱动装置，当机尾链轮上的链条有两个以上完全松弛的链环时则需要紧链，然后拆链减环，减小链条的长度。如果仅有机头驱动装置，则需要将机头电动机反转点动，当机头链轮处上面的链条有两个以上完全松弛的链环时，同样需要紧链和拆链减环。

（二）刮板输送机的操作使用

1. 刮板输送机的操作程序

（1）启动前要发出开机信号，将磁力起动器控制手把打到送电位置，先断续点动，隔几秒钟再正式启动。

（2）防止强行重载启动。无论有无集中控制，都要由外向里（由放煤眼至工作面）沿逆煤流方向依次启动。

（3）刮板输送机停止使用时，必须将磁力起动器控制手把打到零位的停电位置并锁死。若停机检修，还要挂上“有人作业，禁止送电”标示牌，以确保作业人员的生命安全。

（4）机采工作面应先停止采煤机割煤，在工作面停止出煤以前，应将中部槽中的货载输送干净，然后由里向外沿煤流方向依次停止各部输送机转动。

（5）刮板输送机停止运转后，不要再向输送机内装煤，以便于空载启动。

2. 操作注意事项

（1）炮采工作面应采取预防爆破毁坏机器的措施，以避免将中部槽崩坏、崩脱节。同时要采用分段爆破的方法，防止因满载压住输送机，使输送机无法运行。

（2）采煤工作面顶板淋水较大，要采取措施对电动机和减速器加以保护，以免电动机受潮和减速器内润滑油乳化，影响润滑效果。

（3）中部槽内装入大块硬煤或矸石要及时清理。

（4）刮板输送机在使用过程中要经常检查并及时紧链。

（5）保持刮板输送机转动部件的清洁，以便检查维护和利于机器的散热，严禁将机头、机尾的转动部件淤埋在煤堆中。

（6）对刮板输送机转动部件的各个润滑点应及时进行注油润滑，注入油量及注油方法都要符合有关规定。

（7）不允许在减速器或电动机上打支柱或作为起重工具的支撑座用。

（8）刮板输送机中部槽中无煤时，禁止输送机长时间空转。

3. 刮板输送机的使用注意事项

刮板输送机在使用中应注意以下几个问题：

（1）当浮煤较多时，推移刮板输送机速度要慢，否则部分浮煤可能被挤到铲煤板和中部槽下面，中部槽出现不平现象，导致采煤机“飘刀”割顶，增加回空链阻力，甚至发生断底链事故。

（2）推移中部槽时一定要推移到位。所谓到位就是要使中部槽的移动距离等于一个步距，一个步距就相当于采煤机截割滚筒的一次截深。否则，刮板输送机就会出现不直现象，导致刮板链磨损不均匀、刮板脱槽、采煤机掉道等事故。

（3）推移中部槽时，避免出现“急弯”。弯曲段的长度应在 12 m 左右，即 8 节中部槽的长度。相邻两节中部槽之间的水平弯曲角度控制在 2°～3°。

（4）刮板输送机停止运转时，不可进行推移中部槽，以免中部槽底部带入煤粉卡塞住刮板输送机。推移时要注意前后液压千斤顶有先后顺序的依次动作，相互协调配合，避免出现急弯，以免引起中部槽脱节而发生断链或底链出槽等事故。

(5) 推移中部槽时的弯曲段要与采煤机保持两节中部槽以上的距离。

(6) 每班作业前和结束后，必须使刮板输送机货载卸空后空运转一段时间，以便排除回空槽内的所有回煤。

(7) 避免短时间内重复点动刮板输送机，以防电动机过热或液力偶合器喷液。

第二节 刮板转载机

刮板转载机安设在采煤工作面下端的运输巷内，其主要作用是将采煤工作面刮板输送机上的煤转运到运输巷内的可伸缩带式输送机上。另外，为了适应工作面不断向前推进的需要，刮板转载机与带式输送机搭接 12 m 左右，刮板转载机随着工作面每推进 12 m 左右，可伸缩带式输送机只需移动一次，这可减少运输巷中的带式输送机的伸缩、拆装搬移的次数，提高生产效率，加快采煤工作面的推进速度。

一、刮板转载机的基本结构及工作过程

刮板转载机实质上是一种结构特殊的短刮板输送机。其传动系统和驱动装置与刮板输送机相同。它与刮板输送机主要不同点在于转载机机身有悬拱桥的结构部分。刮板转载机结构形状如图 5－21 所示，主要由机头部、悬拱部、爬坡部、水平部和机尾部等部分组成。转载机的机尾无传动装置，直接安放在运输巷底板上，位于工作面输送机机头下面，用以接受工作面运出的货载（原煤）。机尾部直接同数节放在底板上的中部槽相连，构成转载机的水平装载段。一节凹槽、一节凸槽与它们中间若干节斜置的中部槽，构成了转载机的倾斜转载段。再由若干节中部槽与机头部构成转载机的搭接卸载段。各中部槽同侧板、底板连接起来，形成一个坚固的自支撑桥身，前端机头部通过横梁和小车搭接在可伸缩带式输送机机尾部两侧的轨道上，或跨在带式输送机机尾部两侧底板的轨道上进行支撑，并沿此轨道整体移动。转载机的水平装载段通过滑橇直接放在底板上，沿巷道底板滑动。

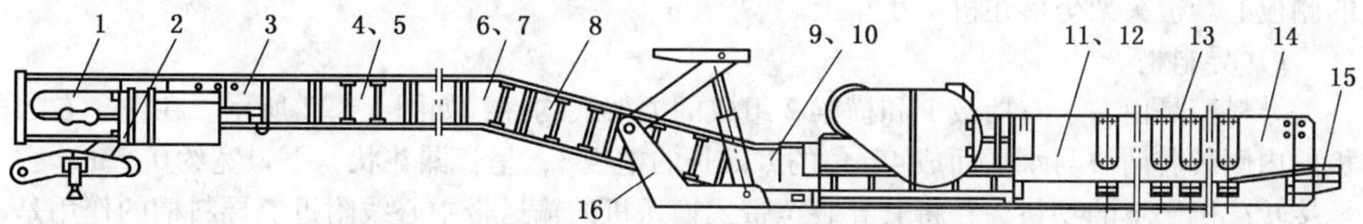

1—机头传动部；2—行走小车；3—可伸缩机头架；4—拱桥段挡板；5—中部槽；6—凸槽挡板；7—凸槽；8—爬坡段中部槽；9—凹槽挡板；10—凹槽；11—落地段挡板；12—封底槽；13—0.5 m 中部槽；14—过渡槽；15—机尾部；16—自移机构

图 5－21 SZZ－1000/200 型刮板转载机

转载机与可伸缩带式输送机配套使用时，当工作面刮板输送机向煤壁推移后，转载机亦沿运输巷方向整体移动相应的距离。当转载机移动到搭接的极限位置时，即中间悬拱部分全部与带式输送机分离或重叠时，必须将带式输送机伸长或缩短，转载机才能再前移。运输巷转载机是通过专门的推移装置（液压推移或绞车牵引）进行移动的。

由于可伸缩带式输送机的不可伸缩部分长度（全部拆除可伸缩部分后的最小长度）为50 m左右，所以当运输巷运输距离小于60 m时，不能再继续使用可伸缩带式输送机。此时可将转载机的水平装载段接长，在机头部再增加一套传动装置，单独完成运输巷中的运输任务。在掘进巷道时，转载机亦可作为掘进工作面输送机，与可伸缩带式输送机配套使用，运输掘进煤或矸石。如果用于掘进采煤工作面运输巷，则在巷道掘进完成后，直接转作为采煤工作面运输巷的运输设备。

刮板转载机型号含义以SZZ－1100/200型刮板转载机为例，其符号的含义：S——输送；Z——转载；Z——双中链；1100——槽宽1100 mm；200——电动机功率为200 kW。

二、刮板转载机的结构

除机头转载、行走机构、机身爬坡段弯曲中部槽及悬拱部分外，刮板转载机其余大部分（如机头传动装置、紧链器、刮板链、中部槽和机尾等）的结构型式与刮板输送机相同。但作为运输巷转载机，在结构和功能上有其自身的特点：

（1）行走小车的车架与转载机的机头架为非刚性连接，有两个方向的自由度，即使转载机与带式输送机不在一条直线上或者底板不平，也能向带式输送机准确装载。

（2）为了防止撒煤，除了水平装载段外，整个机身两侧均装有挡煤板；挡煤板的接缝要与中部槽的接缝错开，是为了增加机身的整体强度。

（3）悬拱部分为防止回空链脱槽，中部槽的下面用钢板封底，而且封底板用螺栓与挡煤板连接起来。

（4）若需要装破碎机，可将它装在转载机的水平装载段，此时，水平段应增加长度。

（5）为了减小转载机移动时的运行阻力，底板水平装载段的中部槽也可加装封底板。

1. 机头部

机头部是动力源部件，它是由导料槽、横梁、车架、电动机、减速器、液力偶合器、链轮、机头架和盲轴组件等部分组成的。电动机与液力偶合器连接罩及减速器用螺栓紧固在一起，再用螺栓将减速器固定在机头架的侧板上。盲轴组件用螺栓固定在机头架另一侧的侧板上。机头架坐落在机头小车上。

1）导料槽

导料槽是由左、右挡板1和横梁2组成的框架式构件，如图5－22所示。在左、右挡板的内侧装着两块与水平面成45°角的1 m长的槽板3，呈长漏斗状，下口宽约0.5 m，它承接转载机卸下的物料，并将其导装至带式输送机的输送带中心线附近。导料槽的作用是减轻物料对输送带的冲击，并防止输送带偏载而跑偏，从而保护输送带，有利于带式输送机的正常运行。

导料槽安置在刮板转载机机头的前面。其底座4是左、右挡板下面的两条槽钢形成一个滑橇，骑在可伸缩带式输送机机尾架两侧的工字钢轨道上。导料槽又通过左、右两块连接耳板5与转载机机头小车车架前端的连接座用销轴连接。刮板转载机移动时，机头小车带着导料槽一起在轨道上滑行。

2）机头小车

机头小车由横梁（图5－23）和车架（图5－24）等部分组成。机头架下部有带销轴孔的固定梁，整个机头架通过固定梁坐落在机头小车的横梁1上，并以立销轴2铰接定位

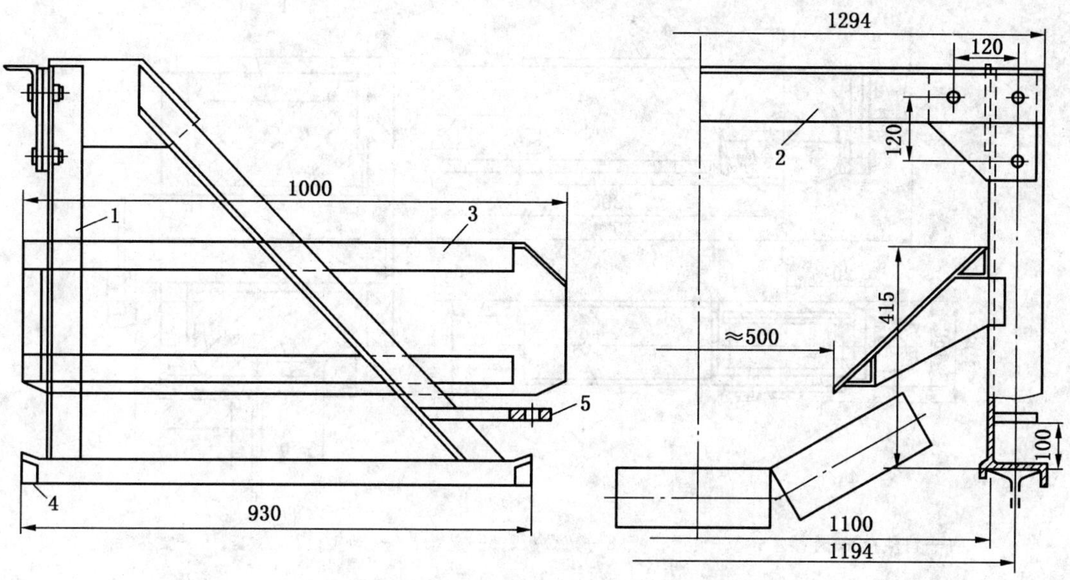

1—挡板；2—横梁；3—槽板；4—底座；5—连接耳板

图 5－22　导料槽

（图 5－23）。横梁通过两端的铰接耳座 3（图 5－23）、水平支撑轴 9（图 5－24）与横梁 3 连接。转载机的机头和悬拱部分可绕小车横梁和车架在水平方向和垂直方向作适当的转动，以适应底板起伏和可伸缩带式输送机机尾的偏摆，并适应转载机机尾不正及采煤工作面刮板输送机下滑引起的转载机机尾偏移的情况。

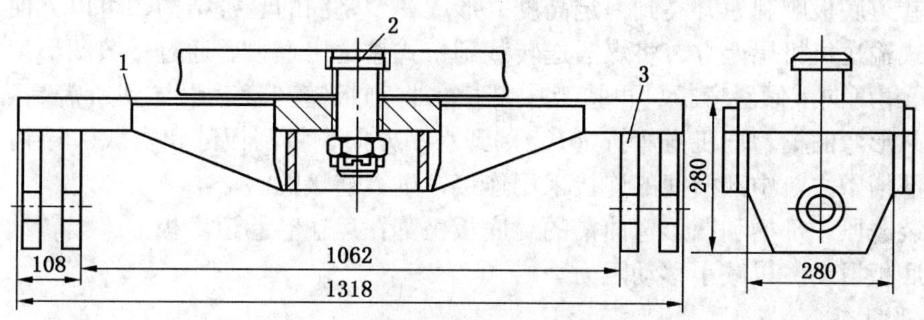

1—横梁；2—销轴；3—铰接耳座

图 5－23　横梁

小车车架上通过销轴 5 安装 4 个有轮缘的车轮 6。为防止小车掉道，在车轮外侧的车架挡板上用螺钉固定着定位板 4，在小车运行时起导向和定位的作用。

2. 中间悬拱部分（悬臂段）

中间悬拱部分由中部槽、封底板和两侧挡板组成，三者用螺栓连接在一起。侧挡板用螺栓固定在中部槽帮的连接支座上，而各相邻的侧挡板端面彼此间也用螺栓连接起来，封底板用螺栓固定在侧挡板的下面，将中部槽下部封闭起来，使整个转载机的机身形成一个

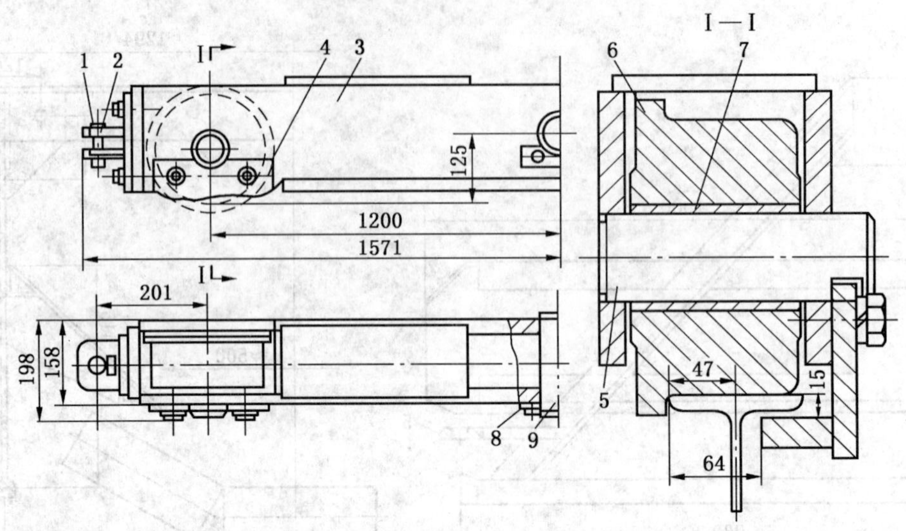

1—销轴；2—连接座；3—横梁；4、8—定位板；5—销轴；6—车轮；7—轴套；9—支撑轴

图 5-24 车架

刚性整体。

安装时将挡板端头同机头架侧板用螺栓紧固。而另一端与凸形弯曲中部槽连接，便构成了与可伸缩带式输送机机尾搭接的足够长度。爬坡段弯折处的挡板也是特殊的，以配合中部槽的弯转倾斜结构。

3. 爬坡段

转载机的爬坡段有凹形和凸形弯曲槽，如图 5-25 及图 5-26 所示。其作用是将转载机机身从巷道底板顺利地升高到一定高度，形成一个坚固的悬桥结构，可以方便地搭接在可伸缩带式输送机机尾上方，将煤运送转载到带式输送机上去。通过一节凹形弯曲槽，转载机以 10°角度向上倾斜弯折，再接上中部槽，将刮板链和货载引导到所需高度。然后，再用一节凸形弯曲槽，把机身弯折（10°）到水平方向，将刮板链和货载引导到水平桥身部分的中部槽中去。中部槽间的连接采用连接销进行连接的。

水平装载段中部槽和凹形弯曲槽的封底板坐落在运输巷巷道底板上，当转载机移动时可沿巷道底板滑动，以减小移动阻力。

4. 水平段

水平段为装载部分，即水平装载段。它由中部槽、高低挡板和封底板组成。高低挡板用螺栓固定在槽帮外侧的支座上。为了便于装载，在装煤的一侧应安装低挡板。中部槽的封底板用螺栓与挡板连接，以便封闭槽底。水平段的铺设长度一般为 7 m，但可根据现场需要适当加长。

5. 机尾部

转载机的机尾部主要由机尾架 1、机尾轴 2 和压链板 3 组成，结构如图 5-27 所示。

机尾架由钢板和一节短中部槽焊接而成，它的中板出中部槽后向机尾轴方向逐渐抬高。在两侧链道过渡处焊有过渡板，在刮板链运行时能顺利过渡，减少冲击和卡链现象。在机尾架侧板倾斜段的上方，用螺栓固定着压链板，使刮板链绕过机尾滚筒后逐渐向下运

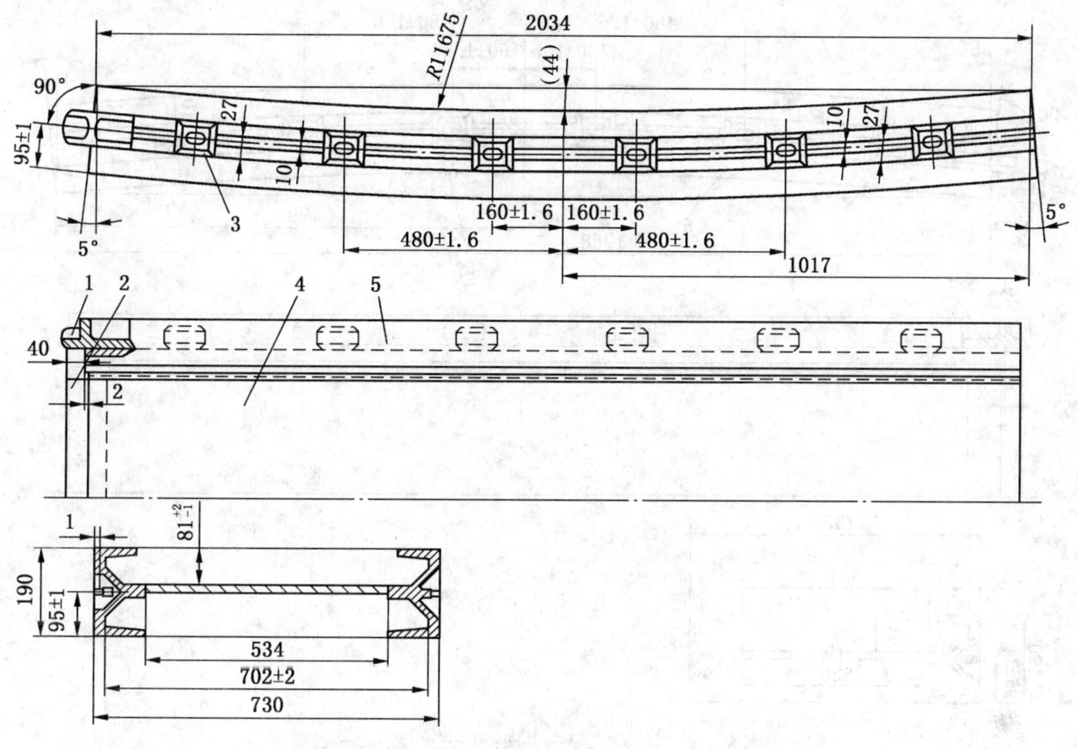

1—连接销；2—搭接板；3—支座；4—凹中板；5—凹槽帮

图5-25 凹形弯曲槽

行进入水平中部槽。在压链板上的链道处焊有压链块，以提高耐磨性。在机尾架的末端与机尾滚筒上方设有盖板，以保护机尾轴和滚筒。

三、转载机的安装、运转

（一）转载机的安装

1. 安装前的准备工作

首先安装好可伸缩带式输送机机尾（包括转载机的机头小车的行走轨道），然后将转载机各部件搬运到相应的安装位置，并准备好起吊的设备和支撑材料。

2. 安装步骤

（1）将机头小车的车架和横梁连接好，然后把小车安装在带式输送机机尾的轨道上，并装好定位板。

（2）吊起机头部，使其坐落在行走小车上，将机头架下部固定梁上的销轴孔对准小车横梁上的孔，然后插上销轴，拧紧螺母，并用开口销锁牢。

（3）搭临时木垛，先将中部槽的封底板摆好，铺上刮板链，安上中部槽，将刮板链拉入链道，再装两侧挡板，并用螺栓将其与中部槽及封底板固定，相邻侧板间也均用螺栓连接好。依次逐节安装，以保证刮板转载机的刚度。

（4）安装转折处凸、凹槽及倾斜段中部槽挡板时，应调整好位置及角度，然后再拧紧螺栓。

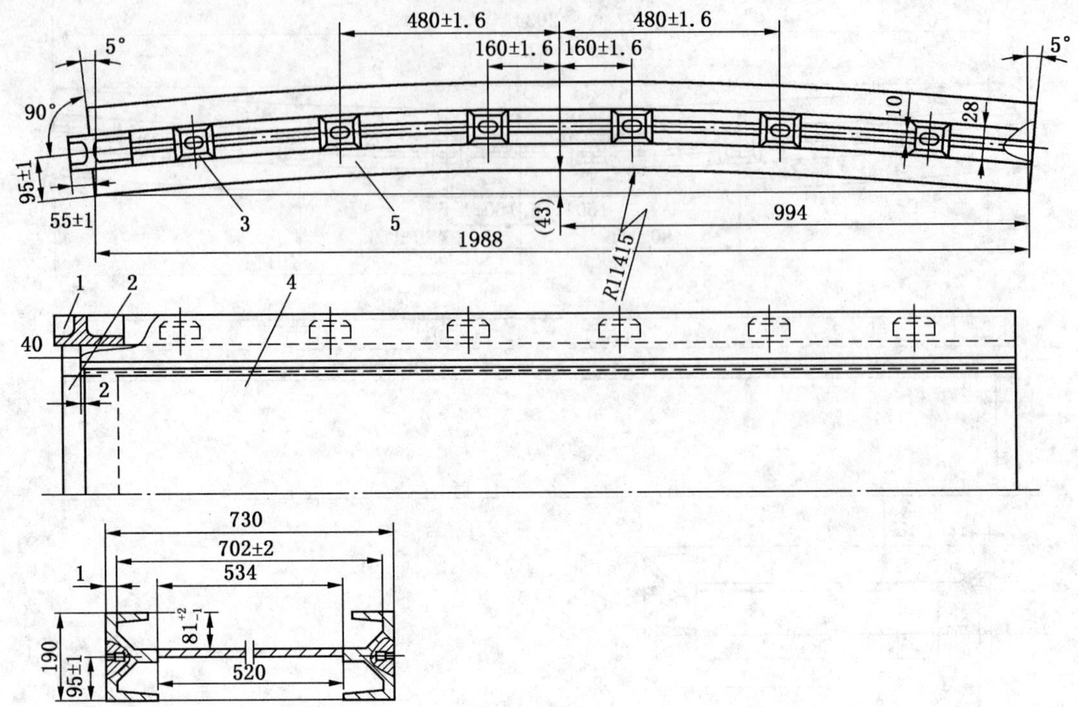

1—连接销；2—搭接板；3—支座；4—凸中板；5—凸槽帮

图 5-26　凸形弯曲槽

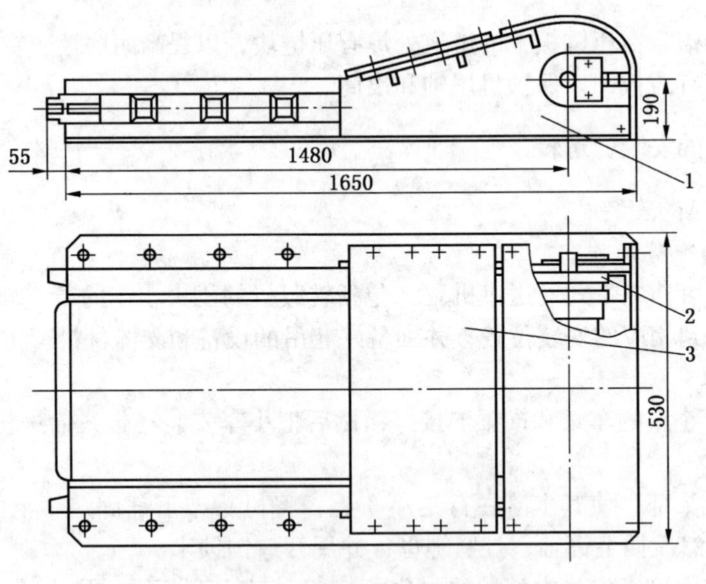

1—机尾架；2—机尾轴；3—压链块

图 5-27　机尾部

（5）水平段的安装方向与悬拱部分相同。不同之处是在巷道底板上安装时不需设临时木垛。应注意在装煤的一侧要安装低挡板，以便装煤。

（6）两侧挡板由于允许有制造公差，所以连接挡板的端面存在着间隙。因此在安装时可根据实际情况将平垫片插入挡板端面间隙中，进行调整。

（7）水平段中部槽逐节装好后，接上机尾，将中部槽、封底板和两侧挡板用螺栓固定好。

（8）全部结构安装好后，即可将临时木垛拆除。

（9）将底链挂到机头链轮上，插上紧链钩，利用紧链器紧链，紧好后将刮板链的首尾端连接好，然后拆掉紧链钩。刮板链的松紧程度以运煤时在机头链轮下面稍有下垂为宜。

（10）先将导料槽安装到带式输送机机尾的轨道上，位置在转载机的机头前面，然后插上导料槽与机头小车的连接销轴即可。

3. 安装注意事项

（1）要将传动装置安装到人行道的一侧，以便检查维护。

（2）安装刮板链时要注意刮板的正确方向（刃口向下朝前）和连接螺栓的丝扣端在后或向上，以保证刮运效果和避免螺栓的损坏。

（3）链条不许有拧麻花的现象，以保证链条的顺利啮合和安全可靠性。

（4）刮板链在上槽时，接链环的突起部分应向上，立链环的焊口应向上，平链环焊接口应向中部槽中心线，以减少链环的磨损，延长使用寿命。

（二）转载机的运转及注意事项

1. 转载机的移动

使用转载机与可伸缩带式输送机配合时，工作面刮板输送机每移动 5 ~ 6 m 时可移动一次转载机或同步移动。这是因为转载机在带式输送机机尾只有 12 m 的重叠长度，所以可伸缩带式输送机在转载机移动 12 m 后，就必须缩短一次，即缩短 12 m。可用绞车牵引转载机移动，在牵引时，牵引钢丝绳的挂钩必须挂在机头架的两侧板孔中。

2. 转载机运转的注意事项

（1）经常保持转载机及其他设备、管线路的整洁完好，以便运转、维修和移动。

（2）经常检查刮板链的张紧程度，发现松弛时应立即调整。

（3）经常检查链轮和刮板链的紧固情况，应及时拧紧松动的螺栓，有损坏或变形的，应及时修理或更换。

（4）经常检查悬拱部分和爬坡段有无异常现象，中部槽两侧挡板和封底板的连接螺栓有无松动，如发现上述情况应立即处理。

（5）经常检查机头小车、导料槽的移动是否灵活可靠，带式输送机机尾两侧的轨道是否平直稳妥，严防机头小车和导料槽发生碰撞和掉道。

（6）用钢丝绳牵引移动转载机时，应使作用力对中，不准把钢丝绳挂钩挂在机头小车的横梁上，一定要挂在机头架两侧板上的孔内。

（7）转载机的水平段应与工作面刮板输送机的卸载位置应配合得当，必须将货载装入转载机的水平装载段之内，以防抛撒堆积。

（8）停机前要将中部槽中的煤运完，以避免下次满载启动。

（9）经常检查机头部和机尾部的运转情况，并按规定注油。

3. 转载机的润滑

为了保证刮板转载机的正常工作，各机械传动部分必须经常处于良好的润滑状态。各种型式的刮板转载机应按厂家技术说明书中的规定进行润滑。

第三节　带 式 输 送 机

一、概述

（一）带式输送机用途及使用范围

带式输送机是利用挠性输送带摩擦传动连续性运输机械，它被广泛应用在煤矿及其他行业。在煤矿上，带式输送机主要用于采区巷道、采区上（下）山、主要运输平巷及斜井主要运输，也常用于地面生产系统和选煤厂中。

带式输送机既可用于水平运输，又可用于倾斜运输。当用于倾斜运输时，其倾角受到一定限制。通常情况下，向上运输时倾斜不超过18°，向下运输时倾角不超过15°。此外，普通型带式输送机不能弯曲，只能作直线运输。目前已生产出一种适应倾斜角大于30°的大倾角带式输送机和双向运输及中间多级驱动等新型带式输送机。

（二）带式输送机的主要组成及工作原理

1. 带式输送机的组成

带式输送机主要由输送带、托辊、机架、传动装置（包括电动机、液力偶合器、减速器和驱动滚筒）、机尾滚筒、拉紧装置（包括拉紧滚筒）和（可伸缩带式输送机）储带装置以及清扫装置、制动装置等附属装置部分组成。其结构组成如图5－28所示。

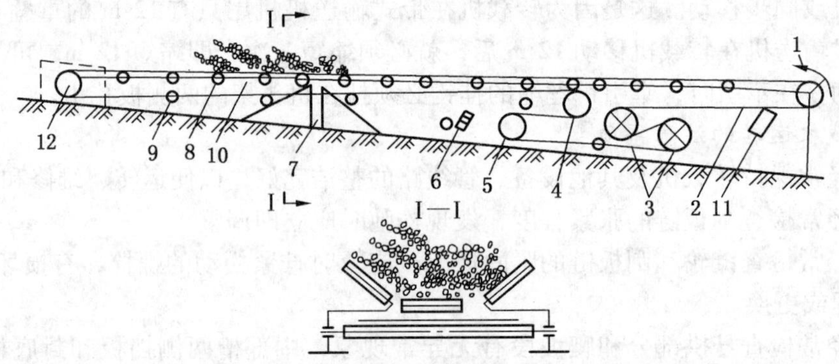

1—机头卸载滚筒；2—输送带；3—驱动滚筒；4—导向滚筒；5—拉紧滚筒；6—拉紧装置；7—紧绳装置；8—上托辊；9—下托辊；10—机身钢丝绳；11—清扫器；12—机尾换向滚筒

图5－28　双驱动滚筒带式输送机的组成与传动原理示意图

2. 带式输送机的运载工作原理

带式输送机的运载工作原理，如图5－28所示。带式输送机是利用无极闭合的输送带2绕经驱动滚筒3、机头卸载滚筒1和机尾换向滚筒12，由上托辊8、下托辊9支撑着输送带，在驱动滚筒3的摩擦力的带动下连续循环运行，从而运送货载。托辊8和9安装在机架上用来支撑上、下两股输送带；拉紧装置6的作用是给输送带以正常运转所需要的张紧力；清扫器11的作用是清扫输送带表面附着的货载及其杂物，以保证输送带与驱动滚筒的正常接触摩擦驱动。带式输送机一般是利用上行输送带运送货载的，并且在端部卸载。有的利用专门的卸载装置也可在中间卸载。

3. 带式输送机在采煤工作面巷道的移动工作原理

在综合机械化采煤工作中，由于工作面推进速度较快，工作面巷道的长度和货载运输距离也相应发生变化，这就要求运输巷的运输设备能够比较灵活地迅速进行伸长或缩短。

在采煤工作面运输巷，转载机的桥拱部分与带式输送机机尾段有一段搭接部分，在工作面不断后退（或前进）时，主要是随时移动转载机来适应输送距离的变化。当工作面推进距离为最大（最小）搭接长度时，即转载机机头小车沿带式输送机机尾两侧的导轨行走到极限位置时，则需将带式输送机相应地缩短（或伸长），转载机方能继续移动再与可伸缩带式输送机配合工作，这时储带装置要收储（或放出）2 倍搭接长度的输送带，然后重新接好并张紧输送带再继续运载。可伸缩带式输送机就是这样与转载机配合，反复变化自身的（运输）长度，不断移动来适应工作面不断向前推进的。

（三）带式输送机的类型

带式输送机作为一种常见的运输设备，适应范围广，结构特征各有不同。根据带式输送机的不同用途和场地环境，形成了很多类型的带式输送机。

（1）按机架型式可分为落地式机架和绳架吊挂式机架带式输送机。

（2）按机器的长度变化类型可分为普通型（固定长度）带式输送机和可伸缩带式输送机。

（3）按输送带的不同类型可分为普通带式输送机、强力（钢丝绳芯）带式输送机、钢丝绳牵引带式输送机和阻燃型带式输送机。

（4）按驱动方式不同可分为单滚筒驱动、双滚筒驱动、多滚筒（2 个以上）驱动和多点驱动带式输送机等。

（5）根据适应不同的工作条件需要，还有其他类型：固定式带式输送机和移动式带式输送机；轻型带式输送机和重型带式输送机；大倾角带式输送机；双向运输带式输送机；气垫式带式输送机等。

（四）煤矿常用带式输送机的基本结构原理及特点

1. 绳架吊挂式带式输送机

各种吊挂式带式输送机的结构大同小异，SPJ－800 型绳架吊挂式带式输送机的钢丝绳机架，如图 5－29 所示。绳架吊挂式带式输送机是主要用于煤矿井下采区巷道和集中运输巷中作为输送煤炭的设备，在条件适宜的情况下，亦可使用于采区上、下山运输。这种输送机有如下几方面的特点：

（1）机身结构为绳架式，用两根纵向平行布置的钢丝绳代替一般带式输送机的刚性机架。其结构简单，安装、拆卸及调整都很方便。

（2）上托辊组由 3 个托辊铰接而成，由于钢丝绳具有弹性，铰接托辊槽形角可随负载大小而变化，可以提高运输能力和减少撒煤现象，同时还可减轻大块煤通过托辊时产生的冲击，延长输送带和托辊的使用寿命。

（3）机身吊挂在巷道支架上，机身高度可以调节。采用吊挂机身的好处在于便于清扫巷道底板，主要使用地点为有流沙层等的不稳定底板，或底板不平有积水现象的巷道中。

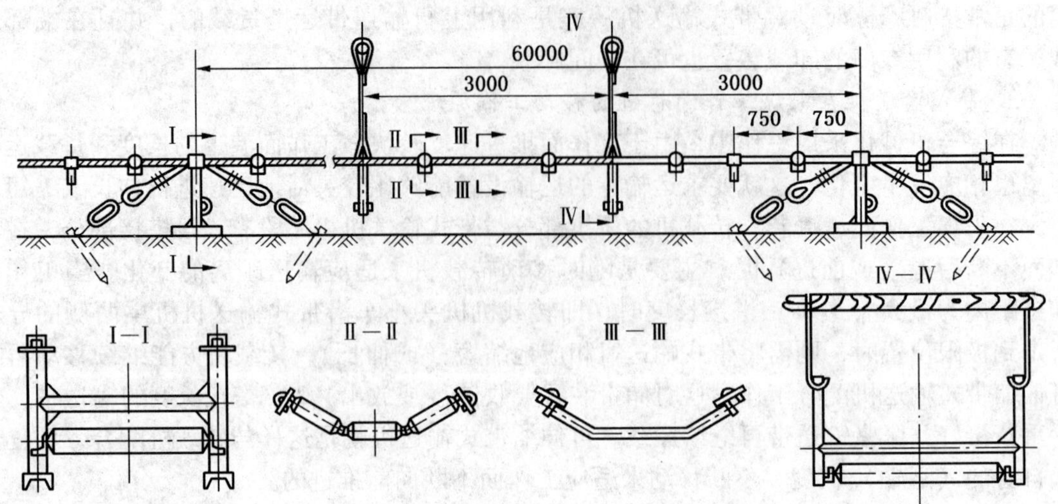

1—紧绳装置；2—钢丝绳；3—下（平形）托辊；4—上（槽形）托辊；5—分绳架；6—中间架

图 5－29　SPJ－800 型绳架吊挂式带式输送机的钢丝绳机架

（4）输送机可用单电动机驱动，亦可用双电动机驱动，以适应各种运输任务对功率的要求。传动装置中有液力偶合器，以改善输送机启动性能，并保证在双电动机驱动时负荷分配的均衡性。

（5）输送带的张紧装置在机头部，利用蜗轮蜗杆传动钢丝绳将张紧滚筒拉紧，操作简便省力，可及时调整输送带的张紧力。

2. 可伸缩带式输送机

国产可伸缩带式输送机有 3 种类型：①钢丝绳吊挂式，有 SD－150 型和 SD－80 型。它们的机身与 SPJ－800 型绳架吊挂式带式输送机的机身相似；②落地架式，有 SJ－80 型和 SSP－1000 型；③落地吊挂混合式，有 SDJ－150 型。

可伸缩带式输送机的机身长度可根据需要伸长或缩短。其最大伸长量不应超过电动机额定功率所允许的长度；缩短量可缩至最小（50～60 m）。这种输送机和普通带式输送机相比，增加了储带装置，收放输送带装置和机尾绞车牵引机构。其工作原理如图 5－30 所示。

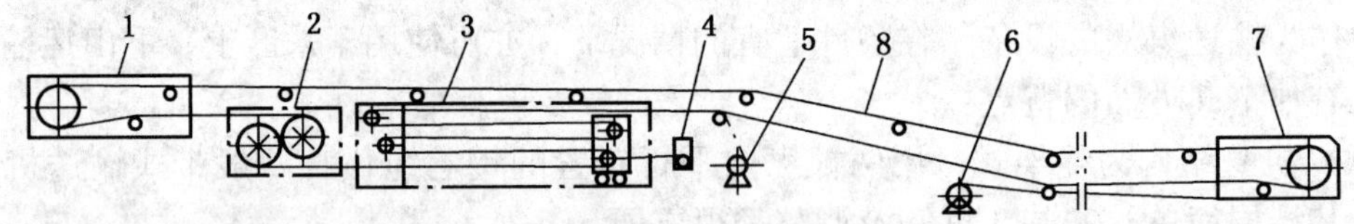

1—卸载端；2—传动装置；3—储带装置；4—拉紧绞车；5—收放输送带装置；

6—机尾绞车；7—机尾；8—输送带

图 5－30　可伸缩带式输送机工作原理示意图

运行的输送带在机头部卸载换向后经过传动滚筒进入储带仓，输送带分别绕过拉紧车上的 2 个滚筒和前端固定架上的 2 个滚筒，折返 4 次后向机尾方向运行。当拉紧绞车 4 将储带仓内的活动滚筒拉向机尾方向时，使输送带重叠5层存储在储带仓内，与此同时，机尾7在机尾绞车6的牵引下回缩，使整个输送机缩短。反之，则输送机伸长。根据伸长或缩短的距离，相应地增加或拆除中间托架，带式输送机伸、缩作业完成以后，拉紧绞车4仍以适当的拉力将输送带张紧，使带式输送机正常传动和运行。

3. 钢丝绳芯带式输送机

钢丝绳芯带式输送机又称强力带式输送机。它与普通型带式输送机不同之处就在于采用了钢丝绳芯输送带代替了普通输送带。输送带强度较普通型得到了极大提高。运输能力和运输距离相应地得到了很大的提高，从而实现了长距离无转载的运输要求。解决了从前长距离运输采用多台普通型带式输送机串联使用的办法，而导致的由于设备台数多，转载次数多，设备运行成本高，需要机电设备多，故障点多，安全隐患多等一系列问题。因此钢丝绳芯带式输送机一出现即在国内外得到了普遍地推广和应用。在大型矿井主要水平及倾斜巷道等已经被广泛使用，并业已成为带式输送机的主要发展方向之一。

4. 中间多级驱动带式输送机

中间多级驱动带式输送机，实质上是一种直线摩擦驱动形式的长距离带式输送机，即利用装设在长距离带式输送机主输送带中间的短的带式输送机作为中间驱动装置。如图5－31所示，托辊及压辊使主输送带的直线工作段分别与中间驱动装置的输送带相互贴紧，借助于短的带式输送机上直线段输送带与长距离带式输送机的输送带间相互紧贴所产生的摩擦力，从而驱动长距离带式输送机。这些短带式输送机就是中间多级直线摩擦驱动装置，承载和牵引机构则是长带式输送机的输送带。

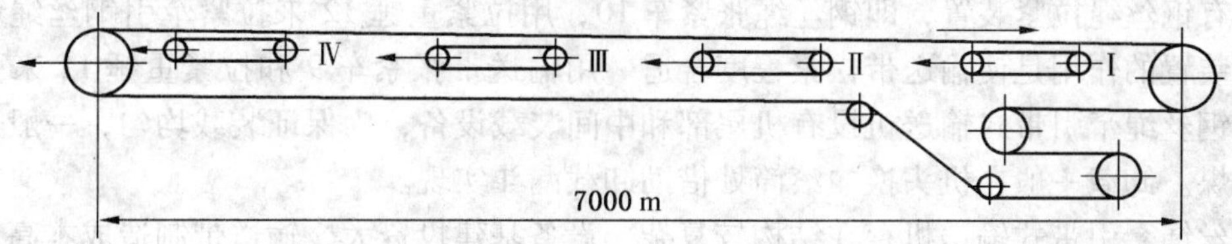

图5－31 中间多级驱动带式输送机传动系统

使用中间多级驱动带式输送机，可以在沿长距离带式输送机的整个长度上将驱动装置进行多点布置，大大降低输送带的张力，故使用普通输送带可以完成长距离、大运量的输送任务；同时驱动装置中各部件的尺寸可相应地减小，或者采用大批量生产的小型标准通用驱动设备等，降低设备的成本，从而使前期投资成本大大降低。中间多级驱动带式输送机已成为目前国内外长运距、大运量带式输送机的发展方向之一。

5. 钢丝绳牵引带式输送机

钢丝绳牵引带式输送机是一种特殊形式的带式输送机。它的牵引机构和承载机构分开，钢丝绳为牵引机构，而输送带只作为承载物料的部件，从而解决了运输距离长、运输量大、输送带强度不够的矛盾。其传动原理如图5－32所示。

钢丝绳牵引带式输送机的两条平行无极钢丝绳6，经过主（驱）动绳轮1和尾部钢丝绳张紧车10上的绳轮。主动绳轮1转动时借助于其衬垫与钢丝绳之间的摩擦力，带动钢丝绳6运行。输送带5以其特制的绳槽搭在两条钢丝绳上，靠输送带与钢丝绳之间的摩擦力而被拖动运行，完成物料输送任务。钢丝绳的回空段、承载段布置有托绳轮支撑。

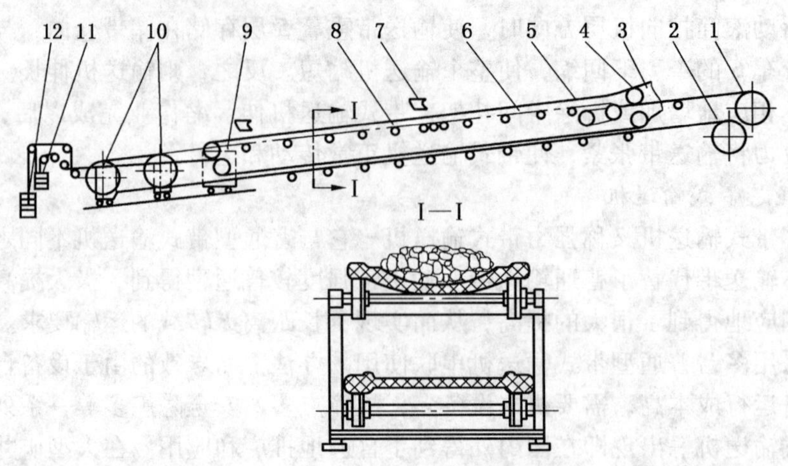

1—主动绳轮；2—导绳轮；3—卸载漏斗；4—输送带换向滚筒；5—输送带；6—钢丝绳；7—给煤机；8—托绳轮；9—输送带张紧车；10—钢丝绳张紧车；11、12—拉紧重锤

图5-32 钢丝绳牵引带式输送机传动示意图

输送带在机头及机尾换向滚筒处应脱离钢丝绳，而从两条钢丝绳之间弯曲折返，因此在输送带换向弯曲处必须使输送带抬高，使两条钢丝绳间距加大，因而在输送带张紧车9上设有分绳轮，在输送带卸载架上也设有分绳轮。

为了保证钢丝绳有一定的张力和使钢丝绳在托绳轮8间的悬垂度不超过一定限度，在机尾设有钢丝绳拉紧装置，即钢丝绳张紧车10，用拉紧重锤12来拉紧牵引钢丝绳。输送带拉紧装置的作用是使输送带松紧程度合适。用输送带张紧车9和拉紧重锤11来张紧输送带。钢丝绳牵引带式输送机设有机尾部和中间装载设备，为保证装载均匀，一般采用给煤机装煤。卸载一般在机头换向滚筒处借助卸载漏斗实现。

钢丝绳牵引带式输送机存在结构较复杂、设备基建投资大、输送带制造成本高、钢丝绳及托绳轮衬垫寿命低、维护量大、运转维护费用大等缺点，在国外一些发达国家，这种输送机已被淘汰。

6. 双向运输带式输送机

双向运输带式输送机是近年来开始研制使用的一种新型带式输送机，主要用于煤矿井下的巷道掘进运输，也可用于回采巷道运输。其结构特点在于可以在上行输送带向外运煤或矸石的同时，利用回空下行输送带向掘进工作面运送支护材料（长度小于4 m的直线材料、工字钢、木板等）。下行输送带可以通过自动装料设施及自动卸料设施，实现定点自动装料及定点自动卸料。装料点位于储带仓后面，卸料点随机尾可一起延伸，双向运输带式输送机的工作原理及布置如图5-33所示。

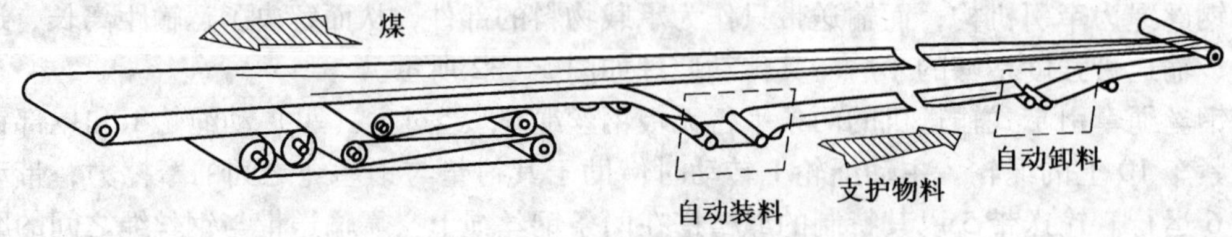

图5-33 双向运输带式输送机的工作原理图

在巷道掘进运输中，使用双向运输带式输送机，可大大减轻工人的劳动强度，减少掘进工作人员达60%，且能提高掘进速度达30%，在完成巷道掘进运输任务后，还可以作为工作面巷道运输设备继续使用。

7. 大倾角带式输送机

通常使用的带式输送机都是光面输送带，输送机在倾斜运输时，往往受到倾斜角度的限制。如果输送带的倾角大于物料的内摩擦角或物料在输送带上的摩擦角时，输送带上的物料就会发生滑动，所以一般的带式输送机向上运输的倾角一般不超过17°~18°，向下运输时倾角还要小些。根据煤矿开采的实际，需要更大倾角的带式输送机。因此，为使物料不下滑也不撒料，通常采用增加物料对输送带表面的摩擦力和在普通输送带上增设横隔板和挡边等有效措施。大倾角带式输送机有3种基本类型。

1）特型带带式输送机

特型带包括花纹带、横隔板带、侧挡边加横隔板等多种输送带。花纹带也是采用最多的一种特殊型带。花纹形式有波浪形、棱锥形、圆锥形、网形、人字形、鱼骨形等，它们都需要特殊的模具制造输送带，而且适应倾角还不太大。为进一步增大运输倾角，广泛采用横隔板输送带，带有35~300 mm的横隔板的输送带可在60°~70°的倾角下运送散料。一些发达国家为提高输送能力采用一种具有波状侧挡边和横隔板的输送带（图5-34d），最大倾角可达70°~90°。

2）压带式带式输送机

压带式带式输送机，也称夹带式带式输送机。该输送机向上运输倾角可高达90°，其工作原理是在输送带的承载段上加一个同步运行的辅助带。辅助带也是循环连续的输送带，在辅助带的工作段背面加压。将主输送带上所装物料压住不让它下滑，辅助带压着物料随输送带一起运行。在下口将物料装入输送带后，在物料未进入倾斜段之前就被辅助带压住，然后随输送带一起运行进入倾斜段运输直到上口卸出。

向辅助带工作段的背面加压的方法有气压法和机械法两种，其中机械法加压装置主要使用有弹性压辊。对加压装置的要求是，有足够的压力，不使物料下滑，各处压力均匀，压紧力要有弹性。虽然加压装置已有多种，但运送含有块状物料时，压力的均匀性较难达到，所以目前还主要用于运输散料。

3）深槽形带式输送机

深槽形带式输送机是采用双排四托辊呈U字形的深槽，配普通光面输送带。深槽托辊组使输送带形成深槽形的断面而进行承载，输送带与物料之间的挤压使摩擦力增大，能实现25°~28°的大倾角运输。这类输送机的特点是在输送段使输送带形成深槽而实现大倾角输送，结构较复杂，运行阻力大，速度受限，不宜长距离输送。当输送带在运行段形成密闭管状时，也称管形带式输送机。

二、带式输送机的结构

带式输送机主要由输送带、机架、托辊、传动装置、拉紧装置、清扫装置、储带装置和制动装置等部分组成。

（一）输送带

1. 输送带种类

输送带是输送机的主要组成部分。在一般输送机中既是承载机构，又是牵引机构。它用量大而且成本高，因此使用中应注意加强维护。目前，应用于煤矿生产的输送带主要有以下6种。

1）橡胶多层帆布输送带

橡胶多层帆布输送带又称普通输送带，它用数层帆布作芯，用橡胶粘在一起，外面覆以橡胶保护层制成。图5-34a所示是其横断面构造示意图。帆布层可以由棉、维尼龙、尼龙等纤维或混纺物织成。覆盖胶有上、下之分：与物料接触的一面称为上覆盖胶，较厚；反面即为下覆盖胶，较薄。由于每层帆布层的强度低，其主要用于短运距、小运量的场合，长期使用易出现层间开裂现象。

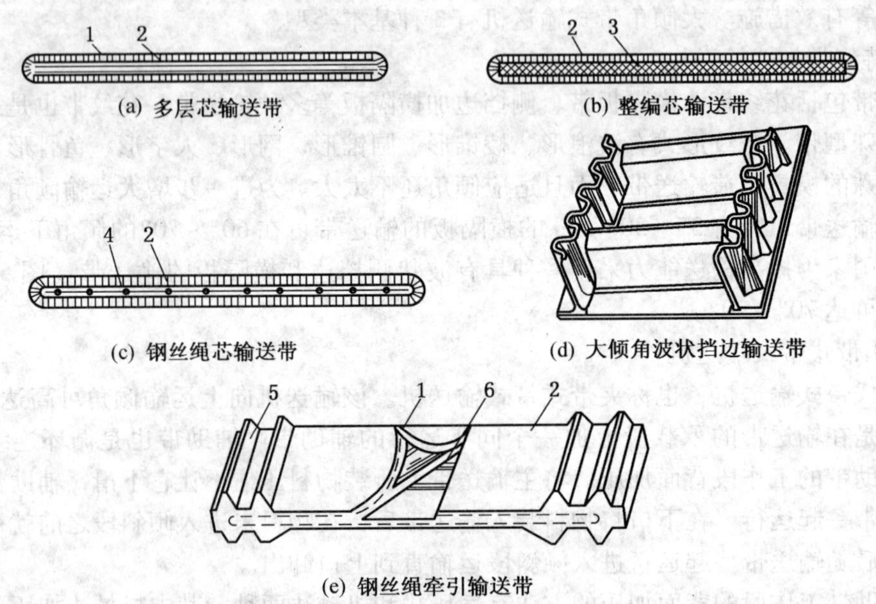

1—帆布层；2—保护层橡胶；3—整编芯；4—钢丝绳芯；5—耳槽；6—方钢条

图5-34 输送带结构示意图

2）整编芯输送带

整编芯输送带有整编芯塑料输送带和橡塑复合整编芯输送带。常用整编芯塑料输送带的带芯是用棉纤维和化学纤维编织而成的整体厚布层，外面覆盖以聚氯乙烯塑料，如图5-34b所示。这种整编芯输送带具有生产工艺简单，成本低，带的厚度较薄，耐冲击性能好，由于不分层，在受到较大弯曲时，不会产生层间开裂现象等优点，但伸长率较高，需要较大的拉紧行程，且受环境温度的影响较大，多用于温度变化不大的场合。

3）钢丝绳芯输送带

钢丝绳芯输送带的结构，如图5-34c所示。钢丝绳芯输送带的芯体由若干按照一定间距纵向排列的细钢丝绳作芯，并由芯带粘合而成，外加覆盖橡胶保护层而制成的新型输送带，分为普通型和加强型两种。钢绳芯输送带具有强度高、抗冲击、抗弯曲、抗疲劳性能好，伸长率小，需要的拉紧行程小，成槽性好的特点，多用于长距离、大输送量运输。钢绳芯输送带是当前使用的主要带型之一。

4）波状挡边输送带

波状挡边输送带，如图5-34d所示。这种输送带的结构特点是在具有横向刚性基带的表面两侧，粘上适当高度的形状为可弯曲、可伸缩的波状挡边，再将具有一定强度和弹性的横隔板通过二次硫化方式粘在挡边和基带之间，使三者成为一个整体柔性带式结构。这种波状挡边输送带通常用于大倾角带式输送机。

5）钢丝绳牵引输送带

钢丝绳牵引输送带的结构，如图5-34e所示。它由方钢条6、充填胶、上下覆盖保护层橡胶2、帆布层1、耳槽5等部分组成。该输送带主要起承载作用，其内部有均匀横向排列的方钢条，具有较好的抗货载冲击的性能，承载能力强，弯曲性能好。由于输送带不承受牵引拉力，所以抗拉强度足够。多用于长距离、大输送量的场合。因此，煤矿用该输送带作为长距离的大巷和斜井运送煤炭的主要运输设备。

6）阻燃输送带

为防止井下火灾发生，《煤矿安全规程》规定，煤矿井下必须使用阻燃输送带，其性能应符合《矿用阻燃输送带》标准要求。阻燃输送带是在生产过程中加入一定量的阻燃剂和抗静电剂等材料，经塑化或硫化而成，具有阻燃性能。目前阻燃输送带产品有阻燃整芯输送带、阻燃多层芯输送带、阻燃钢丝绳芯输送带。

2. 输送带的连接

为了方便于制造和搬运，输送带标准长度一般制成每段100 m，也有200 m的。使用时必须根据需要，把若干段连接起来。输送带的连接方法有硫化连接法和机械连接法。其中硫化连接法又有热硫化法和冷硫化法，机械连接法也有多种不同的接头连接件（俗称皮带扣）。

（二）托辊

托辊的作用是支撑输送带，减少输送带运行阻力，使输送带的悬垂度不超过技术上的要求，以保证输送带平稳地运行。托辊安装在机架上，而输送带铺设在托辊上，为减小输送带运行阻力，在托辊内装有滚动轴承。对托辊的结构和使用的基本要求是，使用可靠，回转阻力小，制造成本低，托辊表面光滑，径向跳动小，使用寿命不低于15000 h。

托辊由中心轴、轴承、密封圈、标准筒体等部分组成，其结构如图5-35所示。托辊按用途可分为：

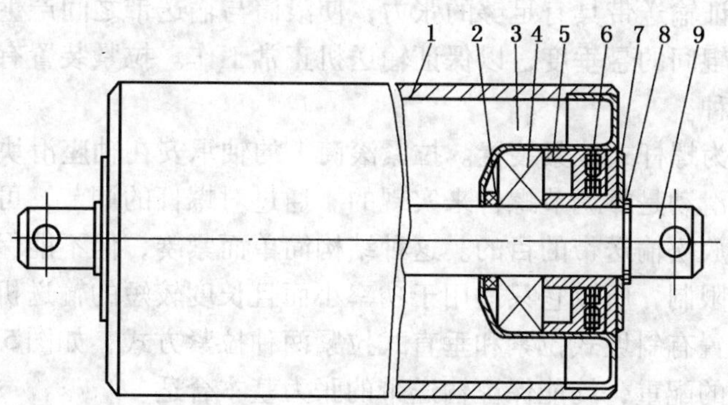

1—管体；2、7—垫圈；3—轴承座；4—轴承；5、6—内、外密封圈；8—挡圈；9—心轴

图5-35 托辊结构

（1）槽形托辊——安装在机架的上层，用来支撑承载的输送带。

（2）平形托辊——安装在机架的下层，用来支撑空载的回程输送带。

（3）缓冲托辊——安装在装载处的（一种特殊）槽形托辊，不仅具有承装载的作用，还有缓和货载冲击力的作用。

（4）调心托辊——也叫调偏托辊，是用来自动调整输送带跑偏的。调心托辊又分为槽形调心托辊和平形调心托辊两种。

（5）立辊——竖直安装在机架上层的边缘处，用来阻止输送带跑偏，防止输送带脱离或撕豁输送带。

（三）机架

机架是用于支撑滚筒、托辊及承受输送带张力的装置，包括机头架、机尾架、中间架等。中间架的类型又分为落地式和吊挂式两种。其中落地式机架又分为固定式和可拆卸式两种。固定式机架就是将带式输送机的机架固定在地基上。

可拆卸式机架有绳架吊挂式的钢丝绳机架、无螺栓连接的型钢机架两种。钢丝绳机架的两条钢丝绳纵向平行布置，用间距 60 m 的 H 型托架支撑，此托架锚固在底板上。中间部位每隔 3 m 用吊架将钢丝绳吊挂在巷道支架或顶板上；两条钢绳之间用分绳架支撑以保持间距。铰接式槽形托辊悬挂在两条钢丝绳机架上，下托辊安装于中间吊架上。这种绳架吊挂式结构拆装方便，利于在底板不平的条件下使用。型钢机架可以吊挂安装，也可用支座安装在底板上，所以型钢机架也称为落地式中间架。

（四）驱动装置

随着运输能力和运输距离的增大，电动机功率应相应增大，有的带式输送机采用多电动机传动。在井下采用多电动机传动的带式输送机，可以降低传动装置的体积，减少硐室的开拓量。不同类型的带式输送机，驱动装置的结构和布置方式不尽相同，但其主要结构和组成方式是相同的。如图 5－36 所示，它们都是由电动机 1、联轴器（或液力偶合器）2、减速器 3 和驱动滚筒 4 组成的。

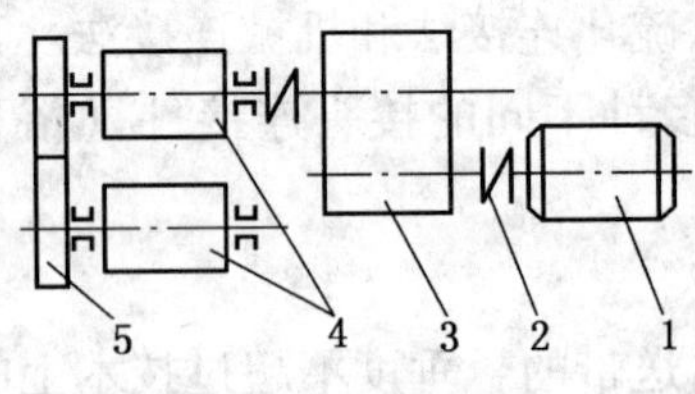

1—电动机；2—联轴器（或液力偶合器）；3—减速器；4—驱动滚筒；5—传动齿轮

图 5－36　带式输送机的驱动原理

（五）拉紧装置

为了保证带式输送机能够正常运转，拉紧装置是必不可少的装置之一。拉紧装置具有两个作用：一是保证输送带具有足够的张力，使滚筒与输送带之间产生足够的摩擦力；二是限制输送带在托辊间的悬垂度，以保证输送机正常工作。拉紧装置有螺杆式、钢丝绳卷筒式和重砣式等几种。

图 5－37 所示为螺杆式拉紧装置。拉紧滚筒 1 的轴承安在轴座滑块 2 内，滑块可以在导槽内滑动，它的滑动是靠调节螺杆来实现的。通过对螺杆的调节，可使拉紧滚筒前后移动，以达到拉紧和放松输送带的目的。这种结构简单而紧凑，但不能保证预紧力的大小不变、受拉紧行程的限制，所以它只适用于功率小而且长度较短的输送机。

重砣式拉紧装置有斜坡式拉紧和垂直式拉紧两种拉紧方式，如图 5－38 和图 5－39 所示。适当改变重砣的配重，均能保证输送带的张力基本合适。

（六）制动装置

制动装置的作用有两个：一是正常停机，即输送机在空载或满载情况下停车时，能可

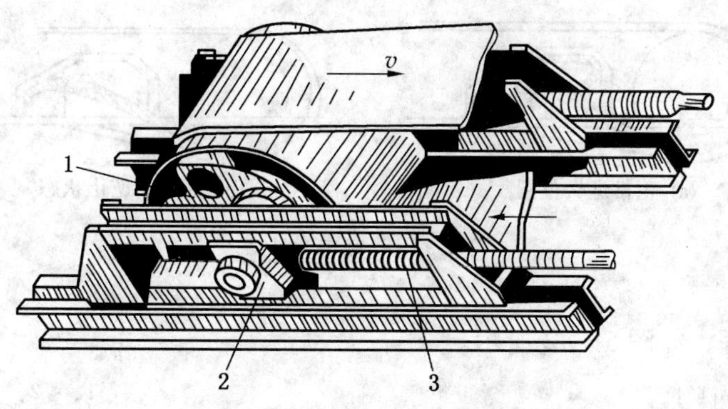

1—拉紧滚筒；2—轴座滑块；3—调节螺杆

图5－37　螺杆式拉紧装置

靠地制动住输送机；二是紧急停机，即当输送机工作不正常或发生紧急事故时（如输送带被撕裂或严重跑偏等故障）进行紧急制动，迅速而又安全地制动住输送机。带式输送机平均倾角大于4°时，一般应安设制动装置。

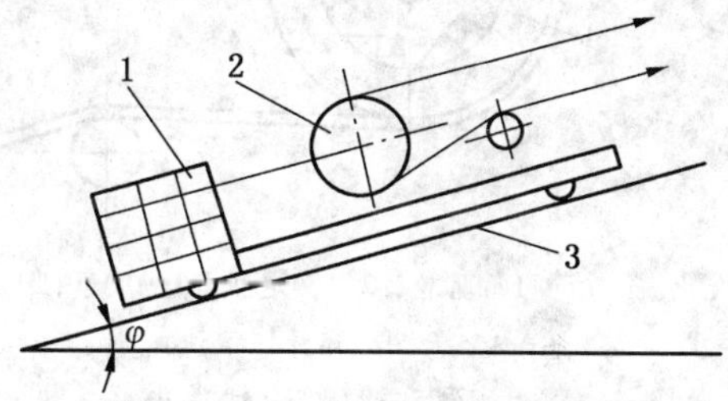

1—拉紧小车重砣；2—拉紧滚筒；3—轨道

图5－38　斜坡式重砣拉紧装置

制动器的种类很多，按输送机的大小及巷道倾角等具体使用条件不同，可以采用不同形式的制动器。带式输送机用的制动装置有逆止器和制动器。逆止器是供向上运输的输送机停机后防止输送机逆运转用的；制动器是供向下运输的输送机停机用的。水平运输若需要准确停机，也应装设制动器。

常用的逆止器有塞带逆止器和滚柱逆止器。塞带逆止器的工作情况示意图，如图5－40所示；滚柱逆止器的工作原理，如图5－41所示。

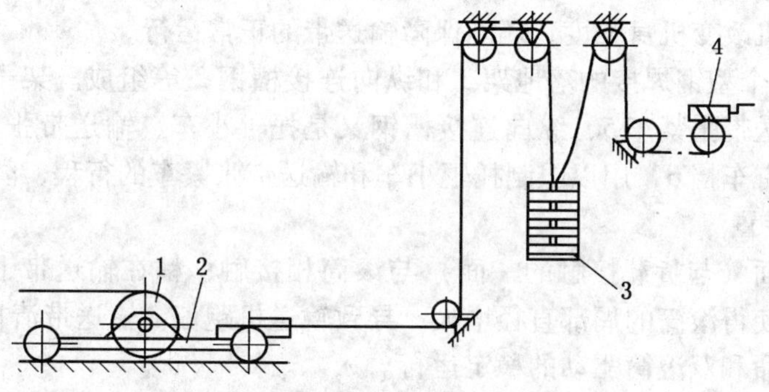

1—拉紧滚筒；2—活动小车；3—重砣；4—手摇绞车

图5－39　垂直式重砣拉紧装置

常用的制动器有液压电磁闸制动器和液压推杆制动器。液压电磁闸制动器是一种用于大功率强力带式输送机及钢丝绳牵引带式输送机上的制动器，安装在靠电动机侧的高速轴上，作为断电时停车和紧急刹车之用，这种制动器向上或向下运输时均可采用；液压推杆

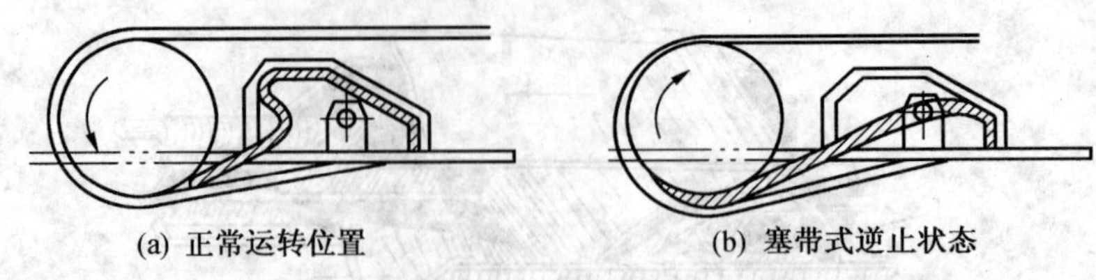

图5-40 塞带逆止器

制动器的工作原理，如图5-42所示。

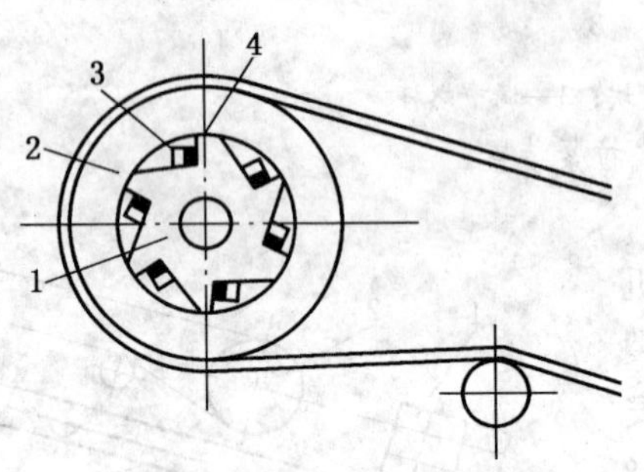

1—星轮；2—固定圈；3—滚子；4—弹簧柱销轴

图5-41 滚柱逆止器

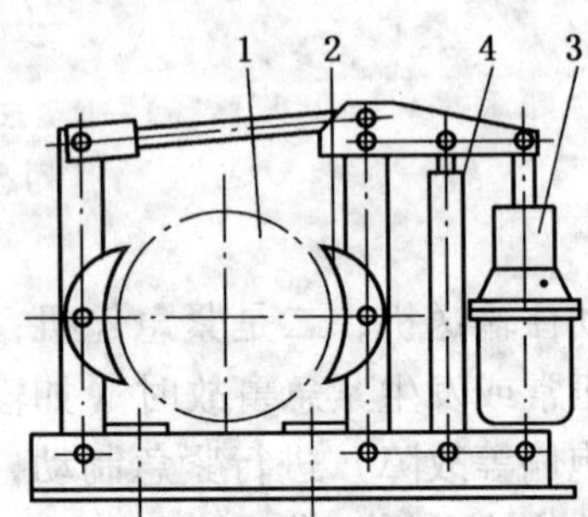

1—制动轮；2—闸瓦；3—液压推动器；4—弹簧

图5-42 液压推杆制动器

上述制动装置都不是将制动力直接作用于输送带上使输送带制动，存在着由于输送带和货载的运动惯性，在紧急制动时出现输送带在滚筒上打滑，使输送机受到很大的冲击问题。

(七) 储带装置

以SD-150型可伸缩带式输送机为例，在机头后面加了一套储带装置（图5-43），也叫储带仓。其作用是在不拆开输送带的情况下，用来储存或放出一部分多余的输送带，不仅能便于输送机改变机身长度，还能保障输送带的正常运行。

主体由为22个型钢焊接的落地架3和纵向连接槽钢2等组成。架子上设有3个托辊小车4和一个输送带张紧车5，纵向连接槽钢又是托辊小车、输送带张紧车的运行轨道，在轨道的两端装有车挡6，用以限制托辊小车和输送带张紧车的行程，防止其掉道。

(八) 清扫装置

输送带的脏面（与货载接触的一面）与滚筒相接触，粘在输送带上的煤或岩粉很容易损伤输送带，使得滚筒的局部直径增大，导致输送机跑偏。输送带清扫效果直接影响着输送带的使用寿命和双滚筒驱动的稳定运行。

清扫装置是多种多样的，我国常用的是刮板式清扫器、清扫刷。此外，还有旋转刷、指状弹性刮刀、水力冲刷、振动清扫等清扫装置。一般应根据物料的黏性和环境温度、湿度等条件来决定采用哪种清扫装置。

三、带式输送机的安装、运转

(一) 带式输送机的安装

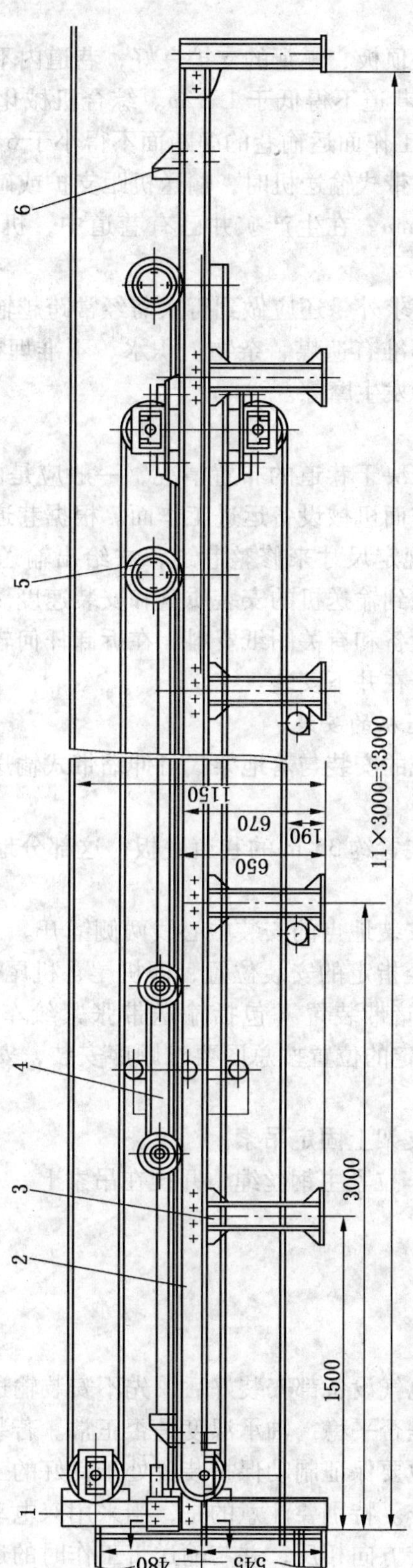

1—固定滚筒架；2—连接槽钢；3—落地架；4—托辊小车；5—输送带张紧车；6—车挡

图5-43 SD-150型带式输送机伸带装置

1. 安装对巷道的基本要求

带式输送机的安装巷道必须保证顶板、煤帮的支护良好，巷道内不应有淋水现象。运输巷道的净高不得低于2 m，薄煤层巷道不得低于1.8 m。综合机械化采煤工作面运输巷的净断面不得小于12 m^2，高档普采工作面运输巷的净断面不得小于6 m^2。带式输送机两侧要有足够的宽度，在新掘巷道安装带式输送机时，输送机距支护或碹墙的距离不得小于500 mm，机道行人侧不得小于800 mm。在生产矿井已有巷道中，机道行人侧不得小于700 mm，另一侧不得小于400 mm。

机道的安全环境除应满足上述要求外，还应做到行人需经常跨越输送机的地点必须装设行人过桥，巷道内应保持清洁，不准有遗煤、杂物、积水、不准埋机头、机尾。电缆、水管和电线吊挂整齐，不得与输送带发生摩擦。

2. 安装前的准备工作

采区运输设备的安装顺序主要取决于巷道的布置情况，一般应是由里向外逐台安装。因此，在带式输送机安装前应将工作面机械设备运进工作面。根据巷道中心线定出输送机的中心线。按照《煤矿安全规程》规定尺寸来修整巷道，并给出输送机准确的装载点和卸载点。巷道准备的好坏，直接关系到输送机的安装质量和安装速度。在把设备运入井下之前，负责安装的人员必须要熟悉设备和有关图纸资料。在拆卸任何较大的部件前，应该按照组装图上的编号打上标记，便于在井下安装。

3. 钢丝绳吊挂式可伸缩带式输送机的安装

钢丝绳吊挂式可伸缩带式输送机的安装与落地架式可伸缩带式输送机的安装工艺基本一致，其安装程序如下：

（1）清理、平整从机头到储带装置约35 m的巷道底板，这部分地带用来安装机器的固定部分。

（2）将吊挂主钢丝绳运至指定安装地点的安装中心线两侧铺开。

（3）按顺序将输送机各部件运至指定的安装位置，即机尾、机尾牵引绞车、托绳架、吊架及托辊、滑轮撬、拉紧绞车、储带装置（包括输送带张紧绞车、托辊小车及轨道等）、机头传动部分。然后根据已确定的位置按总图要求顺序安装，安装时各部分沿中心线方向不能偏斜。

（4）根据安装图纸要求在顶板支架上固定吊索。

（5）固定机头后，开动牵引绞车拉紧主钢丝绳，并挂在吊索上。

（6）安装托辊和输送带。

（二）带式输送机的运转

1. 带式输送机的空载运转

1）未装输送带前的试运转

当机头传动装置、储带装置和电气设备都安装好后，先不安装输送带，进行传动装置的空载运转试验，检查减速器运转是否平稳，轴承温度是否正常。若装有制动器时，注意制动器的动作是否灵活可靠，同时也要保证制动保护装置处于良好的工作状态。注意检查拉紧绞车和卷带装置能否良好地工作。特别要注意的是，当采用双电动机分别驱动主、副滚筒时，必须使两个传动滚筒的旋转方向相反，并与输送带工作时的运行方向一致，否则无法进行工作。

2）装上输送带后的空运转

当带式输送机的机械部分、电气设备以及输送带等全部安装调整好后，即可进行整机空载试运转。在装上输送带后的空载试运转中应做好下列工作：

（1）拉紧输送带　在输送机运转之前，开动拉紧绞车，给输送带以一定的初始张力，从而保证输送机在启动和运转过程中输送带不打滑。初始张力的大小，一般根据输送带的悬垂度情况来决定。

（2）运转中要注意观察和检查　试运转时，在输送机全线各主要部位都要派专人观察输送带和输送机各组成部分的运转情况。倘若输送带在传动滚筒上打滑，则必须停止运转，增加输送带张力，否则会损伤输送带；如果输送带跑偏达到可能使输送带或其他部件受损伤的程度，必须立即停止运转。在最初运转时期要注意检查所有控制装置的运转情况。

（3）输送带跑偏的调整　无论是空载或加载运转，输送带的跑偏是最常见的故障。产生跑偏的原因是由于输送带在运行中横向受力不平衡。调整吊挂式带式输送机输送带跑偏可按以下步骤进行：①从传动部开始，按输送带运行方向调整下输送带跑偏；②从机尾装载点开始进行上输送带调整；③输送带向哪侧跑偏，就要在输送带开始跑偏的地方，顺着输送带运行的方向，向前移动托辊轴的安装位置，使托辊轴端向前倾斜，但要注意不能同时移动托辊的两端，调整时要适当多调几个辊，每个托辊少调一点，调整方法如图5-44a所示；④如果输送带在卸载滚筒、拉紧滚筒或机尾滚筒处发生跑偏时，可借助于滚筒轴座上的滑块来调整跑偏，如图5-44b所示。在移动滚筒之前，先把滚筒两侧架子上的调整螺钉放松一些，以便于移动滚筒，否则可能导致滚筒架损坏。每次调整后，要让输送带在新的情况下运转一段时间，看是否调好。当滚筒调好后，必须重新调整刮板清扫器。

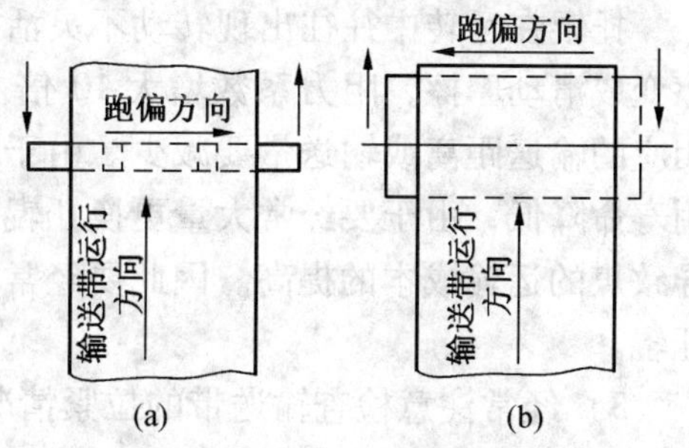

图5-44　输送带跑偏的调整

2. *带式输送机的加载运转*

在确认整个输送机空载运行情况良好以后，就可进行加载运转。开始时轻载，如一切正常后即可逐渐加满载。在加载运行中应注意几个问题：

（1）检查减速器、液力偶合器、电动机和滚筒轴承的温度以及运转声音。

（2）在双电动机拖动情况下，为了保证两个电动机的实际功率分配较合理，必须通过调整来确定液力偶合器的相应充油量。

（3）重新调整输送带张力，保证输送带在滚筒上不打滑。

（4）进一步调整校正输送带的跑偏。

（5）保证各输送带清扫器正常工作。必须把粘在输送带上的煤粉清扫干净。

3. *带式输送机在启动、运行、停止时的安全操作注意事项*

（1）启动前先发出信号，警告人员离开输送机的转动部位。

（2）启动时先点动1~2次电动机，听声音，看状态，确认无异常情况后方可连续运转。

（3）运转中司机要做到“三注意”：一要注意输送带张紧情况，发现有打滑现象应立即处理，处理不了的及时汇报；二要注意输送带运行情况，如发现跑偏等异常现象，应立即处理或及时汇报调度部门；三要注意开机、停机信号，不出现误操作。

（4）停机后应将隔离开关置于零位，并加以闭锁。

4. 带式输送机运转中应注意的问题

1）注意检查和调整输送带的跑偏问题

带式输送机运转过程中，输送带中心线脱离输送机的中心线而偏向一边，这种现象称为输送带的跑偏。输送带跑偏可能造成输送带边缘与机架相互摩擦，使输送带边缘过早损坏。跑偏严重时，输送带将脱离托辊而掉下来，造成重大事故。因此，在带式输送机的安装、调整、运转和维护工作中都应特别注意输送带的运转状态，防止输送带跑偏造成事故。

2）经常注意检查托辊的运转情况

托辊运转的灵活程度对整台输送机的运行阻力、功率消耗、托辊和输送带的使用寿命、维护工作量及煤炭的运输成本都有很大影响。

托辊在运转中往往出现转动不灵活的现象，严重时甚至转不动。这样，托辊由滚动摩擦变成滑动摩擦，阻力系数增大10倍左右。其结果造成运行阻力增大，功率消耗增大，相应的输送距离或输送量要减少。由于托辊转动不灵活，使托辊和输送带的磨损加剧，使用寿命降低，由于要经常大量更换托辊，造成托辊备件供应紧张，设备维护工作量增多，导致煤的运输成本的提高。因此要经常检查托辊运转的灵活程度，及时更换转动不灵活的托辊。

3）经常注意检查输送带的拉紧情况

带式输送机是靠输送带与传动滚筒的摩擦来传递牵引力的。如果输送带在传动滚筒分离点处张力过小，则输送带在传动滚筒上可能打滑，特别是在重载启动时更易打滑。打滑将使输送带的温度升高。当使用非阻燃性输送带时，容易发生着火事故。如果输送带过松，在储带装置中可能造成输送带相互接触，引起输送带跑偏。输送带亦不能过紧，否则将造成输送带受力过大，传动滚筒磨损加剧，功率消耗增加。

4）经常检查清扫装置

在检查清扫装置时，特别要注意检查卸载滚筒处的清扫器是否完好，如果清扫不净，将使传动滚筒上黏结煤粉，增加输送带的磨损，引起输送带跑偏，使两滚筒牵引力和功率分配不均，造成一个电动机先过载。

5）经常检查液力偶合器

当采用双电机传动时，为保证两台电动机的功率分配均匀，应注意检查液力偶合器的充液量是否合适。检查易熔保护塞及各连接螺栓是否紧固完好。

复习思考题

1. 简述刮板输送机的基本组成及工作原理。

2. 试述液力偶合器的工作原理。

3. 刮板链的布置有几种形式？刮板与刮板链的连接方法有哪几种？

4. 刮板输送机紧链装置的作用是什么？有哪些类型？
5. 试说明可弯曲刮板输送机的在综采工作面是怎样推移前进的。
6. 使用刮板输送机时的注意事项有哪些？
7. 转载机由哪几部分组成？各部分的结构特点及作用是什么？
8. 刮板转载机有何用途？转载机与刮板输送机有何区别？
9. 刮板转载机与可伸缩带式输送机如何搭接使用的？
10. 简述转载机的安装步骤及注意事项。
11. 试述带式输送机的组成部分及工作原理。
12. 绳架式带式输送机有何结构特点？
13. 托辊的种类有哪些？各有何用途？
14. 带式输送机的传动装置由哪些部分组成？
15. 带式输送机的拉紧装置有几种形式？
16. 带式输送机为什么会跑偏？如何调整？

参 考 文 献

[1] 国家安全生产监督管理总局，国家煤矿安全监察局．煤矿安全规程［M］．北京：煤炭工业出版社，2011.
[2] 朱真才，韩振泽．采掘机械与液压传动［M］．徐州：中国矿业大学出版社，2005.
[3] 王启广，黄嘉兴．液压传动与采掘机械［M］．徐州：中国矿业大学出版社，2005.
[4] 梁兴义，徐蒙良．液压传动与采掘机械［M］．北京：煤炭工业出版社，1997.
[5] 徐永圻．煤矿开采学［M］．修订本．徐州：中国矿业大学出版社，1999.
[6] 刘德喜．采掘机械［M］．北京：煤炭工业出版社，2000.
[7] 王国法，等．液压支架技术［M］．北京：煤炭工业出版社，1998.
[8] 王寅仓，丁原廉．采掘机械［M］．北京：煤炭工业出版社，2005.
[9] 孙执书，李缤．采掘机械与液压传动［M］．徐州：中国矿业大学出版社，1991.
[10] 孟国营，赵学义．煤矿机械安全［M］．徐州：中国矿业大学出版社，2002.
[11] 段牧忻，等．采煤机司机［M］．徐州：中国矿业大学出版社，2002.
[12] 钟诚．采煤机司机［M］．北京：煤炭工业出版社，2004.
[13] 张凤杰．采煤机司机［M］．徐州：中国矿业大学出版社，2007.
[14] 贾悦谦．综采技术手册［M］．北京：煤炭工业出版社，2001.
[15] 赵对生，耿春春．采煤机操作与维修工［M］．北京：煤炭工业出版社，1993.
[16] 刘胜利．矿山机械［M］．北京：煤炭工业出版社，2005.
[17] 王启广．采掘设备使用维护与故障诊断［M］．徐州：中国矿业大学出版社，2006.
[18] 刘光荣．掘进机司机［M］．北京：煤炭工业出版社，2004.
[19] 李东芳．综采维修电钳工［M］．北京：煤炭工业出版社，2004.
[20] 王明新．装岩机司机［M］．北京：煤炭工业出版社，2004.
[21] 程居山．矿山机械［M］．徐州：中国矿业大学出版社，1998.
[22] 马新民．矿山机械［M］．徐州：中国矿业大学出版社，1999.
[23] 孙九如，徐蒙良，卢维冬．采掘机械［M］．徐州：中国矿业大学出版社，1994.
[24] 侯印浩．煤矿采掘运机械［M］．徐州：中国矿业大学出版社，1993.
[25] 于学谦．矿山运输机械［M］．徐州：中国矿业大学出版社，1997.
[26] 王志甫．矿山固定机械与运输设备［M］．徐州：中国矿业大学出版社，2006.
[27] 中国矿业学院．矿山运输设备［M］．徐州：中国矿业大学出版社，1985.
[28] 国家煤矿安全监察局人事培训司．输送机司机［M］．徐州：中国矿业大学出版社，2003.
[29] 国家煤矿安全监察局人事培训司．绞车司机［M］．徐州：中国矿业大学出版社，2003.
[30] 陈维健，齐秀丽，等．矿山运输与提升设备［M］．北京：煤炭工业出版社，1997.
[31] 李福固．矿井运输与提升［M］．徐州：中国矿业大学出版社，2007.
[32] 洪晓华．矿山运输提升［M］．徐州：中国矿业大学出版社，2000.
[33] 李炳文，王启广．矿山机械［M］．徐州：中国矿业大学出版社，2007.
[34] 全国自然科学名词审定委员会．煤炭科技名词［M］．北京：科学出版社，1997.
[35] 全国职业培训教学工作指导委员会煤炭专业委员会．采掘机械液压传动［M］．北京：煤炭工业出版社，2004.

图书在版编目（CIP）数据

采掘运机械与液压传动/中国煤炭教育协会职业教育教材编审委员会编. --北京：煤炭工业出版社，2013

煤炭技工学校通用规划教材

ISBN 978-7-5020-4183-0

Ⅰ.①采…　Ⅱ.①中…　Ⅲ.①采煤机械—技工学校—教材②掘进机械—技工学校—教材③矿山运输—运输机械—技工学校—教材　Ⅳ.①TD42②TD5

中国版本图书馆 CIP 数据核字（2013）第 028712 号

煤炭工业出版社　出版
（北京市朝阳区芍药居 35 号　100029）
网址：www.cciph.com.cn
北京玥实印刷有限公司　印刷
新华书店北京发行所　发行
*
开本 787mm×1092mm 1/16　　印张 15
字数 350 千字　　印数 1—3 000
2013 年 5 月第 1 版　　2013 年 5 月第 1 次印刷
社内编号 7006　　定价 32.00 元

图书在版编目（CIP）数据

[illegible]

ISBN 978-7-5020-4183-0

[illegible]

中国版本图书馆CIP数据核字（201[illegible]）第[illegible]号

[illegible]

开本 787mm×1092mm 1/16 印张 [illegible]

字数 [illegible]

2013年5月第1版 2013年5月第1次印刷

[illegible]